歷史選書13

十九世紀三部曲之三

帝國的年代
1875-1914

THE AGE OF EMPIRE
1875-1914

著／艾瑞克・霍布斯邦
(Eric J. Hobsbawm)
譯／賈士蘅

歷史選書 13

帝國的年代：1875-1914
THE AGE OF EMPIRE 1875-1914

作　　者：艾瑞克・霍布斯邦（Eric J. Hobsbawn）
譯　　者：賈士蘅
編輯委員：詹宏志　盧建榮　陳雨航　吳莉君
責任編輯：吳莉君
發 行 人：涂玉雲

出　　版：麥田出版
台北市信義路二段 213 號 11 樓
電話：(02)2351-7776　傳真：(02)2351-9179
發　　行：城邦文化事業股份有限公司
台北市愛國東路 100 號 1 樓
電話：(02)2396-5698　傳真：(02)2357-0954
郵撥帳號：18966004　城邦文化事業股份有限公司
網址：www.cite.com.tw　E-Mail: service@cite.com.tw
香港發行所：城邦（香港）出版集團
香港北角英皇道 310 號雲華大廈 4 字樓 504 室
電話：25086231　傳真：25789337
馬新發行所　城邦(馬、新)出版集團
Cite(M)Sdn.Bhd.(458372 U)
11, Jalan 30D/146,
Desa Tasik Sungai Besi,
57000 Kuala Lumpur, Malaysia
電話：603-9056 3833　傳真：603-9056 2833
印　　刷：凌晨企業有限公司
登 記 證：行政院新聞局局版北市業字第 405 號
初版一刷：1997 年 3 月 15 日
初版七刷：2002 年 4 月 2 日

ISBN：957-708-500-8　　售價：380 元
版權代理◎博達著作權代理有限公司

Printed in Taiwan

作者簡介

艾瑞克・霍布斯邦(Eric Hobsbawm)

享譽國際，備受推崇的近代史大師。

一九一七年出生於埃及亞歷山大城的猶太中產家庭。父親是移居英國的俄國猶太後裔，母親則來自哈布斯堡王朝治下的中歐。一九一九年舉家遷往維也納，一九三一年徙居柏林。在一次戰後受創至深的德奧兩國度過童年。一九三三年因希特勒掌權而轉赴英國，完成中學教育，並進入劍橋大學學習歷史。一九四七年成為倫敦大學伯貝克學院講師，一九五九年升任高級講師，一九七八年取得該校經濟及社會史教授頭銜，一九八二年退休。之後大部分時間任教於紐約社會研究新學院，是該校政治及社會史榮譽教授。

霍氏是英國著名的左派史家，自十四歲於柏林加入共產黨後，迄今未曾脫離。就讀劍橋大學期間，霍氏是共產黨內的活躍分子，與威廉士、湯普森等馬派學生交往甚密；在一九五二年麥卡錫白色恐怖氣燄正盛之時，更與希爾等人創辦著名的新左史學期刊《過去與現在》。馬克思主義者的政治背景雖令霍氏的教職生涯進展艱辛，但卻使他與國際社會間有著更廣泛的接觸經驗及更多的研究機會，從而建立了他在國際上的崇高聲譽。

霍氏的研究時期以十九世紀為主，並延伸及十七、十八和二十世紀；研究的地區則從英國、歐洲，廣至拉丁美洲。除專業領域外，霍氏也經常撰寫當代政治、社會評論，歷史學、社會學理論，以及藝術、文化批評等。他在勞工運動、農民叛變和世界史範疇中的研究成果，堪居當代史家的頂尖之流，影響學界甚巨；而其宏觀通暢的寫作風格，更將敘述史學的魅力擴及一般閱聽大眾。如《新左評論》名編輯安德生所言：霍氏不可多得的兼具了知性的現實感和感性的同情心。一方面是個腳踏實地的唯物主義者，提倡實力政治；另一方面又能將波希米亞、土匪強盜和無政府主義者的生活寫成優美哀怨的動人故事。

霍氏著作甚豐，先後計有十四部以上專書問世，包括：《革命的年代》、《資本的年代》、《帝國的年代》、《極端的年代》、《盜匪》、《民族與民族主義》、《原始的叛亂》(以上各書將由麥田出版中譯本)、《爵士風情》等書。現居倫敦。

譯者簡介

賈士蘅

國立台灣大學歷史系學士，考古人類學碩士，美國哈佛大學人類學博士班肄業，美國威斯康辛大學東亞語文系博士班肄業。曾服務於中央研究院歷史語言研究所，現任美國丹佛美術博物館研究員，並從事翻譯工作。譯有《英國史》、《英國社會人類學》、《英國社會史》、《歷史的再思考》等書。

目錄

序言

艾瑞克・霍布斯邦

本書雖然是出自一位職業歷史學家之手，卻不是爲了其他學者而寫。它是爲了所有希望了解這個世界、並認爲歷史對於這個目的很有幫助的人而寫的。雖然我希望它能使讀者對於第一次世界大戰之前的四十年有一些了解，本書的目的卻不是告訴他們這段期間確實發生了些什麼。如果讀者想對史實有更多了解，只需檢視數量龐大且往往相當優秀的文獻資料。

我在本書中想要設法做到的，和之前的兩冊——《革命的年代：一七八九－一八四八》（*The Age of Revolution 1789-1848*）和《資本的年代：一八四八－一八七五》（*The Age of Capital 1848-1875*）——一樣，是要了解和解釋十九世紀以及其在歷史上的地位，了解和解釋一個在革命性轉型過程中的世界，在過去的土壤上追溯我們現代的根源；或者更重要的，去視過去爲一個凝聚的整體，而非（如歷史的專門化往往強迫我們以爲它是）許多單獨題目的集合，如國別史、政治史、經濟史、文化史等等的集合。自從我對歷史開始感興趣以來，我便始終想知道過去（或現在）生活的這些方面是如何連在一起，又爲什麼連在一起。

因而，本書（除了偶爾的例外情形）不是敍述性或系統化的說明，更不是旨在炫耀學問。讀者最好視它爲一個理論的展現，或者更正確的說，透過各章來追蹤同一個主題。雖然我已盡力讓非歷史學家了解它，可是讀者必須自己判斷這個企圖是否成功。

我沒有辦法向許多作者致謝——即使我往往不同意他們的說法，我卻掠奪了他們的著作。我更沒有辦法爲這些年來我與同事和學生的談話中所得到的許多構想表示謝意。如果他們在本書中認出他們自己的構想和言論，他們至少可以責備我誤解了他們或事實——我或許也確乎如此。然而，我還是可以向那些使我得以將對這個漫長時期的全神貫注濃縮到這一本書的人致謝。一九八二年，我在法蘭西學院（Collège de France）開了一門十三次演講的課，爲本書寫下了草稿。我對於這個令人敬畏的機構以及發起這一邀聘的勒華拉杜利（Emmanuel Le Roy Ladurie）都非常感激。一九八三至八五年，勒伍豪信託（Leverhulme Trust）給了我一個榮譽研究員的職位，使我可以得到研究上的協助。巴黎的「人文科學研究所」（Maison des Sciences de l'Homme）和赫勒（Clemens Heller），以及聯合國大學世界開發經濟研究協會（World Institute for Development Economics Research of the UN University）和麥唐納基金會（Macdonnell Foundation），使我在一九八六年有幾個安靜的禮拜完成本書的正文。在協助我做研究的人當中，我尤其感謝哈斯京斯（Susan Haskins）、馬歇爾（Vanessa Marshall）和派克博士（Dr. Jenna Park）。赫斯凱（Francis Haskell）校讀了有關文藝的各章，麥凱（Alan Mackay）校讀了有關科學的各章，散恩（Pat Thane）校讀了有關婦女解放的各章，使我少犯一些錯，不過我怕錯處仍在所難免。希福臨（André Schiffrin）以一位朋友和典型受過教育的非專家身分閱讀了整本手稿——本書乃是爲這樣的非專家而寫。有許多年之久，我爲倫敦大學伯貝克學院（Birbeck College）的學生講述歐洲歷史，如果沒有這一經驗，我懷疑我是否會興起撰寫十九世紀世界史的構想。因此，此書也是獻給他們的。

十九世紀三部曲之三

帝國的年代

1875-1914

THE AGE OF EMPIRE
1875-1914

序曲

回憶就是人生。由於總是一群活人在回憶，它遂成爲永恆的演進。它受限於記得和遺忘的辯證，覺察不出它連續的變化，它可以有各種用途，也可以做各種控制。有時它可以潛伏很長的時間，然後突然復甦。歷史永遠是爲已不存在的事物所做的片面和有問題的復原。記憶永遠是屬於我們的時代，並與無窮的現在依違相連。歷史是過去的再現。

——諾拉(Pierre Nora)，一九八四❶

除非我們同時也明白基本結構上的變化，否則只描述事件的經過，即使是以全世界爲範圍，也不大可能使我們對今日世界上的各種力量，有較佳的了解。唯今我們最需要的是一種新架構，一種新的回溯方式。這些也就是本書所想要呈現的。

——巴拉克勞夫(Geoffrey Barraclough)，一九六四❷

1

一九一三年夏天，有一個年輕女孩從奧匈帝國首都維也納的中學畢業。對那個時候的中歐女孩來說，這是相當不尋常的成就。爲了慶賀她畢業，她的父母決定送她出國旅行。不過在當時，讓一個好人家的十八歲女子單獨暴露於危險和誘惑之下，是件不可思議的事，因此他們想找一位適當的親戚來照顧她。幸運的是，在過去幾代由波蘭和匈牙利西遷致富且接受過良好教育的親戚中，有一家過得特別好。亞伯特(Albert)叔叔在地中海東部各地——君士坦丁堡、士麥拿(Smyrna)、阿勒坡(Aleppo)和亞歷山大港(Alexandria)——開了一家連鎖商店。在二十世紀早期，鄂圖曼帝國和中東有許多生意可做，而奧地利長久以來便是中歐對東方商業的窗口。埃及既是一個適合文化自修的活博物館，又是一個國際性的歐洲中產階級高級聚落。在當地用法文很容易溝通，而這位小姐和她的姊妹，在布魯塞爾附近的一家寄宿學校已學會流利的法文。當然，埃及有許多阿拉伯人。亞伯特叔叔欣然歡迎他的親戚。於是這位小姐乘坐一艘輪船由的港(Trieste)前往埃及。的港是哈布斯堡帝國(Habsburg Empire)的主要港口，碰巧也是喬艾斯(James Joyce)的寄居地。這位小姐便是作者未來的母親。

若干年以前，一個年輕男子也旅行到埃及，但是是從倫敦去的。他的家庭背景普通得多。他的父親是在一八七〇年代由俄屬波蘭移民到英國，以製造家具爲業。他在倫敦東區和曼徹斯特(Manchester)過著不安全的生活，盡量設法養育他元配所生的一個女兒和繼室所生的八個兒女(其中大多數是在英國出世)。除了一個兒子以外，其他的孩子都沒有經商的天分或意願。只有最小的孩子有機會受到一點教育，日後成爲南美的開礦工程師；當時南美尚是大英帝國一個非正式的部分。然而，所有的孩子都熱中於學習英文和英國文化，並且積極的英國化。其中一個後來成爲演員，另一個繼承家中的家具製造業，一個成爲小學教師，另外兩個進入當時正在發展中的郵政服務業。那個時候，英國剛占領埃及不久(一八八二)，因此，其中一個兄弟便到尼羅河三角洲上代表大英帝國的一小部分——埃及郵政和電信服務(Egyptian Post and Telegraph Service)。他認爲埃及很適合他的另外一個兄弟，這個兄弟非常聰明，和氣，有音樂天分，運動樣樣皆精，並且具有輕量級拳賽冠軍的水準，如果不需靠自己謀生，他的特質可讓他的生活過得十分愜意。事實上，他正是那種在殖民地的運貨業事務所工作遠比在任何其他地方工作更容易的英國人。

這個年輕人便是作者未來的父親。因此，他是在帝國年代的經濟和政治活動使他們聚首的地方，遇見未來的妻子。這個地方便是亞歷山大港郊外的運動俱樂部，後來他們的第一個家便在這個俱樂部附近。在本書所談的時代之前，在這樣的地方發生這樣的邂逅，並使這樣的兩個人締結姻緣，都是極端不可能的事。讀者應該知道原因何在。

然而，我以一件自傳式的軼事作爲本書的開始，是有其更嚴肅的理由。對於我們所有人來說，在歷史和記憶之間都有一塊不很明確的過渡區。這塊過渡區是介於兩種過去之間，其一是可相對不帶感情予以研究的過去，其二是摻雜了自身的記憶與背景的過去。對於個人來說，這塊過渡區係由現存的家庭傳統或記憶開始的那一點起，一直到嬰兒時代結束——也就是，比方說，從最老的一位家人可以指認或解說的最早一幀家庭照片起，到當公眾和私人的命運被認爲是不可分開而且互相決定的時候止(「我在戰爭結束前不久遇見他」；「甘迺迪總統〔Kennedy〕一定是在一九六三年死的，因爲我那個時候還在波士頓」)。這塊過渡區在時間上可長可短，它特有的模糊和朦朧也有不同程度的差異。但是，永遠會有時間上的這麼一塊無人之地。對於歷史家來說，或對任何人來說，它絕對是歷史最難把握的一部分。對於作者本人而言，由於作者在接近第一次世界大戰結束的時候出世，而父母在一九一四年時分別是三十三歲和十九歲，帝國的年代正好處於這個不很明確的區域。

但是，不僅個人是如此，社會也是這樣。我們今日所生活的世界，其男男女女大致是在本書所討論的這個時代成長，或在其直接的影子裡成長。或許在二十世紀將盡的此刻，情形已不復如此(誰又能確知)，但在本世紀的前三分之二，情形確實是這樣。

比方說，讓我們來看一看對二十世紀最具形塑力的政治人物名單：一九一四年時，列寧(Vladimir Ilyich Ulyanov〔Lenin〕)四十四歲，史達林(Joseph Vissarionovich Dzhugashvili〔Stalin〕)三十五歲，小羅斯福總統(Franklin Delano Roosevelt)三十歲，凱因斯(J. Maynard Keynes)三十二歲，希特勒(Adolf Hitler)二十五歲，艾德諾(Konrad Adenauer，一九四五年後德意志聯邦共和國的締造者)三十八歲，邱吉爾(Winston Churchill)四十歲，甘地(Mahatma Gandhi)四十五歲，尼赫魯(Jawaharlal Nehru)二十五歲，毛澤東二十一歲，胡志明二十二歲，狄托(Josip Broz〔Tito〕)與佛朗哥(Francisco Franco Bahamonde)同歲，也就是比戴高樂(Charles de

Gaulle)小兩歲，比墨索里尼(Benito Mussolini)小九歲。再看一看文化領域內的重要人物。如根據一九七七年出版的《現代思想辭典》(*Dictionary of Modern Thought*)所選錄的文化人物爲抽樣標準，其結果如下：

一九一四年或之後出生者　百分之二十三
活躍於一八八〇至一九一四年間，或在一九一四年已是成人者　百分之四十五
出生於一九〇〇至一四年間者　百分之十七
活躍於一八八〇年前的　百分之十五

由此我們可明顯看出，即使到了一九七〇年代，人們仍認爲帝國的年代對這個時代的思想形塑具有舉足輕重的地位。不論我們同不同意這個判斷，它在歷史上都是具有重要意義的。

因此，不僅是少數與一九一四年前直接有關的在世者，面臨了如何看待他們的私人過渡區的問題，而且，在比較非個人的層次上，每一個活在一九八〇年的人，也面臨了同樣的問題，因爲一九八〇年乃是由導致第一次世界大戰的那個時代所塑造的。我不是說較遠的過去對我們而言較不重要，但是它與我們的關係是不一樣的。在處理遙遠的時代時，我們知道自己基本上是以陌生人和外來者的身分面對它們，很像西方的人類學家著手去調查巴布亞(Papuan)的山居民族一樣，如果它們在地理上或紀年上或感情上是夠遙遠的，這樣的時期，便可以完全透過死者的無生命遺物——書寫、

印刷或雕刻、物品和形象——而存在到今日。再者，如果我們是歷史學家，則我們知道我們所寫的，只能由其他這樣的陌生人來判斷和糾正——對於這樣的陌生人而言，「過去也是另一個國度」。我們的確是由我們自己的時代、地點和情勢來假設過去，也傾向以我們自己的方式重新塑造過去，去看待那些我們的目光可以洞悉的事物，以及那些我們的看法允許我們認出的事物。不過，我們在工作的時候也帶著我們這一行慣用的工具和材料，研究檔案和其他一手資料，閱讀龐大數量的二手文獻，一路走過我們前輩學者許多代以來所累積的辯論和異議，走過不斷變化的風尚和不同的解釋與著重的階段，永遠好奇，(也希望能)不停的問問題。但是，除了那些以陌生人身分爭論一個我們不復記憶的過去的其他當代人以外，我們的工作也不會遭遇什麼阻力。因爲，甚至我們以爲我們所知道的一七八九年法國或喬治三世英國，也是我們透過官方或民間學究所學得的第二手或第五手知識。

當歷史學家想要努力鑽研仍有目擊者存活的時代時，兩種相當不同的歷史概念便互相衝突，或者，在最好的情形下，互相補充：學術性的和存在的，檔案的和個人記憶的。由於每個人都已在心中與自己的一生達成妥協，因此每一個人都是他(她)身處時代的歷史家。如同冒險進入「口述歷史」領域的人所知道的，由絕大多數的觀點看來，這樣的歷史家都是不可靠的，但是他(她)們的貢獻卻有基本的重要性。對那些訪問老兵和政客的學者而言，從印刷品上所得到的資料，將較接受他們訪問者記憶中的資料更多也更可靠，但是他們卻可能誤解這些文字上的資料。而且，不像研究十字軍東征的歷史學家那樣，研究第二次世界大戰的歷史學家，可能會被那些曾經經歷過這場戰爭的人加以糾正——這些人回憶往事，搖搖頭說：「但是事情根本不是這樣。」不過，彼此對峙的這兩種歷史觀點，在不同的意義上都是對於過去合邏輯的重建。歷史學家有意識地以爲它們是如此，而且至少可以予以說明。

但是，不明確區域的歷史則不同。它的本身是過去無條理和不完全理解的形象。它有時比較模糊，有時顯然精確，永遠是由學術與公私傳統的二手記憶所傳達。它仍是我們的一部分，但不再是我們個人所能影響。它所形成的，類似那些斑駁的古代地圖——充滿了不可靠的輪廓和空白，搭配著怪物和符號。這些怪物和符號被現代的大眾媒體所誇大。正因爲這個不明確的區域對我們而言很重要，遂使媒體也對它全神貫注。多拜媒體之賜，這種片段和象徵的形象至少在西方世界已成爲持久記憶的一部分：鐵達尼號郵輪（Titanic）便是一個顯著的例子——它在沉沒後的七十五年，還具有最初的衝擊力，不斷出現在報紙雜誌的大標題中。而當我們爲了某種原因想起結束於一次大戰爆發的那一時期，我們心頭閃過的這些形象，比起以往那些常使非歷史學家聯想起過去的形象和軼事（當無敵艦隊接近英國時，德瑞克〔Drake〕在玩滾木球戲；瑪麗安東尼特〔Marie-Antoinette〕的鑽石項鍊或「讓他們吃蛋糕」；華盛頓渡德拉瓦河〔the Delaware〕），與時代的貼合更密切。後面這些形象和軼事沒有一件會片刻影響到嚴肅的歷史學家。它們是在我們以外。但是，即使我們是專業人士，我們能保證以同樣冷靜的眼光，看待帝國時代那些被神話過的形象：如鐵達尼號郵輪、舊金山大地震和德雷福斯（Dreyfus）嗎？

與歷史上的任何時期相較，帝國的時代都更大聲疾呼要求脫去神祕面紗，正因爲我們（包括歷史學家在內）已不再置身其中，但是又不知道它有多少尚在我們裡面。這並不表示它要求揭露或揭發貪汚腐敗（它所肇始的一項活動）。

2

我們之所以迫切需要某種歷史透視法，是因爲二十世紀後期的人們，事實上還牽扯在止於一九一四年的那個時期之中。這也許是由於一九一四年八月是歷史上最不可否認的「轉捩點」之一。當代人認爲它是一個時代的終結，現代人也一樣。我們當然可以說這種感覺是不對的，並且堅信在一次大戰的那些年間確有一貫的連續性和轉接處。畢竟，歷史不是公車——當車子抵達終點時，便換下所有的乘客、司機及服務人員。不過，如果有一些日期不只是爲了劃分時代的方便，那麼一九一四年八月便是其中之一。在當代人的感覺中，它代表了資產階級所治所享的世界的終止，也標示了「漫長十九世紀」的終止。歷史學家已學會談論這個「漫長的十九世紀」，它也是我們這一系列三册書的主題——本書是最後一册。

無疑，這就是爲什麼它能吸引這麼多業餘和專業史家，與文化、文學和藝術題目有關的作家，傳記作家，電影和電視節目製作人，以及同樣多的時裝設計師的原因。我猜想：在過去的十五年間，光是英語世界每個月至少有一本有關一八八〇到一九一四年的重要書籍或論文出現。它們大多數是寫給歷史學家或其他專家看的，因爲如前所示，這段時期不但對於現代文化的發展非常重要，也爲大量且激烈的歷史辯論提供了框架。這些國際或國內的辯論大多始於一九一四前幾年。它們的主題非常廣泛，舉幾個少數的例子來說，有帝國主義、勞工和社會主義的發展、英國的經濟衰退、俄國革命的性質和源始等。在所有的爭辯主題中，最著名的顯然是第一次世界大戰的源起。有關這個問題的著作到現在已有好幾千册，而且繼續以可觀的速度爭相推出。它是一個活的主題，因爲不幸的是，自一九一四年後，世界大戰源始的問題便揮之不去。事實上，在人類的歷史當中，帝國年代所關懷的事物顯然與現代的重疊性最大。

將純粹專論性的文獻放在一旁不談，這個時期大多數的作家可分爲兩類：回顧者與前瞻者。每一類往往都將注意力集中於本時期一、兩個最明顯的要點上。在某種意義上，由一九一四年八月這個不能通過的峽谷的這一頭望向那一頭，它似乎是異常遙遠且無法回歸。而同時，矛盾的是，許多仍舊是二十世紀晚期特色的事物，均是源於第一次世界大戰以前的最後三十年。塔奇曼(Barbara Tuchman)的《驕傲的塔》(*The Proud Tower*)，是描寫戰前(一八九〇—一九一四)世界的暢銷書。它是前一類最爲人所熟悉的例子。錢德樂(Alfred Chandler)對於現代法人組織管理的研究——《能見的手》(*The Visible Hand*)——可代表第二組。

就產量及銷路而言，回顧者幾乎一定占優勢。一去不回的過去，對於優秀的歷史學家來說是一種挑戰。他們知道就時代已然不同這一點來說，它是不可了解的，但是它也具有使人興起懷古之思的極大誘惑力。最不具理解力和最易動感情的人，不斷嘗試去重新捕捉那個時代：一個上等和中產階級傾向於賦予它黃金色彩的時代，一個「美好的時代」(belle époque)。當然，這種辦法非常合乎娛樂業者和其他傳媒製作人、時裝設計家的脾味。在電影和電視的推波助瀾下，它恐怕已成爲公眾最熟悉的版本。這種視點當然是令人不滿的，雖然它無疑捕捉到這個時期的一個高度可見面，畢竟是這一方面將「財閥政治」和「有閒階級」這樣的字彙引入公眾的談話之中。這種版本是否比那些思想成熟但情感更為戀舊的作家版本更不切實際，恐怕尚有爭論餘地。這些作家希望證明：如果沒有那些可以避免的錯誤或不可預測的事件，失去的樂園當年也不會失去；沒有這些錯誤和事件，當年便不會有世界大戰、俄國革命，或任何在一九一四年前應對世界的失落負責的事物。

另一些歷史學家比較注意與大斷裂相反的事物，也就是說，許許多多具有我們當代特色的事物，乃是起源於(有時非常突然的)一九一四年以前的幾十年。他們致力於找尋那些明顯的根苗和前例。在政治上，構成大多數西歐國家政府或主要反對勢力的勞工和社會主義政黨，都是一八七五到一九一四年的衍生物，而其家族的另一支——統治東歐的共產黨——亦然。(統治非歐洲世界的共產黨，是仿自東歐共產黨組織，不過在時代上晚於這一時期。)事實上，民選政府、現代民眾政黨、全國性有組織的工會，以及現代福利法，也都是衍生自一八七五至一九一四年間。

在「現代主義」(modernism)的名目下，這一時期的「前衛」(avant garde)風格接掌了二十世紀大半的高尚文化產品。甚至到今天，雖然有一些前衛派或其他學派不再接受這種傳統，他們卻仍使用他們所拒斥的說法來形容自己(後現代主義)。而同時，我們的日常生活仍然受到這一時期三項創舉的支配：現代形式的廣告業，現代報章雜誌的傾銷，以及(直接或透過電視的)電影。科學和工業技術在一八七五至一九一四年後顯然有長足進步，但是，蒲朗克(Planck)、愛因斯坦和小波耳(Niels Bohr)那個時代的科學與現代科學之間，還是有明顯的連續性存在。至於工業技術方面，石油動力的汽車、飛機，都是帝國年代的發明，直到今日仍主宰了我們的自然風景和都市面貌。我們已改進了帝國時期所發明的電話和無線電通訊，但未能予以換置。回顧歷史，二十世紀的最後幾十年或許已不再符合一九一四年以前所建立的間架，但絕大多數的定向指標，仍是有用的。

然而，以這樣的方式介紹過去是不夠的。帝國年代與現在是否連續的問題無疑仍然十分重要，因爲我們的感情仍然直接牽扯在這段歷史之中。不過，由歷史學家的觀點看來，在孤立的情形下，連續和不連續是無足輕重的事。那麼，我們該如何爲這個時期定位？過去與現代的關係畢竟是寫史者與讀史者最關切的所在。他們都想要，也應該想要了解過去如何變爲現在，他們也都想要了解過去，但主要的阻礙是過去**不似**現在。

《帝國的年代》雖然可以獨立成册，但主要是作爲「十九世紀世界歷史全盤考查系列」的第三和最後一册。這裡所謂的「十九世紀」是指「漫長十九世紀」，也就是大約從一七七六到一九一四這個斷限。作者最初無意著手這麼一項具有瘋狂野心的計畫。這些年間我斷續寫成這三册書，除了第三册外，其他兩册最初都不是這三部曲的一部分。它們之所以可以連貫，是因爲它們對十九世紀有一個貫通的看法。由於這個共同看法已能聯貫《革命的年代》和《資本的年代》，並且延伸到《帝國的年代》（我希望如此），它當也有助於聯貫帝國的年代與其後的年代。

我用以組織十九世紀的中軸，是資本主義的勝利和轉型——自由主義資產階級特有的資本主義。這三部曲是由富決定性的雙元突破開始：英國的第一次工業革命與法國和美國的政治革命。前者在資本主義不斷追求經濟成長與全球擴張的帶動下，創造了具有無限潛力的生產制度；後者則在互有關聯的古典政治經濟和功利主義哲學的補充下，建立了資產階級社會公共制度的主要模型。三部曲的第一冊——《革命的年代》——便是以這種「雙元革命」的概念為主軸。

雙元革命賦予資本主義經濟十足的信心，進行其全球征服。完成這項征服的是它的代表階級——資產階級——而他們所打的旗號，則是其典型的思想表現——自由主義的思想方式。這是第二冊的主題。這一冊涵蓋了革命充斥的一八四八年到大蕭條的一八七〇年代。在這段時期，資產階級社會的前景和經濟似乎比較沒有問題，因為它們的實際勝利非常明顯。法國大革命所針對的「舊制度」，其政治阻力已被克服；而這些舊制度本身，看上去也正在接受一個凱歌高奏的資產階級領導權，接受它所代表的經濟、制度和文化進步。在經濟上，原先受限於腹地狹隘所導致的各種工業化和經濟成長的困難，這時已獲克服，主要得歸功於工業轉型的擴散以及世界市場的大幅拓展。在社會上，「革命年代」貧民爆炸性的不滿情緒此時也逐漸平息。簡言之，持續而無限制的資產階級進步，其主要障礙似乎均已鏟除。而因其內部矛盾所造成的可能困難，一時之間似乎還不致引起憂慮。在歐洲，這個時期的社會主義者和社會革命分子，似乎較任何其他時期為少。

可是，資本年代的矛盾卻滲透並支配了帝國的年代。在西方世界，這是一個無與倫比的和平時代，然而，它也造成了一個同樣無與倫比的世界戰爭時代。不論它所展現的外貌如何，在已開發的工業經濟體中，它是一個社會日益穩定的時代。這個時代提供了一小群不費吹灰之力便可征服並統治龐大帝國的能人，但它也不可避免地在其邊緣激起反叛和革命的合併力量，這些力量終將吞噬這個時代。自一九一四年起，世界已籠罩在對全球戰爭的恐懼與事實之下，籠罩在對革命的恐懼（或希望）之下。而這兩種恐懼都是直接根源於帝國年代所浮現的歷史情勢。

由工業資本主義所創造、也爲工業資本主義所特有的工資工人階級，其大規模的有組織運動已在這段期間突然出現，並且要求推翻資本主義。它們是出現在高度繁榮和擴張的經濟中，出現在那些它們擁有最強大勢力的國家中，並出現在資本主義帶給他們的境遇不像以前那麼悲慘的時刻。在這個時代，資產階級自由主義的政治和文化制度，已經延伸到（或行將延伸到）資產階級社會的勞工大眾，甚至有史以來第一次涵括了婦女。但是這個延伸的代價，卻是迫使其中堅階級（自由主義資產階級）退守到政權邊緣。因爲選舉式的民主政治，亦即自由主義進步不可避免的產物，已在大多數國家掃除了資產階級自由主義的政治力量。對於資產階級而言，這是一個可深刻感受到身分危機且必須轉型的時代。他們傳統的道德基礎，正在他們自己所累積的財富和舒適壓力下崩潰。連它作爲一個主人階級的存在，都逐漸受到其經濟制度轉型的危及。爲股東共有且雇用經理和行政人員的大企業機構或法人，開始取代了擁有和管理其自己企業的眞正個人和其家族。

這樣的矛盾事物無窮無盡，寫滿了整個帝國年代。事實上，如本書所記，這個時代的基本模式，是資產階級自由主義的社會和世界，逐漸朝其「離奇死亡」邁進。它在到達最高點的時刻死去，成爲所有矛盾的最大犧牲者，而這些矛盾都是因其前進而產生的。

尤有甚者，這一時期的文化和智識生活，竟充分意識到這個逆轉模式，充分意識到這個世界行將死亡，意識到他們需要另一個世界。然而眞正符合這個時代特有調性的是，對於即將到來的劇變，人們既早有預期卻又始終誤解與不信。世界戰爭即將來臨，但是沒有任何人，甚至最棒的先知，能確切知道它會是什麼樣的戰爭。而當世界眞正處於地獄邊緣之際，決策者卻完全不相信地衝向地獄。偉大的新社會主義運動是具有革命性的，但是對他們的多數而言，在某種意義上，革命是資產階級民主政治順理成章的必然結果，不斷繁增的多數自然會凌駕日漸消減的少數。然而對那些期望眞正造反的人而言，它卻是一場戰鬥；這場戰鬥的首要目標便是創立資產階級民主政治，以此作爲邁向下一境界的必要前奏。因而，革命分子即使是想要超越帝國年代，也還是得先留在它裡面。

在科學和藝術上，十九世紀的正統被推翻，但是從來沒有這麼多新近受過教育的學識之士，更堅信那些在當時甚至連前衞派都拒斥的事物。如果一九一四年前已開發世界的民意測驗家，曾經計算抱持希望樂觀與失望悲觀的人數，那麼他將發現抱希望樂觀的人占了大多數。矛盾的是，他們的比例在新的一個世紀(也就是當西方世界接近一九一四年時)竟會比在十九世紀最後幾十年來得更高。但是當然，這份樂觀不但包括那些相信資本主義未來的人，也包括那些希望它會被廢棄的人。

與其他時期相較，帝國年代的不凡特出之處在於：在這個時代內部，不存在其他逆轉的歷史模式，或可逐漸破壞其時代基礎的歷史模式。它是一個全然內化的歷史轉型過程。直到今天仍在持續發展。這個漫長十九世紀的特異之處，是在這個世紀將世界變得面目全非的巨大革命力量，竟是倚靠在一種特定的、有其歷史性的脆弱工具之上。正好像世界經濟的轉型，在一段非常重要的短暫時期，係與英國這個中型國家的命運認同一樣，當代世界的發展，也與十九世紀自由主義資產階級的社會認同。與它有關的構想、價值、假設和制度，它們在資本年代似乎獲得的勝利程度，正顯示出這個勝利在歷史上的短暫性質。

在本書所涵括的這段歷史時期，西方自由主義資產階級所創造和享有的社會與文明，顯然並不代表現代工業世界的永恆形式，只是代表其早期發展的一個階段。支撐二十世紀世界經濟的結構，即使當它們還是資本主義形式的時候，也不再是商人在一八七〇年代會接受的「私人企業」式經濟結構。自一次大戰之後，支配世界革命的記憶，已不復是一七八九年的法國大革命。滲透它的文化，已不再是一九一四年前所了解的那種資產階級文化。當時完全掌控世界經濟、思想和軍事主力的大陸，如今已不再是世界經濟、思想和軍事的主力。不管是一般的歷史或特殊的資本主義歷史，都不曾在一九一四年告終，不過世界的極大部分，都已經由革命進入一個基本上不同類型的經濟形式。帝國的年代，或列寧所謂的「帝國主義」的年代，顯然不是資本主義的「最後階段」，事實上列寧也沒有說它是。他只是在他那本深富影響力的小册子的初版中，稱它爲資本主義的「最後階段」。（在他死後，帝國主義重被命名爲「最高階段」）。可是，我們可以了解，爲什麼觀察家，而且不僅是敵視資產階級社會的觀察家，會認爲一次大戰之前那幾十年的歷史，那個他們活過的世界，並不僅是資本主義發展的另一階段。無論如何，它似乎已爲一個與過去非常不同的世界，預做了準備。而自一九一四年以後，世界果眞變的與以往完全不同，雖然它的改變方式與大多數先知所預期或預言的不一樣。我們已不再能回到自由主義資產階級的社會。二十世紀晚期對於復興十九世紀資本主義精神的呼籲，證明這是不可能的。無論如何，自一九一四年以後，資產階級的世紀已屬於歷史的陳跡。

註釋

❶諾拉編，《記憶的軌跡㈠：共和時代》（*Les lieux de la mémoire*, vol. I: *La République*），巴黎：一九八四，頁xix。

❷巴拉克勞夫，《當代史導論》（*An Introduction to Contemporary History*），倫敦：一九六四，頁一。

第一章
百年革命

荷根(Hogan)是一位先知……先知與尼西(Hinnissy)是一個能預見困難的人……荷根是今天世界上最快樂的人,但是明天會有事情發生。

——《杜利先生說》,一九一〇❶

1

百年紀念的各種慶典都是十九世紀晚期發明出來的。美國獨立革命的百年紀念(一八七六)和法國大革命的百年紀念(一八八九)都是以一般性的萬國博覽會作爲慶祝方式。在這兩個百年紀念日當中的某一時刻,西方世界受過教育的公民開始意識到:這個誕生於「獨立宣言」,世界上第一座鐵橋的修築和猛攻巴士底獄(Bastille)的世界,現在已經一百歲了。一八八〇年代的世界和一七八〇年代的世界究竟有什麼不一樣?(《革命的年代》第一章曾概述了那個較古老的世界。)

首先，它現在已是名副其實的全球性世界。世界的每一個角落現在幾乎均已爲人所知，也都或詳細或簡略地被繪製成地圖。除了無關緊要的例外情形以外，探險不再是「發現」，而是一種運動挑戰，往往帶有強烈的個人或國家競爭的成分，其中最典型的企圖便是想要支配最惡劣、最荒涼的北極和南極。一九〇九年，美國的皮里(Peary)擊敗英國和斯堪的納維亞的對手，贏得率先到達北極的競賽。挪威的阿蒙森(Amundsen)在一九一一年抵達南極，比不幸的英國船長史高特(Scott)早了一個月。(這兩項成就沒有、也不預期有任何實際的重要性。)除了非洲大陸、亞洲大陸以及南美洲部分內陸地帶以外，鐵路和輪船已使洲際和橫跨數洲的旅行由幾個月的事變成幾個星期的事，而不久又將使它成爲幾天的事：隨著一九〇四年橫貫西伯利亞鐵路的完工，只要十五、六天的時間便能從巴黎抵達海參崴。電報使得全球各地的資訊溝通成爲幾小時之內的事，於是，西方世界的男女——當然不止他們——以空前的便捷和數量，進行長距離的旅行和通訊。舉一個簡單的例子來說：一八七九年時，幾乎有一百萬旅客前往瑞士旅行。其中二十萬以上是美國人，這個數字相當於一七九〇年美國第一次戶口普查時全國人口數的百分之五以上。這個事實在富蘭克林(Benjamim Franklin)的時代，會被視爲是荒謬的幻想❷。(有關於這一全球化過程的較詳盡記述，參看《資本的年代》第三及第十一章。)

在此同時，世界人口密度大爲增加。由於人口統計數字，尤其是十八世紀晚期的人口統計數字，帶有極大的臆測性，這些數字說不上精確，使用它們也是危險的。但是我們可以大致假定：一八八〇年代可能生活在地球上的十五億人，是一七八〇年代世界人口的兩倍。和過去一樣，亞洲的人口數目最大，但是，根據最近的猜測，亞洲人在一八〇〇年雖占世界人口的三分之二左右，到一九〇〇年時，卻已降至百分之五十五。人口次多的是歐洲人（包括人煙稀少的俄屬亞洲），由一八〇〇年的二億人，到一九〇〇年的四億三千萬人，幾乎增加了一倍以上。再者，歐洲大量的海外移民也造成了世界人口最戲劇性的改變：一八〇〇到一九〇〇年間，美洲人口由三千萬左右上升到將近一億六千萬，其中尤其顯著的是，北美的人口由七百萬左右上升到八千萬以上。非洲這塊備受破壞的大陸，其人口統計數字我們自認所知甚少，不過可以確定其人口成長速度比其他任何地方均緩慢得多——這一百年之間頂多增加了三分之一。在十八世紀末葉，非洲人口大約是美洲人口總和的三倍，可是到十九世紀末葉，美洲人口可能比非洲人口多得多。包括澳洲在內的太平洋諸島，其人口雖然由於歐洲人的遷移而由假想中的二百萬人膨脹到或許六百萬人，但因其數字太小，在人口統計上不具什麼分量。

然而，這個世界就某方面而言，雖然在人口上正日漸變大、在地理上則愈趨縮小整合——成爲一個因貨物和人口移動、因資金和交通，以及因產品和構想之間的結合而愈形緊密的行星——可是，在另一方面，它卻也開始逐漸產生各種區劃。如同史上的其他時代一樣，一七八〇年代時，地球上有富有和貧窮的地區，有進步和落後的經濟社會，有較強勢和較弱勢的政治組織和軍事單位。我們也不能否認，當時有一道鴻溝將世界的主要地帶與其南北地區區分開來。這個主要地帶是階級社會和國家及城市的傳統所在地，由少數具讀寫能力的菁英負責管理，而使歷史家大爲高興的是，他們也留下了許多文字記錄。而這個地帶的北方和南方地區，則是十九世紀末二十世紀初民族學家和人類學家注意力集中的所在。然而，在這個龐大的地帶之內，在這個由東方的日本延伸到大西洋中北海岸，而又因歐洲人的征服而進入南北美洲，並爲大多數人口所居住的龐大地帶之內，其各項發展雖然極其懸殊，卻似乎不是無法克服的。

就生產和財富而言，更別提文化了，各主要前工業化地區之間的差異，以現代的標準來說，是相當小的，或許可說是在一與一點八之間。事實上，根據一項最近的估計，在一七五〇至一八〇〇年間，我們今日所謂已開發國家的每人平均國民生產毛額，與今日所謂的「第三世界」大致是一樣的。不過這或許是由於中國太過巨大且相對比重太高的關係：當時中國人口占世界三分之一左右，其一般生活水準事實上可能較歐洲人爲高❸。十八世紀的歐洲人誠然會認爲中國是一個非常奇怪的地方，但是沒有任何聰明的觀察家會把它視爲在任何方面不如歐洲的經濟文明，更不會視它爲「落後國家」。但是，在十九世紀這一百年當中，西方國家，也就是正在改變世界的經濟革命的基地，與其餘地方的間隙正日益擴大，由緩慢而迅速。到一八八〇年時，根據同樣的調查顯示，「已開發世界」的每人平均收入，大約爲「第三世界」的兩倍。到了一九一三年，更高達「第三世界」的三倍以上，而且距離愈拉愈大。這個過程頗爲戲劇化：一九五〇年時，兩者之間的差異是一與五之比，一九七〇年更達一與七之比。尤有甚者，「第三世界」與「已開發」世界中眞正已開發地區（也就是工業化國家）之間的間隙，不但出現得較早，而且擴大的速度也更爲戲劇化。一八三〇年時，這些地區的國民生產毛額比「第三世界」已幾乎高了一倍，一九一三年時更高達七倍。（每人平均國民生產毛額純粹是統計學上的思維產物，係以居民人數去除國民生產毛額。它在不同國家和不同時期的經濟成長比較上雖然是有用的，卻無法說明那個區域中任何人的實際收入和生活水準，也不能說明其間收入的分配情形。只不過，在理論上，在一個「每人平均」數字較高的國家，比在「每人平均」數字較低的國家，可以分配到的收入較多。）

工業技術是造成這種間隙的主要原因，並在經濟上和政治上得到強化。在法國大革命後的一個世紀，人們逐漸看出：貧窮落後的國家很容易被擊敗和征服（除非其幅員非常遼闊），因爲它們的軍備技術處於劣勢。這是一個新的現象。一七九八年拿破崙(Napoleon)的入侵埃及，是配備相去無幾的法國軍隊和埃及及本地軍隊之間的糾鬥。歐洲軍隊的殖民地征伐，其成功不是由於神奇的武器，而是由於其較大的侵略性、殘忍和最重要的一點，其紀律良好的組織❹。可是，在十九世紀中葉滲透到戰爭之中的工業革命（比較《資本的年代》第四章），卻藉著高性能的炸藥、機槍和蒸汽運輸（見第十三章）更加強了「先進」世界的優勢。因此，由一八八〇到一九三〇的半個世紀，將是砲艦外交的黃金時代，或者更正確地說，是鐵的時代。

因此，一八八〇年時，我們所面對的不完全是一個單一的世界，而是一個由兩部分所合成的全球體系：一部分是已開發的、具有主宰性的、富有的；另一部分是落後的、依賴的、貧窮的。然而即使是這樣的說法也很容易導致誤解。第一個（較小的）世界，雖然其內部的差異懸殊，卻因歷史的關係而成爲資本主義發展的共同支承；而（大得多的）第二世界，除了其與第一世界的關係——也就是其對第一世界可能或實際的依賴——以外，幾乎不存在任何可促成其走向一致的因素。除了都是由人類組成之外，中華帝國與塞內加爾(Senegal)，巴西與新赫布萊群島(New Hebrides)，摩洛哥(Morocco)與尼加拉瓜(Nicaragua)之間，又有什麼共同之處呢？第二世界既不因歷史、文化、社會結構而一致，也不因制度、甚至我們今日以爲依賴性世界最顯著的特色——大衆的貧窮——而一致。因爲，以貧富分類的辦法只適用於某種形式的社會，也只適用於某種結構的經濟，而在依賴性世界中，許多地方並不是這樣的社會，也不是這樣的經濟。除了性別以外，歷史上所有的人類社會都包含某些社會不平等。可是，就算印度的土王到西方訪問時可以受到像西方百萬富翁所受到的待遇，新幾內亞(New Guinea)的酋長卻無法如此，甚至在觀念上也不能。就像世上任何地方的平民，當他們離開家園之後往往都變成工人，也就是淪入「貧民」階層，但若以此來認定他們在其故鄉所扮演的角色，就會相當離譜了。無論如何，在當時的世界上仍有許多幸運之地，尤其是在熱帶，那些地方的人們不必擔心吃住或休閒的匱乏。事實上，當時尚有許多小社會，在這樣的社會裡，工作與休閒的概念不但不具意義，甚至也沒有表示這些概念的字眼。

如果說當時的世界的確存在這兩個部分，那麼它們之間的界線並不分明。這主要是由於主導和經手完成全球經濟——在本書所論時期也包括政治——征服的那組國家，因歷史以及經濟發展而具有一致性。這組國家包括「歐洲」，而且不僅是那些清楚構成世界資本主義發展核心的地區——主要是在歐洲西北部和中部，以及其某些海外殖民地。「歐洲」也包括一度在早期資本主義發展過程中發揮重要作用的南部區域(自十六世紀以降，這些地區已成爲窮鄉僻壤)，以及最初創建偉大海外帝國的征服者：尤其是義大利半島和伊比利半島。它也包括廣大的東部地區，這個區域的基督教國家——也就是羅馬帝國的繼承人和後裔——一千多年來不斷抵禦來自中亞的一波波軍事入侵。其中最後一波入侵締造了偉大的鄂圖曼帝國，該帝國曾在十六到十八世紀控制了東歐龐大地區，不過到十九世紀，該帝國已逐漸被逐出。雖然一八八〇年時它仍舊控制橫跨巴爾幹半島的一個不小地帶（現今希臘、南斯拉夫和保加利亞的部分以及阿爾巴尼亞的全部）以及一些島嶼，但是它在歐洲的日子行將結束。許多重新被征服或解放的領土只能在禮貌上被稱作「歐洲」，事實上，巴爾幹半島在當時仍被稱爲「近東」；因而，西南亞才會變成所謂的「中東」。另一方面，驅逐土耳其人出力最大的兩個國家，雖然其人民和領土都付出了備受蹂躪的代價，但它們卻因此而躋身歐洲強權之列：哈布斯堡帝國，以及更重要的俄羅斯。

因此，大部分的「歐洲」充其量也不過是位於資本主義發展和資產階級社會核心區的邊緣。在某些地區，其大多數居民顯然與其當代人和統治者生活在不同的世紀。比如說，在達爾馬提亞（Dalmatia）的亞德里亞海（Adriatic）沿岸地區或布柯維那（Bukovina）地區，一八八〇年時，約有百分之八十八的居民都沒有讀寫能力，而在同一帝國的另一部分——下奧地利（Lower Austria）——只有百分之十一的人口沒有閱讀識字能力[5]。許多受過教育的奧地利人和梅特涅（Metternich）一樣，認爲「亞洲開始於維也納的東行公路處」，而絕大多數的北義大利人視其他義大利人爲某種非洲野蠻人；但是在這兩個王國中，落後地區只是其國家的一部分。在俄國，「歐洲或亞洲」的問題較嚴重，因爲除了浮在上層的極少數知識分子外，從白俄羅斯（Byelorussia）和烏克蘭（Ukraine）向東直到太平洋的整個地區，距離資產社會都同樣遙遠。這個問題在當時的確是大家熱烈辯論的題目。

不過，如果我們把少數幾個被巴爾幹山民孤立起來的地區排除在外，我們可以說：歷史、政治、文化以及幾個世紀以來對第二世界所進行的海陸擴張，已將第一世界的落後部分與進步部分緊密相連。雖然兩個世紀以來，俄國的統治者已不斷推行有系統的西化運動，並且取得對西面邊界顯然比較進步地區如芬蘭、波羅的海國家和部分波蘭的控制，但是俄國的確是落後的。然而在經濟上，俄國確實是「西方」的一部分，因爲其政府所採取的顯然是西方模式的工業化政策。在政治上，沙皇治下的俄國是殖民開拓者而非殖民地。而在文化上，俄國境內受過教育的少數人口，又是十九世紀西方文明的光彩之一。布柯維那，也就是哈布斯堡帝國最偏僻的東北地區（一九一八年，這個地區成爲羅馬尼亞的一部分，而一九四七年後，又變成烏克蘭蘇維埃共和國的一部分），當時可能還生活在中世紀，但是它的首府澤諾維茲(Czernowitz, Cernovtsi)卻有一所傑出的歐洲大學，而其經過解放和同化的猶太中產階級，則絕不是屬於中古的。在歐洲的另一端，以當時的任何標準來說，葡萄牙都是弱小而落後的。它實際上是英國的半殖民地，而只有對它深具信心的人才能看出那兒有什麼經濟潛力。可是，葡萄牙不僅仍舊是歐洲的獨立國家之一，也由於其輝煌的過去而仍舊是一個偉大的殖民帝國。它之所以保有它的非洲帝國，不僅是因爲互相競爭的列強無法決定如何瓜分這個帝國，也因爲由於它是「歐洲的一員」，它的屬國不應被視爲是尚未接受殖民的處女地。

一八八〇年代，歐洲不僅是支配和改變世界的資本主義發展核心，同時也是世界經濟和資產階級社會最重要的組成分子。歷史上從來沒有比這個世紀更稱得上是歐洲的世紀，即使未來也不可能。從人口上說，歐洲人在十九世紀末所占的比例遠高於十九世紀初——從每五個人當中便有一個歐洲人上升到每四人當中便有一個❻。雖然這個舊大陸將數百萬的人口送到各個新世界，但是它本身的成長卻更迅速。雖然單是其工業化的速度和衝力，已使美洲在未來一定會成爲全球經濟的超級強權，可是在當時，歐洲工業的生產額尚超過美洲兩倍以上，而重要的科技進展，仍舊主要是來自大西洋的東面。汽車、攝影機和無線電最初都是從歐洲發展出來的。(日本在現代世界經濟上是一個起步十分遲緩的國家，不過在世界政治上出線卻較快。)

至於高尚文化方面，白種人的海外殖民世界仍舊是完全依靠舊大陸。就它們以「西方」爲模範這一點而言，在非白人社會極少數受過教育的優秀分子中間，這種情形更爲明顯。在經濟上，俄國是無法與美國的急促成長和財富競美。然而在文化上，擁有杜思妥也夫斯基(Dostoievsky, 1821-81)、托爾斯泰(Tolstoi, 1828-1910)、契訶夫(Chekhov, 1860-1904)、柴可夫斯基(Tchaikovsky, 1840-93)、鮑羅定(Borodin, 1834-87)和林姆斯基高沙可夫(Rimsky-Korsakov, 1844-1908)的俄國，卻無疑是個強國；可是馬克・吐溫(Mark Twain, 1835-1910)和惠特曼(Walt Whitman, 1819-92)的美國卻不是，甚至把詹姆士(Henry James, 1843-1916)加進去也不是——詹姆士早已遷移到和他氣味較爲相投的英國去了。歐洲的文化和智識生活仍舊主要是屬於富有和受過教育的少數人，他們也適於在這樣的環境和爲這樣的環境發揮美化作用。自由主義的貢獻便在於它呼籲將這種菁英文化加以普及，使一般大眾都可隨時接觸到。博物館和免費圖書館便是它典型的成績。比較傾向民主和平等的美國文化，一直要到二十世紀的大眾文化時代才獲得其應有的地位。在這段期間，即使是與技術進步有密切關聯的各種科學，由諾貝爾獎最初二十五年得獎人的地理分布判斷，美國不僅落在德國人和英國人之後，甚至也落在小小的荷蘭後面。

但是，如果說「第一世界」的某些部分應該被劃入依賴和落後的那一邊，那麼幾乎整個「第二世界」均都屬於這樣的地區。在「第二世界」當中，只有自一八六八年起便有系統「西化」的日本(參看《資本的年代》第八章)，以及以歐裔移民爲主的殖民地(一八八〇年時，這樣的歐裔移民主要仍來自西北歐和中歐)不屬於落後世界。當然海外歐裔未能淘汰的土著人口又當別論。這種依賴性——或更確切地說，由於這些社會既不能躲避西方的貿易科技，或找出其代替物，也無法抵抗配備西式武器和以西方方式組織的士兵——使許多在其他方面沒有任何共同之處的社會，同樣成爲十九世紀歷史創造者的受害人。有一個殘忍的西方才子，以一種過分簡化的口吻說：

> 不論發生什麼事情，我們有
> 馬克沁重機槍，而他們沒有。❼

與這項差異相較，則美拉尼西亞群島(Melanesian Islands)這樣的石器時代社會，和中國、印度以及回教世界這類複雜的都市化社會，其間的種種差異似乎無足輕重。雖然這些地區的藝術令人讚嘆，其古文明成就教人稱奇，而其主要的宗教哲學，至少和基督教一樣，或較基督教更能博得某些西方學者和詩人的激賞。但是，這些又有什麼用呢？基本上，它們都得任由載著商品、士兵和各種思想的西方船舶所擺布。對於這些船貨，他們無能爲力，而外來的船貨則依照對入侵者有利的方式改變了它們的世界，完全不顧被侵略者的感覺。

但是，這並不表示這兩種世界的分野，是簡單的工業化國家和農業國家，或城市與鄉村文明之間的分野。「第二世界」擁有比「第一世界」更爲古老、更爲巨大的城市，如北京和君士坦丁堡。而十九世紀的資本主義世界市場，更在第二世界當中造就了許多不成比例的大都會中心，透過這些中心，資本主義的經濟之河才得以暢通。一八八〇年代的墨爾本(Melbourne)、布宜諾斯艾利斯(Buenos Aires)和加爾各答(Calcutta)等地各有五十萬左右的居民，比阿姆斯特丹(Amsterdam)、米蘭(Milan)、伯明罕(Birmingham)或慕尼黑(Munich)的人口更多。而孟買(Bombay)的七十五萬居民，是除了六、七個歐洲大城以外，任何地方都趕不上的。雖然，除了少數特殊例外，在第一世界的各種經濟型態中，市鎮在數量上和重要性上都比鄉村來得高，可是令人驚訝的是：「已開發」世界仍舊是十分農業性的世界。只有六個歐洲國家其農業雇用人口少於男性人口的一半——通常都占男性人口的絕大多數——但是，這六個國家都可說是典型的資本主義老牌國家：比利時、英國、法國、德國、荷蘭、瑞士。不過其中也只有在英國，其農業人口少於總人口的六分之一，其他五國從事農業的人口仍占全部人口的百分之三十到百分之四十五之間❽。誠然，「已開發」地區那種商業化和實事求是的農業，和落後地區的農業具有明顯差異。一八八〇年前，除了都對畜舍和田地感興趣以外，丹麥的農夫和保加利亞的農夫在經濟上並沒有什麼共同點。不過，農耕，如同古代的手工藝一樣，是一種深深植根於過去的生活方式，十九世紀晚期的民族和民俗學家，當他們在鄉村找尋古老的傳統和「民間遺風」時，便了解到這一點。即使是最具革命性的農業，也還是會庇護這些傳統和遺風。

相反的，工業卻不完全局限於第一世界。且不說在許多依賴性和殖民式經濟中已擁有基礎設施

（像港口和鐵路）和開採型工業（礦場），以及在許多落後的農業地區也已出現了茅舍工業，甚至某些十九世紀的西式工業，往往也在像印度這樣的依賴性國家中擁有適度發展，有時其發展還會遭到母國業者，尤其是紡織業和食品加工業者的強烈反對。更有甚者，連金屬業也已深入到第二世界。印度的偉大鋼鐵工廠塔塔（Tata），在一八八〇年代便已開始作業。同時，小家庭工匠和包工式工場的小額生產，仍然是「已開發」世界和大部分依賴性世界最常見的情形。雖然德國的學者不安地預測到，在面對工廠和現代分配法的競爭之下，它將要進入一個危機時期，但是，就整體而言，在當時它仍是相當有力的存在。

不過，我們大致仍然可以拿工業當作現代化的標準。一八八〇年代之際，在「已開發」世界（和躋身開發國家之列的日本）之外，沒有任何國家可以稱得上是工業國家或正在工業化的國家。甚至那些主要依然是以農立國，或者至少人們不會立即把它們和工廠與熔爐聯想在一起的「已開發國家」，在這個時期也已開始向工業社會和高科技看齊。比方說，除了丹麥以外，斯堪的納維亞國家在不久以前尚是以貧窮和落後出名，可是短短數十年間，其每人擁有電話的比率已高出包括英國和德國在內的歐洲任何地區❾；它們所贏得的諾貝爾科學獎也比美國多得多；此外，它們也即將成為社會主義政治運動的根據地，這些運動乃是針對工業勞動階級的利益而發起的。

更為明顯的是，我們可以說「先進的」世界正以史無前例的速度進行都市化，而且在極端的情形下，更已成為城市居民的世界❿。一八〇〇年時，歐洲人口數目超過十萬以上的城市只有十七個，其總人口不到五百萬。到了一八九〇年時，這樣的城市有一百零三個，其總人口已達一八〇〇年的六倍以上。始自一七八九年的十九世紀，其所造成的並不是有成百萬居民在其中快速走動的都市蟻丘，雖然在一八八〇年前，又有三個城市和倫敦一樣成為擁有百萬人口的大都會——巴黎、柏林和維也納。相反的，它所造成的是一個由中型和大型市鎮所構成的分布網，而這類擁有稠密人口或諸多衛星市鎮的分布網，正在逐漸侵蝕附近的鄉村。在這些市鎮網中變化較為戲劇化的，通常是那些新興市鎮，如英國的泰恩塞德(Tyneside)和克萊塞(Clydeside)，或是那些才剛開始大規模發展的地區，如德國魯爾區(Ruhr)的工礦帶或美國賓州的煤鋼地帶。同時，這些地區並不需要包含任何大城市，除非這些地區兼具有首府、政府行政中心或其他功能；也不需要擁有大型國際港口，但是它們往往能聚集數量極其龐大的人口。奇怪的是，除了倫敦、里斯本(Lisbon)和哥本哈根(Copenhagen)以外，一八八〇年時，歐洲國家的城市通常不同時具有首邑和國際港口的雙重角色。

2

如果說要用三言兩語(不論多深奧、多明確)來形容這兩部分世界之間的經濟差異是件不容易的事，那麼要概述它們之間的政治差異也不會輕鬆到哪裡去。除少數的地方性差異外，當時的「先進」國家，顯然有一個為大家所想望的結構和制度模式。這個模式基本上包括：一個大致統一的國家，在國際上擁有獨立主權，大到足以為其國民的經濟發展提供基礎，享有顯然是自由和代議制的單一政體和法律制度(也就是說，它應擁有一部憲法和法律規則)，然而，在較低層次上，它還得具有相當程度的地方自治和創制權。這樣的國家應該由「公民」所組成，所謂「公民」是指在其領土之內，享有某些基本法律和政治權利的個別居民的集合體；而不是由，比方說，公司或其他各種團體和社群所組成。公民與全國性政府的關係應該是直接的，不應由公司等群體居間調停，種種等等。這個模式不但是「已開發」國家的希望（一八八〇年時，所有「已開發」國家都在某種程度上符合這個模式），也是所有不願自絕於現代化國家的希望。就上述標準而言，自由立憲的民族國家模式並不限於「已開發」世界。事實上，在理論上依循這個模式運作的最大一群國家，係位於拉丁美洲，不過它們所依循的模式是屬於美國聯邦主義，而非法國中央集權主義。在當時，這一群國家一共包括了十七個共和國和一個帝國——巴西帝國，不過它在一八八〇年代便已崩潰。然而，在實際上，拉丁美洲以及東南歐某些名義上的立憲君主國，它們的政治現實和憲政理論根本毫不相干。未開發世界的絕大部分並不具備這種國家形式，有些甚至不具任何國家形式。它的某些部分是由歐洲列強的屬國所構成，並直接由歐洲列強所統治；不久以後，這些殖民帝國便將大幅擴張。有些部分，如非洲內陸，其所包含的政治單位，嚴格來說，稱不上是歐洲人所謂的「邦國」，不過當時的其他稱謂（「部落」）也不適當。還有一部分則是非常古老的帝國，如中國、波斯帝國和鄂圖曼帝國，這些帝國與歐洲歷史上的某些帝國十分相似，不過它們顯然不是十九世紀式的領土國家（「民族國家」），而且顯然即將被淘汰。另一方面，同樣的不穩定性（如果不一定是同樣的古老性）也影響到某些至少是屬於「已開發」世界、或居於「已開發」世界邊緣的老邁帝國，其原因也許只是因為這些帝國——沙皇的俄羅斯帝國和哈布斯堡王室的奧匈帝國——的「強權」地位實在不夠穩固。

就國際政治來說（也就是，就歐洲政府和外交部的統計數目來說），照我們今日的標準看來，當時世界上堪稱具有獨立主權的國家實體，其數目非常有限。一八七五年前後，歐洲這樣的實體不超過十七個（其中包括六個「強權」——英國、法國、德國、俄國、奧匈帝國和義大利——以及鄂圖曼帝國），南北美洲有十九個（其中有一個名副其實的「霸權」——美國），亞洲有四、五個（主要是日本和中國與波斯這兩個古老帝國），非洲也許有三個勉強稱得上是（摩洛哥、衣索比亞、賴比瑞亞）。其中美洲的共和國數量冠於全球。此外，幾乎所有的獨立主權國家都是君主政體（在歐洲，只有瑞士和一八七〇年以後的法國不是），不過在已開發國家中，它們大多是立憲君主國，至少官方已朝某種選舉代議制的方向表態，歐洲方面唯一的例外是位於「開發」邊緣的帝俄和在明白屬於受害者世界的鄂圖曼帝國。然而，除了瑞士、法國、美國，可能還包括丹麥以外，上述的代議國家中，沒有一個是奠基在民主的選舉制度上（雖然在這個階段只有男性才擁有投票權）。（由不不能斷文識字者便不具選舉權，再加上軍事政變頻仍，使我們無法將拉丁美洲的共和國歸類爲任何民主政體。）不過大英帝國的某些殖民地（澳洲、紐西蘭、加拿大）倒是相當民主，事實上，除了美國落磯山（Rocky Mountain）區的幾州之外，它們甚至比任何其他地區都更民主。然而，在歐洲以外的這類國家，其政治上的民主都是建立在原住民——印第安人等——已被淘汰的假設上。在那些無法用把他們趕到「保護區」或種族絕滅的辦法將他們加以淘汰的地方，他們也不屬於政治群體的一部分。一八九〇年時，美國六千三百萬的居民中，只有二十三萬是印第安人⓫。

至於「已開發」世界的居民（以及設法或被迫模仿它的地區居民），其成年男性愈來愈符合資產階級社會的最低標準：在法律上享有自由平等的權利。合法的農奴制度在歐洲任何地方都不再存在。合法的奴隸制度，在西方或西方所支配的世界也均告廢止，即使是在其最後的避難所——巴西和古巴——也已接近尾聲。一八八〇年代，所有的合法奴隸制度均已消失。然而法律上的自由和平等與眞實生活中的不平等卻有著明顯矛盾。法朗士(Anatole France)諷刺的說法，巧妙地表現出自由資產階級社會的理想。他說：「在其莊嚴的平等上，法律賦予每一個人在麗池大飯店(Ritz)用餐和在橋下睡覺的同樣權利。」不過，在「已開發的」世界，除了社交上嚴格限制的特權外，現今決定分配方法的，基本上是金錢的有無，而非出身或在法定自由和身分上的差異。而法律上的平等也不排除政治上的不平等，因爲重要的不僅是金錢，還包括實際上的權勢。有錢有權的人，不僅在政治上更有影響力，還可以運用許多法外強制力量。生活在義大利南部和美洲內地的居民都很清楚這一點，更別提美國的黑人了。可是，在那些不平等依舊是正式社會與政治制度一部分的地方，與它們至少在表面上是與官方理論相違的地方，兩者之間仍然有很明顯的差異。這種差異類似於刑求依然是司法程序中的一種合法形式(如中華帝國)，與刑求在官方的規定上已不存在，但其警察心照不宣的知道哪些階級是「可刑求」、哪些是「不可刑求」(套用小說家葛林〔Graham Greene〕的字眼)的差異。

世界這兩大部分之間最清楚的區別是文化上的，最廣義的「文化」上的。及至一八八〇年，「已開發」世界中絕大多數的國家和地區，其大多數的男人與愈來愈多的婦女，都具有閱讀寫字的能力。在這些國家和地區中，政治、經濟和智識生活，一般而言均已自古代宗教——傳統主義和迷信的堡壘——的教導下解放出來。而這些國家和地區也幾乎壟斷了對於現代工業技術而言愈來愈必要的那種科學。到了一八七〇年代晚期，任何大多數居民不具閱讀和書寫能力的國家或地區，幾乎必然會被歸類爲「未開發」或落後地區，反之亦然。因此，義大利、葡萄牙、西班牙、俄國以及巴爾幹國家，最多也不過處於開發邊緣。在奧地利帝國（匈牙利除外）境內，捷克地區的斯拉夫人、操德語的居民，以及閱讀書寫能力較低的義大利人和斯洛文尼亞人(Slovenia)，代表了這個國家比較進步的部分，而大半沒有閱讀寫字能力的烏克蘭人、羅馬尼亞人和塞爾維亞—克羅埃西亞人(Serbo-Croats)，則代表了其落後的部分。其居民大半沒有閱讀書寫能力的城市，如當時所謂「第三世界」的情形，更是落伍的有力表記，因爲通常市鎭居民的讀寫能力都比鄉村居民高得多。這種識字率的差異反映了相當明顯的文化因素，譬如說，和天主教徒、回教徒及其他宗教信徒相比，基督教教徒和西方的猶太人比較鼓勵大眾教育。一個如瑞典那般貧窮且絕對以農業爲主的國家，在一八五〇年時，其不能閱讀和書寫的人數尙不到百分之十，這種情形在信奉基督新教以外的地區是很難想像的（所謂信奉基督新教的地區，是指鄰接波羅的海、北海和北大西洋的大多數國家，並且延伸到中歐和北美）。另一方面，它也明確反映了經濟的發展和社會的分工。以法國人爲例，一九〇一年時，沒有閱讀書寫能力的漁夫是工人和家僕的三倍，農夫則是它們的兩倍，半數的商人沒有閱讀書寫能力，而公僕和專業人士顯然閱讀書寫的能力最高。自耕農的閱讀書寫能力比不上農業雇工（不過差不了多少），但是在較非傳統的工商業領域，雇主的閱讀書寫能力通常都比工人來得高（不過不比其辦公室職員高）⓬。在現實的狀況下，文化、社會和經濟的因素是分不開的。

由於在官方的主持或督導之下，全民小學教育日益加強，在本書所論時期，已開發國家的教育可說是相當普及了，但是這種大眾教育絕不能和通常屬於極少數菁英分子的教育和文化混為一談。在少數菁英的讀寫能力上，第一和第二世界之間的差異較小，不過歐洲知識分子、回教或印度教學者，以及東亞滿清官吏所接受的高等教育，彼此之間並沒有什麼共同點（除非他們也採用歐洲模式）。然而，就像俄國的情形那樣，民眾雖有許多是文盲，卻不妨礙其國家的極少數人創造出十分令人激賞的文化。不過其中仍有某些制度代表了「開發」地帶或歐洲人的支配特性，其中最顯著的便是世俗大學（大學在這個時候還不一定是指十九世紀德國式的現代設置，這種德國式大學當時正在西方各地興起），以及為了各種不同目的而設立的歌劇院（參看《資本的年代》附圖）。這兩種設置，都反映了具支配性的「西方」文明的滲透。

3

分辨進步與落後，已開發和未開發世界的差異，是一件複雜而且無益的事。因為這樣的分類在性質上是靜態和簡化的，但是要放進去的現實卻非如此。十九世紀的特色是「改變」：按照北大西洋沿岸生氣勃勃區域的方式，或為了遷就這個區域的目的而改變，在這段時期，北大西洋沿岸乃是世界資本主義的核心地帶。除了一些邊際性和日漸減少的例外情形，所有的國家，包括那些直到當時為止仍極孤立的國家，都至少在外表上被這種全球性改變的觸角所掌握。另一方面，甚至「已開發」

國家的最「進步」地區，也因為採納了象徵古老和「落後」的傳統遺產，而在這個進步的世界裡包含了些許反抗改變的社會。歷史學家絞盡腦汁想要尋找一個最好的辦法，以便有系統地說明這種既普遍存在而又因地不同的改變，說明其眾多模式和相互作用，以及其主要方向。

一八七○年代的大多數觀察家，應該會對這種直線性的變化方式印象深刻。在物質方面，在知識和改變自然的能力方面，它像是擁有專利似的，以致改變就意謂著進步，而歷史——至少現代歷史——似乎即等於進步。進步是以任何可以測量、或人類選擇去測量的上升曲線來加以評估。歷史經驗似乎已為繼續不斷的改進，甚至那些顯然還需要改進的各種事物提供了保證。三百多年前，聰明的歐洲人還把古羅馬人的農業、軍事技術，乃至醫藥視為典範。不過兩百年前，對於現代人是否能超越古人一事，大家還在認眞地討論。而十八世紀末葉，專家們還在懷疑英國的人口是否會繼續增加。然而上述疑慮到了這個時代，都已成為難以置信的事。

在科技以及隨之而來的物質生產和交通量的成長上，進步表現得最為顯著。現代機械絕大多數是以蒸汽為動力，並由鋼鐵製成。煤已成為最重要的工業能源，在俄國以外的歐洲，有百分之九十五的能源係來自煤礦。歐洲和北美的山溪，一度曾決定許多早期紡織廠的地點——從其名稱便可使我們想起水力的重要——可是現在它們又重新成為農村生活的一部分。另一方面，雖然到了一八八○年代，大規模的發電和內燃機均已成為事實，但是電力和石油尚不十分重要。及至一八九○年，甚至連美國也不能宣稱它擁有三百萬盞以上的電燈；而在一八八○年代早期，歐洲最現代化的工業經濟——德國——每年所消耗的石油還不到四十萬噸⑬。

現代科技不僅是無法否認、頻奏凱歌，同時也是歷歷可見的。它的生產機器，雖然照現代標準來看並不特別有力（在英國，一八八〇年時它們的平均馬力還不到二十匹）⓮，但通常都相當龐大，且主要是由鋼鐵製成，就像我們今天在科技博物館所看到的那樣。而十九世紀最巨大和最有力的發動機，也是最容易看到和聽到的產品。它們便是爲數十萬具的火車頭，以及在一縷縷濃煙之下，拖在其後的二百七十五萬輛客貨車。它們是本世紀最戲劇性的發明之一，一個世紀之前的莫札特(Mozart)在撰寫其歌劇時，根本還不曾夢想過會有這種產物。由閃亮鐵軌鋪成的巨大網絡，沿著平原、跨越橋樑、穿過山谷、穿越隧道，甚至翻過像阿爾卑斯山主峯那麼高的山隘。各條鐵路共同構成了人類有史以來最宏偉的公共建設。它們所雇用的人力，超過任何工業。它們駛往大城市中心，在那裡，同樣便捷和巨大的火車站正慶祝著它們的勝利；它們也深及十九世紀文明未滲入的最遙遠鄉村。到了一八八〇年代早期（一八八二），每年幾乎有二十億人乘坐火車旅行；自然，其中大多數是來自歐洲（百分之七十二）和北美（百分之二十）⓯。在西方的「已開發」地區，當時可能沒有幾個男人一生中從未與鐵路有過接觸，甚至連不太活動的婦女，也都或多或少接觸過火車。或許只有電報這種現代科技的另一副產品其知名度超過火車——緜延在一望無際的木桿上的電報線網絡，其長度是世界鐵路總長的三或四倍。

一八八二年時，全球共有爲數二萬二千艘汽船，雖然它可能是比火車頭更有力的機器，但只有少數走近港埠的人才看得見，而且在某種意義上也較不具代表性。一八八〇年時，它們的總噸數仍然（但也只是）較帆船爲少，即使在工業化的英國也不例外。就世界的船舶總噸數而言，一八八〇年時，靠風力的船舶與靠蒸汽力的船舶，其噸數比率仍然幾乎是三比一。不過在隨之而來的十年間，這個情形即將發生戲劇性改變，使用蒸汽動力的船舶將大爲增加。雖然木材已換成鐵而蒸汽取代了風帆，但在船隻的建造和裝卸上，傳統仍然統治著水道運輸。

一八七〇年代下半期的嚴肅外行觀察者，對於當時正在孕育、或正在產生的科技革命究竟投注了多大的注意力？這個時候，正在醞釀或推出的科技變革包括各種渦輪機和內燃機、電話、留聲機和白熱電燈泡（這些都剛發明）、汽車（一八八〇年代戴姆勒〔Daimler〕和朋馳〔Benze〕讓它可以使用），以及一八九〇年代出產或製造中的電影放映機、航空學和無線電報。幾乎可以確定的是，觀察家已預期和預測到與電力、攝影和化學合成這些他們所熟悉的方面有關的重要進展。而他們對於科技應該可以發明機動引擎使道路運輸機械化這個明顯而迫切問題得以解決一事，也不會感到訝異。我們不能指望他們能夠預先想到無線電波和無線電活動。但他們必定曾經臆測到人能飛上天這件事（人類何時不做此臆想？），而由於這個時代科技上的樂觀主義，他們也必然相信它有實現的一天。當時的人們的確對於新發明如飢似渴，愈是戲劇化的發明便愈受歡迎。一八七六年愛迪生（T. A. Edison）在新澤西州（New Jersey）的門羅公園（Menlo Park）成立或許是有史以來的第一座私人實驗室，當他在一八七七年推出第一架留聲機時，頓時成爲美國人的大眾英雄。然而儘管如此，任何觀察家都絕不會預料到這些新發明對消費者社會所造成的實際改變。因爲，除了美國以外，這個問題在第一次世界大戰以前尚未引起相當注意。

因此，進步的最明顯表現是在「已開發」世界的物質生產方面和快速而大量的交通方面。這類進步所帶來的巨大財富在一八七〇年代之際，肯定尚未加惠於亞洲、非洲以及拉丁美洲除南部尖端以外的絕大多數居民。我們也不清楚它對南歐各半島或帝俄大半居民到底帶來了多大好處。即使在「已開發」世界，利益的分配也非常不平均。根據法國官方對一八七〇年代法蘭西共和國喪葬的分類，有百分之三點五爲富人，百分之十三到十四爲中產階級，百分之八十二到八十三爲勞動階級(參看《資本的年代》第十二章)。不過，我們也很難否認這些地區的平民境遇的確有一些改進。在某些個國家當中，每一代平均身高的遞增情形在一八八〇年前便已開始，但是那時並不普遍，而且比起一八八〇年後的情況，當時的改善也微乎其微。(營養絕對是人類身高增加的決定性因素⑯。)一八八〇年時，人們的平均壽命還相當短：在主要的「已開發」地區是四十三歲到四十五歲，德國在四十歲以下，而在斯堪的納維亞則在四十八到五十歲之間⑰。(一九六〇年代，這些國家的平均壽命大約是七十歲。)雖然對這個數字影響最大的嬰兒死亡率此時正開始明顯下降，但是整體而言，這個世紀的平均壽命確實是呈上升趨勢。

簡言之，即使是在歐洲的已開發地區，窮人的最高希望或許仍是擁有一份足以糊口的收入，一片足以棲身的屋頂和足以禦寒的衣裳，尤其是在其生命周期最脆弱的時刻，亦即當夫婦倆的子女尚不能營生，以及當他們進入老年之際。在歐洲的「已開發」地區，人們不再以爲自己眞的會挨餓。甚至在西班牙，最後一次饑荒也在一八六〇年代便告結束。然而，在俄國，饑荒仍然是生活中的重要危機：遲至一八九〇到一八九一年，俄國還發生了一次嚴重饑荒。在日後所謂的「第三世界」當中，饑荒仍然不時可見。相當比例的富裕農民確乎正在出現，而在某些國家中，也有一部分「值得尊敬的」技術工人或手工藝人能有多餘的金錢，購買生活必需品以外的東西。但是，實際上，企業家和商人所瞄準的市場對象，乃是具有中等收入的所得者。當時在供銷上最值得注意的創新，乃是在法國、美國和英國肇始，而正開始滲透到德國的百貨公司。「好市場」(Bon Marché)、惠特來萬國百貨商店(Whiteley's Universal Emporium)，華納梅克百貨公司(Wanamakers)，其顧客對象都不是勞動階級。擁有眾多顧客的美國，已經在籌劃以中價貨物爲主的大眾市場，但是即使在美國，貧民的大眾市場(「廉價」市場)還是少數小企業的專利，這些小企業認爲迎合貧民是有利可圖的。現代的大量生產和大眾消費經濟尚未到來。不過爲期不久了。

在當時人們還喜歡稱爲「道德統計數字」的那些領域，進步似乎也是明顯的。有閱讀書寫能力的人數顯然在增加。在拿破崙戰爭爆發之初，每一個英國居民每年大約寄兩封信，但是到了一八八〇年代上半期，卻增加到四十二封，這不是文明成長的指標嗎？一八八〇年時，美國每一個月發行一億八千六百萬份報章雜誌，而一七八八年時卻只發行三十三萬份，這不也是文明成長的指數嗎？一八八〇年時，參加英國各種學會進修科學的人數或許是四萬四千人，大約比五十年前多了十五倍，這又是不是文明進步的指標呢⓲？無疑，若以十分可疑的犯罪統計數字，和那些希望(很多維多利亞時代的人希望)譴責非婚姻性行爲之人隨便猜度出來的道德品質來看，自然會顯示出較不確定或較不令人滿意的趨勢。但是，在那個時期，「先進」國家當中隨處都可看到自由立憲制度和民主趨向，這能不能視爲與當代不尋常的科學和物質勝利互補的道德改進跡象？英國國教主教和歷史學家克賴頓(Mandell Creighton)宣稱：「我們一定要假定人類事物已在進步當中，正如自來撰寫歷史所根據的科學假設一樣。」⑲當時有多少人會不贊成他的話？

在「已開發」國家中，很少有人不贊成。不過有人或許注意到，即使是在世界上的這些部分，也是相當晚近才有這樣的共識。在世界的其餘地方，即使有人曾想到過，但當時的大多數人甚至根本無法理解這位主教的主張。新奇的事物，尤其是城市居民和外國人從外面引進的新奇事物，是攪擾古老習慣的事物，而非帶來改進的事物。而在實際上，它所帶來攪擾已證明是不可抗拒，而其帶來進步卻又薄弱得無法取信於人。世界既不是進步的也不應被認為可能會進步：這種觀點同時也是「已開發」世界中堅持反對十九世紀的羅馬天主教會所力主的（參看《資本的年代》第六章）。至多，如果光景不好不是由於饑荒、旱災和時疫等自然或神力的狂妄行為，則我們可望藉著回復到以前不知如何被遺棄的眞實信仰（譬如說：可蘭經的教義），或藉著回復到某種公正和秩序的眞實或想像中的過去，而恢復人類生活預期的標準。無論如何，古老的智慧和古老的習慣是最好的，進步只意謂著年幼的人可以教訓年長的人。

因而，在先進國家以外的地區，「進步」既不是明顯的事實，也不是具有眞實基礎的假設，而主要是外來的危險和挑戰，那些因它而受惠或歡迎它的人，是一小撮統治者以及認同外國和反對宗教的人。那些被北非的法國人稱為「文明者」的人，在這個階段，正是那些自絕於其過去及其同胞的人。他們如果想要享有作為法國公民的好處，有時便得被迫處於這樣的自絕境況（比如說在北非得放棄回教律法）。而許多新興社會主義政黨將會發現，甚至在與歐洲進步地區相毗連或被進步地區所環繞的落後地區當中，也很少有幾個地方的鄉間居民或零星的城市貧民，願意追隨明白表示反傳統的現代化人士。

因而，世界可以分爲兩個部分：在較小的那部分「進步」是國產的，在大得多的另一部分，「進步」卻是以外國征服者的姿態闖進來的——一小撮當地的通敵者幫著它闖進來。在第一部分當中，甚至一般大眾也認爲進步是可能的、可取的，而且在某些地方它正在發生當中。在法國，任何準備在競選中拉票的明智政客和重要政黨，都不會自稱爲「保守派」。在美國，「進步」是全國性的意識形態。甚至在第三個擁有成年男子普選權的德意志帝國，自稱爲「保守的」政黨，在一八七〇年代選舉中所贏得的選票還不到四分之一。

但是，如果進步眞的這麼強有力，這麼普遍和爲大家所喜愛，那麼我們該如何解釋人們爲何不大願意歡迎它或者甚至不大願意參與它？這種不願意，只是由於過去的重負嗎？（這種重負將以不均勻但不可避免的方式逐漸從還在它下面呻吟的那些人的肩膀上卸下。）一座資產階級文化特有的殿堂——歌劇院——不是很快就將利用橡膠業所賺得的贏利，在亞馬遜河上游一千哩的瑪瑙斯(Manaus)興建起來嗎？（這個地方位於原始的雨林區內，因發展橡膠業而被犧牲的印第安人，根本沒有機會欣賞到威爾第的《遊唱詩人》(*Il Trovatore*)。）成群好鬥的擁護維新者，如墨西哥名副其實的「科學家派」(cientificos)，不是已經主宰了他們國家的命運，或者預備像鄂圖曼帝國同樣名副其實的「團結進步委員會」(Committee for Union and Progress，通常稱爲「青年土耳其」)一樣，正想要去主宰他們國家的命運？日本不是已經打破它好幾世紀的孤立，接受了西方的習慣和思想，並將其本身轉化爲現代強權嗎？（它的強大力量，不久便由軍事勝利和對外征伐具體展現。）

不過，世界絕大多數居民的不能或拒絕依照西方資產階級所標舉的方式生活，卻比成功模仿它的企圖更值得注意。於是第一世界那些征服成性的居民（當時尚能將日本人排除在外）自然會導出下列結論：基於生物學上的差異，大多數人類都無法達成理論上只有白人（或者，更狹義地說，具有北歐血統的人）能夠做到的成就。人類可區分成不同「種族」的觀念，幾乎和「進步」的想法一樣深入這個時期的意識形態。在萬國博覽會（World Expositions）這個歌頌進步的偉大國際慶典中，有些「種族」是位於科技勝利的攤位，有些則是扮演補充它們的「殖民亭」或「土著村」。甚至在「已開發」國家當中，人們也日漸被分成兩類：其一是擁有充沛精力和優秀才能血統的中產階級；其二則是因爲基因不良而注定低人一等的懶惰大眾。生物學自此開始被某些人用來作爲不平等的解釋，尤其是那些自以爲高人一等的人。

可是，訴諸生物學的這個事實，也使那些改革者的失望變的更加戲劇化，那些改革者企圖使其國家現代化的計畫，卻遭到其同胞的漠然和抗拒。拉丁美洲諸共和國的理論家和政客，認爲其國家的進步有賴於「阿利安化」（Aryanization），亦即經由異族通婚而使其人民愈來愈「白」（巴西），或實際上以引進歐洲白人的辦法來代換現有人口（阿根廷）。無疑，這些統治階級都是白人或自以爲是白人，而其政治菁英中的歐裔非伊比利姓氏也開始不成比例的增加。但是即使是在日本，雖然今天看起來不大可能，但在那個時期，「西化」似乎困難不少，以致有人以爲：想要完成西化，只有注入我們今天所謂的西方遺傳因子（參看《資本的年代》第八及第十四章）。

這類借用僞科學胡亂加以治療的政治醫術（比較本書第十章），使得作爲普遍願望的進步與其實際的不規則進展之間的對比，更加戲劇化。只有某些國家似乎眞能以不等的速度，將其自身轉化爲西方式的工業資本主義經濟、自由立憲政府和資產階級社會。甚至在許多國家和社群當中，「先進的」（一般而言也是富有的）與「落後的」（一般而言也是貧困的）人中間，也有一道鴻溝。當那些生活在中西歐，處境優渥、受過教育且業已被同化的猶太中產階級和富人，面對其從東歐貧民窟逃向西方的二百五十萬同胞時，便會有此感覺。這樣野蠻人眞的和「我們」是同一種族嗎？

由於進步世界內外的野蠻人，其數量如此之多，以致進步只局限於極少數人當中，少數因爲可以控制野蠻人而使文明得以維持的人當中？穆勒(John Stuart Mill)不是說過：「只要其目的是爲了改進野蠻人，則專制政府便是對待野蠻人的正當政府形式？」❿但是，進步還有另一個更深刻的難題。它會把大家帶到哪裡？就算世界經濟的全球性征服——這項征服愈來愈倚重科學與技術的向前推進——的確是無可否認的，是普遍、不可逆轉、因而也無可避免的。就算到了一八七〇年代，想要阻止它們甚或減緩它們的企圖也愈來愈不切實際、愈來愈歸於沉寂，甚至那些致力於保存傳統社會的勢力有時也已經嘗試使用現代社會的武器來達到這個目的——如同今日那些使用電腦和廣播節目傳播《聖經》教義者。就算代議政府所代表的政治進步和讀寫能力普及所造成的道德進步會繼續下去，甚至會加速進行。然而進步果眞會把我們帶向穆勒所謂的文明的躍升嗎？年輕的穆勒曾經明確指出，這個進步的世紀應是：一個更完善的、更明顯擁有人類和社會最佳特質的、更臻於完美的、更快樂、高尚和聰明的世界，甚至國家㉑。

到了一八七〇年代，資產世界的進步已到達可以聽到比較富懷疑、甚至比較悲觀意見的階段。

而且這些意見又因一八七〇年代種種未曾預見的發展而得到加強。文明進步的經濟基礎已經開始動搖。在將近三十年史無前例的擴張之後，世界經濟出現了危機。

註釋

❶鄧恩(Finlay Peter Dunne)，《杜利先生說》(*Mr Dooley Says*)，紐約：一九一〇，頁四六—七。

❷茂豪(M. Mulhall)，《統計學辭典》(*Dictionary of Statistics*)，倫敦：一八九二版，頁五七三。

❸貝羅赫(P. Bairoch)，〈工業革命以來各國經濟差異的大趨勢〉(Les grandes tendances des disparités économiques nationales depuis la Révolution Industrielle)，收入《一九七八年愛丁堡第七屆國際經濟歷史會議：四個「A」主題》(*Seventh International Economic History Congress, Edinburgh 1978: Four 'A' Themes*)，愛丁堡：一九七八，頁一七五—八六。

❹參看：基爾南(V. G. Kiernan)，《歐洲諸帝國：由征服到崩潰》(*European Empires from Conquest to Collapse*)，倫敦：一九八二，頁三四—六；以及海鍏克(D. R. Headrick)，《帝國的工具》(*Tools of Empire*)，紐約：一九八一，散見各處。

❺佛羅拉(Peter Flora)，《西歐的國家、經濟和社會，一八一五—一九七五：資料手冊》(*Stale, Economy and Society in Western Europe1815–1975: A Data Handbook*)，第一冊，法蘭克福，倫敦和芝加哥：一九八三，頁七八。

❻羅斯陶(W. W. Rostow)，《世界經濟：歷史和展望》(*The World Economy: History and Prospect*)，倫敦：一九七八，頁五二。

❼貝洛克(Hilaire Belloc)，《現代的旅客》(*The Modern Traveller*)，倫敦：一八九八，頁ｖｉ。

❽貝羅赫等，《勞動人口及其結構》(*The Working Population and Its Structure*)，布魯塞爾：一九六八。

❾韋布(H. L. Webb)，《歐洲電話的發展》(*The Development of the Telephone in Europe*)，倫敦：一九一一。

❿貝羅赫，《由耶利哥到墨西哥市：歷史上的城市和經濟》(*De Jéricho à Mexico: Villes et économie dans l'histoire*)，巴黎：一九八五，C部。資料散見各處。

⓫《美國歷史統計學，從殖民時代到一九五七年》(*Historical Statistics of the United States, From Colonial Times to 1957*)，華盛頓：一九六〇，一八九〇年户口調查數據。

⓬西波拉(Carlo Cipolla)，《西方的閱讀書寫能力與發展》(*Literacy and Development in the West*)，哈蒙渥斯：一九六九，頁七六。

⓭茂豪，前引書，頁二四五。

⓮根據前引書頁五四六及頁五四九計算得之。

⓯同上，頁一〇〇。

⓰佛勞德(Roderick Floud)，〈一七五〇年後經濟和社會對歐洲人身高的影響〉(Wirtschaftliche und soziale Einflüsse anf die Körpergrössen von Europäern seit 1750)，《經濟史年鑑》(*Jahrbuch für Wirtschaftsgeschichte*)，東柏林：一九八五，第二冊，頁九三—一一八。

⓱梅爾(Georg v. Mayr)，《統計學和社會學》(*Statistik und Gesellschaftslehre*)，第二冊，《人口統計學》(*Bevölkerungs-*

statistik)，二，蒂賓根：一九二四，頁四二七。

⓲茂豪，前引書，「郵局」、「新聞界」、「科學」條。

⓳《劍橋現代史》(*Cambridge Modern History*)，劍橋：一九〇二，第一冊，頁四。

⓴穆勒，《功利主義，論自由和代議政府》(*Utilitarianism, On Liberty and Representative Government*)，人人版：一九一〇，頁七三。

㉑穆勒，〈文明〉(Civilisation)，收入《論説和討論》(*Dissertations and Discussions*)，倫敦：日期不詳，頁一三〇。

第二章 經濟換檔

合併已經逐漸成爲現代商業體系的靈魂。

——狄西(A. V. Dicey)，一九〇五❶

任何資金和生產單位之所以合併的目的……都是爲了盡可能減少生產、行政和銷售成本。其著眼點在於藉著淘汰毀滅性的競爭，而取得最大的利潤。

——法班公司(I. G. Farben)創辦人杜斯保(Carl Duisberg)，一九〇三—四❷

有幾次，資本主義經濟在科技領域、金融市場、商業和殖民地等方面，已經成熟到世界市場必須極度擴張的程度。整個世界的生產，將提升到一個新的、更包容一切的層次。在這個時候，資本便開始進入一個劇烈成長的時期。

——赫爾方德(I. Helphand〔Parvus〕)，一九〇一❸

1

一八八九年，也就是社會主義者國際(Socialist International)成立的那一年，有一位著名的美國專家在對世界經濟做過通盤考量之後指出：自一八七三年起，世界經濟的特徵便是空前的騷動和商業不景氣，他寫道：「它最值得注意的特色，

是它的普遍性。它既影響到牽涉進戰爭的國家，也影響到維持住國內和平的國家；影響到擁有穩定通貨的國家，也影響到通貨不穩定的國家……；影響到奉行自由交易制度的國家，也影響到其交易多少受到限制的國家。它在像英國和德國這樣的古老社會當中是令人嘆息的，在代表新社會的澳洲、南非和加利福尼亞也是如此。對於貧瘠的紐芬蘭和拉布拉多(Labrado)居民而言，它是難以承受的災難；對於陽光燦爛、蔗田肥沃的東、西印度群島居民而言，也是難以承受的災難。同時它也沒有使居於世界交易中心的人更為富有，然而通常在商業波動最劇和最不穩定的時刻，他們的獲利也最大。❹

雖然有些日後的歷史學家認為難以理解，但這種通常以比較平淡無奇的方式所表示的看法，卻是許多當時觀察家們所共有的。因為構成資本主義經濟基本節奏的商業周期，雖然在一八七三到一八八九

〇年代中期確實造成了一些嚴重的不景氣，可是從未趨於停滯的世界生產，仍舊繼續戲劇性的向上攀升。在一八七〇到一八九〇年間，在五個主要鐵產國中，鐵的產量不止增加了一倍（由一千一百萬公噸增加到二千三百萬公噸）；而現今已成爲工業化指數的鋼產量，也增加了二十倍（由五十萬公噸增加到一千一百萬公噸）。國際貿易持續大幅成長，雖然其速度不似之前那樣快得令人暈眩。在這幾十年中，美國和德國的工業經濟大步前進，而工業革命也擴及到像瑞典和俄國這樣的新國家。若干新近整合到世界經濟的海外國家，開始步入空前未有的繁榮時期，因而難免也導致與一九八〇年代十分相似的國際債務危機，特別是這兩個時期的債務國家也大致一樣。由於阿根廷鐵路系統在五年間增長了一倍，而阿根廷和巴西每年也吸引到二十萬移民，因此在拉丁美洲的外國投資於一八八〇年代竄升到教人咋舌的大數目。我們可以把如此這般壯闊成長的生產時期稱爲「大蕭條」嗎？

今日的歷史學家對於這一點可能會抱持懷疑態度，但是當時人卻不曾。這些聰明、靈通卻憂心不安的英國人、法國人、德國人和美國人，難道都得了集體妄想症嗎？認爲這是個「大蕭條」時期實在挺荒謬的，甚至帶有不祥語調的預測，即使在當時看來也有些言過其實。並不是所有深思熟慮的保守人士都和韋爾斯（Wells）抱持同樣看法，他說他已感覺到野蠻人正在整軍待發的威脅，這次他們將來自內部，而非如古代那樣從外入侵，他們想要攻擊當前的社會組織，甚至文明永續性的本身❺。但是，還是有人認同韋氏的感受，遑論愈來愈多的社會主義者希望資本主義能在其不能克服的內部矛盾下崩潰——這個不景氣的時代似乎顯示出這些矛盾。如果當時的社會不存在這種普遍的經濟以及隨之而起的社會弊病，那麼一八八〇年代文學和哲學中的那種悲觀調子（參看第四章及第十章），便無法完全解釋。

至於經濟學家和商人所憂愁的，是未來的經濟理論宗師馬歇爾（Alfred Marshall）在一八八八年所提出的那種長期的「低物價、低利息和低利潤」❻。簡言之，在一八七〇年代公認的劇烈崩潰之後（參看《資本的年代》第二章），當時的問題不是生產而是利潤。

農業是這波利潤下降最顯著的受害者，事實上農業的某些部分已深陷在最不景氣的經濟地帶，而它所導致的不滿情緒更造成了最直接和最深遠的社會和政治後果。在前幾十年間產量激增的農業產品（參看《資本的年代》第十章），如今已溢滿整個世界市場，在高昂的運輸成本保護下，多數市場仍能抗禦大量外國農產品的競爭。農產品的價格在歐洲農業及海外出口的經濟當中，都發生了戲劇性的暴跌。一八九四年時，小麥的價格只有一八六七年的三分之一多一點，對於購買者而言，這當然是千載難逢的好機會，但是對農夫和農業雇工而言，卻是災禍。當時，農人和農工仍占工業國家男性工作人口的百分之四十到五十（只有英國例外），在其他地方更可占到百分之九十。在有些地區，同時發生的天災，更使情況雪上加霜。譬如說，一八七二年開始的葡萄蟲傳染病，使法國水果酒的產量在一八七五到一八八九年間減少了三分之二。對任何牽涉到世界市場的國家中的農夫而言，這不景氣的幾十年都不是好過的日子。農人的反應隨著其國家財富和政治結構而不同，從選民的騷動一直到反叛都有，當然還包括因饑荒而造成的死亡（如一八九一至九二年的俄國情形）。一八九〇年代橫掃美國的民粹主義（populism），其核心正是小麥產地的堪薩斯州和內布拉斯加州。一八七九至一八九四年間，在愛爾蘭、西班牙、西西里和羅馬尼亞，都曾發生多起農民叛變，或被視為叛變的騷動。在已經沒有農夫階級因此不需要為此發愁的國家，如英國，自然可以任其農業萎縮：在這樣的地方，小麥耕地面積在一八七五到九五年間整整消失了三分之二。有些國家，如丹麥，積極推行農業現代化，並改而經營利潤較大的動物產品。還有一些政府，如德國，尤其是法國和美國，則選擇用關稅制度來維持其農產品價格。

然而，兩種最普遍的非官方反應卻是大量向外移民和成立合作社。無土地的人和擁有土地卻因稅捐過高等原因而窮困的農人，占了外移者的大半。而擁有富生產潛力的土地的農民，則占了參加合作社者的大半。一八八〇年代，老牌移民國家的海外移民比率在一八八〇年代達到空前絕後的高峯（愛爾蘭「大饑荒」後十年間的特殊情形例外）。而義大利、西班牙和奧匈帝國眞正的大量海外移民，也從這個時期開始，繼而跟進的是俄國和巴爾幹諸國。（一八八〇年前，南歐唯一大量向外移民的國家是葡萄牙。）這是一個將社會壓力保持在反叛和革命之下的安全活瓣。至於合作社，則為小農提供了適度的貸款。到了一九〇八年，德國超過半數的獨立農人，都隸屬於這樣的小銀行（一八七〇年代由天主教徒雷發巽〔Raiffeisen〕所創辦）。同時，合作購買供應品、合作推銷和合作加工（其中重要的有乳製品加工及丹麥的醃薰豬肉）的團體，也如雨後春筍般在多國興起。一八八四年之後的十年間，當法國農人為了自身利益而牢牢抓住那條使工會合法化的法律時，為數四十萬的農人幾乎都隸屬在兩千個這樣的工會裡面❼。到了一九〇〇年，美國約有一千六百家合作社製造乳製品，大半數分布在中西部。而紐西蘭的酪農業，更是在農民合作社的控制之下。

商業也有其自己的難處。在一個經過洗腦、認為物價上漲（「通貨膨脹」）才是經濟災禍的時代，人們很難想像十九世紀的商人竟然更擔心物價下跌。在這個就整體而言堪稱通貨緊縮的世紀中，再沒有比一八七三至九六年的情形更嚴重——在這段期間，英國物價下跌了百分之四十。合理的通貨膨脹不但對債務人好（每一個負擔長期貸款的屋主都明白），也促成了贏利率的自動提升，因爲以較低成本所生產的貨物，當它們可以出售時，是以當時較高的物價水準售出。相反的，通貨緊縮卻有損贏利率。如果市場能因之大幅擴展或許可抵銷這一點，但是，事實上當時市場的成長並不夠快，一方面是因爲新的工業技術使產量能夠而且也必須快速增加（如果工廠要賺錢的話）；一方面因爲互相競爭的生產者和工業經濟的數目也在成長當中，因而大大增加了整個產能；同時也因爲日用必需品的大眾市場尚在緩慢拓展。即使是對資本財而言，日新月益的性能、更有效的產品利用以及需求的變化都可以造成很劇烈的後果：一八七一年五月到一八九四年八月之間，鐵的價格足足下跌了百分之五十。

更進一步的困難是：商業的生產成本在短時間之內並沒像物價那樣急速下跌。因爲，除了少數例外，工資不可能按物價跌落的比例減低，而各個廠商也負擔了相當大量已經過時或行將過時的廠房和設備，或者負擔了新的廠房和設備，在利潤偏低的情況下，這些新廠房和設備將無法如預期那樣快速賺回本錢。對世界某些地區而言，情形更爲複雜，因爲白銀的價格和它與黃金的兌換率都在逐漸下落，並曾一度上下波動且不可預測。在金價和銀價都穩定（如一八七二年以前的許多年間）的前提下，以貴金屬（世界貨幣的基礎）計算國際支付是相當簡便的方式（大約十五個單位的白銀等於一個單位的黃金）。然而當兌換率變得不穩定時，建立在不同貴金屬之上的通貨交易，便沒那麼簡單了。

是否有補救物價、利潤和利率偏低的方法？對許多人而言——如當日轟動一時但今天已為大家所遺忘的關於「複本位主義」的辯論所示——一種反轉的貨幣主義應該是解決辦法。這些人以為物價的下跌主要是由於全球性的黃金短缺，而（透過採取金本位的英鎊，也就是金鎊）黃金已成為當時世界支付體系的唯一基礎。由於白銀的產量已大量增加，尤以在美洲為然，因此若同時採用以黃金和白銀為基礎的制度，便可因貨幣的膨脹而刺激物價高漲。那些受到強大壓力的美國大草原農夫，以及經營落磯山銀礦的業者，都對通貨膨脹抱有極大興趣。通貨膨脹此時成為美國民粹運動的主要政綱，而人類將被釘在黃金十字架上的預言，也給了偉大的民權擁護者布賴恩（William Jennings Bryan, 1860–1925）不少辯論靈感。至於在布賴恩所喜愛的其他議題上，如應以字面解釋《聖經》的眞理並必須禁止宣講達爾文學說等，他無疑都是輸家。世界資本主義核心國家的銀行業、大企業和政府，並無意放棄金本位制度。金本位對他們而言就像「創世紀」對布賴恩一樣，都是必須遵奉的金科玉律。無論如何，當時只有不包括在核心國家之內的墨西哥、中國和印度等國家，主要是以白銀為基礎。

政府通常比較容易聽信利益團體和選民團體的話，這些人力促政府保護國內生產者對抗進口貨的競爭。他們之中，如可以預料的，不但有龐大的農人集團，也包括重要的國內工業團體。工業家們設法藉著不許外國競爭對手進入的辦法，將「生產過剩」減少到最低限度。至少在商品貿易上，「大蕭條」結束了漫長的經濟自由主義時期（比較《資本的年代》第二章）。（資金、財務交易和勞力的自由移動，甚至可能更為顯著。）保護性關稅由一八七〇年代晚期的德國和義大利（紡織業）首開其端，自此永遠成爲國際經濟的一部分，並於一八九〇年代早期在法國的梅利納(Méline, 1892)及美國的麥金萊(McKinley, 1890)罰約性關稅中，達到最高峯(見下表)。

雖然英國偶爾也會受到貿易保護主義者的強力挑戰，可是在所有主要的工業國家中，它卻是唯一牢持無限制自由貿易政策的國家。這其中的道理很明顯，更何況英國沒有眾多農人，因而也不必擔心貿易保護主義者的選票問題。英國絕對是工業產品的最大輸出國，而且在本書所述階段愈來愈以出口爲導向，尤其是在一八七〇年代和一八八〇年代。在這方面，它超過了它的主要競爭對手，只略遜於某些小型的進步經濟——如比利時、瑞士、丹麥及荷蘭。英國可說是資金、「隱形的」金融和商業服務，以及運輸服務的最大出口國。事實上，即使在外國競爭已侵略到英國的工業之際，倫敦城和英國運輸業卻在世界經濟當中扮演更爲核心的角色。反過來說，雖然大家常常忘記這一點，但英國早已遙遙領先其他國家成爲世界農業出口貨的最大市場，而且主宰了，甚至可以說構成了某些出口品的世界市場。以蔗糖、茶葉和小麥爲例，一八八〇年代，英國大約購買了其全部國際貿易量的半數。一八八一年時，英國幾乎購買了世界外銷肉品的半數，以及較任何其

歐美各國平均關稅：1914 年❽

國　　家	百分比	國　　家	百分比
聯合王國	0	奧匈帝國、義大利	18
荷　　蘭	4	法國、瑞典	20
瑞士、比利時	9	俄 羅 斯	38
德　　國	13	西 班 牙	41
丹　　麥	14	美　　國(1913)	＊30

*1890 年 49.5%， 1894 年 39.9%， 1897 年 57%， 1909 年 38%。

他國家更多的羊毛和棉花（歐洲進口量的百分之五十五）❾。事實上，由於在蕭條期間英國已任其國內的農業生產減縮，因此它的進口傾向遂更爲顯著。到了一九〇五至〇九年間，約有百分之五十六的穀物及百分之七十六的乳酪和百分之六十八的雞蛋是來自國外進口❿。

因而，自由貿易似乎是不可或缺的，因爲它允許海外的農產品生產者以其產品交換英國的製造品，從而加強了聯合王國和落後世界的共生：英國的經濟力量基本上便是建立在這個落後世界之上。阿根廷和烏拉圭的農牧主人，澳洲的羊毛生產者和丹麥的農夫，對於鼓勵其國內製造業都不感興趣，因爲作爲英國這個經濟太陽系中的行星，日子也可以過得很不錯。然而英國的犧牲卻也不小。如前所見，自由貿易意味著當英國的農業站不住腳時，它便會任它倒下去。英國是唯一一個甚至連保守黨政治家也隨時願意拋棄農業的國家，雖然這個政黨在很久以前也是主張保護貿易。沒人會否認這樣的犧牲比較容易，因爲那些非常有錢並在政治上仍有左右力量的地主，如今從都市地產和投資有價證券當中獲得的收入，幾乎和農田租金不相上下。可是自由貿易會不會如保護主義者所害怕的那樣，也意味著隨時可以犧牲英國的工業？由一九八〇年代英國所採行的非工業化政策看來，一百年前的這項恐懼似乎不是不切實際的，畢竟資本主義所要生產的不是任何特殊產品，而是金錢。而雖然這個時候已可明顯看出：在英國政壇上，倫敦城的意見要比外郡工業家的意見占更大的分量，可是一時之間，倫敦的利害似乎不會和大部分工業區的利害相衝突。於是，英國仍舊支持經濟上的自由主義（只有在無限制移民一事上例外，因爲英國是最早通過反對〔猶太〕外國人大批湧入的歧視性立法的國家之一⑪〔一九〇五〕），而這樣一來，遂給了採取保護主義的國家控制其國內市場，和擁有充分外銷拓展空間的雙重自由。

經濟學家和歷史學家從來就不曾停止爭論這場國際保護主義復興所造成的影響，或者易言之，停止爭論資本主義世界經濟的這種奇怪的精神分裂症。在十九世紀這一百年中，世界經濟核心部分的基本單位愈來愈傾向於由「國家經濟」所構成，亦即英、德、美等國的經濟。雖然亞當•斯密(Adam Smith)的巨著《國富論》(*The Wealth of Nation*, 1776)用了這麼一個實用主義的書名，然而在純粹自由資本主義的理論上，「國家」這個單位是沒有地位的。自由資本主義的基本單位是無法再減縮的企業原子，是受到將贏利盡量擴大或將虧損盡量縮小的規則所驅使的個人或「廠商」(有關廠商的討論不多)。他們所能運作的「市場」是以全球為範圍。自由主義是資產階級的無政府主義，正如革命的無政府主義一樣，它並不賦予政府任何地位。更正確的說，政府作為一項經濟因素，其存在只會干預到「市場」的自主和自發運作。

在某種意義上，這個看法是有一點道理的。一方面，它似乎合理的假定(尤其是在本世紀中期的經濟自由化之後，參看《資本的年代》第二章)：促使這樣一個經濟運作和成長的，是其基本單位所做的經濟決定。另一方面，當時的資本主義經濟是全球性的，而且也只能是全球性的。在十九世紀這種趨勢日漸明顯，因為它的運作範圍已延伸到愈來愈遙遠的地方，並且對所有地區都造成愈來愈深刻的改變。更有甚者，這樣的經濟不承認邊界的存在，因為在沒有任何事物可以干預生產因素自由活動的地方，它的效果最好。因而，資本主義不僅在實際上是國際性的，在理論上也是國際性的。其理論上的理想境界，是以國際分工來保障經濟的最大成長。它的評估標準是全球性的：在挪威嘗試種植香蕉是不合理的，因爲在宏都拉斯(Honduras)生產香蕉的成本低得多。它對於地方性或區域性的反對議論根本置之不理。純粹的經濟自由主義理論不得不接受其假設所可能引出的最極端、甚至最荒謬的後果，只要這項假設可以說明它將帶來最好的全球性效果。如果資本主義可以證明全世界的工業生產都應集中在馬達加斯加島(Madagascar)(正如其百分之八十的手錶生產當時是集中在瑞士的一個小地區一樣)⑪，或者可以證明全法國人都該遷移到西伯利亞(正如爲數龐大的挪威人當時的確因移民而遷移到美國一樣)，那麼它沒有任何理由該反對這樣的發展。(一八二〇到一九七五年間，有爲數八十五萬五千左右的挪威人移民美國，這個數目幾乎是一八二〇年的挪威人口總數⑫。)

因此，就經濟而言，英國在十九世紀中期壟斷了全球工業的情形有什麼不對呢？或者，在一八四一到一九一一年間幾乎失去其一半人口的愛爾蘭，這樣的人口發展又有什麼不對呢？自由經濟理論所承認的唯一均衡，是全世界性的均衡。

但是，在實際上，這個模式是不夠的。逐漸形成中的資本主義世界經濟，既是一群固體集團的結合，也是一個易變的流體。不論構成這些集團的「國家經濟」(也就是以國家邊界所界定的經濟)起源爲何，也不論以它們爲基礎的經濟理論(主要是德國理論家的理論)具有怎樣的缺陷，國家經濟之所以存在乃是由於民族國家的存在。如果比利時仍然是(和一八一五年前一樣)法國的一部分或統一的尼德蘭的一個區域(如它在一八一五到一八三〇年間那樣)，那麼恐怕沒有人會把比利時視爲歐陸最早的工業經濟體。然而，一旦比利時是一個國家，則它的經濟政策和其居民經濟活動的政治重要性，都會因這個事實而形成。誠然，從以前到現在都不乏像國際金融這類基本上是國際性，且因此避免了國家制約的經濟活動。可是，即使是這種超國家的企業，也都非常留意該如何把自己附屬於一個重要的國家經濟當中。因此我們可以看到，一八六〇年後，(大半爲德國人所有的)商業銀行家族往往都將其總行由巴黎遷到倫敦。而大銀行家族中最具國際性的羅思柴爾德家族(Rothschilds)，其各分行的營業榮枯完全取決於它們是否位於主要國家的首都當中：倫敦、巴黎和維也納的羅思柴爾德家族一直強勁有力，而那不勒斯(Naples)和法蘭克福的羅思柴爾德家族則不然(法蘭克福分行拒絕遷往柏林)。在德國統一之後，法蘭克福已不再具有以往的重要性了。

自然，這些論述主要是適用於世界的「已開發」部分，也就是適用於可以在競爭對手面前保護其工業經濟的國家，而非地球的其餘地方；對世界其餘部分的經濟體而言，不管在政治上還是經濟上，它們都得依賴「已開發」的核心地帶。這些地區或許是別無選擇，因爲殖民強權已決定它們的經濟未來，帝國經濟已將它們轉化爲香蕉或咖啡共和國。要不就是它們往往對其他的發展選擇不感興趣，因爲作爲由母國所構成的世界經濟的農產品專業生產者，也自有好處。在世界的邊緣地帶，「國家經濟」如果曾經存在的話，其功能也是很不相同的。

但是，已開發世界不只是許多「國家經濟」的總和。工業化和不景氣已把它們轉化成一群敵對的經濟體，其中一個經濟體的獲益似乎就會威脅到其他各經濟體的地位。不僅是商號之間彼此競爭，國家之間也互較高下。因此當新聞界揭露了外國的經濟侵略之後——如威廉斯(E. E. Williams)的《德國製》(*Made in Germany*, 1896)或馬肯齊(Fred Mackenzie)的《美國侵略者》(*American Invaders*, 1902)——英國的讀者便有芒刺在背的不安感[13]。相較之下，他們的父輩當年在面對外國技術已超越他們的(正確)警訊時，是多麼地鎮靜啊。保護主義已表現出國際經濟競爭的情勢。

但是，它的結果是什麼?我們可以確切的說:保護主義是要將每一個民族國家用一組政治防禦工事環繞起來，以抵禦外國入侵，而過分普遍的保護主義，對於世界經濟的成長是有妨礙的。這一點在旋即而至的兩次世界大戰之間已得到充分證明。然而，在一八八〇至一九一四年間，保護主義卻既不普遍，而且除了偶爾的例外，也不具阻礙性;再者，如前所示，它只限於商品貿易，而沒影響到勞力和國際金融交易的流動。就整體而言，農業保護主義在法國奏效，在義大利失敗(義大利的回應是人民大量外移)，在德國則庇護了大農戶⓮。而工業保護主義則拓寬了世界工業的基礎，因爲它鼓勵各國工業以其國內市場爲目標，而這也帶動了各國工業的迅速成長。根據統計數字，在一八八〇到一九一四年間，生產和商業的全球性成長無疑比在實行自由貿易的那幾十年高出許多⓯。一九一四年時，在都市化或「已開發」的世界中，工業生產的分配情形已比四十年前更均勻。一八七〇年時，四個主要工業國囊括了全球製造業生產額的近百分之八十，然而到了一九一三年，它們卻只生產了全球製造業生產額的百分之七十二，不過這個生產額是一八七〇年的五倍⓰。保護主義對這種平均化究竟有多大影響尚待商榷，然而它不會造成成長的嚴重停滯卻似乎是相當清楚的。

可是，如果說保護主義是發愁的生產業者對這場不景氣本能的政治反應，它卻不是資本主義對其困難最重要的經濟回應。資本主義最重要的經濟回應乃是經濟集中和經營合理化，套用美國的術語來說，便是「托辣斯」(trust)和「科學管理」——此時，美式術語已開始決定全球風尚。「托辣斯」和科學管理的目的都在增加利潤，在競爭和物價下跌的衝擊下，當時的利潤已飽受壓縮。

經濟集中不應與嚴格定義的壟斷(由一個企業控制市場)混爲一談,也不應與較廣義的壟斷(由一小撮具有支配性的企業控制市場)混爲一談。誠然,招致公眾譴責的戲劇化集中例子的確是屬於這一種,它通常是由廠商間的合併或市場控制的安排所造成,而根據自由企業的理論,這些廠商應該要爲了消費者的利益而互相殘殺才對。這便是美式的托辣斯,以及甚爲德國政府喜愛的「企業聯合組織」(syndicate)或「卡特爾」(cartel)——主要在重工業方面。「萊茵—西發里亞煤業聯合組織」(Rhine-Westphalian Coal Syndicate, 1893)控制了當地百分之九十左右的煤產量;一八八〇年,標準石油公司(Standard Oil Company)控制了美國精煉石油的百分之九十到九十五,這兩者當然是壟斷性企業。而占了美國鋼產量百分之六十三的美國鋼鐵公司(United States Steel)的「十億元托辣斯」,實際上也是。顯然,在「大蕭條」期間,遠離自由競爭、朝向合併獨立企業的趨勢已經異常明顯⓱,並且在全球繁榮的新時代還會繼續下去。在重工業中,在像迅速成長中的軍備工業這樣密切依靠政府訂單的工業中(參看第十三章),在石油和電氣這類革命性的新能源工業中,在交通,以及在某些像肥皂和菸草這類日用必需品的製造業中,壟斷或由一小撮具支配性廠商控制市場的趨勢,是無可否認的。

然而,控制市場和淘汰競爭對手,只是比較一般的資本主義集中過程中的一個面向,而且是既不普遍也非不可逆轉的面向:例如一九一四年,美國石油業和鋼鐵業的競爭情形便較十年前還大。因此若以一九一四年的情形而言,把這個始於一九〇〇年的資本主義發展新階段稱爲「壟斷性資本主義」,是很容易引起誤解的。不過,我們稱它爲什麼並不重要(「股份有限公司資本主義」、「有組織的資本主義」等），只要我們同意（也必須同意）合併犧牲了市場競爭而獲得進展，商業股份有限公司犧牲了私人小商號而獲得進展，大商業和大企業犧牲了較小的商業和企業而獲得進展，而這種集中顯示出由一小撮支配性實業或企業控制市場的傾向。這一點，甚至在像英國這種老式小規模和中型競爭性企業的強固堡壘當中，也很明顯。由一八八〇年起，供銷模式也發生了革命。「食品雜貨商」和「肉販」現在不單是指一個小零售商，而愈來愈常是指那些擁有百家分行的全國性或國際性商號。在銀行業中，具有全國網絡的大型合股銀行，當時以極快的速度取代小型銀行：勞埃德銀行（Lloyds Bank）併吞了一百六十四家小銀行。一九〇〇年後，如前所示，老式的、或任何形式的英國「鄉村銀行」，都已成爲「歷史古董」。

像經濟集中一樣，「科學管理」（這個辭彙到了一九一〇年左右才使用）也是因「大蕭條」而產生。它的創始者和提倡者泰勒（F. W. Taylor, 1856–1915），於一八八一年開始在問題嚴重的美國鋼鐵業開展他的構想。一八九〇年代，它由西方來到歐洲。利潤在不景氣中所承受的壓力，以及與日俱增的公司規模和複雜性，顯示傳統的、憑經驗的和粗略而實際的企業經營方法，尤其是生產方式，已經不合乎時代需求了。因而，需要一套更合理、更「科學」的方法來控制、監督並規劃那些以追求最大利潤爲目的的大型企業。這項由「泰勒主義」全心貫注並被日後大眾等同於「科學管理」的任務，便是如何能讓工作人員多做些工。爲了達到這項目的，當時採用了三種主要方法：㈠將每一個工作人員從工作群中孤立出來，將他、她或這個工作群對工作過程的控制，轉移到管理人員身上。這個管理人員要確切指示這個工作人員去做什麼以及完成多少產量，而其所根據的是㈡有系統的將每一個過程分解爲按時間調節的組成因素（「時間—動作研究」（time-motion study）），以及㈢利用各種不同的工資給付制度，提高工作人員的增產動機。這種以成果作爲支付標準的制度很快便廣爲傳播，但是在實際運用上，照字面解釋的泰勒主義於一九一四年前不管在歐洲，或者甚至在美國，幾乎都沒有什麼進展，而在戰前最後幾年，也不過是管理界所熟悉的口號而已。一九一八年後，泰勒的名字和另一位大量生產的先驅福特（Henry Ford）一樣，同時在布爾什維克（Bolshevik）的計畫經濟者和資本主義者之間，成了合理使用機械和勞力以使生產盡量擴大的代名詞。

不過，很清楚的一件事是：在一八八〇到一九一四年間，大型企業的結構轉化，從生產到辦公室和會計工作，都有重大進步。現代法人組織和管理等「看得見的手」，已取代了亞當·斯密意指市場的那隻「看不見的手」。於是高級職員、工程師和會計師開始接下業主兼經理者的工作。「股份有限公司」或聯合企業取代了個人，至少在大型企業中，典型的實業家現在很可能不是創辦家族的一員，而是受薪的行政人員，而監督他的大概會是一個銀行家或股東，而非負責經營的資本家。

還有第三種脫離企業困境的可能辦法：帝國主義。「不景氣」和殖民地瓜分熱潮在時間上的巧合，時常受到人們注意。歷史學家對於這兩者之間究竟有多密切的關係，至今仍辯論不休。無論如何，如下章將說明的，它們的糾葛要比簡單的因果關係複雜得多。不過，大體上不可否認的是：爲資本尋找更有利潤的投資環境的壓力，正如爲生產尋找市場的壓力一樣，也促長了向外擴張的政策。一九〇〇年時，一位美國國務院官員說道：「領土擴張不過是商業擴張的副產品。」[18]而他絕不是從事國際事務和從政人士當中，唯一持這種看法的人。

我們還必須提一下「大蕭條」的最後一個後果或副產品，亦即大蕭條的時代也是一個社會激烈動盪的時代。這種騷動不僅發生在因農產品價格崩潰而震顫不已的農民當中，也出現在工人階級裡面。我們還不十分明白，爲什麼「大蕭條」會在無數國家當中引起工業工人階級的大規模動員，而其中有若干國家其動員時間竟由一八八〇年代末期一直延伸到大規模社會主義和勞工運動的出現。因爲，矛盾的是，導致農民萌生過激想法的物價下跌，相當明顯地降低了賺取工資者的生活花費，而在大多數的工業化國家中，它無疑促成了工人物質生活的改善。但是，在此我們只需注意：現代的各種勞工運動也是不景氣時期的產物。在第五章中，我們將對這些運動做進一步分析。

2

由一八九〇年代到一次大戰前夕，全球經濟管絃樂隊所演奏的是繁榮的大調，而不再是前此的不景氣小調。建立在商機蓬勃基礎上的富足繁榮，構成了今日歐洲大陸還稱爲「美好時代」的背景。這種從愁雲慘霧突然轉成幸福安樂的變化，實在太過戲劇性，以致平庸的經濟學家得要尋找某種特別的外在力量去解釋它，比如說他們在南非克倫代克地區（Klondike，一八九八年，最後一處西方淘金熱所在地）所發現的大量黃金當中，找到了一個機械之神，如此這般。整體說來，比起某些二十世紀晚期的政府，經濟史學家通常對於這種基本上屬於貨幣理論的課題並不太感興趣。然而情況好轉的速度實在太過驚人，以致一位慧眼獨具的改革者赫爾方德，以巴渥斯（Parvus）這個筆名爲文指出：這種好轉表示一個新而漫長的資本主義急速進展時期即將開始。事實上，「大蕭條」和隨之而來的長期繁榮之間的對比，已爲有關世界資本主義發展的長周期理論提供了第一個臆測根據，後人已將該理論與俄國經濟學家康朶鐵夫(Kondratiev)聯在一起。當時大家都以爲：那些曾對資本主義未來，甚或對其即將崩潰做出悲觀預測的人，顯然是錯了。馬克思主義者則開始熱烈的議論這項突變對於他們的未來運動有何影響，以及馬克思主義本身是否需要「修正」。

經濟史學家往往將注意力集中在這個時期的兩個方面：一是經濟勢力的重新分配，亦即英國的相對式微和美國以及尤其是德國的相對、甚或絕對進展；另一個問題是長期和短期的波動，換句話說也就是康朶鐵夫的「長周期」理論，這個波動的下跌與上揚，將本書所論時期整齊的劃分爲兩半。

在原則上，人口由四千五百萬上升到六千五百萬的德國，以及人口由五千萬上升到九千二百萬的美國，理應趕上領土較小且人口較少的英國，我們自然不需爲此大驚小怪。然而，即使如此，德國工業出口的成長速度仍然十分驚人。在一九一三年前的三十年間，它們的數量由不及英國工業出口總數的一半，增加到比英國的出口數量更大。除了在可以稱爲「半工業化國家」(實際上來說也就是大英帝國眞正或實質上的「自治領」，包含其經濟屬地拉丁美洲)的地方以外，德國製造品的出口量都較英國爲多。它們在工業世界的出口量超出英國三分之一，甚至在未開發世界也比英國大上百分之十。同樣無足爲奇的是，英國再也無法維持它在一八六〇年左右的「世界工廠」地位。因爲即使是一九五〇年代處於世界霸權巓峯的美國(它在世界人口中所占的比例比一八六〇年的英國大了三倍)，其鋼鐵生產也無法達到世界產量的百分之五十三，紡織品產量也未能企及世界產量的百分之四十九。再一次，我們無法確切解釋爲什麼(甚至是不是)當時的英國經濟成長會步向減緩和式微，雖然學者們的相關討論異常之多。不過這裡的重點並不在於誰在這個成長中的世界經濟裡面進步的較多、較快，而是其整體性的全球成長。

至於康朶鐵夫的循環理論——稱它爲嚴格的「周期」乃是以假設爲論據的狡辯——的確提出了有關資本主義時代經濟成長的性質問題，或者，如某些學者所主張的，關於任何世界經濟成長的問題。不幸的是：直到目前尚沒有任何關於經濟自信和經濟不安這種奇異輪換(它們共同形成了大約半世紀的「周期」)的理論，能廣爲大家所接受。其中堪稱最有名且最好的理論是熊彼得(Josef Alois Schumpeter, 1883-1950)所提出的。熊氏將每一次的「下降趨勢」和一組經濟「創新」的利潤潛力耗竭繫聯在一起，再將新的上揚與新的一組創新繫聯在一起：這些創新主要(但不僅是)是技術性的，其潛力都有耗竭的一天。因而，作爲經濟成長中「領先部分」的新工業(如第一次工業革命中的棉織業和一八四〇年代之後的鐵路)，如同過去一樣，會成爲將世界經濟由它暫時陷入的困境中拉出來的機器。這個理論似乎相當可信，因爲自一七八〇年代起，每一個長期的上揚階段確實都與新的、而且愈來愈在技術上富有革命性的工業有關：這在一九七〇年代之前二十五年的那個繁華時期表現得尤爲明顯，那段時期可說是這類全球性經濟繁榮時期當中最不尋常的一個。對一八九〇年代後期的高潮而言，其問題在於：這一時期的創新工業——廣泛的說，包括化學和電氣工業，以及與即將和蒸汽展開激烈競爭的新能源有關的工業——似乎還沒有足夠的影響力可以支配世界經濟活動。簡言之，由於我們無法充分解釋這些問題，所以康朶鐵夫的周期理論並不能幫我們多少忙。它頂多是讓我們可以宣稱：本書所論時期涵蓋了一個「康朶鐵夫周期」。但這件事本身也無足爲奇，因爲一個整體性的全球經濟現代史，很容易便可落入這個模式。

然而，康朶鐵夫的分析有一點是與世界經濟迅速「全球化」的時期必然有關。亦即世界上的**工業**部分(因繼續不斷的生產革命而成長)和世界**農業**產量(其成長主要是由於新生產地帶，或新近成爲專門從事出口生產地帶的不連續開發)之間的關係。一九一〇到一九一三年間，西方世界可供消費的小麥產量，幾乎是一八七〇年代平均數的兩倍。但是，這項增加大半來自少數幾個國家：美國、加拿大、阿根廷和澳大利亞，以及歐洲的俄國、羅馬尼亞和匈牙利。西歐(法國、德國、聯合王國、比利時、荷蘭、斯堪的納維亞)農業產量的成長，只占新供應量的百分之十到十五。因此，即使我們忘卻了像毀滅澳洲半數綿羊的八年大旱(一八九五—一九〇二)，以及像一八九二年後爲害美國棉花的象皮蟲(boll-weevil)害，世界農業成長率在最初的躍進之後趨向緩慢，似乎也是不足爲奇的。再者，「貿易條件」往往也對農業有利而不利於工業，也就是說：農夫在購買工業產品上所花的錢比較少或絕對少，而工業花在購買農產品上面的錢比較多或絕對多。

有人認爲這種貿易條件的轉變，可以解釋一八七三到一八九六年間的物價下跌，以及自那以後一直到一九一四年乃至一九一四年以後的物價顯著上升。可以確定的一點是：貿易條件的這種改變，會對工業生產的成本造成壓力，因而也對其可圖的利潤造成壓力。對這個美好時代的「美好事物」而言，可謂幸運的是，當時的經濟結構是建構在將利潤所受到的壓力推到工人身上。實質工資的迅速成長是「大蕭條」時期的特徵之一，現在顯然慢了下來。一八九九到一九一三年間，英國、法國的實質工資事實上還**下降**了。一九一四年前那幾年，社會上之所以緊繃不滿甚至爆發衝突，部分便是由於這一點。

那麼，是什麼使當時的世界經濟充滿活力？不論詳細的解釋爲何，問題的關鍵顯然可以在工業國家的中央地帶找到——這個地帶日漸圍繞著北溫帶延伸——因爲這些國家是全球成長的發動機，是生產者也是市場。

這些國家此刻在世界經濟中心區域形成了一個龐大、迅速成長，且不斷延伸的生產集團。它們現在不僅包括十九世紀中期已完成工業化的大小中心(其本身大多也以教人印象深刻、乃至幾乎無法想像的速度在擴張)，如英國、德國、美國、法國、比利時、瑞士和捷克；也包括一列正在進行工業化的區域，像斯堪的納維亞、荷蘭、義大利北部、匈牙利、俄國，甚至日本。它們也形成了愈來愈大的世界貨物和服務購買團體：這個團體愈來愈靠購買爲生，也就是對傳統農業經濟的依賴愈來愈低。十九世紀對於「城居者」的一般定義，是「住在有二千居民以上地方的人」。可是，即使我們把標準稍微提高到五千人，歐洲「已開發」地帶和北美地區的城居者比例，到一九一〇年時，已分別由一八五〇年的百分之十九和百分之十四上升到百分之四十一，而且約有百分之八十的城居者是住在人口兩萬以上的市鎮(一八五〇年時只有三分之二)；而這些人之中，又有一半以上是住在擁有十餘萬居民的城市當中。這意謂著在這些國家的城市當中，儲存有龐大的顧客群⑲。

再者，多拜不景氣時期物價下跌之賜，即使將一九〇〇年後實質工資的逐漸下降計算在內，顧客手上可以花的錢還是比以前多得多。這種顧客日漸增加的情形，甚至在窮人當中也不例外，商人如今已可認識到它們的意義。如果說政治哲學家害怕群眾出現，推銷員卻歡迎他們。在這個時期首次發展成一支重大力量的廣告業，開始對群眾說話。分期付款的銷售辦法，也是這個時期的產物，它的設計，是爲使收入不多的消費者也有可能購買大型產品。而電影這種革命性的藝術和行業（參看第九章），從一八九五年時的無足輕重，成長到一九一五年時超越了貪婪夢幻的財富展示。相較於電影製作費的高昂，那種由王公支持的歌劇顯得異常寒酸，而這一筆筆高昂的製作費用，竟都是來自付了五分錢的觀眾。

我們可以用一個數字來說明世界「已開發」地帶在這個時期的重要性。雖然海外新地區和海外經濟已有相當可觀的成長，雖然有史無前例的大量人口因移民海外而流失，然而十九世紀歐洲人在世界人口中的比例事實是上升了。其成長率由前半世紀的每年百分之七，上升到後半世紀的百分之八，而在一九〇〇到一九一三年間，更上升到幾乎百分之十三。如果我們把歐洲加上美國這個深具購物潛力的都市化大陸，以及某些正在迅速發展但規模小得多的海外經濟，那麼我們便擁有一個「已開發」世界的輪廓——它的面積占地球的百分之十五左右，卻包含地球上百分之四十左右的居民。

這些國家因而形成了世界經濟的大部分：它們加起來構成了國際市場的百分之八十。尤有甚者，它們還決定了世界其餘部分的發展：這些其餘部分的經濟是靠著供應外國需要而成長。如果烏拉圭和宏都拉斯當年沒有外力干預，我們無法想像它們會變成什麼樣子。（不過無論如何，它們恐怕都難逃被干涉的命運：巴拉圭一度不想要加入世界市場，但卻被強大的力量逼了進來。比較《資本的年代》第四章。）我們知道的事實是：它們之中的一個生產牛肉，因爲英國有牛肉需求；另一個生產香蕉，因爲有一些波士頓商人認爲美國人會花錢吃香蕉。某些衛星經濟會比另一些衛星經濟來得成功，不過它們愈成功，對中央核心區的經濟愈有利。對於中央核心區而言，這樣的成長意謂它的貨物和資本有更大和不斷成長的市場。世界商船的成長可大致指出全球經濟的擴張程度。在一八六〇到一八九〇年間，其成長基本上處於停滯狀態，總噸數約在一千六百萬到二千萬噸之間；然而在一八九〇至一九一四年間，它幾乎增加了一倍。

3

那麼，我們該如何概括帝國時代的世界經濟呢？

首先，如前所示，它是一個在地理基礎上比以前廣大得多的經濟。已經工業化和正在工業化的部分都有所擴展，在歐洲是因爲俄國以及前此與工業革命少有接觸的瑞典和荷蘭的工業革命；在歐洲以外，則是由於北美和日本的發展所致。農產品的國際市場大爲成長（一八八〇到一九一三年間，這些貨物的國際貿易幾乎增加了三倍），因而其專業生產區和其整合入世界市場的地區，也大爲成長。加拿大在一九〇〇年後躋身世界小麥主要生產者之列，其收穫量由一八九〇年代的每年平均五千二百萬蒲式耳，上升到一九一〇至一九一三年間的二億蒲式耳⑳。阿根廷也在同一期間成爲主要的小麥出口國之一，綽號燕子的義大利勞工每年都會橫渡一萬哩的大西洋，去收割阿根廷的小麥。帝國時代的經濟是一體的，在這個經濟體中，巴庫(Baku)和頓內次盆地(Donets Basin)都是工業地區的一部分;歐洲將貨物和女孩一併出口到約翰尼斯堡(Johannesburg)和布宜諾斯艾利斯這樣的新城市;而在位於亞馬遜河上游一千哩的橡膠業市鎮當中,歌劇院在印第安人的枯骨上蓋了起來。

其次,如前面所提到的,帝國時代的世界經濟顯然較以前更為多元化。英國不再是唯一的工業化國家,甚至不再是唯一的工業經濟。如果我們把四個主要經濟國的工業和礦業生產(包括建築)加在一起,一九一三年時,美國占總數的百分之四十六,德國占百分之二十三點五,英國占百分之十九點五,而法國占百分之十一㉑。如同我們在下面將看到的:帝國的年代,基本上是國與國競爭的年代。再者,已開發和未開發世界之間的關係,也比一八六〇年更多樣、更複雜。一八六〇年時,亞洲、非洲和拉丁美洲半數的出口貨都是運往同一個國家——英國。一九〇〇年時,英國所占的比例已降到百分之二十五,而第三世界出口到其他西歐國家的數量,已超過出口到英國的數量(百分之三十一)㉒。帝國的年代不再是只有一個中心。

世界經濟的這種日趨多元化,在某種程度上,卻被它對英國金融、貿易和運輸服務的依賴所掩蓋,這種依賴不但繼續維持,事實上還與日俱增。一方面,倫敦城仍是世界國際商業交易的控制盤,而且比前更甚,以致單是它的商業和金融服務收益,便幾乎足以彌補它在商品貿易上的龐大赤字。另一方面,英國的國外投資和它巨大的商業運輸勢力,在一個依賴倫敦且以英鎊為基礎的世界經濟中,更加強了英國的中心地位。在國際資金市場上,英國也仍然具有絕對的支配力。一九一四年時,法國、德國、美國、比利時、荷蘭、瑞士以及其他國家,共占世界海外投資總額的百分之五十六,而英國一個國家就占了百分之四十四㉓。一九一四年時,單是英國的輪船船隊,便超出其他歐洲國家商業船隊總和的百分之十二。

事實上，英國的中心地位此時正因世界的多元化而增強。因爲，當那些剛剛進行工業化的經濟體從低開發世界購買愈來愈多的原料時，在它們當中便累積了對低開發世界相當大的貿易赤字。英國獨力重建了全球性的平衡：藉著從它的競爭對手處進口更多的製造品；藉著將自己的工業產品外銷到依賴性世界；更藉著它所擁有的龐大隱形收入，這些收入係來自銀行業、保險業等國際商業服務，也來自它巨額的外國投資對這個世界最大債權人的支付。英國工業的相對式微，從而加強了它的金融地位和財富。截至當時爲止，在利害關係上仍能保持相當和諧的英國工業和倫敦城，自此開始爆發衝突。

世界經濟的第三個特點，是乍看之下最爲明顯的科技革命。我們都知道：在這個時代，電話和無線電報、留聲機和電影、汽車和飛機，均成爲現代生活景觀的一部分，同時也藉著眞空吸塵器（一九〇八）和阿斯匹靈（唯一普遍使用的發明藥劑）這樣的產物將科學和高科技帶入一般家庭之中。我們也不應忘記腳踏車，那是這個時期所發明的各種機器中對世人最有裨益的一樣，它對人類行動解放的貢獻立刻得到世人的普遍認同。可是，在我們將這組了不起的新發明歌頌爲「第二次工業革命」之前，別忘記這只是今日的回顧性看法。對於當時人而言，主要的創新是在於藉著對蒸汽和鐵的改進——鋼和渦輪——不斷更新第一次工業革命。以電氣、化學和內燃機爲基礎的革命性工業，誠然已開始發揮重大作用，尤其是在生氣勃勃的新經濟體當中。畢竟，福特已在一九〇七年開始製造他的T型車（Model T）。可是，單拿歐洲來說：一八八〇到一九一三年間所修築的鐵路，其全長和一八五〇到一八八〇年間那個最早的「鐵路時代」是一樣的。在這些年間，法國、德國、瑞士、瑞典和荷蘭，已大致將其鐵路網擴大了一倍。英國在工業上的最後勝利——一八七〇到一九一三年間，英國奠定了它在造船業上幾乎獨霸的地位——是利用第一次工業革命的辦法所取得的。新的工業革命尚在加強而非取代舊的工業革命。

第四個特色，如前所示，是資本主義企業結構和做法上的雙重轉型。一方面，這個時期有許多新的發展，例如資本的集中；可使人區別出「企業」和「大企業」的那種成長幅度；自由競爭市場的萎縮；以及一九〇〇年前後的各種發展，這些發展曾使觀察家想為這個顯然是經濟發展新階段的時代，貼上一個適當標籤（參看下一章）。另一方面，人們藉著將「科學方法」應用到工業技術、組織和計算之上，以求有系統的達成生產和企業經營的合理化。

第五個特色，是日用必需品市場的不尋常轉型：量與質的同時轉型。隨著人口、都市化和實質收入的成長，前此多少限於糧食和衣著（也就是基本維持生活所需）的大眾市場，現在開始主宰了生產日用必需品的工業。從長遠的角度來看，這項發展比有錢有閒階級在消費上的顯著成長更為重要，因為它們的需求模式並沒有顯著改變。在汽車工業上，造成革命的是福特T型車而非勞斯萊斯（Ralls-Royce）汽車。在此同時，革命性的工藝技術和帝國主義又有助於為大眾市場創造一系列新奇的貨物和服務，其範圍從這個時期大量出現在英國勞動階級廚房中的瓦斯爐，到腳踏車、電影和極為普通的香蕉等等。一八八〇年前，這些物品的消費市場幾乎不存在。這項轉型最明確的後果之一，便是開創了大眾媒體。有史以來第一次出現了名副其實的大眾媒體。一八九〇年代，英國一份報紙的銷售量已達到一百萬份，而法國的報紙也在一九〇〇年前後達到這個銷售數字㉔。

凡此種種不但表示生產方式已轉型爲現代所謂的「大量生產」，同時也暗示了包括信用購物(主要是分期付款)在內的配銷轉型。因而，一八八四年時，英國開始有四分之一磅標準包裝的茶葉上市。這項發展將使無數諸如立頓爵士(Sir Thomas Lipton)之類的食品雜貨大亨，可以從大城市的工人後街當中賺取財富。立氏的遊艇和金錢贏得了英王愛德華七世的友誼，這位聲名狼藉的國王特別容易被一擲千金的百萬富翁所吸引。立頓的分店由一八七〇年的沒半家，成長到一八九九年的五百家㉕。

大眾市場的轉型也自然而然的導出了第六個特點：第三類經濟的顯著成長，亦即公家和私人服務業的蓬勃發展，例如辦公室、商店和其他服務業。我們只需舉英國的例子便可見其成長之一斑，英國在其極盛時期，曾以小得離譜的辦公室作業支配整個世界經濟：在其總數大約九百五十萬的就業人口中，一八五一年時僅有六萬七千名公職人員和九萬一千名商業雇員。到了一八八一年，在商界就業的人士已超過三十六萬人(幾乎全是男性)，不過公務人員只上升到十二萬左右。但是，到了一九一一年，商界雇用了大約九十萬人(其中百分之十七爲女性)，而公職人員則增加了三倍。自從一八五一年後，商業雇員的人數在全部就業人數中所占的百分比增加了五倍之多。我們將在別處再討論這種白領和非勞動階級人數繁增的社會後果。

接著我將提一下這個經濟的最後特點，那就是政治學和經濟學的日益輻合，亦即政府和公眾角色的日益增強，或者是像狄西律師這樣的自由派理論家所以爲的：「集體主義」犧牲了舊日良好的強勁個人或志願企業，而達成的具威脅性進展。事實上，這項特色是競爭性自由市場經濟萎縮的徵候之一；十九世紀中期的資本主義是以競爭性自由市場經濟爲理想，而在某種程度上，實際情形亦是如此。然而，一八七五年後，人們日漸懷疑具有自主性和自我調整能力的市場經濟，一旦失去國家和政府當局的協助，其有效性將如何。如今，這隻操縱市場的手已經以各式各樣的方式變得愈來愈明顯了。

一方面，如我們將在第四章中看到的，政治的民主化往往使得不情不願和備受困擾的政府走上採取社會改革和福利政策之路。它們也被迫採取政治行動以保護某些選民群體的經濟利益，例如保護主義，以及美國與德國對抗經濟集中的措施(成效較差)。另一方面，國家與國家間的政治競爭日漸和各國企業群體之間的經濟競爭結合在一起，因而，如我們在下面將看到的，它遂促成了帝國主義的現象，也促成了第一次世界大戰的爆發。再者，它們也導致軍備工業的成長，政府在這類工業當中具有決定性影響力。

不過，雖然公眾所扮演的策略性角色能夠發揮決定性作用，然而它在經濟上的實際重要性並不大。這類相反的例子在當時也層出不窮：例如英國政府買下中東石油工業的部分利益，並且控制了新出現的無線電(兩者都有軍事重要性)；德國政府也隨時預備將其部分工業國有化；以及俄國政府由一八九〇年代起有系統的工業化政策。可是，雖然如此，各國政府和輿論卻都以爲政府在這方面只不過是私人經濟的小補充而已，即使歐洲在公共事業和服務領域的(主要是地方性)政府管理上有顯著成長，也無法改變這種看法。雖然社會主義者不大考慮已然是社會主義化經濟所具有的問題，但是他們卻不同意這種視私人企業爲至高無上的看法。他們或許曾經把這樣的市營企業視爲「地方自治的社會主義」，不過這類企業大半是由既無社會主義意願也不同情社會主義的地方官員所主持。由政府大規模控制、組織和支配的現代經濟，乃是第一次世界大戰的產物。一八七五到一九一四年間，在大多數強國迅速成長的國民生產毛額當中，政府的支出往往呈現下降趨勢，雖然備戰的開銷使這部分費用陡然攀升㉖。

「已開發」世界的經濟便是以這些方式成長和轉型。可是，令當時「已開發」和工業世界人士大感驚異的，不只是其經濟的明顯轉型，更是其明顯的成功。他們十足是生活在一個昌盛的時代。甚至勞動大眾也從這場擴張中受惠，由於一八七五到一九一四年間的工業經濟是屬於異常勞力密集的工業經濟，因此便爲湧入城市和工業的男男女女提供了幾乎無限制的，且不需技巧或可迅速學會的工作機會。這便是大批移民美國的歐洲人之所以能夠適應工業世界的原因。不過，如果說這種經濟的確提供了工作機會，但是它對貧困現象的減輕卻成效有限。在歷史的大半時間裡，大多數的勞動人民都把貧困當作其注定的命運。在勞動階級的後設神話中，一九一四年前的幾十年並不是一個黃金時代——對於歐洲的富人甚至一般中產階級而言，它確是一個不折不扣的黃金時代。誠然，對這些人而言，「美好的時代」是將在一九一四年以後失去的樂園。對於戰後的商人和政府而言，一九一三年永遠是個座標點，他們希望由艱困的時代回到這一點。從陰沉和艱困的戰後歲月往回看，這個不尋常的戰前繁榮時期，似乎是他們企想回復的「正常狀態」。可是這樣的想望只是徒然。因爲我們將看到：促成這個美好時代的那些趨勢，正是驅使它走向世界大戰、革命和分裂的趨勢。它們使得失去的樂園自此一去不返。

註釋

❶狄西，《十九世紀的法律和輿論》(*Law and Public Opinion in the Nineteenth Century*)，倫敦：一九○五，頁二四五。

❷馬斯奇克(E. Maschke)，〈一八七三至一九一四年間的德國卡特爾〉(German Cartels from 1873-1914)，收入克羅澤(F. Crouzet)、夏龍那(W. H. Chaloner)及史騰(W. M. Stern)合編，《歐洲經濟史論叢》(*Essays in European Economic History*)，倫敦：一九六九，頁二四三。

❸引自〈貿易危機和職工協會〉(Die Handelskrisen und die Gewerkschaften)，收錄於《康朵鐵夫的長周期理論：巴渥斯、考茨基、托洛斯基和曼德爾對馬克思主義經濟勢態與危機理論的貢獻》(*Die langen Wellen der Konjunktur. Beiträge zur Marxistischen Konjunktur-und Krisentheorie von Parvus, Karl Kautsky, Leo Trotski und Ernest Mandel*)，柏林：一九七二，頁二六。

❹韋爾斯，《最近的經濟變化》(*Recent Economic Changes*)，紐約：一八八九，頁一—一二。

❺同上，頁六。

❻馬歇爾，《官方文件》(*Official Papers*)，倫敦：一九二六，頁九八—九。

❼費依(C. R. Fay)，《國內外的合作社》(*Cooperation at Home and Abroad*)，一九○八；倫敦：一九四八年版，第

一冊，頁四九、一一四。

❽波拉德(Sidney Pollard)，《和平征服：歐洲的工業化，一七六〇—一九七〇》(*Peaceful Conquest: The Industrialization of Europe 1760-1970*)，牛津：一九八一，頁二五九。

❾紐曼斯巴拉(F. X. v. Neumann-Spallart)，《世界經濟綜覽，一八八一—八二》(*Übersichten der Weltwirthschaft, Jg. 1881-82*)，司徒加：一八八四，關於這些計算的根據，見頁一五三及一八五。

❿貝羅赫，〈城市／鄉村〉(Città/Campagna)，收入《伊諾第百科全書》(*Enciclopedia Einaudi*)，第三冊，杜林：一九七七，頁八九。

⓫參看蘭德斯(D. Landes)，《時間革命》(*Revolution in Time*)，哈佛：一九八三，頁二八九。

⓬《哈佛美國族群百科全書》(*Harvard Encyclopedia of American Ethnic Groups*)，麻省劍橋市：一九八〇，頁七五〇。

⓭威廉斯的書最初是一系列發表在帝國主義者韓雷(W. E. Henley)的《新評論》(*New Review*)當中的杞人憂天式論文。他也是排外運動中的活躍分子。

⓮金德柏格(C. P. Kindleberger)，〈國際貿易中的群體行為〉(Group Behavior and International Trade)，《政治經濟學報》(*Journal of Political Economy*)五十九期，一九五一年二月，頁三七。

⓯貝羅赫，《十九世紀歐洲對外貿易和經濟發展》(*Commerce extérieur et développement économique de l'Europe au XIXe siècle*)，巴黎—海牙：一九七六，頁三〇九—一一。

⓰希格特(Folke Hilgerdt)，《工業化和對外貿易》(*Industrialization and Foreign Trade*)，國際聯盟，日內瓦：一九四五，頁一三，一三二—四。

⑰馬克羅斯提(H. W. Macrosty)，《英國工業中的托辣斯運動》(*The Trust Movement in British Industry*)，倫敦：一九〇七，頁一。

⑱韋廉斯(William Appleman Williams)，《美國外交悲劇》(*The Tragedy of American Diplomacy*)，克利夫蘭和紐約：一九五九，頁四四。

⑲貝羅赫，《由耶利哥到墨西哥市》，頁二八八。

⑳劉易斯(W. Arthur Lewis)，《成長和波動，一八七〇—一九一三》(*Growth and Fluctuations 1870–1913*)，倫敦：一九七八，附錄四。

㉑同上，頁二七五。

㉒韓森(John R. Hanson II)，《轉接貿易：第三世界輸出品，一八四〇—一九〇〇》(*Trade in Transition: Exports from the Third World 1840–1900*)，紐約：一九八〇，頁五五。

㉓波拉德，〈一八七〇至一九一四的資本輸出：有利還是有弊?〉(Capital Exports 1870-1914: Harmful or Benefical?)，《經濟史評論》(*Economic History Review*)三十七期，一九八五，頁四九二。

㉔它們指的是《勞埃德週刊》(*Lloyd's Weekly*)和《小巴黎人》(*Le Petit Parisien*)。

㉕馬夏斯(P. Mathias)，《零售革命》(*Retailing Revolution*)，倫敦：一九六七。

㉖係根據勒蘇爾(J. A. Lesourd)和吉拉爾(Cl. Gérard)的估計，《新經濟史(一)：十九世紀》(*Nouvelle Histoire Économique I: Le XIXe Siècle*)，巴黎：一九七六，頁二四七。

第三章 帝國的年代

只有完全的政治迷惑和天眞的樂觀主義可以阻止我們認識下列事實：所有由文明資產階級控制的國家，都不可避免地會在擴張貿易上投注全力，在一段看似和平競爭的過渡期後，貿易擴張已明顯即將到達轉捩點，在這個轉捩點上，權力將獨自決定每一個國家能在地球上瓜分多少經濟控制權，也將決定其人民的活動範圍，尤其是其工人賺錢的可能性。

——韋伯（Max Weber），一八九四❶

「當你們置身中國人當中」……〔德皇〕說，「要記住你們是基督教的先鋒」他說，「並用你們的槍尖戮穿你們所見到的每一個可恨的不信基督教者」他說。「讓他了解我們西方文明的意義……而如果你們偶爾順便撿到一點土地，絕不要讓法國人或俄國人把它搶去。」

——《杜利先生的哲學》，一九〇〇❷

1

一個由已開發或發展中的資本主義核心地帶決定其步調的世界經濟，非常容易變成一個由「先進地區」支配「落後地區」的世界，簡言之，也就是變成一個帝國的世界。但是，矛盾的是，從一八七五到一九一四這段期間之所以可稱爲「帝國的年代」，不僅是因爲它發展出一種新的帝國主義，同時也基於另一個老式得多的理由。在世界近代史上，正式自稱爲「皇帝」，或在西方外交官眼中認爲配得上「皇帝」這個稱號的統治者人數，恐怕正是在這段時期達到其最大值。

在歐洲，德國、奧國、俄國、土耳其和（就其作爲印度領主而論的）英國的統治者，都自稱是「皇帝」。其中有兩個（德國和英印）乃是一八七〇年代的新產物。它們十足抵銷了拿破崙三世的「第二帝國」，而且猶有過之。在歐洲以外的地區，中國、日本、波斯以及衣索比亞和摩洛哥，習慣上其統治者也被承認有此稱號。而在一八八九年之前，巴西還有一個美洲皇帝存在。我們也許還可在這張名單上加上一到兩個更爲虛幻的「皇帝」。一九一八年時，這張名單上的其中五個已經消失。而如今（一九八七），在這群精選出來的超級君主當中，只剩下一個有名無實的皇帝，亦即日本天皇，這個日本皇帝的政治姿態甚低，而政治影響力也無關緊要。（摩洛哥的蘇丹比較喜歡「國王」〔king〕的稱號。回教世界其他現存的小蘇丹，都不會也不可能被視爲「諸王之王」。）

在比較重要的意義上，本書所論時期顯然是一個新型的帝國時代——殖民帝國的時代。資本主義國家的經濟和軍事霸權，有相當長的一段時間都不曾遭遇到嚴重挑戰，但是從十八世紀末到十九世紀的倒數二十五年間，西方國家還不曾企圖將這種霸權正式轉化爲有系統的征伐、兼併和統治。一八八○到一九一四年間，這種有計畫的侵略野心開始出現，而歐洲和美洲以外的絕大部分，都被瓜分成那一小撮國家——主要是英國、法國、德國、義大利、荷蘭、比利時、美國和日本——的正式或非正式管轄區。在某種程度上，這一過程所犧牲的乃是西班牙和葡萄牙這兩個前工業時代的歐洲殖民帝國。西班牙雖企圖延伸它在西北非所控有的領地，然而它的受害還是比葡萄牙嚴重。不過葡萄牙在非洲的主要領地（安哥拉〔Angola〕和莫三比克〔Mozambrique〕）之所以能保存下來，主要是由於它們的近代競爭對手無法在如何瓜分它們的問題上取得協議。可是一八九八年時，卻沒有類似的競爭可以阻止美國奪取西班牙帝國在美洲的遺跡（古巴，波多黎各）以及在太平洋的遺跡（菲律賓）。在名義上，亞洲偉大的傳統帝國大致仍保持獨立，不過西方列強已在其領土內割劃出一塊塊「勢力範圍」，乃至直接管轄區；這樣的區域有時甚至可涵蓋其所有領土（如在一九○七年英俄波斯協議中所規定的）。事實上，這些國家在軍事和政治上的無能，使這種變相占領的方式被視爲理所當然。它們之所以還能維持名義上的獨立，或是因爲它們是方便的緩衝國（如暹羅——現在的泰國——將英國和法國的東南亞殖民地分隔開來，或如阿富汗隔開了英國和俄國），或是因爲敵對的帝國強權無法對分割的方式達成協議；或是只因爲它們的面積太大。唯一能抗拒正式殖民征服企圖的非歐洲國家是衣索比亞，衣國曾令義大利這個勢力最弱的帝國主義國家一無進展。

世界上有兩大區域事實上已完全被瓜分：非洲和太平洋地區。太平洋上已無獨立國家，這整個地區當時已完全爲英國、法國、德國、荷蘭、美國以及(小規模的)日本所瓜分。及至一九一四年，除了衣索比亞、無關緊要的西非賴比瑞亞共和國(Liberia)，以及摩洛哥尚未完全被征服的部分以外，非洲已完全屬於英國、法國、德國、比利時、葡萄牙和(多少沾點邊的)西班牙所有。如前所示，亞洲仍保持了大部分名義上的獨立地區，雖然較古老的歐洲帝國已開始從其原有的領地當中進行擴張或連接工作：例如英國將緬甸併入它的印度帝國，並且在西藏、波斯和波斯灣地區建立或加強它的勢力範圍；俄國則是深入中亞，並(較不成功的)延伸至太平洋岸的西伯利亞和滿洲；荷蘭人在印尼的邊遠區域建立更堅實的控制。法國藉著征服中南半島(拿破崙三世在位時所發動)，日本靠著犧牲中國在朝鮮和台灣的權益(一八九五)以及犧牲俄國的權益，建立了兩個幾乎是全新的帝國。地球上只有一個廣大地區還大致未受到這個瓜分過程的影響。就這方面來說，一九一四年的美洲，和一八七五年、乃至一八二〇年代並沒有什麼不同。除了加拿大、加勒比海群島(Caribbean Islands)以及加勒比海沿海地區以外，美洲擁有一群獨特的獨立自主共和國，而除了美國之外，其他國家的政治地位除了它們的鄰國外，也很少爲人所看重。它們在經濟上是已開發世界的附庸一事，再明顯不過。可是，即使是愈來愈致力在這個廣大地區維護其政治和軍事霸權的美國，也沒有認眞考慮過要將它加以征服或統治。美國唯一直接兼併的地區僅限於波多黎各(古巴仍保有名義上的獨立)以及新開鑿的巴拿馬運河(Panama Canal)兩側。這片土地乃是另一個小型但名義上獨立共和國的一部分。由於一場輕而易舉便告成功的地方革命，這個小獨立共和國得與面積大得多的哥倫比亞(Colombia)分開。在拉丁美洲，列強的經濟控制和必要的政治強大壓力，都是在沒有正式征服的情況下取得的。當然，美洲也是當時地球上唯一沒有列強激烈競爭的廣大地區。除了英國以外，其他歐洲國家在美洲所擁有的殖民地都不超過十八世紀殖民帝國的零星遺跡（主要是加勒比海），而這些遺跡多半沒有重大的經濟或其他重要性。英國和其他任何國家，都不認爲有什麼好理由值得去向門羅主義(Monroe Doctrine)挑戰進而與美國爲敵。（門羅主義是美國政府於一八二三年正式提出，其後又予以重述和修訂。宣言中表示美國對於任何歐洲列強在西半球的殖民和政治干預都將予以反抗。後來該主義遂被引申爲美國是西半球上唯一有權利在任何地方進行干預的強國。隨著美國國勢日益增強，歐洲國家也愈來愈不敢對門羅主義掉以輕心。）

這種由一小撮國家瓜分世界的情形（也就是這本書名的由來），堪稱是地球日益分爲強與弱、「進步」與「落後」這個趨勢的最壯觀表現，這個趨勢我們在前面已經提過。一八七六到一九一五年間，地球上大約有四分之一的陸地，是在六、七個國家之間被分配或再分配的殖民地。英國的領土增加了四百萬平方哩左右，法國的領土增加了三百五十萬平方哩左右，德國取得一百多萬平方哩，比利時和義大利各取得將近一百萬平方哩。美國取得十來萬平方哩，主要是奪自西班牙之手；日本從中國、俄國和朝鮮取得的面積也是十來萬平方哩左右。葡萄牙在非洲的舊式殖民地擴張了大約三十萬平方哩。西班牙雖然在淨值上是一個輸家（輸給美國），卻也設法在摩洛哥和西撒哈拉沙漠揀拾一些石頭較多的領土。俄羅斯帝國的成長比較難以度量，因爲它完全是進入鄰接地區，並且繼續沙皇專制政治好幾個世紀以來的領土擴張。再者，我們下面將會看到，日本也奪取了俄國的一些領土。在主要的殖民帝國中，只有荷蘭不曾——或者拒絕——取得新領土。它只擴大了對印尼群島的實際控制，長久以來，荷蘭人便正式占有印尼群島。在小型的殖民國家當中，瑞典清除了它唯一剩下的殖民地，把這個西印度小島賣給法國；丹麥也將採取同樣的行動，只留下冰島和格陵蘭(Greenland)作爲其屬地。

然而，最壯觀的現象卻不一定最重要。當世界局勢觀察家在一八九〇年代晚期開始分析這個似乎是國家和國際發展模式當中的明顯新局面時，他們認爲殖民帝國的創立只是其許多面向之一；與十九世紀中期由自由貿易和自由競爭主控的情形顯著不同。正統觀察家認爲：一般而言，這是一個國家擴張的新時代，在這個新時代中，如前所示，政治和經濟因素已經無法清楚分開，而政府在國內和國外都發揮了愈來愈積極和非常重要的作用。非正統觀察家更是明確指出：這是資本主義發展的一個階段，這個新階段乃是源自他們在這一發展中所目睹的各種不同趨勢。列寧(Lenin)於一九一六年出版的小書，是對這個不久便會被稱爲「帝國主義」現象的最有力分析。在這本總共十章的小書中，一直要到第六章才討論到「列強的瓜分世界」❸。

不過，就算殖民主義只是世界事務一般變化的一個面向，它顯然也是最立即明顯的面向。它可作爲更廣泛分析的起點，因爲「帝國主義」一辭，是在一八九〇年代對殖民地征伐的討論中，首次成爲政治和新聞辭彙的一部分。同時它也在這個時期取得其經濟義涵，而且一直保持至今。因此，這個辭彙以往所代表的政治和軍事擴張形態，對了解這個時期的帝國主義幫助不大。皇帝和帝國當然是古老的，但帝國主義卻是相當新穎的。這個辭彙(在馬克思〔Karl Marx〕的著作中尚未出現，馬氏死於一八八三年)在一八七〇年代首次進入英國政治，一八七〇年代晚期，尚被視爲一個新字彙，直到一八九〇年代才突然變成一般用語。及至一九〇〇年當知識分子開始爲它著書立說之時，套用最早對它加以討論的英國自由黨員霍布森(J. A. Hobson)的話說：「(它已)掛在每個人的嘴上，用以表示當代西方政治最有力的運動。」❹簡言之，它是爲了描述一個全新現象而設計的全新字彙。這個明顯的事實，已足以在諸多有關「帝國主義」的激烈辯論中剔除掉下列學派的看法，亦即：「它不是什麼新觀念，事實上它或許只是前資本主義的遺存。」無論如何，當時人的確認爲它是新穎的，並把它當作一件新事物來討論。

環繞這個棘手主題的各種議論非常熱烈、密集而且混亂，以致歷史學家要做的第一件事，便是釐清它們，以便可以看出實際現象的本身。造成這種現象的原因是由於大多數議論並不是針對一八七五至一九一四年間世界上所發生的事情，而是關於馬克思主義——一個很容易引起強烈感情的主題——也因爲列寧式的帝國主義分析，湊巧將成爲一九一七年後共產主義運動的中心思想，也將成爲「第三世界」革命運動的中心思想。使這個議論特別風行的原因，在於那些支持和反對帝國主義的人，自一八九〇年代起便拚得你死我活，於是這個字彙本身也逐漸染上一種惡劣色彩，直至今日仍看不出去除的可能。「民主」一辭因爲具有正面有利的涵義，甚至其敵人也喜歡宣稱自己是「民主」，然而「帝國主義」卻正相反，它通常是遭到非議的，因此一定是別人幹的。一九一四年時，很多政客以自稱帝國主義者爲傲，但是在本世紀他們已幾乎銷聲匿跡。

列寧派的帝國主義分析是以當代作家的各式看法爲依據，這些作家包括馬克思主義者和非馬克思人士。它的要點是：新興帝國主義的經濟乃是根植於資本主義的一個特殊新階段，在這個新階段當中，偉大的資本主義強權將世界瓜分成正式的殖民地和非正式的勢力範圍。而列強在瓜分過程中的競爭，便是釀成第一次世界大戰的原因。在此我們不需討論「壟斷性資本主義」是如何導致殖民主義(關於這點，即使是馬克思主義者的看法也分歧不一)，也不需研究這種分析如何在二十世紀後期擴大成範圍更大的「依賴理論」(dependency theory)。它們都以不同的方式假定海外經濟擴張和海外世界的開發利用，對於資本主義國家來說是非常重要的。

批評這些理論並不特別有趣，對於本書的脈絡而言，也不太相關。我們只需注意一點，那就是有關帝國主義的討論，非馬克思派的分析家往往與馬克思派的分析家相反，而這種情形遂使這個議題變得更混淆。非馬克思派的分析家往往否認十九世紀晚期和二十世紀的帝國主義，與一般資本主義，或與十九世紀晚期出現的資本主義特殊階段，有任何必然關係。他們否認帝國主義有任何重要的經濟根源，否認它在經濟上有利於宗主國，他們也不承認落後地區的開發利用對資本主義有任何必要意義，而帝國主義對殖民地經濟也不見得有任何負面影響。他們強調帝國主義並未引起帝國強權之間不可收拾的敵對競爭，而它與第一次世界大戰的發生也沒有確切關係。他們排斥經濟上的解釋，而集中心力於心理、意識形態、文化和政治解釋。不過他們通常會刻意避免國內政治的危險領域，因爲馬克思派分析家往往強調帝國主義的政策和宣傳對母國統治階級的好處，因爲它可抵銷大眾勞工運動對勞動階級日漸增強的吸引力。這些反擊，有的強力且有效，不過若干這類議論卻彼此互不相容。事實上，許多反帝國主義的開創性論述都是站不住腳的。但是，反反帝國主義論述的缺點在於：它並沒有眞正解釋經濟、政治、國家與國際事務上的種種發展在時間上的巧合——這種巧合對一九〇〇年左右的人們而言實在極其明顯，以致他們想要找出一個通盤解釋。它也無法解釋爲何當時人會認爲「帝國主義」既是新事物又是歷史上的**中心**發展。簡言之，這類文獻大半不過是在否認當時十足明顯，現在也十足明顯的事實。

把列寧主義和反列寧主義放在一邊，歷史學家所要重建的第一件明顯事實，也是一八九〇年代沒有人會否認的事實，亦即：瓜分世界有其經濟上的重要性。證明這一點並不等於解釋了這一時期帝國主義的所有牽扯。經濟發展並不是某種腹語表演者，而歷史的其他部分也不是它的傀儡。就這一點而論，即使是全神貫注在如何從南非金礦和鑽石礦中牟利的商人，也絕不能被視是一架賺錢機器，他對於那些顯然與帝國擴張有關的政治、情感、意識形態、愛國情操乃至種族訴求，不可能完全無動於衷。不過，如果我們可以確定這段期間資本主義核心地區的經濟發展趨勢與其向偏遠地區的擴張具有某種經濟上的關聯，那麼再將全部的解釋重心放在與此無關的帝國主義動機上，便顯得不太合理。而即使是那些似乎和征服非西方世界具有關聯的動機，如敵對列強的戰略考慮，在分析的時候也必須記住它們在經濟上的重要性。甚至在今天，中東的政治雖然絕不能以簡單的經濟理由予以說明，但如果不將石油考慮在內，也無法得到確實的討論。

於是，十九世紀最主要的事實之一便是單一全球經濟的創建，這個經濟一步步進入世界最偏遠角落。藉著貿易、交通，以及貨物、金錢和人口的流動，這個日趨緊密的網絡逐漸將已開發國家繫聯在一起，也將它們與未開發國家結成一體(參看《資本的年代》第三章)。要不是這樣，歐洲國家沒有理由對剛果盆地(Congo basin)這類地方的事務感興趣，或爲某個太平洋上的環礁進行外交談判。這種經濟全球化並不是什麼新鮮事，不過它在十九世紀中期卻以相當大的幅度加速進行。一八七五至一九一四年間，它仍然繼續成長，雖然在速度上相對來說較不驚人，但就分量和數量而言卻大了許多。一八四八到一八七五年間，歐洲的出口量成長了四倍以上，但一八七五到一九一五年間卻只增加了一倍。然而一八四〇到一八七〇年間，世界的商船運輸只由一千萬噸上升到一千六百萬噸，但隨後的四十年間卻增加了一倍之多，因爲全世界鐵路網已由一八七〇年的二十萬公里，擴張到第一次世界大戰前的一百萬公里以上。

這個日漸緊密的交通網，甚至將落後和先前的遍遠地區引進世界經濟，並在富有、進步的古老中心地區，創造出對這些遼遠地區的新興趣。事實上，一旦人們進入這些地區之後，許多這樣的區域乍看之下簡直就是已開發世界的延伸。歐洲人已在此殖民開發，滅絕或趕走了土著居民，創造出城市，而無疑也將適時創造出工業文明：密西西比河（Mississippi）以西的美國、加拿大、澳洲、紐西蘭、南非、阿爾及利亞以及南美洲的南端。總之，上述地區雖然遙遠，但在當時人的心目中卻與那些因爲氣候關係而使白人殖民者興趣缺缺的地區不同，但是，引用一位當時的傑出帝國行政官員的話，「小量的歐洲人還是可以來此，以他的資金、精力和知識，發展出最可獲利的商業，並且取得其先進文明所需的產品。」❺

那個先進的文明現在正需要外來產物。由於氣候或地質因素，當時科技發展所需要的某些原料，只能在遙遠的地方才能找到，或只有在遙遠的地方才能大量獲取。例如這個時期的典型產物內燃機，靠的便是石油和橡膠。當時絕大數量的石油仍舊來自美國和歐洲（俄國以及產量少得多的羅馬尼亞)，可是，中東的油田已成爲層出不窮的外交衝突和欺詐的主題。橡膠完全是熱帶產物，歐洲人利用殘暴壓榨的手段，從剛果和亞馬遜雨林區取得它們，而這種暴虐的行徑適成爲早期反帝國主義的抗議目標。不久之後，馬來亞也開始廣植橡膠樹。錫來自亞洲和南美洲。前此許多無關緊要的非鐵金屬，如今已成爲高速科技所需的鋼合金的必要成分。這類非鐵金屬有些在已開發世界隨處可得，尤其是在美國；另一些則不然。新興的電氣和汽車工業亟需一種最古老的金屬——銅。銅的主要蘊藏區及最終生產者，都是二十世紀後期所謂的「第三世界」——智利、祕魯、薩伊(Zaire)和尚比亞(Zambia)。當然，對於貴金屬永遠無法滿足的需求始終是存在的。這種需求在本書所論時期將南非轉化成全世界最大的黃金出產地，當然還包括它的鑽石財富❻。礦業是將帝國主義引入世界各地的主要先鋒，也是最有效的先鋒，因爲它們的利潤教人萬分心動，就算專爲它修築鐵路支線也是值得的。

除了新技術的需求外，宗主國的大量消耗也爲糧食製造了一個迅速擴張的市場。純就數量而言，這個市場乃是由溫帶的基本糧食所主宰。穀物和肉類已在歐洲殖民者的若干區域——南北美洲、俄國和澳大利亞——廉價地大量生產。但是它也改變了長久以來(至少在德國)特別被稱爲「殖民地貨物」的產品市場，它們已在已開發世界的食品雜貨店中販售，這類的產品包括糖、茶、咖啡、可可粉以及其衍生物。隨著快速運輸和保藏方法的改善，如今也可享用到熱帶和副熱帶水果，它們使「香蕉共和國」成爲可能。

英國人在一八四〇年代每人平均消耗了一磅半的茶葉，一八六〇年代提高到三點二六磅，一八九〇年代更升至五點七磅，這些數字表示一八九〇年代英國每年平均要進口二億二千四百萬磅茶葉，而一八六〇年代只需九千八百萬磅，一八四〇年代更低至四千萬磅。不過，當英國人拋棄了他們以前所喝的幾杯咖啡，而灌滿了來自印度和錫蘭(Ceylon)的茶水時，美國人和德國人卻以愈來愈驚人的分量在進口咖啡——尤其是由拉丁美洲進口。一九〇〇年代初期，居住在紐約的家庭每週約需消耗掉一磅咖啡。教友派的飲料和巧克力製造商樂於推出各種不含酒精的點心，其原料多半來自西非和南美。一八八五年創辦聯合水果公司(United Fruit Company)的波士頓狡黠商人，在加勒比海地區創立了他們的私人帝國，以供應美國先前認爲無足輕重的香蕉。當時的市場首次充分證明了新興廣告業的性能，而充分利用這個市場的肥皂製造商，已將目光轉向非洲的植物油。種植園、領地和農場，是帝國經濟的第二支柱。宗主國的商人和金融業者則是第三支柱。

雖然這些發展創造了大企業的新分支，而這樣的大企業(如石油公司)，其贏利係與地球某些特殊部分牢不可分，不過它們並未改變已經工業化或正在工業化國家的情況和性質。然而，它們卻改變了世界其他地區的發展，它們將這些地區轉變成一個殖民地和半殖民地的綜合體。這些地方日漸成一種或兩種農產品的專業生產地。它們把農產品出口到世界市場，而把自身完全寄託在世界市場難以預測的變化上。馬來亞愈來愈等同於橡膠和錫，巴西是咖啡，智利是硝酸鹽，烏拉圭是肉類，古巴則是糖和雪茄。事實上，除了美國以外，甚至白種人的殖民地在這個階段也無法進行工業化，因爲它們也受到這種國際專門分工的限制。這些殖民地可以變得極度繁榮，即使是用歐洲標準來衡量，尤其是當其居民係由自由、好鬥的歐洲移民所組成，這些居民在選舉產生的議會中一般都具有政治影響力，而他們的民主激進主義可能相當令人害怕，不過土著通常是被排除在「居民」之外。(事實上，白人的民主政治通常不允許土著享有他們爲吝嗇的白人所贏得的利益，它甚至拒絕承認土著是一個完整的人。)在帝國的年代，一個想要移民海外的歐洲人，最好是去澳洲、紐西蘭、阿根廷或烏拉圭。別的地方，包括美國在內，都不很理想。這些國家都發展出勞工和激進民主政黨，甚至政府，以及搶在歐洲國家之前甚久的大規模公共社會福利制度(紐西蘭、烏拉圭)。但是，它們的繁榮只是歐洲(基本上也就是英國)工業經濟的補充，工業化對它們沒有好處，至少對與農產品外銷具有利害關係的人沒有好處。母國也不會歡迎它們的工業化。不論官方的說法爲何，殖民地和非正式屬地的作用只是補充母國的經濟，而非與它們競爭。

那些不屬於所謂(白人)「殖民資本主義」(settler capitalism)的依賴性區域，其情況便沒有這麼好。它們的經濟利益在於資源和勞力的結合：勞力意指「土著」，其成本很小，而且可以一直維持在低廉的水平。然而，由地主或洋行商人——當地的、從歐洲來的，或兩者皆有——操控的寡頭政治和政府(如果有的話)，卻可從該區外銷土產的長期擴張中受惠，這類擴張只會偶爾被短暫但有時(如阿根廷一八九〇年的情形)相當戲劇性的危機所打斷——危機的原因可能是貿易周期、過分投機、戰爭或和平。雖然第一次世界大戰摧毀了他們的部分市場，但是這場戰爭還是距離這些依賴性生產者相當遙遠。在他們眼中，開始於十九世紀晚期的帝國時代，一直延續到一九二九到一九三三年的大蕭條(Great Slump)。雖然如此，在本書所述時期它們已愈趨脆弱，因爲它們的運氣日漸成爲咖啡(一九一四年時，已占了巴西外銷總值的百分之五十八，以及哥倫比亞外銷總值的百分之五十三)、橡膠、錫、可可、牛肉或羊毛價格的函數。但是在農產品價格於一九二九年大蕭條期間垂直下跌之前，與外銷和債權的無限制擴張相較，這種脆弱性似乎不具長期重要性。相反的，如前所示，在一九一四年前，貿易的條件怎麼說也是有利於農業生產者。

不過，這些地區對於世界經濟與日俱增的重要性，並不能解釋當年的主要工業國家爲何爭先恐後地將地球瓜分爲許多殖民地和勢力範圍。在反帝國主義者對於帝國主義的分析當中，曾提出各種不同的瓜分理由。其中對大家來說最熟悉的是，殖民地和勢力範圍可爲剩餘資本提供較國內利潤更高的投資環境(因可免除外國資本的投資競爭)。這個理由，也是最沒道理的一個。由於英國資金的輸出在本世紀最後三十餘年大幅擴張，而且從這些投資中所得到的收入對於英國的國際收支又確爲必要，於是當時有些人便像霍布森一樣，自然而然的將「新帝國主義」和資本輸出聯在一起。但是這股巨大的資金洪流，事實上很少流進新的殖民帝國：英國的國外投資大多流入正在迅速發展且一般而言較爲古老的白人殖民地(這些地方——加拿大、澳洲、紐西蘭、南非——不久即將被認爲是實質上的獨立「自治領」)，以及像阿根廷和烏拉圭這類可稱爲「榮譽」自治領的地方，當然還包括美國。再說，大部分這樣的資金(一九一三年時爲百分之七十六)都投在鐵路和公共事業公債之上。這類公債的利息確實比投資英國公債好一點(前者平均百分之五，後者平均百分之三)，但除了主辦的銀行家外，其利潤通常都比不上國內的工業資本。它們一般只被視爲是安全而非高報酬的投資。不過上述種種並不表示投資人不想靠殖民地大發橫財，或不想靠殖民地來維護他們已做的投資。不論其意識形態爲何，布耳戰爭(Boer War)的動機都是黃金。

比較合理而普遍的殖民地擴張原因，是爲了尋找市場。當時，許多人認爲大蕭條時代的「生產過剩」可以用大規模的外銷予以解決。商人永遠希望能塡滿擁有龐大潛在顧客的世界貿易空白區，因此他們自然而然會不斷尋找這些未經開發的地區：中國是售貨員始終想要獵獲的地區(如果它的三億人口每人買一盒白鐵大頭釘，那麼將會有多大的利潤啊)，不爲人知的非洲則是另一個。在不景氣的一八八〇年代早期，英國各城市商會曾爲外交談判可能使它們的商人無法進入剛果盆地一事大爲惱怒。當時人認爲剛果盆地可以爲他們帶來數不盡的銷售期望，尤其是當時的比利時國王李奧德二世(Leopold II)正把剛果當作一個富有利潤的事業加以開發❼。(事實上，即使在酷刑和屠殺使得顧客人數大量減少之前，李奧德所偏愛的那種強迫勞動，也無法鼓勵每人的平均購買力。)

當時全球性經濟的困難情勢，在於好幾個已開發經濟同時感到對新市場的同樣需求。如果它們夠強大，那麼它們的理想將是要求低開發世界市場實行「門戶開放」。但是如果它們不夠強大，它們便希望能分割到一點屬於自己的領土——憑藉著所有權，它們的國家企業可居於壟斷地位，至少可享有相當大的優勢。因此，對第三世界未經占領部分的瓜分，便是這種需求的合理結果。在某種意義上，這是一八七九年後盛行各地的貿易保護主義的延伸(參看前章)。一八九七年時，英國首相告訴法國大使說：「如果你們不是這麼堅決的保護主義者，我們也不至於這麼渴望兼併土地。」❽單就這個情形而言，「新帝國主義」乃是一個以若干互相競爭的工業經濟體爲基礎的國際經濟的天然副產品，而一八八〇年代的經濟壓力顯然強化了這項發展。帝國主義者並不曾指望某一個特殊殖民地會自動變成理想中的黃金國，不過這種情形眞的在南非發生了——南非成爲世界上最大的黃金出產地。殖民地充其量只被視為區域性商業滲透的適當基地或出發點。當美國在十九世紀末二十世紀初依循國際上的流行方式，努力經營一個屬於它自己的殖民地時，某位國務院官員便曾清楚指出這點。

在這點上，占取殖民地的經濟動機，漸漸與達成這個目的所需要的政治行動無法分開，因為任何一種保護主義都必須在政治力量的協助下運作。英國殖民的戰略動機顯然最強。長久以來，英國一直在地理要衝上廣置殖民地，這些殖民地控制了進入陸地或海洋的樞紐，成為英國商業世界和海權範圍的重要門戶，而隨著輪船興起，它們也可充當加煤站。（直布羅陀〔Gibraltar〕和馬爾它〔Malta〕島是第一種情形的古老例子；百慕達〔Bermuda〕和亞丁〔Aden〕則是第二種情形的有用實例。）強盜式的分贓也在其中具有象徵性或實質上的意義。一旦互相敵對競爭的列強開始劃分非洲和大洋洲的地圖，每一個強國自然都會設法不讓其他強國得到過大的區域，或特別具有吸引力的一小片土地。一旦列強的地位開始和能否在某個棕櫚海灘（或者更可能是一片乾燥的灌木林）升起它的國旗扯上關係時，占領殖民地本身就變成了地位的象徵，不論這些殖民地的價值如何。甚至連向來不把帝國主義等同於擁有正式殖民地的美國，到了一九〇〇年左右也感到不得不順應潮流。雖然德國殖民地的經濟價值不大，戰略價值更小，然而它之所以大為惱怒，卻是因為它這樣一個強大而富有潛力的國家，它所擁有的殖民地竟會比英國、法國少這麼多。為了襯托它的強國地位，義大利堅持侵占一片片顯然毫不起眼的非洲沙漠和山地；而它在一八九六年征服衣索比亞的失敗，無疑使它的地位大為降低。

如果列強指的是已經取得殖民地的國家，那麼小國似乎就是那些「無權」擁有的國家。一八九八年美西戰爭(Spanish-American War)的結果，是西班牙失去了其殖民帝國剩餘部分的大半。如前所示，由新的殖民主義者瓜分葡萄牙非洲帝國剩餘部分的計畫，當時也在愼重討論當中。只有荷蘭人安靜的保存了它主要位於東南亞的古老殖民地。比利時國王被允許在非洲割據他的私人領地，只要他允許大家都可以進入這塊地區，因爲沒有任何一個列強願意將偉大的剛果河盆地的任何一個重要部分拱手他人。當然，我們也應該提一下：由於政治原因，亞洲和美洲都有一片廣大地區是歐洲列強不能予以瓜分的。在美洲，歐洲剩餘殖民地的情勢已爲門羅主義所凍結，只有美國才有採取行動的自由。在亞洲的大半地方，列強競爭的目標是在那些名義上獨立的國家——尤其是中國、波斯和鄂圖曼帝國——當中爭取勢力範圍。只有俄國和日本例外。俄國在擴大其中亞面積上是成功的，但它想取得北中國大片土地的企圖卻落空了。日本藉著一八九四到九五年的甲午戰爭，而取得朝鮮和台灣。總之，掠奪殖民地的主要舞台是在非洲和大洋洲。

於是，帝國主義的戰略解釋也吸引了一些歷史學家。他們試圖用保護通往印度之路和掌控印度的海陸緩衝地區，這兩種可使印度免除任何威脅的需要，來解釋英國在非洲的擴張。我們的確應當記住：就全球而言，印度乃是英國的戰略中心。這個戰略不但要求英國控制通往這個大陸的短程海道(埃及、中東、紅海、波斯灣和阿拉伯南部)和長程海道(好望角和新加坡)，也要求它控制整個印度洋，包括非常重要的非洲海岸及其腹地。英國政府對這個問題的警覺性向來十分敏銳。此外，在某些對這個目的而言相當重要的地區(如埃及)，一旦當地原有的權力崩潰，英國便會一步步建立起更爲直接的政治影響，甚至實際統治。可是，這些論述並不能取代帝國主義的經濟動機。首先，他們低估了占領某些非洲領土的直接經濟動機——其中奪占南非的經濟動機最為明顯。不論如何，西非和剛果的爭奪主要也是經濟利益的爭奪。其次，他們忽略了一件事實，那就是：印度之所以是「帝國皇冠上最明亮的一顆珠寶」和英國的全球戰略中心，正是由於它對英國經濟具有非常實質的重要性。印度在本書所述時期對英國經濟的重要性遠超過任何時期。英國的棉織品有高達百分之六十銷往印度和遠東，光是印度一地便占了百分之四十到四十五，而印度又是通往遠東的門戶。同時，英國的國際收支關鍵亦在於印度所提供的國際收支盈餘。第三，本土政權的崩解(也就是有時引起歐洲人在其以前不屑統治的地區建立統治權的原因)便是由於經濟滲透逐漸損害到當地結構所致。最後，企圖證明在一八八〇年代西方資本主義的內部發展之中，不具任何足以導致世界領土再劃分的動機，是不會成功的，因為那個時期的世界資本主義顯然與一八六〇年代不同。此時它已包含許多互相競爭且盡量保護自己不為對方所趁的「國家經濟」。簡言之，在一個資本主義的社會中，政治和經濟是分不開的，正如在回教社會中宗教和社會是分不開的一樣。想要建立一種完全無關經濟的「新帝國主義」解釋，就和想要把經濟因素排除在工人階級政黨興起的原因之外一樣，都是不切實際的。

事實上，勞工運動或者更廣泛而言民主政治(參看下章)的興起，都對「新帝國主義」造成了明顯可見的影響。自從偉大的帝國主義者羅德斯(Cecil Rhodes)在一八九五年評道：「如果一個人想要避免內戰，他便必須成為帝國主義者」❾，大多數的評論家都意識到所謂的「社會帝國主義」，亦即：藉著帝國擴張所產生的經濟改良、社會改革或其他方式，來減輕國內的不滿情緒。毫無疑問，當時的政客必然充分意識到帝國主義的可能好處。在某些國家——尤其是德國——帝國主義的興起主要係基於「內政第一」的考量。羅德斯式的社會帝國主義(首先想到的可能是帝國可以直接或間接帶給不滿意民眾的經濟利益)或許是最不中肯的解釋之一。我們沒有什麼明確證據足以說明：殖民地征服對母國絕大多數工人的就業或實質收入有多大影響(就個別情形而言，帝國可能是有用的。康瓦耳郡〔Cornwell〕的礦工集體離開當地衰落中的錫礦而前往南非礦區。他們在南非賺了很多錢，可是卻因肺疾而較平常早逝。康瓦耳的礦場主人則冒了較小的生命危險，花錢進入馬來亞的新錫礦區)，而主張海外殖民可以爲人口過剩國家提供安全瓣的想法，也不過是煽惑群眾的幻想。事實上，在一八八〇到一九一四年間，雖然找個地方移民是件再容易不過的事，可是移民人口當中卻只有極少數主動或被迫選擇任何國家的殖民地。

比較中肯的解釋，應該是帝國擴張可爲選民帶來光榮，進而減輕其不滿情緒。有什麼能比征服外國領土和有色人種更光榮呢？特別是這些征服也用不了多少錢。更普遍的情形則是帝國主義還可鼓勵勞工階級，尤其是不滿意的勞工階級，認同帝國政府和國家，並不知不覺地賦予這個政府所代表的社會和政治制度合法性和合理性。而在一個群眾政治的時代(參看下章)，即使是古老的制度也需要新的合法和合理性，當時人對這一點認識得十分清楚。英國在一九〇二年所舉行的加冕典禮乃是經過重新設計，它之所以備受讚譽，是因爲它的設計表達出「由一個自由民主政治所承認的世襲國王，已可**作爲一個其人民遍及世界的統治權的象徵**」⑩。簡言之，帝國是一種良好的意識形態黏合劑。

這種愛國主義搖旗吶喊的特殊形式，其效用爲何尚不甚清楚，尤以自由主義和較激進左派已取得強固的反帝國、反軍隊、反殖民或反貴族傳統的國家爲然。無疑，在某些國家當中，帝國主義極受新興中產階級和白領階級的歡迎，這些人的社會身分大致是建立在他們聲稱自己是愛國主義所選定的媒介物(參看第八章)。今日我們沒有什麼多少證據可以說明當時的工人對於殖民地征伐抱有任何自發熱忱，遑論對戰爭，同樣，我們也不能指出他們對新舊殖民地抱有多大興趣(除那些白人殖民地外)。想要以帝國主義來榮耀其國民的企圖——如一九〇二年英國訂立了一個「帝國日」——恐怕只有在那些被迷住的學童聽眾身上，才有成功的可能。下面我們將再討論帝國主義比較一般性的吸引力。

不過我們無法否認，自認爲較有色人種優越並應進而支配他們的想法，在當時的確非常受歡迎，因此也有利於帝國主義的政治取向。在偉大的萬國博覽會(參看《資本的年代》第二章)中，資產階級的文明始終以科學、技術和製造品的三重勝利自豪。在帝國的年代，它也以其殖民地自豪。在十九世紀末葉，前此幾乎從未聽聞的「殖民地大帳篷」(colonial pavilions)如雨後春筍般出現：一八八九年，有十八個這類帳篷襯托了艾菲爾鐵塔(Eiffel Tower)，一九〇〇年則有十四個吸引了巴黎遊客⑪，無疑，這是有計畫引起大家注意的手段，不過如同所有成功的宣傳一樣，它的成功是由於它觸及到公眾的想望。殖民地展示於是一炮而紅。英國的慶典、皇室喪葬和加冕典禮之所以十分壯觀，乃是因爲其過程就像古羅馬的凱旋儀式一樣，展示了穿戴金銀華袍、態度柔順恭謹的印度大君——這些人是志願效忠，而非俘虜。軍隊遊行也更爲多彩多姿，因爲隊伍中包含了包頭巾的錫克教徒(Sikhs)、蓄髭的拉治普特人(Rajputs)、面帶微笑但對敵人毫不留情的廓爾喀族(Gurkhas)、土耳其非正規騎兵和黝黑高大的塞內加爾人；當時人眼中的野蠻世界正聽命於文明的指揮。甚至在哈布斯堡王朝治下的維也納，對海外殖民地完全沒有興趣的維也納，一個阿善提人（Ashanti）的村落也迷住了無數參觀者。畫家亨利・盧梭（Henri〔Douanier〕Rousseau）並不是唯一一個對熱帶地區充滿渴望的人。

因而，將西方白人、有錢人、中產階級和貧民團結在一起的優越感，其所以能如此，不僅是因為這些人都享有統治者的特權，尤其是當他們身臨殖民地時。在達卡（Dakar）或蒙巴薩島（Mombasa），再卑微的書記也是一個主子，被那些在巴黎或倫敦甚至不會注意到他的存在的人們稱為「紳士」；而白種工人也能指揮黑人。但是，即使是在意識形態上堅持最起碼的人類平等的地方，這種想法也隱融在統治政策當中。法國相信應將其屬地居民轉化為法國人，轉化為概念上的「我們高盧祖先」的後裔。他們和英國人不同，英國人深信孟加拉人（Bengalis）和約魯巴人（Yoruba）基本上不是英國人，也永遠不會是英國人。可是這些「文明」土著階級的存在，適足以彰顯大多數土著的缺乏「演進」。各殖民地教會都致力於使非基督教徒改信正統的基督教派，只有在殖民地政府積極勸阻（如在印度），或這個任務無法達成時（如在回教地區），他們才會放棄。

這是一個大規模致力傳教的典型時代。（一八七六到一九〇二年間，《聖經》共有一百一十九種譯本，在此之前的三十年只有七十四種，一八一六到一八四五年更僅有四十種。一八八六至九五年間，非洲的新教傳教機關共有二十三個，比前一個十年大約多了三倍⑫。）傳教事業絕非帝國主義政治的代理人。它常常反對殖民地的有司百官，而將改宗者的利益放在第一位。可是，上帝的成功卻是帝國主義進展的函數。貿易是否能隨國旗而至可能還是未定之數，但是毫無疑問，殖民地的征服卻爲傳教行動做了最有效的開路行動——例如在烏干達(Uganda)、羅德西亞(Rhodesia，今尚比亞和辛巴威〔Zimbabwe〕)和尼亞薩蘭(Nyasaland)，今馬拉威〔Malawi〕)。而如果基督教果眞堅持其靈魂平等，它卻也強調了身體的不平等，即使是教士的身體也不平等。傳教是白人替土著做的事，而且是由白人付款。然而雖然它的確使土著教徒繁增，但至少有半數的教士仍舊是白人。一八八〇到一九一四年間，恐怕得用顯微鏡才能找出一名非白人主教。及至一九二〇年代，天主教才任命其第一批亞洲主教。此時，這個千載難逢的傳教活動已整整進行了八十年⑬。

至於最熱心致力於全人類平等的運動，是藉著下列兩種聲音來表達。在原則上以及往往在實際上，世俗左派都是反帝國主義者。英國勞工運動的目標也包括印度解放，以及埃及和愛爾蘭的自由。左派人士對殖民戰爭和征伐的譴責向來毫不猶豫，並往往因此觸犯眾怒(如英國反布耳戰爭人士的情形)。激進分子不斷揭發發生在剛果、發生在非洲島嶼的可可種植地，還有發生在埃及的悲慘情事。在一九〇六年的競選活動中，英國自由黨便抓住了公眾對南非礦場上「中國苦役」的指責，並因此贏得大選。可是，在共產國際(Communist International)的時代來臨之前，除了少得不能再少的例外情形(如荷屬印尼)，西方的社會主義者很少眞正組織殖民地的人民去反抗其統治者。在社會主義和勞工運動之內，公開接受帝國主義，或認爲帝國主義至少是那些尚未準備好自治之民族的必經階段的人，通常只是少數的修正主義者或費邊派(Fabian)右翼人士；不過爲數不少的工會領袖，要不是對殖民地問題不感興趣，便是認爲有色人種基本上是威脅健壯白人勞工的廉價勞力。禁止有色移民的壓力，在一八八〇年代到一九一四年間促成了「白色加州」和「白色澳洲」的政策。這種壓力主要係來自工人階級，而蘭開夏工會也和蘭開夏棉織業主共同反對印度實行工業化。在一九一四年前的國際政治上，絕大部分的社會主義仍是歐洲人和白種移民或其後裔的運動(參看第五章)。殖民主義對他們而言尚不太具有利害關係。事實上，他們對於資本主義這個新「帝國主義」階段(他們在一八九〇年後期發現了這個階段)的分析和定義，正確地指出殖民地的兼併和開發利用是這個新階段的一個表徵和特色：這個表徵和特色像它所有的特色一樣不可取，但也不是核心所在。很少有社會主義者像列寧那樣，已經注意到這個位於世界資本主義邊緣的「易燃物質」。

在社會主義者(主要是馬克思主義者)對帝國主義的分析當中，將殖民主義整合進資本主義「新階段」的概念，在原則上無疑是對的，不過其理論模式的細節卻不一定正確。有的時候，它也和當時的資本主義者一樣，太過傾向於誇大殖民地擴張對於母國經濟的重要性。十九世紀後期的帝國主義無疑是「新的」。它是一個競爭時代的產物，這種工業資本主義國家經濟之間的競爭，不但新鮮而且緊張，因爲在一個商業不確定時期，擴張和保衛市場的壓力都特別沉重(見第二章)。簡言之，它是一個「關稅和擴張共同成爲統治階級之訴求」的時代⓮。它是脫離自由放任式資本主義過程的一部分，在同時也意味著大公司和壟斷企業的興起，以及政府對經濟事務的較大干預。它隸屬於一個全球經濟的邊緣部分日趨重要的時期。它是一個在一九〇〇年時似乎很自然，而在一八六〇年時卻又似乎難以置信的現象。所有想要將帝國主義的解釋與十九世紀後期帝國主義特殊發展分別開來的企圖，都只能在意識形態的層次上活動，雖然它們通常都很淵博，有時也很敏銳。

2

但是，關於西力(以及一八九〇年後的日本)衝擊對世界其他部分的影響，以及有關帝國主義的「帝國」方面對其母國的重要性，我們還有許多問題需要澄清。

第一類問題比第二類容易解答。帝國主義對經濟的影響是重要的，可是，最重要的還是它們造成的深刻不平等，因爲母國與屬國間的關係是高度不對稱的。前者對後者的影響是戲劇化也是決定性的，而後者對前者的影響卻可能微不足道，無關宏旨。古巴的興亡要視糖價和美國是否願意進口古巴的糖而定；可是，即使是非常小型的「已開發」國家——比如說瑞典吧——也不會因爲古巴所生產的糖突然全部從市場上消失，而感到嚴重不便，因爲它們不會只倚賴這個地區作爲其食糖供應地。對於非洲撒哈拉沙漠以南的任何地區而言，其所有的進口貨幾乎都來自一小撮西方宗主國，而其所有的出口也幾乎都是運往這些國家；但是母國與非洲、亞洲和大洋洲的貿易，雖然在一八七〇到一九一四年間稍有增加，都仍不過是聊備一格。在整個十九世紀，大約百分之八十的歐洲貿易，包括進口和出口，都是在已開發國家之間進行的，歐洲的國外投資亦然⓯。就流向海外的貨物和投資而論，它們大多進入一小撮以歐裔殖民者爲主並且迅速成長的經濟中——加拿大、澳洲、南非、阿根廷等，當然，還有美國。在這一點上，從尼加拉瓜和馬來亞所看到的帝國主義時代，和從德國或法國所看到的帝國主義時代是很不一樣的。

在幾個母國之中，帝國主義顯然對英國最重要。因爲英國的經濟霸權，自來便是以它和海外市場以及農產品來源的特殊關係爲關鍵。事實上，我們可以說：自從工業革命以來，聯合王國的製造品，除了在一八五〇到七〇年間的興隆歲月以外，從未在正值工業化的經濟市場上特別具有競爭力。因此，盡可能保持它對非歐洲世界的出入特權，對英國的經濟而言是一件攸關生死的大事⑯。十九世紀晚期，它在這個方面表現得相當成功，眨眼之間便將正式或實際上屬於英國君主的面積擴大到地表的四分之一（英國製的地圖驕傲地將這四分之一染成紅色）。如果我們把實際上屬於英國衛星經濟、由獨立國家所組成的「非正式帝國」也算在內，那麼地球上大概有三分之一的地區在經濟上是英國式的，在文化上亦然。因爲英國甚至將它奇怪的郵筒形狀外銷到葡萄牙，也把類似哈羅德百貨公司（Harrods department store）這種典型的英國機構外銷到布宜諾斯艾利斯。但是，到了一九一四年，這個間接受其影響的區域，有許多已逐漸受到其他強國的滲透，尤以拉丁美洲爲最。

然而，除了那個最大、最豐富的礦脈——南非的鑽石和黃金——以外，這種成功的防衛性作業和「新」帝國主義的擴張並沒有多大關係。南非的礦脈立時造就了一群大半是德裔的百萬富翁——文赫家族（Wernhers）、貝茲家族（Beits）、艾克斯泰因家族（Ecksteins）等。他們大多數也立即被納入英國上流社會——只要其第一代肯花大把銀子誇耀自己，這個上流社會對暴發的接受度是無與倫比的。它也引起了規模最大的一場殖民地衝突，也就是一八九九到一九〇二年的南非戰爭（South African War），這場戰爭壓制了當地兩個小共和國的抵抗，這兩個小共和國是由務農的白人殖民者所建立的。

英國在海外的成功，大半是由於對其已有屬國和領地更有系統的開發利用，或是藉助它特殊的經濟地位——在像南美洲這樣的地區，英國是當地出口貨的主要進口國，也是主要投資國。除了印度、埃及和南非以外，英國的經濟活動大多是在實質上獨立的國家，如白人的自治領，或像美國和拉丁美洲這樣的地區進行；在這些地方，英國的政治行動不曾也不能下達。因爲，當(大蕭條以後所建立的)外國債券持有人聯合公司(Corporation of Foreign Bandholders)在面臨著名的拉丁暫停償債或以貶值的通貨償債而叫苦連天之時，英國政府並無法有效支持它在拉丁美洲的投資人，因爲它辦不到。在這方面，大蕭條是一場決定性的考驗，因爲它引起了一場重大的國際債務危機，也使母國的銀行陷入嚴重災難。一八九〇年的「霸菱危機」(Baring crisis)，便是由於霸菱銀行太過無節制地捲入拖欠債務的阿根廷財務漩渦。而英國政府所能做的，只是設法讓這個大商號不致破產。如果政府準備以外交勢力支持投資人(一九〇五年後愈來愈如此)，那麼它所想要對抗的乃是受到其本國政府支持的他國企業，而非依賴世界的大型政府。(當時確有幾樁砲艇經濟事件——例如委內瑞拉、瓜地馬拉、海地、宏都拉斯和墨西哥的情形——但是它們對這種普遍現象的改變程度有限。有的地方團體和政府支持英國的經濟利益，有的則持敵視態度。當然，如果必須在這兩者之間做一選擇，英國政府和資本家不會不支持有助於英國利益的一方：在一八七九到八二年間的「太平洋戰爭」中，他們便支持智利對抗祕魯；而一八九一年時，他們卻支持智利總統巴爾馬塞達(Balmaceda)的敵人。事實上英國支持的主角是硝酸鹽。)

事實上，如果把好壞年分放在一起考慮，英國資本家從他們非正式或「自由的」帝國中，還眞是獲利不少。一九一四年時，英國幾近半數的長期公共投資是放在加拿大、澳洲和拉丁美洲。一九〇〇年後，超過一半的英國儲金是花在海外投資之上。

當然，英國也在新的殖民世界當中取得它該有的一份。而由於英國的國力和經驗，它的這一份比任何其他國家更大，或許也更有價值。如果說法國占領了西非的大半，那麼英國在這個地區所占有的四個殖民地卻控制了較密集的非洲人口，較大的生產能力，和貿易優勢⑰。可是，英國的目的並不在於擴張，而是在於避免別國入侵這些它已用貿易和資本予以主宰的領土——當時大半的海外世界均係如此。

然而，其他的強國是否也從它們的殖民地擴張中獲得合乎比例的利益？我們無法回答這個問題。因爲正式殖民只是全球性經濟擴張和競爭的一環。而對兩大工業強國——德國和美國——而言，殖民並非它們的主要環結。再者，如前所示，與非工業世界的特殊關係對英國具有極大的經濟重要性，對其他國家卻不然(可能只有荷蘭例外)。我們只能相當有把握的說：首先，在尋求殖民地的驅策力上，經濟潛力較小的母國也有適度的增加。對這樣的國家來說，殖民地在某種程度上可以彌補它們的經濟和政治劣勢——對法國而言，則是可以彌補它在人口和軍事上的劣勢。其次，在所有國家當中，都有一些特殊經濟團體——其中最顯著的是與海外貿易有關的經濟團體以及使用海外原料的工業——強力敦促政府進行殖民擴張，而它們所持的理由自然是以國家利益作爲幌子。第三，雖然有些這樣的團體從這種擴張當中得到許多好處(比方說，一九一三時，「西非法國公司」〔Compagnie Française de l'Afrique Occidentale〕付出百分之二十六的股息⑱)，然而大多數名副其實的新殖民地卻沒吸收到多少資本，而其經濟結果也非常令人失望。(雖然一九一三年時，法蘭西帝國貿易的百分之五十五都是以母國爲對象，法國卻未能將其新殖民地充分整合到它的保護主義系統當中。這些地區和其他區域以及宗主國間已有固定的經濟往來。由於未能打破這樣的固有模式，法國不得不透過漢堡（Hamburg）、安特衛普（Antwerp）和利物浦（Liverpool），購買它所需的大部分殖民地產物，如橡膠、皮革和毛皮、熱帶木材等。）簡言之，新殖民主義是一個由諸多國家經濟體所進行的經濟和政治競爭時代的副產品，同時又因貿易保護主義而得以加強。然而，就母國與殖民地的貿易額在其總貿易額中所占的百分比不斷增加這件事而論，這個貿易保護主義並非十分成功。

可是，帝國的年代不僅是一個經濟和政治現象，也是一個文化現象。地球上少數「已開發」地區的征服全球，已藉著武力和制度，藉著示範和社會轉型，改變了人們的意象、理想和希望。在依賴性國家當中，這種改變除了對當地的優秀分子之外，對其他任何人都沒造成什麼影響。不過，我們當然也應該記住：在某些區域，如撒哈拉以南的非洲，是社會主義或與之有關的基督教傳教工作，創造了接受西式教育的社會菁英。今日非洲國家使用法語與英語的分野，恰恰反映出法國和英國殖民帝國的分布。（這兩個殖民帝國在一九一八年後，瓜分了前德國殖民地。）除了非洲和大洋洲的基督教傳教工作曾使許多人改信西方宗教以外，大多數的殖民地人民都盡可能不去改變其原有的生活方式。同時，令比較剛愎的傳教士懊惱的是：殖民地人民所接納的西方進口宗教很少是信仰本身，而多半是西方宗教中有利於他們的傳統信仰和制度系統的成分，或符合他們需要的成分。正如由熱心的英國殖民地行政官員帶給太平洋島嶼的戶外運動一樣，西方觀察家所見到的殖民地宗教，往往和薩摩亞群島(Samoan)的板球一樣令人意外。甚至在那些傳統宗教只流於形式的地方也不例外。但是，殖民地也很容易發明它們自己特有的基督教，這個情形在南非（非洲眞正有大批土著改宗的地方之一）尤其顯著。南非的「衣索比亞運動」（Ethiopian movement），早在一八九二年便脫離了傳教團體，以便建立一種較不與白人認同的基督教。

因而，帝國主義帶給依賴世界菁英分子以及可能的菁英分子的，基本上是「西化」。當然，早在這個時代之前它便已展開這項工作。對於所有面臨依賴或征服的政府和菁英而言，這幾十年的經驗已使他們明白：如果不西化便會被毀滅（參看《資本的年代》第七、八及十一章）。而事實上，在帝國時代啓發這些菁英分子的各種意識形態，在時間上都可以上溯到法國大革命至十九世紀中期。當時它們採取了孔德（August Comte, 1798-1857）的實證主義形式，這個現代化的學說，啓發了巴西、墨西哥以及早期的土耳其革命政府（參看第十二章）。菁英分子對西方的抗拒仍能使西化繼續進行，即使在他們基於宗教、道德、意識形態或政治實用主義而反對全盤西化之際亦然。穿著纏腰布、身懷紡錘（勸阻工業化）的聖雄甘地（Mahatma Gandhi），不僅受到亞美達巴得市（Ahmedabad）機械化棉紡廠主的支持和資助，而其本人也是一個顯然受到西方意識形態影響並在西方接受教育的律師。如果我們只把他看成一個印度傳統主義者，便無法眞正了解他。

事實上，甘地本人充分說明帝國主義時代的特有影響。甘地出身於地位相當於一般商人和放利者的階級，這個階級以往與英國治理下的印度西化菁英關係不大，可是他卻得以在英國接受專業和政治教育。一八八〇年代晚期，甘地開始著手撰寫一本英國生活指南，以期對像他這樣環境普通卻想去英國念書的學生提供幫助；在那個時候，去英國念書是有志印度青年最渴望的選擇。這本指南係以絕佳的英文寫成，書中指導他們許多事情，從如何搭乘輪船前往倫敦和尋找宿舍，到虔誠的印度教徒該如何解決飲食問題，乃至如何習慣西方人自己刮鬍子而不假手理髮師的驚怪習俗⑲。甘地顯然既不將自己視爲一個無條件的西化者，也不以無條件反對英國事物自期。正如日後許多殖民地解放先驅在其母國的短暫停留期間一樣，甘地選擇到意識形態與他較爲投合的西方社交圈中走動。以他的情形而言，他選擇了英國素食主義圈——他們絕對也是贊成其他「進步」思想的人。

甘地學會在一個由「新帝國主義」所創造的環境中，運用消極抵抗的辦法，動員傳統民眾去達成非傳統目的的特殊技巧。可想而知，這個辦法是西方和東方的融合，因爲他公開表示他在思想上受到羅斯金(John Ruskin)和托爾斯泰的影響。(在一八八〇年代之前，人們無法想像來自俄國的政治花粉如何能在印度受精開花，但是到了二十世紀第一個十年，這種現象已在印度的激進圈中十分普遍，不久之後，在中國和日本的激進分子當中也將非常普遍。)因鑽石和黃金而繁榮的南非，吸引了許多印度普通移民。在這個新奇的環境中，種族歧視爲不屬於菁英階級的印度人創造了一種隨時可以進行現代政治動員的情勢。甘地便是藉著在南非爲印度人的人權奮鬥，而得到他的政治經驗並贏得他的政治驅策力。那時，他還無法在印度本國進行這些活動。最後他回到印度，成爲印度民族運動中的關鍵人物，但這是一九一四年戰爭爆發之後的事。

簡言之，帝國的年代一方面創造了造就反帝國主義領袖的環境，一方面也創造了，我們將在下面看到的(第十二章)，開始回應其呼聲的環境。但是，如果我們以對西方的反抗爲主軸，來陳述在西方母國支配和影響之下的民族和區域歷史，將會是一種時代錯誤和誤解。它之所以是一種時代錯誤，係因爲，除了下面將談到的例外情形以外，大多數地區最重要的反帝國運動時代，都是始於一次大戰和俄國革命期間。它之所以是一個誤解，係因爲，它將現代民族主義的內容——獨立、民族自決、領土國家的形成等（參看第六章）——引入尚未、也尚不可能包含它的歷史記錄當中。事實上，最先接觸這些思想的人，是西化的菁英分子。他們是藉由造訪西方和西方所組成的教育機關而接觸到這些觀念，因爲這些觀念正是在西方教育機關裡面形成的。從英國回來的印度年輕人，可能帶回來馬志尼(Mazzini)和加里波底(Garibaldi)的標語，但是當時恐怕沒有幾個旁遮普（Punjab）居民，更別提像蘇丹(Sudan)這樣地區的居民，會知道它們是什麼意思。

因此，帝國主義最有力的文化遺產，是它爲各類少數菁英所興辦的西式教育。因爲，少數因此具有讀寫能力的幸運者，可進而發現一條升遷捷徑，亦即充當教士、教師、官僚或辦公室工作人員等白領階級。在某些地區，他們也可能出任新統治者的士兵或警察，他們穿著統治者的服飾，並接受他們對時間、地點和處理家務的奇異想法。當然，這些人都是具有行動潛力的少數菁英，這便是爲什麼這個甚至以人類的一生壽命來衡量也是相當短暫的殖民主義時代，卻會留下如此長遠影響的原因。邱吉爾曾經說過：在非洲的大部分地方，整個殖民主義經驗（由最初的占領到獨立國家的形成），也不過就是一個人的壽命那麼長，這的確是個驚人的事實。

依賴地區對主宰它的世界又有什麼反影響呢？自從十六世紀起，異國經驗便是歐洲擴張的一項副產品，不過，啓蒙時代的哲學觀察家，往往將歐洲和歐洲殖民者以外的奇異國度視爲歐洲文明的道德測量器。擁有高度文明的異國，可反映出西方制度的缺點——如孟德斯鳩(Montesquieu)的《波斯書簡》(*Persian Letters*)所言——而尚未受文明干擾的異族，則往往被視爲高尚的野蠻人，其自然且令人欽慕的舉止正說明了文明社會的腐化。十九世紀的新奇之處，是歐洲人愈來愈把非歐洲人及其社會視爲卑下、不可取、薄弱、落後，甚至幼稚。它們應該是被征服的對象，至少應該是必須接受**眞正**文明教化的對象；而代表這個唯一的眞正文明的，是商人、傳教士和一隊隊攜帶槍砲、烈酒的武裝士兵。在某種意義上，非西方社會的傳統價値觀，在這個唯有靠武力和軍事科技才能生存的時代，顯然不太具有力量。堂皇壯麗的北京城，可曾阻止西方野蠻人不止一次地焚燒搶掠？式微中的蒙兀兒帝國首都，一個在薩耶吉・雷(Satyajit Ray)的《棋手》(*The Chessplayer*)中顯得如此美麗的城市，又何曾抵抗得住英國人的進攻？對於一般歐洲人而言，這些地方已成爲他們輕視的對象。他們所喜歡的只是戰士，最好是那些可以招募進殖民地軍隊的戰士(錫克教徒，廓爾喀人，柏柏人〔Berber〕，阿富汗人，貝都因人〔Bedouin〕)。鄂圖曼帝國贏得了勉強的敬意，因爲它雖然已趨沒落，卻還擁有足以抵抗歐洲軍隊的步兵。當日本開始不斷在戰場上贏得勝利之後，它才逐漸被歐洲人平等視之。

然而，也就是這種緊密的全球交通網絡，這種可以輕易踏上外國土地的情形，直接間接地加強了西方世界和異國世界的衝突和交融。眞正認識到這兩點並加以思考的人數並不多，雖然在帝國主義時期確有增加，因爲有些作家刻意使自己成爲這兩個世界的中間人——他們包括以航海爲業的知識分子(如洛提〔Pierre Loti〕和最偉大的康拉德〔Joseph Conrad〕)，士兵和行政官員(如東方通馬西農〔Louis Massignon〕)，或殖民地的新聞從業者(如吉卜齡〔Rudyard Kipling〕)。不過，異國事物已日漸成爲日常教育的一部分：在卡爾・梅(Karl May, 1842–1912)那些深受歡迎的青少年小說中，想像中的德國主角漫遊於美國的蠻荒西部和信奉回教的東方世界，有時也溜進黑色非洲和拉丁美洲；驚險小說的惡棍中，已出現了不可思議但權力無邊的東方人，如羅默(Sax Rohmer)的傅曼殊博士(Dr. Fu. Manchu)；英國男孩所讀的廉價雜誌故事中，也塑造了一個富有的印度人，他操著大家想像中的那種奇怪的半吊子英語。它甚至已成爲日常經驗當中一個偶然但可預料到的部分：水牛比爾(Buffalo Bill)的「蠻荒西部」(Wild West)秀，以其充滿異國情調的牛仔和印第安人，於一八八七年後征服了歐洲；而在愈來愈考究的「殖民地村落」或偉大的萬國博覽會中，也可看到這類展覽。不論其原意爲何，這些奇異世界的瞥影都不是紀錄片式的；而是意識形態的，一般而言都加強了「文明人」對「原始人」的優越感。它們之所以充滿帝國主義的偏頗，乃是由於——如康拉德的小說所示——異國世界與人們日常生活的連結，主要是透過西方對第三世界的正式或非正式滲透。從實際的帝國經驗當中借來的日常用語，多半都用在負面事物上。義大利工人把破壞罷工者稱爲「crumiri」(北非某個部落語)；義大利政客將南方的投票部隊喚作「ascari」(殖民地土著軍隊)；「caciques」原本是西班牙南美帝國的印第安酋長，在歐洲則成了政治頭子的同義字；「caids」(北非土著酋長)指的是法國的幫派領袖。

但是，這類異國經驗也有比較正面的地方。部分好思考的行政官員和士兵(商人對這類事情沒什麼興趣)，開始認眞探究他們自己的社會與他們所統治的社會之間的差異。他們也對此提出了許多傑出的學術研究(尤其是在印度帝國)，並改變了西方社會科學的理論。這項成就大半是殖民地統治，或為協助殖民地統治的副產品，而且大半無疑是基於對西方知識優越於一切的堅定感和自信感。宗教這個領域或許是一個例外，對於公平的觀察者而言，美以美教派是否比佛教高明，他們並不十分肯定。帝國主義也使西方人對來自東方（或自稱來自東方）的精神事物興趣大增，有時還進而信仰[20]。儘管後殖民理論對這種認知多有批評，我們仍不應將西方學術中的這一支簡單貶為對非歐洲文化的傲慢毀謗。至少，它們當中最好的那部分是相當看重非歐洲文化的，認為它們應予以尊敬，並從中獲取教訓。在藝術領域，尤其是在視覺藝術領域，西方前衛派對非西方文化是一視同仁的。事實上，在這一時期他們大致是受到非西方文化的啓發。這種情形不僅見於代表精粹文明的異國藝術（如日本藝術，日本藝術對法國畫家的影響非常明顯），也見於那些被視為「原始的」異國藝術，尤其是非洲和大洋洲藝術。無疑，它們的「原始風味」是它們的主要吸引力，但我們無法否認，二十世紀早期的前衛人士教會了歐洲人把這樣的作品視為藝術品（往往是偉大的藝術品），教導他們只看其藝術本身，而不論其出處為何。

帝國主義的最後面向也必須一提，亦即：它對母國統治階級和中產階級的影響。在某種意義上，帝國主義使這兩個階級的勝利變得更戲劇化，好像沒有什麼事是它們辦不到的。一小撮主要位於西北歐的國家，主宰了全球。使拉丁民族、再別提斯拉夫民族憤憤不平的是：有些帝國主義者甚至喜歡強調條頓（Teuton）民族以及尤其是盎格魯撒克遜民族的特殊征伐功績——這兩個民族之間雖然不乏敵對競爭，然而據說卻是具有親密關聯的，這一點可從希特勒對英國的勉強尊敬中得到證明。這些國家的少數上層和中產階級——官員、行政人員、商人、工程師——有效地行使這一支配權。

一八九〇年前後，六千多一點的英國官員，在七萬多一點的歐洲士兵協助下，統治了幾乎三億印度人。歐洲士兵和爲數多得多的土著軍隊一樣，只是聽取命令的傭兵，而且是不成比例地由較古老的本土殖民地軍隊——愛爾蘭人——中抽調組成的。這是一個極端的情形，但絕非不普遍。絕對的優越性莫此爲甚。

因此，直接與帝國有關的人數相對而言很少，但是他們的象徵意義卻非常巨大。一八九九年，當大家認爲作家吉卜齡——印度帝國的詩人——快死於肺炎時，不僅英國人和美國人（吉氏不久前才獻給美國一首談論「白種人的負擔」的詩，論及美國在菲律賓的責任）很悲傷，連德國皇帝也拍了一通電報以示慰問㉑。

可是，帝國的勝利也帶來了許多問題和不確定性。例如母國統治階級對帝國所採行的統治政策，顯然完全不同於本國，二者之間的矛盾日漸明顯，而且愈來愈難解決。在母國內部，如我們即將提到的，民主選舉的政治制度似乎無可避免地日漸風行，而且注定會繼續風行下去。然而在殖民帝國中，實行的卻是獨裁政體：一方面藉著有形的威逼，一方面依靠殖民地對母國優越性的消極歸順——這種優越性大到似乎無法挑戰，因而遂變得合理合法。士兵和自我訓練的殖民地總督，統治了地球上的好幾個大洲；可是在母國國內，無知和卑下民眾的勢力卻無比猖獗。在此，我們不是可以學到一個尼采(Nietzsche)在《權力意志》(*Will to Power*)中所指的那種教訓嗎？

帝國主義也引發了不確定性。首先，它造成了一小群白種人（因爲，如優生學這門新學問不斷警告的：甚至大多數的白種人也注定是低下的）與極大量的黑種人、棕種人和或許最重要的黃種人的對抗情勢，德皇威廉二世便曾號召西方團結以應付「黃禍」㉒。一個贏得這般容易、基礎這般薄弱的世界帝國，一個因為幾個人的少數統治和多數人的不抵抗便可輕鬆統治的世界帝國，眞的能長久維持嗎？吉卜齡，這位最偉大、或許也是唯一的帝國主義詩人，以其對帝國無常性的預言，迎接那個代表帝國驕傲的偉大時刻——一八九七年維多利亞女王登基六十周年紀念：

遠方召喚，我們的艦隊逐漸消失；
砲火在沙丘和岬上沉落：
看呀，我們昨天所有的盛觀
是和尼尼微(Ninevah)和泰爾(Tyre)一般！
上帝赦免我們，
以免我們忘記，以免我們忘記。㉓

他們炫耀地計畫在新德里(New Delhi)為印度修建一座壯麗新都，然而克里蒙梭(Clemenceau)卻預言它將成為一長串帝國廢墟中的一個。克氏是唯一抱持懷疑的觀察者嗎？而他們在統治全球上的脆弱度，眞的比統治國內的白種群眾大這麼多嗎？

這種不確性是一體兩面的。如果說帝國(以及統治階級的統治)對其治下臣民而言是不堪一擊的(雖然當時並非如此，一時之間也不會成為事實)，那麼其內部統治意願的腐蝕，那種為證明適者生存而做的達爾文式奮鬥意願的腐蝕，更可輕易將其擊潰。權力和事功所帶來的奢華，不正也是削弱其繼續努力的殺手嗎？帝國不是導致了核心地區的依靠心理，和野蠻人的最後勝利嗎？

這些問題在那個最偉大也最脆弱的帝國當中，引發了最爲不祥的答案。這個帝國在面積和光榮上超過以往的所有帝國，然而在其他方面卻瀕於式微。即使是勤奮工作且精力充沛的德國人，也認爲帝國主義已逐漸等同於只會導致衰敗的「靠地租、利息等固定收入生活的國家」。且聽聽霍布森對這種恐懼的看法：如果中國被瓜分，

則西歐的更大部分，將在外表和性質上，和英國南部、蔚藍海岸，以及義大利和瑞士那些充滿旅行車隊和旅館的地方一樣：一小群富有的貴族，靠著從遠東抽取股息和年金爲生；在他們身旁是人數稍多的職業侍從和技藝工人，以及一大群私人僕傭和運輸業工人。所有的主幹工業均將消失，主要的食物和製造品，都以貢物的方式由非洲和亞洲流進來。㉔

資產階級的「美好時代」就這樣解除了武裝。威爾斯(H. G. Wells)小說中那個迷人無害、過著在陽光中嬉戲生活的艾羅依(Eloi)，將會受到他們所依靠的黑色摩洛克人(Morlocks)的擺布，並且完全無法抵抗㉕。德國經濟學家舒爾茨蓋文尼茲(Schulze-Gaevernitz)寫道：「歐洲將會把體力勞動的負擔——先是農業和礦業，再是工業中較爲費力的勞動——轉移給有色人種，而它自己則心滿意足地依靠地租、利息等固定收入生活。而這種情形，或許正在爲有色人種日後的經濟和政治解放鋪

路。」㉖

這便是打擾「美好時代」睡眠的噩夢。在這些噩夢中，帝國的夢魘和對民主政治的恐懼合而爲一。

註釋

❶蒙森（Wolfgang J. Mommsen），《韋伯和德國政治，一八九〇—一九二〇》（*Max Weber and German Politics 1890-1920*），芝加哥：一九八四，頁七七。

❷鄧恩，《杜利先生的哲學》（*Mr. Dooley's Philosophy*），紐約：一九〇〇，頁九三—四。

❸列寧，〈帝國主義：資本主義的最後階段〉（Imperialism, the Latest Stage of Capitalism），一九一七年中期初版。該文的較晚的版本（死後出版）使用「最高」一字，而非「最後」一字。

❹霍布森，《帝國主義》（*Imperialism*），倫敦：一九〇二，〈序言〉（一九三八年版）。

❺強斯頓（Sir Harry Johnston），《外族殖民非洲史》（*A History of the Colonization of Africa by Alien Races*），劍橋：一九三〇（初版，一九一三），頁四四五。

❻布朗（Michael Barratt Brown），《帝國主義的經濟學》（*The Economics of Imperialism*），哈蒙渥斯：一九七四，頁一七五。有關這個題目的廣泛和（對我們的目的而言）太過複雜的辯論，參看波拉德，〈資金的輸出，一八七〇

—一九一四〉。

❼海安斯(W. G. Hynes)，《帝國的經濟學：英國、非洲和新帝國主義，一八七〇—一八九五》(*The Economics of Empire: Britain, Africa and the New Imperialism, 1870-1895*)，倫敦：一九七九，散見各處。

❽普拉特(D. C. M. Platt)，《金融、貿易和政治：英國對外政策，一八一五—一九一四》(*Finance, Trade and Politics: British Foreign Policy 1815-1914*)，牛津：一九六八，頁三六五—六。

❾必爾(Max Beer)，〈新英國帝國主義〉，《新時代》(*Neue Zeit*)，第十六期(一八九八)，頁三〇四。較一般性的論述參見：森摩(B. Semmel)，《帝國主義和社會改革：英國社會—帝國思想，一八九五—一九一四》(*Imperialism and Social Reform: English Social-Imperial Thought 1895-1914*)，倫敦：一九六〇。

❿保德來(J. E. C. Bodley)，《愛德華七世的加冕典禮：歐洲和帝國歷史的一章》(*The Coronation of Edward VII: A Chapter of European and Imperial History*)，倫敦：一九〇三，頁一五三及二〇一。

⓫班乃迪(Burton Benedict)等，《萬國博覽會的人類學：舊金山一九一五年巴拿馬太平洋國際展覽會》(*The Anthropology of World's Fairs: San Francisco's Panama Pacific International Exposition of 1915*)，倫敦和柏克萊：一九八三，頁二三。

⓬《傳教百科》(*Encyclopedia of Missions*)，紐約和倫敦：一九〇四，附錄四，頁八三八—九。

⓭《精神性事物辭典》(*Dictionnaire de spiritualité*)，巴黎：一九七九，「傳教工作」，頁一三九八—九。

⓮希法亭(Rudolf Hilferding)，《財務資金》(*Das Finanzkapital*)，維也納：一九〇九(一九二三版)，頁四七〇。

⓯貝羅赫，〈一八〇〇到一九七〇年間歐洲對外貿易的地理結構和貿易差額〉(Geographical Structure and Trade Balance of European Foreign Trade from 1800 to 1970)，《歐洲經濟史學報》(*Journal of European Economic*

History)，第三期(一九七四)，頁五五七—六〇八；《十九世紀歐洲對外貿易和經濟發展》(*Commerce extérieur et développement économique de l'Europe au XIXe siècle*)，頁八一。

⑯凱恩(P. J. Cain)和霍浦金斯(A. G. Hopkins)，〈英國海外擴張的政治經濟，一七五〇—一九一四〉(The Political Economy of British Expansion Overseas)，《經濟史評論》(*Economic History Review*)，第三十三期(一九八〇)，頁四六三—九〇。

⑰福臨(J. E. Flint)，〈英國和西非的瓜分〉(Britain and the Parition of West Africa)，收入福臨和威廉斯(G. Williams)合編，《帝國的展望》(*Perspectives of Empire*)，倫敦：一九七三，頁一一一。

⑱騷斯渥(C. Southworth)，《法國的殖民地冒險事業》(*The French Colonial Venture*)，倫敦：一九三一，附錄表七。然而，那年在法國殖民地營業的各公司平均股息爲百分之四點六。

⑲甘地(M. K. Gandhi)，《全集》(*Collected Works*)，第一冊：一八八四—九六，新德里：一九五八。

⑳關於佛教曾一度成功傳入西方一事，參看羅緬(Jan Romein)，《兩個時代的分水嶺》(*The Watershed of Two Eras*)，康乃狄克州密道城：一九七八，頁五〇一—三。吠陀哲學家辨喜(Vivekananda, 1863-1902)，可以說是現代西方的第一個商業導師。

㉑格瑞騰(R. H. Gretton)，《英國民族現代史》(*A Modern History of the English People*)，第二冊：一八九九—一九一〇，倫敦：一九一三，頁二五。

㉒蘭格(W. L. Langer)，《帝國主義的外交，一八九〇—一九〇二》(*The Diplomacy of Imperialism, 1890-1902*)，紐約：一九六八年版，頁三八七及四四八。較一般性研究見：高維澤(H. Gollwitzer)，《黃禍，口號歷史：帝國主義思想研究》(*Die gelbe Gefahr: Geschichte eines Schlagworts: Studien zum imperialistischen Denken*)，哥廷根：一九

六二。

㉓吉卜齡，〈禮拜結束時的讚美歌〉(Recessional)，收入《吉卜齡全集，一八八五—一九一八》(*R. Kipling's Verse, Inclusive Edition 1885-1918*)，倫敦：日期不詳，頁三七七。

㉔霍布森，前引，一九三八年版，頁三一四。

㉕參看威爾斯，《時間機器》(*The Time Machine*)，倫敦：一八九五。

㉖舒爾茨蓋文尼茲，《二十世紀初葉英國的帝國主義與英國的自由貿易》(*Britischer Imperialismus und englischer Freihandel zu Beginn des 20. Jahrhunderts*)，萊比錫：一九〇六。

第四章 民主政治

所有因財富、教育、才智或詐術，而適合領導人群並有機會領導人群的人——易言之，所有統治階級的派系——一旦普選制度確定之後，便必須服從它，並且，如果時機需要，也必須誘騙和愚弄它。

——莫斯卡(Gaetano Mosca)，一八九五❶

民主政治尚在測試之中，但是到目前爲止它還沒有招致恥辱。誠然，它也尚未發揮全力，其原因有二，其中之一的影響多少是永久性的，另一個則比較短暫。首先，不論財富的數字意義，它的權力將永遠無法與之相稱。其次，新被賦予投票權的階級，其組織的不健全已令它無法對先前存在的均勢，做出任何重大改變。

——凱因斯，一九〇四❷

具有重大意義的是：沒有一個現代世俗國家會忽略應提供造成集會機會的國訂假期。

——《美國社會學學報》，一八九六—七❸

1

本書所述時期開始於在歐洲統治者及其驚恐的中產階級當中所爆發的國際性歇斯底里症，這種歇斯底里症乃是一八七一年爲時短暫的巴黎公社(Commune of Paris)所引起。在平定了巴黎公社之後，勝利者對巴黎居民展開大屠殺，這場屠殺的規模之大，在文明的十九世紀國家當中幾乎是不可思議的；甚至以我們今日比較野蠻的標準來看，也十分可觀(比較《資本的年代》第九章)。可敬之社會所發作的這場短暫、殘忍、卻也極具當時特色的盲目恐慌，充分反映了資產階級政治的一個基本問題：民主化。

誠如睿智的亞里斯多德(Aristotle)所云：民主政治是人民大眾的政治，而大眾整體而言是貧窮的。窮人和富人、特權階級和非特權階級，其利害關係顯然不會一樣。但是，就算我們假設這兩個階級的利害關係一致或者可以一致，民眾對公共事務的看法也不太可能和英國維多利亞時代作家所謂的「上流人士」一樣。這便是十九世紀自由主義的基本困境。自由主義雖然聽命於憲法和選舉產生的獨立議會，但它卻藉著不民主的作風盡量規避它們，也就是說，它不賦予大多數本國男性公民選舉權和被選舉權，遑論全部的女性居民了。在本書所論時期開始之前，民主的穩固基礎是建立在路易腓力(Louis Philippe)時代講究邏輯的法國人所謂的「法定國家」(the legal country)和「實質國家」(the real country)之間的區別。維護「法定國家」或「政治國家」的防禦工事，乃是投票權所需的財產和教育資格，以及在大多數國家當中已然制度化的貴族特權(如世襲的貴族院)等。自「實質國家」深入到「法定」或「政治」國家政治範圍的那刻起，這種社會秩序便有了危險。

如果那些無知粗俗的民眾，那些不了解亞當‧斯密自由市場的優美和邏輯的民眾，控制了各國的政治命運，那麼政治上將發生怎麼樣的事呢？他們很可能會走向引爆社會革命的路子，一八七一年社會革命的短暫出現，曾使衣冠之士大爲驚恐。古代暴動式的革命似乎不再會迫在眉梢，但是，隨著投票權逐漸擴及到擁有財產和受過良好教育以外的階級，革命的危險難道不會尾隨而來？難道這種情形不會像未來的沙斯伯里勳爵(Lord Salisbury)在一八六六年所害怕的那樣，不可避免地導致共產主義嗎？

可是，一八七〇年後，大家已愈來愈清楚看出：各國政治的民主化已勢所難免。不論統治者喜歡不喜歡，民眾都會走上政治舞台。而後者也的確這麼做了。一八七〇年代，法國、德國(至少就全德國會而言)、瑞士和丹麥，已經實行了建立在廣大投票權(有時甚至在理論上是男性普選權)基礎上的選舉制度。在英國，一八六七和一八八三年的「改革法案」幾乎將選民人數增加了四倍，由占二十歲以上男子的百分之八增加到百分之二十九。在一次爲爭取選舉權民主化的改革而舉行的總罷工後，比利時於一八九四年擴大其選民人數，從成年男性的百分之三點九增加到百分之三十七點三。挪威在一八九八年將選民人數增加了一倍，由百分之十六點六增加到百分之三十四點八。隨著一九

○五年革命，芬蘭更獨樹一幟地將其民主政治普及到百分之七十六的成年人都擁有選舉權。一九○八年，瑞典的選民人數也增加了一倍，以向挪威看齊。一九○七年，哈布斯堡帝國中的奧地利那一半已實行普選權；義大利也在一九一三年跟進。在歐洲以外，美國、澳洲和紐西蘭當然已稱得上是民主國家；阿根廷在一九一二年也成為民主國家。以日後的標準來說，這種民主化尚不完備——一般所謂的普選權，其選民人數都只介於成年人口的百分之三十到四十之間。但是值得一提的是：甚至婦女的投票權也不再僅是烏托邦式的口號。一八九○年代，白人殖民地的邊緣有了最早的婦女投票權——美國懷俄明州(Wyoming)、紐西蘭和澳大利亞南部。在一九○五到一九一三年間，民主的芬蘭和挪威也賦予婦女投票權。

雖然這些發展是由代表人民的意識形態信念所交付的，可是促成它們的各國政府對它們並不熱中。讀者們已經看到，即使是那些在今日被視為是最徹底、最具有歷史傳統的民主國家，如斯堪的納維亞諸國，也是到相當晚近才決定放寬其選舉權，更別提直到一九一八年仍拒絕有系統民主化的荷蘭(不過荷蘭和比利時的選民人數增加率差不多)。政客在他們(而非某些極左派)尚能掌控選舉的時候，也許會聽任選舉權做預防性的擴充，法國和英國的情形或許便是如此。在保守人士之中，有像俾斯麥一樣的憤世嫉俗者，他們相信民眾在投票時仍會秉持傳統的效忠(或如自由派所說的無知和愚蠢)，因此他們認為普選將會加強右派而非左派的力量。但是即使是俾斯麥也寧可不在支配德意志帝國的普魯士冒險嘗試，他在普魯士仍維持了絕對親右的三階級投票制。這種防備後來證明是聰明的，因為大眾選民已無法由上予以控制。在其他地方，政客不是屈服於人民的暴動和壓力，便是順應他們對國內政治衝突的估計。在這兩種情形下，他們都害怕狄斯累里(Disraeli)所謂的「輕舉妄動」所將導致的可怕後果。誠然，一八九〇年代的社會主義騷動以及俄國革命的直接和間接影響，都強化了民主運動；不過，不論民主化是用何種方式進行，在一八八〇到一九一四年間，絕大多數的西方國家都已順應了這個不可避免的潮流。民主政治已經無法再行拖延。自此以後，問題就變成該如何操縱它。

最原始的操縱辦法還是挺容易的。例如，可以對普選產生的議會權力加以嚴格限制。這是俾斯麥的模式，亦即將德國國會(Reichstag)的憲法權利減到最低程度。在其他地方，則藉著經由特殊(和權重的)選舉團體和其他類似機構所選出的第二議會——有時(如在英國)是由世襲的議員組成——來節制民主的代議會。財產選舉權的基本原理仍得以保持，並藉由教育資格予以增強(比方說，在比利時、義大利和荷蘭，受過較高教育之人擁有額外的選舉權；英國則爲大學保留了特殊席次)。一八九〇年，日本開始採用具有上述限制的議會政治。這種「變種的投票權」(英國人的稱謂)，還可利用爲己黨利益擅自改劃選區的有效設計(奧國人所謂的「選舉幾何學」)而予以加強。這種設計是藉著竄改議員所代表的選舉區，而將支持某些政黨的力量極小化或極大化。對那些膽小或謹愼的選民，可用公開投票的方式對他們施加壓力，尤以在有權有勢的地主和其他贊助人的監視之下尤然。丹麥維持公開投票直到一九〇一年，普魯士到一九一八年，匈牙利到一九三〇年代。如美國城市領袖所熟知的，贊助可以產生爲某種共同目的而採取一致行動的政治組織。在歐洲，義大利的自由黨員焦利蒂(Giovanni Giolitti)已被公認是隨從主義政治學的高手。投票年齡的最低限制頗富彈性：

由民主瑞士的二十歲到丹麥的三十歲不等。當投票權擴大之際，年齡限制往往也會提高一點。而藉由複雜化的過程使人不易前往投票，從而簡單破壞其效力的行動，也始終不乏新例。一九一四年的英國，估計約有半數工人階級，是經由這個辦法被剝奪其公民權。

不過，這些制動策略雖然可以使政治之輪趨向民主政治的運動減慢下來，但卻無法阻止它的前進。西方世界（一九〇五年以後甚至包括沙皇治下的俄國）正在淸楚地走向以日漸廣大之普通人民爲基礎的政治制度。

這些制度自然會導致爲了選舉或藉由選舉所組織的群眾政治動員，其目的在於對全國性政府施加壓力。這也意謂著群眾運動和民眾政黨組織，大眾宣傳政治學，大眾媒體（在這個階段主要是發展大眾化或低級趣味的「黃色」報紙），以及給政府和統治階級帶來不少新麻煩的各項發展。對歷史學家來說不幸的是：這些問題如今已在歐洲公開的政治討論場合中消失，因爲日益成長的民主化已使人們甚至不敢稍微坦白地公開加以討論。政黨組織候選人會告訴他的選民說他們太愚笨無知，不知道在政治上什麼是最好的，而他們的要求也很荒謬，會危及國家的未來？又有哪個政治家敢不口是心非，以免其談話被那些包圍在身旁的記者傳到最遙遠的酒店去？政客愈來愈不得不訴諸大眾選民，甚至不得不直接和民眾對話，或間接利用大眾新聞報導（包括其競爭對手的報紙）這支傳聲筒。俾斯麥或許從來不曾對菁英以外的聽眾發言。然而在一八七九年的選戰中，格萊斯頓（Gladstone）已將群眾助選引入英國（或者也包括歐洲）。除了政治局外人外，再沒有人會以辯論一八六七年英國改革法案時的那種坦白和眞誠，來討論民主政治的可能後果。不過，當統治者隱藏在浮誇的言語背後之時，對政治的嚴肅討論則退入知識分子和少數有學識並了解它們的民眾世界。這個民主化的時代也是新政治社會學的黃金時代：是涂爾幹（Durkheim）和索雷爾（Sorel），奧斯特洛戈斯基（Ostrogorski）和韋布（Webb），莫斯卡，巴列圖（Pareto），米歇爾斯（Robert Michels）和韋伯的世界（參看第十一章）❹。

自此，當統治階級真的想說真心話時，他們必須在權力迴廊的隱蔽處中進行，例如俱樂部、私人的社交晚餐、狩獵會或週末的鄉間住宅。在這些場合當中，菁英分子彼此見面時的氣氛，完全不同於在國會辯論或公眾集會上的爭論笑劇。因而，民主化的時代轉變成公眾政治偽善，或者更正確的說，口是心非的時代，也因此造就了政治諷刺作品的時代：杜利先生的時代①，以及尖銳滑稽且才華橫溢的漫畫雜誌時代——這些漫畫雜誌中，典型的有德國的《簡單》（*Simplicissimus*）、法國的《奶油碟子》（*Assiette au Beurre*）或維也納克勞斯（Karl Kraus）的《火炬》（*Fackel*）。沒有任何聰明的觀察家會放過「公開論述」和「政治實情」之間的縫隙？貝洛克（Hilaire Belloc）便在針對一九〇六年自由黨選舉大勝所寫的諷刺短詩中，捕捉到這個縫隙：

> 依賴特權，伴同醇酒、婦人、橋牌的可恨權力崩潰了：
> 伴同醇酒、婦人、橋牌的民主，重獲其統治權。❺

那麼，如今為了政治行動而群起動員民眾是哪些人呢？首先，是那些在此之前沒資格參與政治，或被排拒在政治系統之外的社會階層，它們之中的好幾個可組成相當混雜的聯盟、聯合或「人民陣線」。其中最可畏的是工人階級，如今它已在一個明確的階級基礎上從事各類政黨和運動動員。我們將在下一章繼續探討這個問題。

此外還有一個由若干不滿意的中間社會階層所組成的龐大但有欠明確的聯盟，他們並不確定自己是比較害怕富人還是比較害怕窮人。這個聯盟包括由工匠和小商店主人所構成的舊式小資產階級，它們在資本主義經濟的進步之下逐漸凋零；也包括人數正在迅速增加中的「非勞力和白領」的新下中階級，他們在大蕭條時代及其之後構成了德國政治中的「工匠問題」和「中等階級問題」。他們的世界是由「小人物」對抗「大」勢力所決定的世界。在這個世界中，「小」這個字——如英文中的「小人物」(little man)、法文中「小商人」(le petit commerçant)和德文中「小人物」(der kleine Mann)中的「小」字——正是其標語和口號。法國有多少激進社會主義雜誌不都驕傲的在名稱中冠上「小」字：《小尼斯人》(*Le Petit Niçois*)、《小普羅旺斯人》(*Le Petit Provençal*)、《小沙蘭特人》(*Le Petit Charente*)和《小特爾瓦人》(*Le Petit Troyen*)？小是值得自豪的，但太小就不行。因爲小財產和大財產一樣需要對抗集體主義；而書記和技術勞工的收入雖然可能非常相近，但書記的優越性必須予以保護，他們不能與技術勞工混爲一談；尤其，已確立的中等階級並不願意歡迎下中階級與他們平起平坐。

「小人物」同時也是傑出的政治修辭學和煽動法的活動領域。在那些具有深厚激進民主主義傳統的國家，其強力或絢麗的政治修辭學都將「小人物」固定爲左派，雖然在法國，這其中包含有極大成分的盲目愛國主義和仇外情緒。在中歐，其民族主義是無限制的，尤其是在反猶太這個議題上。因爲猶太人不僅可被視爲資本主義者（尤其是資本主義中打擊小工匠和小商店主人的代表——銀行業者、商人、新興連鎖商店和百貨公司的創辦人），也可被視爲無神論的社會主義者；而更普遍的情形，是被視爲損害古老傳統和威脅道德眞理及家長制的人。自一八八〇年代以後，反猶運動在德國、哈布斯堡帝國、俄國和羅馬尼亞，已成爲有組織的「小人物」政治運動的一個主要成分。它在別處的重要性也不應低估。誰能從一八九〇年代震撼法國的反猶太騷動、爲期十年的巴拿馬醜聞以及德雷福斯事件（法國參謀部的德雷福斯上尉於一八九四年時誤被以替德國做間諜活動而定罪。在一場使整個法國爲之分裂、震動的還他清白的運動之後，他於一八九九年被免罪，最後在一九〇六年得到復職。這個事件在歐洲各地都留下不小的創痛），猜想到這個時期在這個擁有四千萬人口的國家，只有六萬個猶太人？（參看第六章及十二章）

進行政治動員的群眾當然還包括小農。在許多國家，小農仍占人口中的大多數，至少仍是最大的經濟群體。自一八八〇年代起，也就是不景氣時代，小農和農夫愈來愈常被動員爲經濟上的壓力團體，並在許多情形不同的國家，如美國和丹麥，紐西蘭和法國，比利時和愛爾蘭，大批加入合作購買、推銷、成品加工和信貸的新組織。不過，雖然如此，小農卻很少在政治和選舉上以階級的意義動員起來——假設這麼駁雜的一個群體可以算作一個階級的話。當然，在農業國家當中，沒有一個政府膽敢忽視農耕者這麼龐大一群選民的經濟利益。可是，就小農在選舉上的動員而論，即使是在某一特殊政治運動或黨派的力量顯然是依靠小農和農夫支持的地方（如一八九〇年代美國的民粹黨或一九〇二年後俄國的社會革命分子），小農也是在非農業的旗幟下進行動員。

如果說社會群體已做了這樣的動員，那麼公民團體也基於宗教和民族性之類的局部效忠而進行聯合。之所以說它們是局部性的，係因為即使是在單一宗教的國家，以信仰為基礎的政治大動員，也永遠是與其他宗教或世俗集團對立的團體。而民族主義的選舉動員（在某些地方，例如波蘭和愛爾蘭，這項動員也等同於宗教的選舉動員），幾乎永遠是多民族國家內部的自發運動。它們和政府所宣導的愛國主義沒有什麼相似之處，有時也逃避政府的控制；它們和宣稱代表「國家」以對抗少數民族顛覆的政治運動（通常是右派），也沒有什麼相似之處（參看第六章）。

然而，這種政治告解式的群眾運動，其興起卻頗受到羅馬天主教會的阻撓。羅馬天主教會是一個極端保守的團體，具有最驚人的動員和組織其信徒的能力。自從一八六四年的《現代錯誤學說彙編》和一八七〇年的梵諦岡大公會議起，政治、黨派和選舉便是羅馬教會想要摒棄的悲慘十九世紀的一部分（參看《資本的年代》第十四章）。那些在一八九〇年代到一九〇〇年代以謹慎的態度建議在某種程度上與當代思想妥協的天主教思想家，從他們的備受拒斥便可證明天主教會此時仍舊不接受這類思想（一九〇七年，教皇庇護十世曾譴責「現代主義」）。除了完全反對，和特別維護宗教實踐、天主教教育和教會「易受政府損害以及易受政府與教會不斷衝突損害」的制度以外，在這個世俗政治的煉獄世界，天主教會還能有什麼政治活動呢？

因此，雖然——如一九四五年後的歐洲歷史所將證明的——基督教政黨的政治潛能很大（在義大利、法國、西德和奧地利，它們脫穎而出成為主要政黨，而除了法國以外，至今仍是主要政黨），雖然這種潛能顯然隨每一次選舉權的擴大而增加，但是教會卻拒絕在它的支持之下組成天主教政黨。不過，自一八九〇年代初，教會也認識到將工人階級由無神論的社會革命爭取過來的好處，以及，當然，照顧其主要支持者——小農——的必要。然而，雖然教宗對天主教徒關懷社會的新政策給予祝福（一八九一年的新事件通諭〔Encyclical Rerum Novarum〕），教會對於日後將成爲二次戰後各基督教民主黨的創始人，卻抱持懷疑態度，並不時予以敵視。教會之所以如此，不僅是因爲這些政治人物就像「現代主義者」一樣，似乎已與世俗界不可取的趨勢妥協，也因爲教會對於新天主教的中間和中下階層核心分子感到不安，這些城市和鄉村的核心分子在不斷擴張的經濟中爭取到行動空間。偉大的煽動政治家盧傑(Karl Lueger, 1844-1910)，是在違抗奧地利神職組織的情況下，於一八九〇年代成功地創立第一個主要的基督教社會主義政黨，該政黨以反猶太訴求征服了維也納中下階級。（即今日人民黨〔People's Party〕的前身，該黨在一九一八年後的大半時間統治了獨立的奧地利。）

因此教會通常支持各種各樣的保守或復古政黨，或是多民族國家內附屬天主教的民族以及沒有感染世俗病毒的民族主義運動，它和這些團體保有良好關係。它通常支持任何人反對社會主義和革命。因此，眞正的天主教民眾運動和政黨，只見於德國（它們的產生，是爲了反抗一八七〇年代俾斯麥的反教士運動）、荷蘭（該地所有的政治活動皆採取信仰組合的方式，包括基督新教和非宗教性組合），和比利時（早在民主化以前，天主教徒和反教士自由黨員已形成了兩黨政治）。

基督新教的宗教政黨甚至更爲稀少，而在它們存在的地方，信仰的要求往往與其他口號合而爲一：民族主義和自由主義（如在大多不信奉國教的威爾斯人中間），反民族主義（如反對愛爾蘭自治而願與英國聯合的厄斯特〔Ulster〕新教徒），自由主義（如英國的自由黨，當古老的惠格黨貴族和重要的大企業在一八八〇年代投誠到保守黨之後，不信奉國教的團體更因之得勢。）（不信奉國教者係指英格蘭和威爾斯非英國國教會的新教徒。）而在東歐，政治活動中的宗教自然是無法脫離政治上的民族主義，包括俄國的國家民族主義。沙皇不僅是東正教領袖，而且也動員東正教徒抵制革命。對世界上的其他偉大宗教（回教、印度教、儒家）而言，更別提局限於特殊群落和民族的教派，在受其影響的意識形態和政治範圍之中，並不知道有西方民主政治的存在，也與它毫不相干。

如果說宗教擁有廣大的政治潛力，那麼民族認同同樣是一種不可輕視且在實際上更有效的推動力。在一八八四年英國投票權民主化之後，愛爾蘭民族主義政黨囊括了該島上所有的天主教席次。一百零三個議員當中，有八十五個形成了愛爾蘭民族主義領袖巴涅爾（Charles Steward Parnell, 1846-91）背後訓練有素的方陣。在任何選擇以政治來表達其民族意識的地方，德國和奧地利的波蘭人顯然會以波蘭人的立場投票，捷克人則以捷克人的立場投票。哈布斯堡帝國的奧地利那一半，便因這種民族劃分而告癱瘓。事實上，在一八九〇年代中期的日耳曼人和捷克人的多次暴動和反暴動之後，其議會政治已完全崩潰，因爲任何政府都不可能在議會中成爲多數。一九〇七年奧地利普選權的誕生，不只是對壓力讓步的結果，也是爲了想要動員選民大眾去投非民族政黨（天主教，甚或社會主義）的票，以對抗勢不兩立、爭吵不休的民族集團。

嚴格形式的（有紀律的政黨運動）政治性群眾動員尚不多見。即使是在新興的勞工和社會主義運動中，德國社會民主黨（German Social Democracy）的那種單一和包括一切的模式也絕不普遍（參看下一章）。不過，構成這種新現象的因素當時幾乎到處都可看到。首先出現的是作爲其基礎的組織架構。理想的群眾政黨運動必須在一個中央組織複合體外加上一個地方組織或支部的複合體，每一組織都應有爲了特殊目的而設的地方支部，並整合到一個具有較廣泛政治目的的政黨之中。因此，一九一四年的愛爾蘭民族運動遂包括了聯合愛爾蘭聯盟（United Irish League），這個聯盟乃是爲選舉而組成的全國性組織，亦即在每一個議員所代表的選區當中都可見到其蹤影。它組織許多選舉集會，並由聯盟會長出任主席。出席參加集會的人士不僅包括它自己的代表，也包括同業公會（工會支部的城市企業聯盟）的代表，工會本身的代表，代表農民利益的土地和勞工協會（Land and Labour Association）代表，蓋爾人運動協會（Gaelic Athletic Association）的代表，類似古愛爾蘭修道會（Ancient Order of Hibernians）之類的互助會代表，以及其他團體代表。（附帶一提：古愛爾蘭修道會乃是愛爾蘭本島和美洲移民的聯繫橋樑。）這是一個動員核心，是國會內外民族主義領導人士的聯繫環結，也構成了支持愛爾蘭自治運動的選區範圍。這些積極分子盡可能將自己組織到大眾之中，因此在一九一三年時，愛爾蘭爲數三百萬的天主教人口中，已有十三萬聯合愛爾蘭聯盟成員❻。

其次，各種新興的群眾運動都是屬於意識形態的。它們不只是爲了支持特殊目的（如維護葡萄栽培）而組成的壓力和行動團體。當然這類有組織的特殊利益團體也是成長迅速，因爲民主政治的邏輯便是要求各種利害團體向理論上應對它們相當敏感的全國性政府和議會施壓。但是，像德國農人協會（Bund der Landwirte，一八九三年成立，並在次年就有二十萬農人參加）這樣的團體，卻不屬於任何政黨，雖然它的態度顯然傾向保守，而它又幾乎完全爲大地主所主宰。一八九八年時，它的支持者包括分屬於五個不同政黨的一百一十八名德國國會議員（總數共三百九十七名）❼。和這種不論其勢力多麼強大的特殊利益團體不同，新興的政黨運動代表了整體的世界觀。是其整體的世界觀，而非特殊或不斷改變的具體政治計畫，構成其組成分子和支持者的「公民宗教」。對於盧梭、涂爾幹以及社會學這門新學問的其他理論家而言，公民宗教應該可使許多現代社會因之結合，不過也只有在這種情況下，它才能扮演階段性的黏合劑。使那些新近被動員起來的群眾團結一致的要素乃是：宗教、民族主義、民主政治、社會主義，以及法西斯主義的先驅意識形態，不論其運動同時也代表了什麼樣的實質利害關係。

矛盾的是，在那些具有強烈革命傳統的國家，例如法國、美國和有點勉強的英國，他們以往的革命意識形態，也有助於新舊菁英分子馴服至少部分的新動員群眾，而他們所用的策略，對北美十三州的七月四日演講者而言，是非常稀鬆平常的。英國的自由主義乃是一六八八年光榮革命的傳人，它也從不曾忘記其前輩曾爲了清教徒的利益參與了一六四九年處死查理一世的行動。（自由黨黨魁羅斯伯里勳爵〔Lord Rosebery〕，自掏腰包於一八九九年在英國國會前方爲克倫威爾〔Oliver Cromwell〕立了一座雕像。）自由主義成功地維持了大眾勞工黨的發展，一直到一九一四年後。更有甚者，成立於一九〇〇年的英國工黨(Labour Party)，也這樣跟隨在自由黨的腳步之後。法國的共和激進主義嘗試以揮舞共和和革命的旗幟來對付其敵人，並吸收動員群眾，它們也的確得到一些成功。「左派無敵人」和「所有好的共和黨員團結一致」等口號，頗有助於將新興的民眾左派與統治第三共和的中心人物結合在一起。

第三，就其運作的方式而言，群眾動員可說是全球性的。它們或是粉碎了古老的地方性或區域性政治體制，或將它推到不重要的地位，要不便將它整合進較廣泛的全盤性運動。總之，在民主化的國家，全國性政治活動並沒有爲純區域性的黨派保留多少發揮空間，即使是在德國和義大利這類具有顯著區域差異的國家亦然。因此，在德國，漢諾威(Hanover，近至一八六六年方爲普魯士所兼併)的區域特徵——明顯的反普魯士和對舊日圭爾夫(Guelph)王朝的效忠——也只能表現在投給全國性政黨的選票比例比其他地方稍小而已(百分之八十五，別處爲百分之九十四到一百)❽。因此，信仰或種族上的少數人，或者就此而言的社會和經濟少數群體，他們有時局限於特殊地理區域的這一事實，不應誤導我們。與舊日資產階級社會的選舉政治相反的是，新的民眾政治愈來愈與以地方權貴爲基礎的舊式地方政治無法相容。在歐洲和美洲，仍有許多地區——尤其是在伊比利和巴爾幹半島、義大利南部和拉丁美洲——的保護人，也就是地方上的有權有勢者，可以將整批受保護者的選票「交付」給出價最高的人，甚至更大的保護人，即使在民主政治當中，「老闆」也從未消失。但是，在民主政治中，由政黨製造名人，或使他不致在政治上陷於孤立無助的情形，還是比相反的發展多得多。努力使自己適應民主政治的年長菁英，還是有很大的機會可以在「地方性保護政治」和民主政治之間，發展出各種折衷方式。而事實上，在舊世紀的最後幾十年和新世紀的最初幾十年間，充滿了老式「名人」和新政治操盤者、地方老闆，或其他控制地方政黨命運人士的複雜衝突。

因此，取代名人政治的民主政治，就其已經取得的成就而言，並沒有以「人民」取代權勢，而是以組織——亦即委員會、政黨名人、少數積極分子——取代權勢。這個充滿矛盾的事實，不久便爲實際的政治觀察家注意到。他們曾指出這種委員會（或英美所稱的幹部會議〔caucuses〕）所扮演的決定性角色，甚或指出其「寡頭政治的鐵律」——米歇爾斯認爲他可以從他對德國社會民主黨的研究中得出這項鐵律。米歇爾斯也注意到新群眾運動崇拜領袖人物的傾向，不過他過分重視這一點❾。因爲，在本書所述時期，那種自然會以某些全國性群眾運動領袖爲中心的崇拜，例如對格萊斯頓（自由主義元老）或倍倍爾（Bebel，德國社會民主黨領袖）畫像的崇拜，其實信念的成分遠大於個人的成分。再者，當時很多群眾運動並沒有富有領袖氣質的領導者。當巴涅爾在一八九一年，因私生活混亂和天主教與非國教徒的道德衝突而失勢時，愛爾蘭人便毫不遲疑地拋棄了他。可是沒有任何領袖能像他那樣激起人們對他的私人效忠，而巴涅爾神話在他死後很久還在流傳。

簡言之，對其支持者而言，政黨或運動係代表他們、也爲了他們而採取行動。因此，組織很容易便代替其組成分子和支持者，而其領袖又可輕易地支配組織。於是，有組織的群眾運動絕非人人平等的共和國，但是因爲它們能結合組織和群眾支持，因此便擁有龐大且幾乎無可置疑的地位：它們是潛在的政府。事實上，我們這個世紀的幾次主要革命，都是以制度化爲政權系統的政黨運動，取代舊體制、舊政府和舊有的統治階級。這種潛力之所以非常可觀，是因爲較古老的意識形態組織顯然缺乏這種力量。比方說，這個時期的西方宗教似乎已失去自行轉化爲神權政治的能力，而它當然也不想這麼做。（這種轉化的最後一個例子，或許是一八四八年後在猶他州建立的摩門教共和國〔Mormon commonwealth〕。）勝利的教會所建立的，至少在基督教世界，是由世俗機構所經營的教士政權。

2

不斷推進的民主化運動其實才剛開始要改變政治。可是，它的言外之意有時已十分明確，對那些國家統治者及其所要維護的階級而言，這些言外之意已引起了最嚴重的問題。其中之一是維持國家的團結，乃至存在的問題，在面臨民族運動的多國政治中，這個問題顯然已萬分急迫。在奧地利帝國，它已經是政府的中心問題，而即使是在英國，大規模的愛爾蘭民族主義運動，也粉碎了已確立的政治結構。另一個問題，是如何維持國內菁英分子認爲是切合實際的政策的持續推行，尤其是有關經濟事務的政策。民主政治不是像商人所認爲的那樣，會不可避免地干預資本主義運作，並導致不良後果嗎？它不會威脅英國所有政黨都絕對擁護的自由貿易嗎？它不會威脅健全的金融和所有可敬的經濟政策的根本原理嗎？它不會威脅到金本位制嗎？最後一項威脅在美國似乎是急迫的。一八九〇年代民粹主義的大規模動員，其最激烈的言辭便是攻擊——引其偉大的演說家布賴恩的話——將人類釘死在黃金十字架上之舉。比較一般性，卻也更重要的問題是：在面臨以社會革命爲訴求的群眾運動威脅時，該如何保衛既有社會的合法性，甚至其實際生存。這些威脅之所以非常危險，是因爲經由鼓動選出、又時常因無法協調的黨派衝突而告分裂的議會，其效能顯然不高；而不再以擁有獨立財富之人爲基礎，反以依靠政治興家致富之人爲基礎的政治制度，又無疑是腐敗的。

上述現象都是我們無法忽視的。在分權的國家，如美國，政府（也就是總統所代表的行政部門）

在某種程度上是獨立於民選議會，不過也很可能被權力的制衡所癱瘓。(但是總統的民主選舉又會招致另一危險。)歐洲式的代議政府，其政府(除非仍在舊式王權的保護之下)在理論上必須依靠民選議會，因此其各種問題更是難以克服。事實上，這些政府好像進出旅館的旅行團一樣來來去去——一個國會的多數黨崩潰，另一個就繼之主政。歐洲民主政治之母——法國——或許是這項紀錄的保持者。自一八七五到歐戰爆發前的三十九年間，法國一共有過五十二個內閣，而其中只有十一個維持一年或一年以上。誠然，同樣的名字往往在這些內閣中一再出現。因此，政府和政策的有效持續，便自然是掌握在常設的、非由選舉產生的和隱形的官僚人員手中。至於說腐敗，它也許不會超過十九世紀初葉的情形：十九世紀初，像英國這樣的政府，也會將名副其實的「國王下面的肥缺」和賺錢的閒差分配給他們的親戚和侍從。可是，即使它實際上沒超過十九世紀初葉的情形，但它卻表現得更爲明顯，因爲白手起家的政客必須用種種方法兌現他們對商人或其他利益團體的支持或反對。而使這種腐敗更顯突出的原因在於：至少在西歐和中歐，清廉是常設的資深公務員和法官的必備操守——在法治國家，此時他們大多仍受到保護，並沒有選舉和贊助的顧慮(只有美國是一大例外)。(但是即使是在美國，一八八三年也成立了一個「文官委員會」〔Civil Service Commission〕，爲獨立於政治贊助的「聯邦文官體系」〔Federal Civil Service〕奠定了基礎。但是，贊助在大多數國家仍較一般所假設的更重要。)政治上的腐敗醜聞不僅發生在對金錢轉手不加掩飾的國家，如法國(一八八五年的威爾遜醜聞，一八九二至九三的巴拿馬醜聞)，也發生在對金錢轉手加以掩飾的國家，如英國(一九一三年的馬可尼〔Marconi〕醜聞，兩個白手起家的政府人物：勞合喬治〔Lloyd George〕和伊薩克斯〔Rufus Isaacs〕

——日後的最高法院院長和印度總督——均牽連在內）。（在凝聚性甚高的統治名流內部，令民主觀察家和政治道德家吃驚的交易，並非不常見。曾任財政大臣的藍道夫・邱吉爾勳爵（Lord Randolph Churchill），也就是溫斯頓・邱吉爾之父，欠了羅思柴爾德大約六萬英鎊；羅氏對英國的金融興趣是可想而知的。這筆債的大小，可用下列數字說明：這筆錢相當於那年英國所得稅總額的百分之零點四❿。）當政府基本上可說是以用政治恩惠購買選票的辦法來獲得多數人的支持時，議會的不穩定當然可能與貪污有關——政治恩惠幾乎無可避免地皆具有財政上的重要性。如前所云，義大利的焦利蒂便是這個策略的高手。

當時社會上的上流人士，對於政治民主化的危險具有深切了解，而且一般而言，對「大眾」日益增強的中心地位的危險性，也有深切了解。從事公務之人對此皆憂心忡忡。比方說：法國正派言論的堡壘，《時代》(*Le Temps*)和《兩個世界雜誌》(*La Revue des Deux Mondes*)的編輯，在一八九七年出版了一本顧名思義的書——《普選權的創立：現代國家的危機》(*The Organisation of Universal Suffrage: The Crisis of the Modern State*)⓫；而好學深思的保守黨殖民地總督和日後的閣員米爾納(Alfred Milner, 1854-1925)，則曾在一九〇二年私下稱英國的國會為「西敏的暴民」(that mob at Westminster)⓬。不僅如此，一八八〇年代以後，資產階級文化普遍的悲觀主義(參看第九章及第十章)，無疑反映了領袖人物被其以前的追隨者拋棄的感覺；呈現了高級菁英擋不住平民的感覺；說出了受過教育且富有文化修養的少數人(也就是有錢人家的子弟)，被那些「剛從不識之無或半野蠻狀態解放出來的人」侵凌的感覺⓭，也表達了被那股日漸洶湧的平民文明潮流淹沒的感覺。

新的政治情勢只是一步步的發展，而隨著各國內部情況的不同，發展也不甚均衡。這種情形使我們不太容易對一八七○年代及一八八○年代的政治做個比較通盤性的考量，而就算做了也幾乎沒有意義。使無數政府和統治階級陷於類似困境的，似乎是自一八八○年代起在國際上突然出現的大規模勞工和社會主義運動（參看下一章），不過，在事過境遷的今日，我們可以看出它們並不是使政府頭痛的僅有運動。廣泛的說，在大多數有限憲政和有限選舉的歐洲國家，自由資產階級在十九世紀中期所擁有的政治支配力量（參看《資本的年代》第六章，第十三章），在一八七○年代已逐漸崩潰。就算不考慮其他理由，它至少也是「大蕭條」的副產品：一八七○年在比利時，一八七九年在德國和奧地利，一八七○年代在義大利，一八七四年在英國。除了偶爾的短期掌權之外，它們再也不曾支配大局。在接下來的新時期，歐洲再也沒有出現同樣的政治模式。不過在美國，曾經領導北方贏得內戰勝利的共和黨，大致繼續贏得總統選戰，一直到一九一三年爲止。只要無法解決的問題或像革命和「分離」之類的基本挑戰可以擋在議會政治之外，政治家便可用重組那些既不想威脅政府又不想破壞社會秩序者的辦法，來推翻議會中的多數黨。而在大多數情形下，這些問題和挑戰都是可以擋在外面的。不過在一八八○年代，英國突然出現了一個堅實好鬥的愛爾蘭民族主義集團。這個集團存心瓦解英國下議院，並在下議院中扮演關鍵少數的角色。它的出現立刻改變了國會政治，以及跳著端莊雙人芭蕾的兩個政黨。它至少在一八八六年促使前惠格黨中的百萬貴族和自由黨商人匆匆加入保守黨，而這個保守且反對愛爾蘭自治的政黨，日漸發展成土地財主和大商人的聯合政黨。

在別處，情勢雖然更戲劇化，事實上卻比較容易處理。在西班牙的王權恢復（一八七四）之後，反對者的分裂(共和黨爲左派，王室正統派爲右派)使得在一八七四到九七年的大半時間掌握政權的卡諾華斯(Cánovas, 1828-97)，可以操縱政客並舉行一次毫無政治意義的農村選舉。在德國，互相衝突的成分相當軟弱，以致俾斯麥可以在一八八〇年代從容統治;而奧地利帝國可敬的斯拉夫黨派的溫和作風，也有利於文雅時髦的塔費伯爵(Count Taaffe，一八七九至九三年執政)。法國的右派拒絕接受共和，它是選舉中永遠的少數黨，但由於軍隊沒有向文人當局挑戰，因而，共和政體在歷經無數次的震撼危機(一八七七年，一八八五至八七年，一八九二至九三年，以及一八九四至一九〇〇年的德雷福斯事件)之後，仍能屹立不墜。在義大利，梵諦岡對世俗和反教權政府的抵制，使德普雷蒂斯(Depretis, 1813-87)可以輕易地執行他將反對政府者轉化爲支持政府者的政策。

實際上，對政治體系唯一眞正的挑戰是在議會之外，是來自下面的反叛，但是當時的立憲國家對此還不必太過擔心;而軍隊，甚至在以革命宣言著稱的西班牙，也沒有什麼動靜。不過在叛變和武裝士兵都不時可見的巴爾幹國家和拉丁美洲，它們乃是政治體系的一部分，而非它潛在的挑戰者。

但是，這種情勢卻看似無法持久。當各個政府面對政治上顯然無可妥協之勢力的興起時，他們的第一本能往往是壓制。擅於操縱有限選舉權的政治高手俾斯麥，當他在一八七〇年代面對他視之爲向「群山之外」的反動梵諦岡效忠的有組織天主教群眾時(因而有 ultramontane 一字，其義爲「山外之人」，引申爲「教皇至上論者」)，竟不知如何措手，只好對他們展開反教權戰爭(所謂一八七〇年代的文化鬥爭)。而面對社會民主黨的興起，他也只能在一八七九年宣布這個政黨是非法的。由於回復到明目張膽的專制主義看來已不可能，事實上也不可思議(被禁的社會民主黨也獲准推出其候選人），因此他在這兩件事的處理上都失敗了。政府遲早都必須容忍新的群眾運動——對社會主義者的容忍，要到一八八九年俾斯麥失勢之後。奧地利皇帝在其首都被基督教社會黨（Social Christian）的煽動行爲攻占以後，三度拒絕該黨的領袖盧傑擔任維也納市長，直到一八九七年他才接受這件已成定局之事。一八八六年，比利時政府以武力鎮壓了工人的罷工和暴動風潮（西歐最惱人的風潮），並將社會主義者下獄，不論他們是否牽涉騷亂。可是七年之後，在一次有效的總罷工推動下，比利時政府只得承認某種普遍的選舉權。義大利政府在一八九三年打壓西西里的小農，一八九八年打壓米蘭的工人，可是，在米蘭的五十具屍體以後，政府改變了方向。廣泛的說，在一八九〇年代這個社會主義釀成群眾運動的十年，代表了一個轉捩點。一個新的政治戰略時代開始了。

成長於一次大戰之後的幾代讀者，可能會奇怪當時爲什麼沒有任何政府認眞考慮拋棄立憲和議會政體。因爲一九一八年**以後**，自由立憲政體和代議民主政治的確在許多陣線上退卻，雖然一九四五年後又再度恢復。然而在本書所述時期，情況卻非如此。甚至在沙皇治下的俄國，一九〇五年革命的失敗也未導致整個選舉和議會的廢除。不像一八四九年（參看《資本的年代》第一章），即使是俾斯麥在他掌權末期玩弄暫停或廢止憲法的構想，德國也不曾就此走向復古。資產階級社會對於何去何從可能曾感到焦慮，但它仍然很有自信，因爲全球經濟洶湧向前的好景，是激不起悲觀主義的。甚至在政治上抱持溫和看法的人（除非他們有相反的外交和財政利害關係），也盼望俄國發生革命。人們普遍以爲，俄國革命會將歐洲文明的汚點轉化爲正派的資產階級自由國家。而在俄國內部，一九〇五年革命不像一九一七年的十月革命，它確曾得到中產階級和知識分子的熱心支持。在無政府主義者盛行暗殺的一八九〇年代，各國政府都保持了相當的冷靜，總計當時共有兩位君主、兩個總統和一名首相遭到暗殺。（義大利的亨伯特國王〔King Umberto〕，奧地利的伊麗莎白女皇，法國的卡諾總統〔Sadi Carnot〕，美國的麥金萊總統，和西班牙的卡諾華斯首相。）一九〇〇年後，在西班牙和部分拉丁美洲以外的地區，已沒有人眞的爲無政府主義感到困擾。法國警察早已準備了一長串公認可能對國家安全有所危害的黑名單，其中主要是無政府主義和無政府工團主義的革命分子和反軍國主義的顚覆分子。可是，當一九一四年戰爭爆發之際，法國內政部長甚至懶得去拘捕這些人。

但是，如果說（不像一九一七年之後的幾十年間）就整體而言，資產階級社會尚未感受到立即嚴重的威脅，那麼十九世紀的價値觀和歷史期望，也還沒有受到嚴重損傷。人們仍普遍認爲文明的行爲、法治和自由的制度慣例，都將繼續其長期的進步。當時殘留下來的野蠻行爲還很不少，尤其（據「高尚人士」所深信）是在下層社會和有幸被白人殖民的「未開化」民族之間。甚至在歐洲，也還有像俄羅斯和鄂圖曼這樣的國家，其理性之燭明滅不定或根本尙未點燃。可是，從那些震撼全國和國際輿論的醜聞，正可看出處在和平時期的資產階級世界，它對教化的期望有多高：德雷福斯事件是由於拒絕查究一件審判有失公正的事情；一九〇九年的費瑞（Ferrer）醜聞，是由於處決了一名被誤控在巴塞隆納領導暴動風潮的西班牙教育家；一九一三年的札本（Zabern）事件，則是由於二十個示威者在一個亞爾薩斯市鎭被德國軍隊關了一夜。在二十世紀晚期的今天，我們只能以世風日下的喟歎回顧本書所述時期：在今天世上幾乎每天都在發生的屠殺，在那個時代的人們眼中，卻是土耳其人和部落民族的專利。

3

因而，甚至當統治階級盡一切力量去限制輿論和選民大眾，限制他們對其本身和國家利益，以及重要政策的形成和持續發揮影響力的同時，他們也選擇了新的戰略。他們所針對的主要目標，是一八九〇年左右突然以群眾現象出現的勞工和社會主義運動（參看下一章）。而其結果是，勞工和社會主義運動比民族主義運動容易對付——民族主義運動在這個時期已經出現，或說已經登上枱面，並進入一個好戰、自治論和分離主義的新階段（參看第六章）。至於天主教徒，除非他們與某種自治論的民族主義認同，否則也很容易整合，因爲他們在社會上是保守的（即使像盧傑的這種比較少見的基督教社會主義人士亦然），而通常只要能保護天主教的特殊利益，他們便心滿意足了。

甚至在愛好和平的斯堪的納維亞，只要雇主在放棄以暴烈手段對付罷工，進而與工會取得和解的態度上，遠不及政治人物的表現，那麼要將勞工運動納入制度化的政治賽局當中，便是一件困難的事。大企業日益強大的力量尤其不肯屈服。在大多數國家，尤其是美國和德國，一九一四年前雇主這個階級始終未與工會修好。甚至在英國這個工會早在原則上（而往往也在實際上）被接受的國家，一八九〇年代仍可見到雇主們對工會進行反攻，儘管政府官員採取和解的政策，而自由黨領袖也一再向選民保證並極力爭取勞工選票，仍然無濟於事。就政治層面而言，問題也很困難。新的勞工黨派和依附於一八八九年共產國際的黨派一樣，它們拒絕與全國性的資產階級政府和制度妥協；

不過他們對地方政府的妥協性便高得多（非革命性或非馬克思主義的勞工政治活動便沒有這樣的問題）。但是，到了一九〇〇年，顯而易見，溫和改革派已在所有的社會主義群眾運動中出現；事實上，甚至在馬克思主義者當中，它也找到其理論家伯恩斯坦（Eduard Bernstein）。伯氏主張：這個運動本身就是一切，其最終目的毫無意義。他主張修改馬克思主義理論的要求，曾在一八九七年後的社會主義世界，引起了恥辱、迫害和熱烈辯論。在此同時，群眾選舉制的政治（甚至最馬克思主義式的政黨也熱烈予以擁護，因爲它讓他們的群眾以最大的可見度成長）也只能安靜地將這些政黨整合進它的體系之中。

社會主義者現在當然還不能進入政府。人們甚至不能期望他們容忍「反動的」政客和政府。可是，最起碼在將溫和的勞工代表引入贊同改革的較寬廣陣線這一點上——結合所有民主人士、共和人士、反教權人士或「人民代表」，對抗反對這些高尚奮鬥目標的敵人——頗有成功機會。一八九九年起，法國在胡梭（Waldeck Rousseau, 1846-1904）的領導下，有系統地推行這項政策。胡梭締造了共和聯合政府，以打擊在德雷福斯事件中顯然向它挑戰的敵人。在義大利，先是由札納戴利（Zanardelli）推行這一政策，札氏的一九〇三年政府依靠了極左派人士的支持；隨後，偉大的揑造者和和解者焦利蒂也蕭規曹隨。英國在經歷一八九〇年代的一些困難之後，自由黨員和成立不久的勞工代表委員會（Labour Representation Committee，編按：英國工黨前身）於一九〇三年達成選舉協定，使它在一九〇六年以工黨的身分進入英國國會。在其他地方，基於對擴大選舉權的共同興趣，遂使社會主義和其他民主人士攜手合作。例如，丹麥在一九〇一年出現了歐洲第一個堪稱可以得到社會主義黨派支持的政府。

議會中間派之所以向極左派主動示好，其原因通常不是爲了想要得到社會主義者的支持。因爲即使是規模較大的社會主義政黨，在大多數情形下也是可輕易從議會賽局中被去除的小群體，就像二次大戰以後類似大小的共產黨在歐洲的遭遇。德國政府用所謂「政治大聯合」(Sammlungspolitik)的辦法——亦即將誓言反對社會主義的保守人士、天主教徒和自由主義者集結成多數的辦法——抑制最難對付的社會主義政黨。它們之所以向左派主動示好的原因，反倒是想開拓馴服這些政治野獸的各種可能性，統治階級中的明智之士未幾即認識到這些可能性。這項懷柔策略產生了各種不同的結果，而雇主的不向威逼妥協和其所激起的大規模工業衝突，也未使事情更容易解決。但是大體而言它還是成功的。至少它得以將大規模勞工運動分裂成溫和派和不妥協的激進派，並將通常是少數人的激進派孤立起來。

然而，民主政治在其不滿意情緒較不劇烈時，是比較容易馴服的。因此，新的戰略便意味著大膽推行社會改革和福利方案，可是此舉卻逐漸破壞了十九世紀中期自由派對政府的著名承諾，亦即不涉足爲私人企業和自助組織所保留的領域。英國法學權威狄西已看出：社會主義自一八七〇年起即利用滾動的蒸汽壓路機，將個人自由的地表壓成集中管理和平均化的營養午餐、健康保險和年金制度等暴政。而他的確說對幾分。永遠按理行事的俾斯麥，在一八八〇年代已決定用頗具雄心的社會保險方案，來消滅社會主義者的煽動口實。繼他走上這條路的，還有奧地利和一九〇六至一四年的英國自由黨政府(老人年金、官辦職業介紹所、健康和失業保險)。甚至法國在幾度遲疑以後，也在一九一一年實施年金制度。奇怪的是：現今「福利國家」的翹楚——斯堪的納維亞國家——卻起步甚遲，而若干國家也只做了一點象徵性的姿態，卡內基(Carnegie)、洛克斐勒(Rockefeller)和摩根(Morgan)等人的美國，則完全沒有這方面措施。雖然一九一四年時，象徵性(在理論上)禁止童工的法律甚至在義大利、希臘和保加利亞也已存在，但在美國這個自由企業的樂園，聯邦法律還是管不到童工。職業事故賠償法到一九〇五年時已相當普遍，可是國會對它們不感興趣，而一般法院則譴責它們違憲。除了德國以外，一九一四年前這類社會福利方案仍相當有限。甚至在德國，它們顯然也未能阻止社會主義政黨的成長。不論如何，這個趨勢已經確立了，只是在歐洲新教國家和澳洲速度較快罷了。

狄西強調：一旦「不干預政府」的理想被拋棄後，政府機關的作用和重要性將會無可避免地不斷增強。就這點而言，他也是對的。照現代的標準看來，當時的官僚政治規模還不算大，不過卻成長迅速，尤以英國爲最：在一八九一到一九一一年間，政府所雇用的人數增加了三倍。一九一四年前後，歐洲公職人員在所有勞動人口中所占的百分比，從法國的百分之三(頗出人意外)，一直到德國和瑞士的百分之五點五至百分之六(瑞士的情形也同樣出人意料)⓮。一九七〇年代，在歐洲經濟共同體的成員國內，這個數字已提高到百分之十到十三之間。

昂貴的社會政策可能會減少經濟所賴的企業家的贏利，但是沒有這些昂貴的社會政策，政府可以取得民眾的效忠嗎？如前所示，當時人認爲帝國主義不僅可以支付社會改革所需費用，也是大家所喜歡的。而後來的發展卻是戰爭，或至少是對戰勝的期望，具有更大的煽動潛力。英國保守黨政府在一九〇〇年的「卡其選舉」(Khaki election，編按：利用戰爭熱潮而得到多數人投票的選舉)中，利用南非戰爭擊敗其自由黨對手。而美國的帝國主義成功地利用人們喜愛砲聲的心理，於一八九八年與西班牙作戰。事實上，狄奧多・羅斯福(Theodore Roosevelt，一九〇一至〇九年擔任總統)所領導的美國統治菁英，剛剛才發現荷槍的牛仔是美國主義、自由和本土白人傳統的眞正象徵，可利用它來抵抗成群入侵的大批低下移民，以及無法控制的大城市。自此以後，這個象徵便廣被利用。

然而，問題的癥結卻廣泛得多。各國的政權和統治階級，它們在以民主方式動員的群眾心中具有正統性嗎?本書所述時期的歷史大半都是爲了解釋這個問題。這個任務相當急迫，因爲古老的社會機制顯然在各地都處於崩潰之中。德國保守黨員(基本上是效忠大地主和貴族的選舉人)在一八八一到一九一二年間，流失了半數選票。其中的原因很簡單：他們的選票有百分之七十一來自居民不到兩千的村落，只有百分之五來自居民超過十萬的大城市，然而前者在全國人口的百分比正不斷下降，後者卻正是大批人潮的湧入地。在波美拉尼亞(Pomerania)的普魯士貴族產業上，舊式的效忠可能仍可奏效，於是保守黨在此掌握了幾乎一半的票數。但是，即使就整個普魯士來說，他們也只能動員選民的百分之十一到十二⑮。另一個主力階級——自由派資產階級——其情勢更富戲劇性。這個階級的勝利，是由於粉碎了古老階級組織和群落的社會凝聚力，選擇市場而非人際關係，選擇上流社會而非群眾。因此，當群眾走上政治舞台追求其本身的利益時，他們自然會反對資產階級自由主義所代表的一切。這種情形在奧地利最爲明顯。十九世紀末，奧地利自由黨員只剩下一個由日耳曼城市中產階級和猶太人所構成的殘存孤島。他們一八六〇年代的堡壘——維也納自治市——已淪陷給民主激進派、反猶太人士、新興的基督教社會黨，以及最後的社會民主黨。甚至在布拉格(Prague)這個資產階級核心尚能代表人數日益減少的德語居民(大約爲數三萬人，到了一九一〇年時，只占全部人口的百分之七)利益的地方，他們同樣既得不到日耳曼民族主義學生和小資產階級的效忠，也得不到社會民主黨或在政治上被動員的德國工人的效忠，甚至得不到一部分猶太人的效忠⑯。

那麼，名義上仍由君主所代表的政府，其情況又怎樣？在某些國家，其本身在當時可能還是相當新穎的：義大利和德意志帝國並沒有任何相關的歷史前例，遑論羅馬尼亞和保加利亞。在法國、西班牙以及內戰後的美國，其政權可能是最近的失敗、革命和內戰的產品，拉丁美洲各共和國遞嬗頻仍的政權，自然更是典型代表。在王國制度長久確立的地方——即使是一八七〇年代的英國——共和的鼓動也是(或者看來是)絕不可忽略的。全國性的騷動愈演愈烈，在這種情況下，政府還可以把其所有臣民或公民的忠誠視爲理所當然嗎？

因而，這是一個促使政府、知識分子和商人發現「非理性」的政治意義的時刻。知識分子動筆爲文，政府則採取行動。英國政治科學家華萊斯(Graham Wallas)在一九〇八年寫道：「任何以重新檢討人性作用作爲其政治思考基礎的人，必須以設法克服本身誇大人類理智的傾向爲開端。」華萊斯意識到他正在爲十九世紀的自由主義撰寫墓誌銘⑰。於是，政治生活愈來愈固守儀式，並且充滿公開和潛意識的符號，以及引起大家注意的手段。由於以往確保隸屬、服從和效忠的方法(主要是宗教性的)已經不大管用，對於某種替代品的公開需求便藉著傳統的**發明**而得到滿足：這種發明，是利用像王冠和軍事光榮這類已經過考驗證明能引發感情的舊事物，以及如前所示（參看前一章），利用像帝國和殖民地征服這類新事物。

和園藝一樣，這種發展是上面種植（或預備好隨時可種植）和下面成長的混合。政府和統治階級的菁英分子，當他們在制定新的國定假日（如一八八〇年法國規定七月十四日為國慶日），或發展出英國君主政體的儀式化（自一八八〇年代，便愈來愈趨向神聖性和拜占庭式）時，他們很清楚這樣做的意義⓲。事實上，在一八六七年選舉權擴大以後，英國的法律詮釋者，仍明白地將憲法區別為「有效的」部分和「莊嚴的」部分。前者是統治藉以進行的部分，後者的功能則是讓民眾在被統治時心悅誠服⓳。大量的大理石和高聳石塊在專家的規劃下塡滿國內空地（政府急切地想藉此證實其合理合法性，尤其是在新德意志帝國），而這項計畫除了充實無數建築師和雕刻家的荷包之外，並不具任何藝術上的好處。英國的加冕典禮，此時已爲了吸引民眾注意力而有自覺地組織成政治意識形態作業。

可是，他們並沒有創造出在感情上令人滿意的儀式和象徵。他們只是發現和塡補了一個空虛之處，這個空虛之處，是自由時代的政治理性主義所造成的，也是向民眾表態的新需要和這些民眾本身的改變所造成的。在這一點上，傳統的發明，和同樣在這幾十年間對於大眾市場、大眾展覽與娛樂商業的發現，是互相平行的。廣告業雖然是美國內戰之後的發明，卻直到此時才首次獲有應得的認知。海報便是一八八〇年代和一八九〇年代的產物。一種共同的社會心態（「群眾」心理學已成了法國教授和美國廣告大師的熱門話題），將一八八〇年開始舉辦的「皇家馬術比賽」（Royal Tournament，一種公開展示的軍事和戲劇表演活動）和黑池（Blackpool，新興無產階級的喧囂遊樂場）海邊的燈飾聯想在一起；將維多利亞女王和柯達(Kodak)女郎(一九〇〇年代的產品)繫聯在一起；將威廉皇帝爲霍亨索倫家族統治者(Hohenzollern ruler)樹立的紀念碑與(法國畫家)羅德列克(Toulouse-Lautrec)爲著名雜耍藝人所繪的海報銜接在一起。

在那些自發的民間情感可資開拓操縱的地方，或可將非官方群眾活動涵括進去的地方，官方若能主動出擊自然會獲得最大的成功。法國的七月十四日之所以能成爲一個眞正的國慶日，是因爲它一方面喚起了人民對大革命的眷戀，一方面滿足了人民對官定狂歡節的需求[20]。德國雖然用了無數噸的大理石和磚造物，還是無法將皇帝威廉一世尊爲國父。但是，當偉大的政治家俾斯麥(被皇帝威廉二世革職)逝世之際，政府卻乘機利用了非官方民族主義的熱忱，這種熱忱讓德國人豎立了上百根「俾斯麥紀功柱」。相反的，非官方民族主義也在軍事強權和全球野心的驅使下，被焊接到其素來所反對的「小日耳曼」(Little Germany)當中。這一點可由〈德國至上〉(Deutschland Uber Alles)戰勝比較謙和的國歌，以及新興普魯士德國的黑白紅旗戰勝舊有的一八四八年黑紅金旗當中看出。這兩項勝利都發生在一八九〇年代[21]。

因此，當時的各個政權正在進行一場無聲的戰爭，想要控制各種足以代表其境內人民的符號和儀式，尤其是透過對公立教育制度(特別是小學，也就是民主國家以「正確」的精神「教育我們未來主人翁」〔這是羅艾(Robert Lowe)一八六七年的措詞[22]〕的必要基礎)的控制；而在那些教會不具有政治可信度的地方，則是藉由對出生、婚姻和死亡等重大儀式的控制。在所有這些象徵之中，最強有力的或許是音樂，其政治形式爲國歌和軍隊進行曲。在這個蘇沙(J. P. Sousa, 1854-1932)和艾爾嘉

(Edward Elgar, 1857–1934)的時代，國歌和軍隊進行曲都極盡全力地演奏。(在一八九〇到一九一〇年間，爲英國國歌所譜的調子，其數量之多，空前絕後㉓。)當然，國旗是最重要的象徵。在沒有君主的地方，國旗本身便可以在實質上具體代表政府、國家和社會。美國學校每日舉行的升旗儀式自一八八〇年代晚期開始推廣，終於成爲普遍的做法㉔。

擁有可資動員且普遍爲人所接受的象徵的政權，實在是無比幸運。比方說，英國君主便是一例。他甚至以勞動階級的節慶——足球協會杯決賽——作爲他每年出席各種場合的首站，以藉此強調了大眾公開儀式也可等同於大規模壯觀場面。在這一時期，公開的政治儀式場地(如德國國家紀念碑周圍)，和可兼作政治活動場所的新運動場和運動館，都開始繁增。較年長的讀者，當還記得希特勒在柏林運動宮(Sportspalast)所發表的演說。而可以與某個擁有大規模民間支持的偉大奮鬥目標相結合的政權也是幸運的，如法國和美國的革命及共和國。

由於國家和政府正在與非官方群眾運動競逐團結和效忠的象徵符號，於是群眾運動遂開始設計其自己的反象徵符號。比方說，當先前的革命國歌〈馬賽曲〉(Marseillaise)被政府接收後，非官方的社會主義運動便設計了〈國際歌〉(Internationale)㉕。雖然常有人把德國和奧地利的社會主義政黨視爲這類分離社群、反社會和反文化的極端例子(參看下章)，但事實上他們只是不夠道地的分離主義者，因爲他們仍舊藉由他們對教育(也就是公立學校系統)，對理性和科學，以及對(資產階級)「古典藝術」的價值信念，而與官方文化有所關聯。畢竟，他們是啓蒙運動的繼承人。在語言和信仰的基礎上，建立敵對的學校系統而與政府進行對抗的，是宗教和民族主義運動。不過，如我們在愛爾蘭例子中所看到的，所有的群眾運動都很容易在反政府的核心周圍，建立起由協會和非法社群組成的複合體。

4

西歐的政治團體和統治階級，在處理這些潛在的或事實上的顛覆性大規模動員上，成功了嗎？整體說來，除了奧地利外，他們都成功了。奧地利是個多民族國家，而每個民族都把它們的期望寄託在別的地方。奧地利之所以能勉強維持，靠的不過是：皇帝約瑟夫（Francis Joseph，一八四八至一九一六年在位）的長壽，抱持懷疑和唯理主義的官僚行政體系，以及對境內若干民族來說，它畢竟是幾種可能命運中最差強人意的事實。大體而言，這些群體還是願意被整合在這個國家裡面。雖然世界其他地區的情勢相當不同（參看第十二章），可是對資產階級和資本主義的西方而言，由一八七五到一九一四年間，尤其是一九〇〇到一九一四年間，雖然不乏驚慌、出軌，仍不失爲一個政治上的穩定時期。

這段時期，拒斥現有政治體系的運動，如社會主義，仍在控制之下，要不——除非它們的力量不夠大——也是被當作主流輿論的催化劑。或許這便是在法蘭西共和國促成「保守」，在帝制德國強化反社會主義的原因，沒有任何事物比共同的敵人更能促進團結。甚至民族主義有時也不難處理。威爾斯的民族主義加強了自由主義，並且把它的鬥士勞合喬治拱成政府首長、民意煽動者以及與民主激進派和勞工取得和解者。愛爾蘭的民族主義，在一八七九至九一年的一連串戲劇性事件之後，似乎因土地改革和政治上對英國自由主義的依靠而平息。泛日耳曼極端主義，因威廉一世的軍國主義和帝國主義而甘心接受「小日耳曼」。甚至比利時的法蘭德斯人(Flemings)，也仍留在天主教政黨內，天主教黨從不詰難這個雙民族的一元政府。極右和極左派的不妥協者可以予以孤立。偉大的社會主義運動雖然宣稱革命是不可避免的，但是當時它們還忙於別事。當大戰在一九一四年爆發時，它們大多數在愛國情操的驅使下，與它們的政府和統治階級團結一致。西歐唯一的主要例外，事實上卻證明了這個法則。因爲英國的獨立勞工黨之所以堅持反對戰爭，正是由於它也具有英國「非國教主義」和「資產階級自由主義」長久愛好和平的傳統。這個情形，使英國成爲自由黨閣員爲這樣的動機而在一九一四年八月相率辭職的**唯一**國家。

接受戰爭的社會主義政黨，它們的表現並不是很熱中。他們之所以接受戰爭，主要是因爲害怕被追隨者遺棄；他們的追隨者，在自發熱忱的激勵之下，踴躍從軍。在沒有徵兵制的英國，一九一四年八月到一九一五年六月之間，共有二百萬人志願服役。這個事實，以令人悲傷的方式證明了整合式民主政治活動的成功。一九一四年之際，只有在幾乎尚未認眞著手使貧窮公民認同於國家的地方——如義大利——或者在幾乎無法使貧窮公民與國家和政府產生認同的地方——如捷克人的情形——民眾才會對戰爭漠不關心甚或反戰。大規模的反戰活動，要到很久之後才眞正展開。

由於政治整合成功了，各政權因此只需面對立即直接的行動挑戰。這種不安狀態的確在擴散，尤以戰前最後幾年爲最。但是，在資產階級社會核心國家尙未陷入革命或準革命的局勢下，它們只能構成對公共秩序而非社會制度的挑戰。法國南部葡萄酒農的暴動，奉派前往鎮壓他們的第十七軍團的兵變(一九〇七)，貝爾發斯特(Belfast，一九〇七)、利物浦(一九一一)和都柏林(Dublin，一九一三)的幾近全面罷工，瑞典的全面罷工(一九〇八)，甚至巴塞隆納的「悲慘週」(tragic week，一九〇九)，其本身都不足以動搖政權的基礎。儘管它們的確很嚴重的，也不僅是複合經濟的脆弱象徵。雖然英國紳士素以冷靜聞名，但是當一九一二年英國首相阿斯奎斯(H. H. Asquith)在宣布政府決定對煤礦工人總罷工讓步時，他還是哭了起來。

我們不應低估這類現象。即使當時人不知道接下來會發生什麼事，但是在戰前最後幾年，他們已經常可感覺到巨變之前的社會騷動。在這些年間，麗池飯店和鄉間別墅都不時會發生暴力事件。它們凸顯了「美好時代」政治秩序的無常和脆弱。

但是，我們也不要過於高估它們。就資產階級社會的核心國家而言，破壞「美好時代」穩定(包括其和平)的，是俄國、哈布斯堡帝國和巴爾幹諸國的情勢，而非西歐甚或德國的情勢。在大戰前夕使英國政治情勢陷入危險的，不是工人反叛，而是統治階級的內部分裂。極端保守的上院對抗下院，軍官集體拒絕聽命於致力實現愛爾蘭自治的自由黨政府，因此形成了憲政危機。無疑這樣的危機部分是由於勞工動員，因爲上院想要盲目拒絕卻又無力拒絕的，是勞合喬治的傑出煽動法；勞氏的方法，旨在將「人民」留在統治者的系統組織內。不過這些危機之中最後也最嚴重的一個，其起因則是自由黨員在政治上主張(天主教的)愛爾蘭自治，以及保守黨員支持厄斯特地區的新教極端分子對愛爾蘭自治進行武裝抗拒。議會民主這種程式化的政治遊戲，自然是無力控制這種局面，就像我們在一九八〇年代仍可看到的那樣。

雖然如此，在一八八〇到一九一四年間，統治階級還是發現——縱然他們心存懷疑——議會民主政治已證明它可與資本主義政權的政治和經濟穩定相媲美。如同這個制度一樣，上述發現至少在歐洲還是新穎的，這對社會革命分子來說不啻是一件令人失望的事。因爲馬克思和恩格斯原先一直認爲民主共和國雖然擺明是「資產階級的」，卻也是社會主義的前奏，因爲它允許，甚至鼓勵無產階級進行政治動員，鼓勵被壓迫民眾在無產階級的領導之下進行政治動員。因此，不論它願意還是不願意，它都會看到無產階級在與其壓榨者的衝突中，獲得最後勝利。可是，在本書所論時期行將結束之際，馬、恩的信徒卻聽到十分不同的調子。一九一七年，列寧主張道：「民主共和國是資本主義所能有的最好外殼。因此，一旦資本主義控制了這個最好外殼，它便可以牢固地確立它的權勢，以致在資產階級民主共和國中，**沒有**任何改變可以動搖它——不論是人事的改變，制度的改變，或政黨的改變都一樣。」㉖和平常一樣，列寧所注意的主要不是一般性的政治分析，而是爲一個特殊的政治情勢做有力辯論——列寧發表這段話的目的是爲了反對革命俄國的臨時政府，支持蘇維埃掌權。總之，我們要注意的不是它的主張是否正確——他這項主張很有商榷餘地，不僅是因爲它未能認出保護諸國免於社會動亂的經濟和社會層面，以及有助於民主政治的各種制度。我們所應注意的是它的似是而非。在一八八〇年以前，這樣的主張對於那些從事政治活動的資本主義支持者和反對者來說，幾乎是同樣難以置信。即使是對政治上的極左派而言，給予「民主共和國」如此負面的判斷，也是很難想像的。在一九一七年列寧提出這個意見的背後，西方已將近有一個世代的民主化經驗，而戰前的十五年，這種經驗尤爲豐富。

但是，政治的民主與繁榮的資本主義之間，其結合的穩定性，會不會只是當時的一種幻象？當我們在回顧一八八〇到一九一四年這段歲月之際，令我們印象深刻的，是這種結合的脆弱及其範圍的有限。它一直是局限在西方少數幾個成功發達的經濟之中，通常也跨不出具有漫長立憲歷史的幾個國家。民主政治的樂觀主義，也就是對歷史無可救藥的信念，很容易造成一種錯覺，彷彿它在全世界的進展都是不可阻撓的。但是，它畢竟不是未來全世界的模範。一九一九年時，俄國和土耳其以西的整個歐洲，均有系統地重組爲民主式國家。可是，在一九三九年的歐洲，還有多少民主國家存在？當法西斯主義和其他獨裁政府興起時，許多人提出與列寧相反的理論，甚至列寧的信徒也不例外。但是，認爲資本主義一定會拋棄資產階級民主政治的想法，也同樣錯誤。一九四五年，資產階級的民主政治再度復活，自此以後，它一直都是許多資本主義社會最喜好的制度——這些社會多半是經濟繁榮，而且沒有對立或分裂的困擾，因此可以採用得起這麼一個在政治上堪稱便利的制度。不過，這種制度在二十世紀晚期聯合國的一百五十多個成員國中，只在極少數國家能有效實施。一八八〇到一九一四年間的民主政治進展，既未預示它的永久性，也未預示它的全球勝利。

註釋

❶莫斯卡，《政治科學基本原理》(*Elementi di scienza politica*)，一八九五。英譯作《統治階級》(*The Ruling Class*)，紐約：一九三九，頁三三三—四。

❷斯奇德斯基(Robert Skidelsky)，《凱因斯傳》(*John Maynard Keynes*)，第一冊，倫敦：一九八三，頁一五六。

❸羅斯(Edward A. Ross)，〈社會控制七：人群〉(Social Control VII: Assemblage)，《美國社會學學報》(*American Journal of Sociology*)，第二期(一八九六—七)，頁八三〇。

❹這時出版的著作，有莫斯卡，《政治科學基本原理》；韋布夫婦，《工業民主政治》(*Industrial Democracy*, 1897)；奧斯卓戈斯基，《民主政治和政黨組織》(*Democracy and the Organization of Political Parties*, 1902)；米歇爾斯，《論現代民主政治中政黨制度的社會學》(*Zur Soziologie des Parteiwesens in der modernen Demokratie*〔*Political Parties*〕, 1911)；索雷爾，《暴力的反思》(*Reflexions on Violence*, 1908)。

❺貝洛克，《十四行詩和韻文》(*Sonnets and Verse*)，倫敦：一九五四，頁一五一。〈論某次普選〉(On a General Election)，諷刺短詩二十。

❻費茲巴垂克(David Fitzpatrick)，〈愛爾蘭民族主義地理學〉(The Geography of Irish Nationalism)，《過去與現在》(*Past and Present*)，第七十八期(一九七八年二月)，頁一二七—九。

❼蒲爾(H-J. Puhle)，《資本主義工業社會中的政治性農業運動》(*Politische Agrarbewegungen in kapitalistischen Industriegesellschaften*)，哥廷根：一九七五，頁六四。

❽何荷斯特(G. Hohorst)、科卡(J. Kocka)和瑞特(G. A. Ritter)，《社會史工作手冊：帝國統計資料，一八七〇—一

九一四》(*Sozialgeschichtliches Arbeitsbuch: Materialien zur Statistik des Kaiserreichs 1870–1914*),慕尼黑:一九七五,頁一七七。

❾米歇爾斯,前引,司徒加:一九七〇版,第四部,第二章。

❿福斯特(R. F. Foster),《藍道夫·邱吉爾勳爵的政治生涯》(*Lord Randolph Churchill, a Political Life*),牛津:一九八一,頁三九五。

⓫白努瓦(C. Benoist),《普選權的創立:現代國家的危機》(*L'Organisation du suffrage universel: La crise de l'état moderne*),巴黎:一八九七。

⓬海德藍(C. Headlam)編,《米爾納文件》(*The Milner Papers*),倫敦:一九三一—三,第二冊,頁二九一。

⓭艾思考(T. H. S. Escott),《維多利亞時代的社會變化》(*Social Transformations of the Victorian Age*),倫敦:一八九七,頁一六六。

⓮佛羅拉,前引,第五章。

⓯根據何荷斯特、科卡和瑞特著作頁一七九計算得之。

⓰柯亨(Gary B. Cohen),《種族生存的政治活動:布拉格的日耳曼人,一八六一—一九一四》(*The Politics of Ethnic Survival: Germans in Progue 1861–1914*),普林斯頓:一九八一,頁九二—三。

⓱華萊斯,《政治活動中的人性》(*Human Nature in Politics*),倫敦:一九〇八,頁二一。

⓲坎那汀(David Cannadine),〈典禮的背景、舉行和意義:英國君主政體與「傳統的發明」:一八二〇年左右到一九七七年〉(The Context, Performance and Meaning of Ritual: The British Monarchy and the "Invention of Tradition" c. 1820–1977),收入霍布斯邦和蘭傑(T. Ranger)編,《傳統的發明》(*The Invention of Tradition*),劍

橋：一九八三，頁一〇一—六四。

⑲這種區別初見於白芝皓(Walter Bagehot)，《英國憲政》(*The English Constitution*)。最初發表在一八六五至六七年的《雙週評論》(*Fortnightly Review*)，是有關第二次改革法案辯論的一部分，亦即辯論是否應該給予工人投票權。

⑳參森(Rosemonde Sanson)，《七月十四日：國慶日和民族意識，一七八九—一九七五》(*Les 14 Juillet: fête et conscience nationale, 1789–1975*)，巴黎：一九七六，頁四二。論巴黎當局合併公眾娛樂和公眾典禮的動機。

㉑強昂(Hans-Georg John)，《政治和體操：德國體操俱樂部，一八七〇至一九一四年間德意志帝國的一種國民運動》(*Politik und Turnen: die deutsche Turnerschaft als nationale Bewegung im deutschen Kaiserreich von 1870–1914*)，亞倫斯堡：一九七六，頁三六—九。

㉒「我以爲必須勸導我們未來的主人翁識字」(改革法案三讀辯論，《國會辯論檔案》〔*Porliament Debates*〕，一八六七年七月十五日，頁一五四九，第一段)。這是原來的說法，在簡縮以後，爲大家所熟悉。

㉓坎那汀，前引，頁一三〇。

㉔戴維斯(W. E. Davies)，《愛國精神的炫示》(*Patroatism on Parade*)，麻省劍橋：一九五五，頁二一八—二二。

㉕但門傑(Maurice Dommanget)，《鮑迪艾：公社分子和共產國際歌手》(*Eugène Pottier, member de la Commune et chantre de l'Internationale*)，巴黎：一九七一，頁一三八。

㉖列寧，《政府與革命》(*State and Revolution*)，第一部，第三節。

①編按：杜利先生乃美國新聞記者和幽默作家鄧恩(Finley P. Dunne, 1867–1936)塑造的人物。他以美裔愛爾蘭人的幽默口吻諷刺當時的人與事，自一九〇〇年起便廣爲人知。

第五章 世界的工人

我認識了一個名叫施若德(Schröder)的鞋匠……他後來去了美國……他給了我一些報紙。我因爲心情厭煩，所以看了一點。之後，我愈看愈有興趣……報上把工人的苦況以及他們如何依靠資本家和地主描寫得萬分眞實，令我十分驚愕。好像我的眼睛從前都沒有睜開似的。該死的！他們在那些報紙上寫的都是實話。我到那天爲止的一生，便是一個明證。

——一位德國勞工，一九一一年前後❶

他們(歐洲的工人)感到重大的社會變遷必須盡快到來；由上流人士統治政治並擁有和享受政權的人間喜劇，已經閉幕；民主政治的歲月即將開始，勞動者爲其自身所做的奮鬥，將較國家與國家間的戰爭更爲優先，後者只是工人之間無目標的戰鬥。

——龔帕斯(Samuel Gompers)，一九〇九❷

無產階級的人生，無產階級的死亡，本著進步精神的火葬。

——奧地利工人喪葬協會箴言，「火焰」❸

1

在選民人數不可避免地日益擴張的情形下，大多數的合格選舉人，一定會是貧苦、不安和不滿的選民。他們無法逃脫其經濟和社會境遇，以及由此境遇所衍生的種種問題。易言之，他們不得不受其階級境遇的主宰。其人數因工業化潮流正在吞噬西方而顯著增加，其出現愈來愈不可避免，其階級意識似乎會直接威脅到現代社會的社會、經濟和政治制度，這個階級便是無產階級。年輕的溫斯頓・邱吉爾（當時是自由黨閣員）曾警告英國國會說，如果保守、自由兩黨的政治制度崩潰，則它將爲階級政治所取代，當他在說這番話時，心中所想的，正是這些人。

在所有被西方資本主義浪潮淹沒甚或包圍的國家，以勞力賺取工資度日的人數，正在不斷增加——從南美巴塔哥尼亞（Patagonia）的大牧場和智利的硝酸鹽礦場，一直到西伯利亞東北冰天雪地裡的金礦區（大戰前夕，此處發生大規模的罷工和屠殺）。在任何需要建築工事，或需要在十九世紀已不可或缺的市政服務和公共事業（如瓦斯、供水和穢物處理）的地方，在任何將全球經濟連爲一氣的港口、鐵路和電報到達的地方，都可看到他們的身影。在五大洲的許多僻遠之處，礦場仍有待發現。到了一九一四年，甚至北美洲、中美洲、東歐、東南亞和中東的油田，也已大規模開採。更重要的是：甚至在基本上以農業爲主的國家，其城市市場也由在某種工業設施中工作的廉價勞力，供應加工過的食物、飲料、酒和簡單的紡織品。而在某些廉價勞力國家，如印度，相當規模的紡織乃至鋼鐵工業也在發展之中。可是，工資工人激增最速，並已形成諸如勞工這類可資辨識之階級的地方，主要是在早已完成工業化，或在一八七〇到一九一四年間進入工業革命時期的國家，也就是說主要在歐洲、北美、日本和某些海外白人的大規模殖民地區。

他們的成長，主要是將前工業時代兩大勞力儲藏區的人們轉移過來。這兩個儲藏區一是需要手工技藝的行業，一是農村——當時大多數人仍住在農村。到了十九世紀末，都市化或許比以前任何時期都進展得更快、更大規模，而重要的移民激流（比方說來自英國和東歐的猶太聚居區）係由鄉鎮湧入，雖然有時是人數不多的市鎮。這些人可以、也確曾由一種非農業工作轉到另一種非農業工作。至於由田地上逃離的男男女女，即使他們還想務農，也只有極少數人能有這樣的機會。

一方面，西方正在現代化和已經現代化的農耕，需要的長工比以往少得多。不過現代農業倒是雇用了相當多的季節性移棲勞工，這些勞工往往來自遙遠的地方，工作季節一過，農人對他們便沒有任何責任。德國的波蘭「薩克森行走者」（Sachsengänger），阿根廷的義大利「燕子」（據說他們拒絕在德國擔任收割工作，因爲由義大利去南美比較便宜而且容易，工資也較高④），美國的跳火車偷渡者乃至那時便不時可見的墨西哥人，都是季節性勞工。雖然如此，農業的進步畢竟意謂從事耕作的人數減少。在一九一〇年的紐西蘭，沒有什麼值得一提的工業。那個時候，紐西蘭人完全是倚靠極端有效率的農業維生，尤其專精家畜和乳製品業。可是當時紐西蘭卻有百分之五十四的人口住在市鎮，更有百分之四十(這個比例是不包括俄國在內的歐洲地區的兩倍)從事服務業❺。

同時，落後地區尚未現代化的農業，也已無法再爲可能成爲小農的人提供足夠的土地。當他們被迫向外遷移之際，他們之中的大多數人實在不想做一輩子勞工。他們希望「到達美國」(或任何他們想去的地方)，幾年以後賺夠了錢，便在某個西西里、波蘭或希臘村落，給自己買一點土地、一幢房子，並讓鄰居尊重他們爲有錢人。他們之中的少數後來的確回去了，但大多數都留了下來，進了建築隊、礦場、鋼廠，或加入其他只需要辛苦勞動而不需要其他技能的都市和工業界活動。他們的女兒和新娘便充當家僕。

十九世紀晚期以前，有許多人用手工方法製作最爲大家熟悉的都市日用必需品，如衣服、鞋襪、家具等等。這些人從驕傲的工匠師傅，一直到工資甚低的工技工或頂樓縫紉女，形形色色所在多有。可是如今，機器和工廠生產開始威脅他們的生計，雖然他們的產量已有可觀增加，可是就算他們的人數似乎沒有戲劇性減少，他們在整個勞動力中所占的比例卻顯著下降。在德國，從事製鞋的人數在一八八二到一九〇七年間只稍微減少(由四十萬人左右減少到三十七萬人左右)，但是在一八九〇到一九一〇年間，皮革的消耗卻倍增。顯然，絕大部分的額外生產，是由一千五百家較大的工廠所製造(大工廠的數目自一八八二年以後已增加三倍，所雇用的工人幾乎成長了六倍之多)，而非來自不雇用工人或雇用十個以下工人的小工坊，這類小工坊的數目下降了百分之二十。一八八二年時，小工坊雇用的工人占從事製鞋業工人的百分之九十三，如今只占百分之六十三❻。在迅速工業化的國家中，前工業式的製造業爲各項新工業提供了儲備人才，這些人才數量雖然不多但絕非無足輕重。

另一方面，因爲在這個經濟擴張時期對於勞力顯然有無限需求，尤其是對那種隨時可以投入其擴張部分的前工業勞力，於是在進行工業化的經濟中，無產階級人數遂以可觀的速度增加。由於當時的工業成長還是依靠手工技巧和蒸汽技術的結合，或者如建築一樣尚未大幅改變其方法，因此當時所需求的仍是舊有的手藝技巧，或將鐵匠和鎖匠的傳統技巧運用到新的機器製造工業。這一點具有重大意義，因爲受過訓練的熟練技術工人（一群有確定地位的前工業時代工資工人），往往在早期各經濟體的無產階級發展上，構成了最積極、最具訓練且最有自信的成分。德國社會民主黨領袖是一位車木工（倍倍爾），而西班牙社會主義黨領袖則是一位排版工人（依格萊西亞斯〔Iglesias〕）。

當工業勞動還停留在非機械化、且不需特殊技術的階段，不但任何生手都可從事，而且由於其所需勞力甚多，因此當生產額增加時，這類工人也會隨之激增。舉兩個明顯的例子來說，營造業（修造基礎結構、運輸和迅速成長中的大城市）和煤礦業都雇用了無數工人。德國從事營建業的工人，由一八七五年的五十萬人左右，增加到一九〇七年的幾近一百七十萬人，亦即從總勞動力的百分之十左右，增加到幾乎百分之十六。一九一三年之際，英國有不下一百二十五萬名工人（一九〇七年時，德國有八十萬）鋤、鏟、拖和舉起維持世界經濟發展的煤礦（一九八五年時，英德兩國的數字分別是十九萬七千和十三萬七千五百）。另一方面，想藉著各種專門的機器和程序（由非技術性勞力操作）來取代手藝和經驗的機械化，也對那些低廉無助的生澀勞工大開歡迎之門，這個情形在美國尤爲明顯。美國原本就缺少前工業時代的傳統技巧，而生產部門對此也不怎麼需要。（福特說：「想要成爲技術工人的意願並不普遍。」❼）

在十九世紀將盡之際，沒有任何已經工業化、正在工業化或正在都市化的國家，會感受不到這些史無前例、顯然無名無根的勞動群眾的存在。他們已經形成一個不斷成長的群體，在總人口數中所占的比例也不可避免地日漸增加，而且很可能在不久之後會成為大多數。雖然在美國從事服務業的人數已較藍領工人爲多，可是在其他地方，由於工業經濟多元化，以及扮演其主力的第三行業（辦公室、商店和其他服務業）尚在起步階段，因此它們的主要發展遂與美國相反。在前工業時代，城市居民主要是從事服務業，因爲甚至連工匠通常也是小店主。可是現在，城市已成爲製造業中心，到了十九世紀末，在大城市（也就是有十萬居民以上的城市）中約有三分之二的就業人口是集中在工業界❽。

當十九世紀末的人們在回顧以往之際，最教他們印象深刻的恐怕要推工業大軍的進展；而在各鎮各區之內，十之八九要算是工業專門化的現象。典型的工業城市（通常有五萬到三十萬居民，當然，在十九世紀初，任何擁有十萬居民的城市便可算是大城市）往往給人單色調的印象，頂多也只有二、三種相關色彩：魯貝（Roubaix）、洛次（Lodz）、丹地（Dundee）、羅威爾（Lowell）是紡織業；埃森（Essen）、密德堡（Middlesbrough）是煤、鐵、鋼，或三者的搭配；查洛（Jarrow）和巴羅（Barrow）是軍備和造船；路夫斯哈芬（Ludwigshafen）或威登斯（Widnes）則是化學品。在這點上，它與新興的數百萬人大城市（不論是否爲首都），不論在大小和性質上都不一樣。雖然某些宏偉的首都也是重要的工業中心（柏林、聖彼得堡，布達佩斯），可是通常首都不是該國的工業核心。

再者，雖然這些民眾龐雜不一，可是他們似乎愈來愈成爲大型複合公司的一部分，由好幾百人到好幾千人的工廠的一部分，尤其是在重工業的新中心。埃森的克魯伯公司（Krupp），巴羅的維克斯公司（Vickers），新堡（Newcastle）的阿姆斯壯公司（Armstrong），其每個工廠的勞工皆以萬計。但是在巨型工廠或作業場工作的工人仍是少數。甚至在一九一三年的德國，雇用十名以上員工的工廠也只占百分之二十三到二十四，然而這些人卻愈來愈顯眼，並且是不太容易對付的少數群體❾。而且，不論歷史學家在回顧時會得出什麼結論，對於當時人而言，這些工人群體實在爲數龐大，而且無疑還在不斷成長。他們使社會和政治上已經確立的秩序蒙上一層陰影。如果他們在政治上組成一個階級，結果會如何呢？

以歐洲的情況而言，這正是當時的突發現象，並以極快的速度發展下去。只要是在民主和選舉政治允許的地方，以工人階級爲基礎的群眾黨派（大半是由革命社會主義意識形態所激勵，因爲就其定義來說，所有的社會主義都是革命性的）便會在信仰社會主義意識形態的男人（有時甚至是女人）領導下，出現在社會上，並以驚人的速度成長。一八八〇年時，它們幾乎還不存在，除了德國社會民主黨這個例外，這個剛於一八七五年完成結盟的政黨，當時已是一個有分量的選舉勢力。可是，到了一九〇六年，大家已把這些政黨視爲理所當然，以致一位德國學者可以發表一本討論「美國爲什麼沒有社會主義」的書❿。大規模的勞動階級和社會主義政黨在當時已是常態，如果不存在才是教人吃驚的事。

事實上，到了一九一四年，甚至美國也有了大規模的社會主義政黨，一九一二年，其候選人幾乎得了一百萬張選票，在阿根廷，社會主義政黨也在一九一四年得到百分之十的選票。而在澳洲，一個公認非社會主義的勞工黨，已經在一九一二年組成聯邦政府。至於在歐洲，只要環境允許，社會主義和勞工政黨都會是重要的選舉力量。一般說來，它們的確還是少數黨，不過在某些國家，尤其是德國和斯堪的納維亞國家，它們已是最大的全國性政黨，得到高達百分之三十五到四十的選票，而每次選舉權的擴大，都意味著工業群眾準備選擇社會主義。他們不但投票，還組織成龐大的群體：比利時勞工黨在一九一一年時擁有二十七萬六千名黨員；偉大的德國社會民主黨則有一百多萬黨員；而與這些政黨有關、往往也由它們所創辦的間接性勞工政治組織，其規模甚至更大，例如工會和合作社。

並非所有的勞工團體都像北歐和中歐那麼龐大、齊一且有紀律。但是，即使是在工人團體係由積極的非正規團體或地方好鬥者所組成的地方，只要它們已預備好在各種動員發生時扮演領導角色，那麼這些地方的新興勞工和社會主義政黨便值得我們加以重視。它們在全國性的政治當中是一個重要因素。正因如此，所以法國的這個黨派，雖然在一九一四年時，其七萬六千個黨員既不團結也稱不上是大數目，卻憑藉著其一百四十萬張選票，而選出一百零三位代表。在義大利，這個黨派的黨員人數雖然更少(一九一四年時五萬人)，卻也得到幾乎一百萬張選票⓫。簡言之，幾乎在每一個地方，勞工和社會主義政黨都以(因人而異的)極端可驚或不可思議的速度在成長。他們的領袖以成長曲線中所顯示出的勝利自喜。只要看工業化的英國在這些年間所做的全國戶口調查記錄，便可知道勞動階級已注定會成爲全民中的多數。無產階級正在加入這類政黨。根據理性且具有統計頭腦的德國社會主義者的看法，遲早這些政黨所贏得的選票比例會超過百分之五十一——這個似乎具有魔力的數字在民主國家中，絕對是一個決定性的轉捩點。或者，如果社會主義的新主義歌所云：「（共產）國際將包括全人類。」

我們不需抱持這種樂觀態度，因爲這種態度後來證明是錯誤的。不過，在一九一四前幾年，甚至那些已獲得奇蹟般成功的政黨，顯然還是擁有極大的潛在支持力量可以動員，而它們也的確在動員它。而一八八〇年代以來社會勞工政黨的快速竄升，自然會帶給其黨員、支持者和領袖一種興奮的感覺，讓他們對未來充滿希望，並相信其勝利是歷史的必然發展。對於那些在工廠、作坊和礦場中動手出賣勞力的人而言，這是有史以來第一個具有光明希望的時代。套用俄國社會主義歌的一句歌詞：「走出黑暗的過去，未來之光照耀通明。」

2

乍看之下，工人階級政黨的顯著竄升是相當令人驚訝的。它們的力量基本上是來自其政治訴求的單純性。它們是所有爲工資而出賣勞力之人的政黨。它們代表這個階級對抗資本主義者及其政府，它們的目標在於創造一個新社會。這個社會將以工人藉其自身力量所爭取到的解放爲開始，而它也將解放全人類，除了那些爲數愈來愈少的壓榨者。馬克思主義的學說要到馬克思過世之後一直到十九世紀末才得到系統闡述，並日漸主宰了大多數這樣的新政黨，因爲它對這些主張的明白宣示，使它具有龐大的政治滲透力。大家只要知道所有的工人都必須加入或支持這樣的政黨就夠了，因爲歷史的本身已保證了它的未來勝利。

這個學說乃是假定：當時有一個具有足夠人數的工人階級存在，這些人一致認爲自己是馬克思主義所謂的「無產階級」，也充分相信社會主義者對它們的處境和任務的分析是正確的——它的首要任務是形成無產階級政黨，而且不論他們還打算做些什麼別的，他們都必須採取政治行動。（並非所有的革命分子都同意政治活動有這麼重要，但是目前我們不去討論這些反政治的少數分子，這些人主要是受到當時無政府主義的想法所啓發。）

但是，幾乎所有觀察過工人階級情況的人，都同意所謂的「無產階級」絕不是一個均質的群體，即使在一國之內也不是。事實上，在許多新政黨興起以前，人們在談論「工人階級」時，習慣用的便是複數而非單數。

被社會主義者籠統冠以「無產階級」的群眾，其內部區分其實非常分明，以致我們根本不期望能夠根據任何事實斷言他們具有單一的階級意識。

現代工業化工廠中的典型無產階級，往往還是一個小型但迅速成長中的少數，他們與大多數出賣勞力的工人大不相同。後者是在小作坊、農場小屋、城市陋巷或露天底下從事林林總總的工資工作，這些工作充斥在各城市、農村乃至鄉下地區。製造業、手工藝或其他專門職業，往往是極具地方性也最受限於地理環境，而他們並不認爲彼此的問題和處境是一樣的。例如，在完全是男性的鍋爐製造工和（英國）主要是女性的棉織工之間，會有多少共同的地方？或者，同一港埠的船塢技工、碼頭工人、成衣匠和建築工人之間，又有多少共同的地方？這些區隔不僅是垂直的，也是水平的：

工匠和苦力間的區隔；「可敬」人士和職工（自尊也爲別人所敬重的人）與其他人之間的區別；勞動貴族、下賤可鄙的勞動階級和介於兩者之間者的劃分；乃至不同等級的熟練技工——排字工人看不起泥水匠，泥水匠看不起油漆匠。再者，在相等的群體之間，不但有區別，也有競爭。每一個群體都想要壟斷某個特殊行業，這樣的競爭，又因工業技術的發展而加劇。工業技術的發展改變了舊有的程序，創造了新的程序，使舊有的技術變得無關緊要，也使原本清楚的傳統界限（比方說，什麼應該是鎖匠的職責，什麼又是鐵蹄匠的職責）變得無效。在雇主強而工人弱的地方，管理階層透過機器和命令，強行規定其自己的勞力區劃。但是在其他地方，技術工人可能會進行令人難堪的「界限爭奪」。這類爭奪在英國的船塢時會發生，尤以一八九〇年代爲最，往往使那些未涉入職業爭鬥的工人陷入失控和不當的閒散狀態。

除了上述種種區隔，當時還有甚至更爲明顯的社會和地理來源差異，以及國籍、語言、文化和宗教的差異。這些差異的出現乃是不可避免的，因爲工業界是從本國境內的所有角落徵召其迅速成長的大量勞工，而且事實上，在這個大規模跨國和越洋遷徙的時代，它們也從國外徵召勞工。從某種角度看似男男女女都集中於一個「工人階級」的現象，換個角度卻變成社會斷片的四散橫飛，新舊社群的放逐離散。只要這些區隔能使工人分化，對於雇主來說顯然就是有用的，因此也受到雇主的鼓勵。這種情形尤其以美國爲最，美國的無產階級大半是由各式各樣的外國移民所構成。甚至像落磯山脈中的西部礦工聯盟（Western Federation of Miners），也因爲美以美教派康瓦耳技工和天主教愛爾蘭生手之間的爭鬥，而有分裂的危險。這些康瓦耳工人是硬岩專家，在地球上任何對金屬做商業性開採的地方，都看得到他們。沒有什麼技術的天主教愛爾蘭工人，則是在英語世界邊疆上任何需要氣力和艱辛勞力的地方都可找到。

不論工人階級內部的其他差異爲何，使他們陷入分裂的無疑是：國籍、宗教和語言的不同。愛爾蘭的分裂典型不幸也是大家所熟悉的。甚至在德國，天主教工人對社會民主黨的抗拒也比新教工人來得強；而波希米亞(Bohemia)的捷克工人也拒絕被整合到由德語工人所支配的泛奧地利運動。馬克思曾經告訴社會主義者說：工人無祖國，只有一個階級。社會主義人士的這種國際主義熱情之所以引起勞工運動的注意，不僅是由於它的理想性，也因爲這往往是它們運作的基本先決條件。維也納有三分之一的工人是捷克移民，布達佩斯的技術工人是德國人，其餘工人則是斯洛伐克(Slovaks)或馬札兒人(Magyars)，在這樣的城市當中，如不訴諸國際主義又怎麼能動員工人？貝爾發斯特這個偉大的工業中心，從以前到現在一直說明了：當工人的自我認同主要是天主教徒和新教徒，而非工人甚或愛爾蘭人時，可能會發生什麼樣的情形。

幸運的是，訴諸國際主義或區際主義(inter-regionalism)的結果，並非完全無效。語言、國籍和宗教歧異本身，並不會使統一的階級意識無法形成，尤其是當各國的工人群體各在勞工市場有其地盤，因此不需互相競爭時爲然。只有在這些歧異代表或象徵「跨越階級界限的嚴重群體衝突」，或這些差異似與所有工人的團結勢不兩立的地方，它們才會造成大麻煩。捷克工人對德國工人的懷疑，不是基於他們的工人身分，而是基於他們的國家把捷克人當低等人看待。當厄斯特的天主教愛爾蘭工人，看到一八七〇到一九一四年間天主教徒愈來愈被排除在技術工作之外，而這種工作因此幾乎全被新教徒壟斷，並且這個情形還獲得工會的贊同時，他們顯然不會對階級團結的呼籲具有好感。即使如此，階級經驗的力量還是很強，因此，工人與其他特定群體（如波蘭人、天主教徒種種等等）的認同，只會縮小而非取代原有的階級認同。他還是會覺得自己是個工人，不過是特定的捷克、波蘭或天主教工人。雖然天主教會深深嫌惡階級的劃分和衝突，它還是不得不組成（或者至少寬容）工會，甚至天主教同業工會，不過它還是比較喜歡勞資聯合組織。另一種認同所眞正排除的，不是階級意識本身，而是「政治性的」階級意識。因而，即使是在厄斯特的派系意識戰場，當時還是有一個工會運動以及組織勞工政黨的一般傾向。但是，只有在不涉及下列兩項主宰生存和政治辯論的議題時，工人才有團結的可能。這兩項議題是宗教和愛爾蘭地方自治，天主教和新教工人（橘色和綠色工人）無法在這兩點上獲致協議。在這樣的情形下，某種工會運動和工業鬥爭是可能的，但是（除了在每一個群落之內，而且只是微弱和間歇的）以階級認同爲基礎的單一政黨卻不可能出現。

工業經濟本身所發展出的龐雜結構，是另一個妨礙勞工階級意識和組織的因素。在這一點上，英國是相當例外的情形，因爲英國已經擁有強大的非政治階級意識和勞工組織。這個工業化先驅國的擬古傾向，使一種相當原始而大半是分散的工會主義（主要是行業工會），深植於各地的基本工業當中；基於好幾種原因，該國工業的發展較少藉由機器取代勞力，而主要是透過手工操作和蒸汽動力的結合。在這個舊日的「世界工廠」的所有大工業中——棉布、冶礦、機械與船舶建造業——都有勞工組織核心的存在，這樣的核心，可以轉化爲群眾工會主義。一八六七到一八七五年間，同業工會實際上已得到具有廣泛影響力的法律地位和特權，以致好鬥的雇主及保守的政府和法官，在一九八〇年代以前，都未能減縮或廢除它們。勞工組織不僅存在並為大家所接受，而且也非常強大，尤以在工作場所為然。這種異常獨特的勞工力量，將來會為英國工業經濟帶來日益增多的問題，甚至在本書所論時期，它已成為工業家的最大難題，這些工業家正想藉著機械化和科學管理將它消滅。一九一四年之前，它們在最重要的幾個事例上均未獲成功，不過就本章的目的而言，我們只需注意英國在這方面的異常即可。政治壓力有助於加強作坊的力量，但是事實上，它不需要取而代之。

其他地方的情形就相當不同。粗略的說，有效力的同業工會當時只在現代(尤其是)大規模的工業邊緣發生作用：亦即作坊、工地或中小型企業。其組織在理論上或許是全國性的，但實際上卻是極端地方性和分權的。在法國和義大利這樣的國家，最有效的工會組織，是以地方勞工辦公室為中心所組成的小型地方工會聯盟。法國的全國同業工會聯盟(CGT)規定，只要有**三個**地方工會便可組成一個全國工會[12]。在現代化工業的大工廠中，工會根本無足輕重。在德國，社會民主黨和其「自由同業工會」(Free Trade Unions)的力量，並不見於萊茵河西部地區和魯爾重工業區。在美國，大工業中的工會主義幾乎已在一八九〇年代被淘汰，一直到一九三〇年代才告恢復。但是它在小型工業和建築業的行業工會中生存下來，並受到大城市市場的地方主義所保護。在大城當中，迅速的都市化以及靠行賄以取得市府契約的政治活動，使工會擁有較大的生存空間。真正能取代由一小群有組織勞工組成的地方工會和(主要是技術性)行業工會的，是那種可在間歇性罷工中看到的工人總動員，不過這種動員只是偶爾、短暫的，同時也是地方性的。

當時也有一些顯著的例外情形。其中之一，是礦工與其他熟練工匠之間的顯著差異，這些熟練工匠包括木匠、製雪茄菸者、鎖匠、機械師、印刷工人等等。無論如何，這些強壯男子明顯具有從事集體鬥爭的傾向——他們在黑暗中勞苦工作，和他們的家人一起住在像礦坑一樣危險且令人難受的孤立社群，但是正是這種工作和社群的共同性，以及其工作的艱辛和危險，使他們團結在一起。甚至在法國和美國，煤礦工人也斷斷續續地組織了強大工會。由於採礦的無產階級人數眾多，又顯著集中在某些區域，因此它們在勞工運動中的潛在（在英國是實際的）作用，是相當令人畏懼的。（礦工之所以特別團結的原因，可從德國礦工的打油詩中看出。茲大體翻譯如下：麵包師可以獨自烘烤他們的麵包；細木工人可以在家幹他們的活；但是不論礦工走到哪裡，附近都要有勇敢忠實的夥伴⑬。）

另有兩個部分重疊的非技術性工會主義，也值得注意：一是運輸，另一是公職。公務員（甚至在日後成爲公職工會根據地的法國）當時尚被排除在勞工組織之外，而這一點顯然妨礙了鐵路的工會化，因爲鐵路往往是國有的。在地廣人稀的地方，私人鐵路的不可或缺性，賦予其雇員相當的戰略力量，尤其是火車駕駛和火車上的工作人員；然而，在其他地方，即便是私人鐵路的工會也不容易組織。鐵路公司絕對是資本主義經濟的最大型企業，如果想要組織它們，唯一可行的辦法是建立在一個幾乎涵蓋全國網絡的組織上：例如「倫敦和西北鐵路公司」（London and Northwestern Railway Company），該公司在一八九〇年代控制了六萬五千名工作人員，七千公里長的路線和八百個車站。

相形之下，運輸的另一個關鍵項目——海上運輸——卻異常地方化，僅限於海港及其附近。由於這些地方往往是整個經濟的樞紐，因此，任何的碼頭罷工經常會演變成一般性的運輸罷工，甚至釀成全面罷工。二十世紀的最初幾年，大量出現的經濟性全面罷工主要都是港埠罷工：的港、熱內亞(Genoa)、馬賽、巴塞隆納、阿姆斯特丹。這些無疑都是大規模的戰役，但是由於非技術勞工的烏合性，它們還不大可能形成永久性的大規模工會組織。但是，雖然鐵路運輸和海運如此不同，它們卻同樣對於全國的經濟具有極重要的戰略意義。它們一旦中斷，國家的經濟便會癱瘓。在勞工運動不斷成長之際，各國政府愈來愈意識到這種可能的致命危機，並積極尋找因應對策，其中最激進的一個例子是：一九一〇年，法國政府決定徵召十五萬鐵路工人入伍(亦即以軍隊的紀律約束他們)，藉此平息一次全面性的鐵路罷工⑭。

然而，私人雇主也認識到運輸的戰略價值。在一八八九至九〇年間的英國工會化風潮中(這一風潮乃由水手和碼頭工人罷工肇始)，雇主的反攻便是以對抗蘇格蘭鐵路工人的一次戰役和對抗大海港大規模但不穩定工會化的一連串戰役為開始。相反的，一次大戰前夕的勞工攻勢，也將其本身的戰略攻擊力量設定在煤礦工人、鐵路工人和運輸工人聯盟(也就是港口雇工)的三強同盟上。當時，運輸顯然已被視為階級鬥爭當中一個非常重要的因素。

運輸比起另一個衝突區顯然清楚得多，可是這個衝突區不久便證明它更具決定性——那就是重要且不斷成長的金屬工業。因為在這個工業領域，勞工組織的傳統力量，亦即具有技術背景且加入頑強行業工會的技術工人，遭遇到偉大的現代工廠，這些工廠將他們(或他們之中的絕大多數)貶為半技術作業員，負責操作那些日趨專門複雜的機械工具和機器。在這個工業技術迅速挺進的前線，利害的衝突異常清楚。一般說來，在承平時代，情勢對管理階級有利；但是一九一四年後，在大規模軍備工廠的每一個角落，都可以看到勞工激進化的鋒芒。從金屬製造工人於一次大戰期間及其之後的乞靈於革命一事，我們便可推想出一八九〇年代和一九〇〇年代的緊張狀態。

即使我們不把農業勞動階級算在內，工人階級也是個既不均質，也不容易統一成具有單一凝聚力的社會群體。（勞工運動也想組織和動員農業勞動階級，可是一般說來成效不大。）（義大利是一個例外。義大利的「土地工作者聯盟」（Federation of Land Workers）是個超級大工會，它也爲日後共產主義在義大利中部和部分南部地方的影響力，打下基礎。在西班牙，無政府主義可能也在無土地的勞工當中，具有類似的影響。）然而，它們卻逐漸趨向統一。這是怎麼辦到的？

3

有效的方法之一，是藉由組織所採納的意識形態。社會主義者和無政府主義者將其新福音帶給人民大眾，在此以前，除了壓榨他們和命令他們安靜、服從的人外，幾乎所有的機構都忽略了這些民眾，甚至小學也不例外，它們只負責教誨公民盡他們應盡的宗教責任。各種有組織的教會，除了少數屬於平民的教派外，皆遲遲不肯進入無產階級領域，不肯接觸那些與古老鄉村和城市教區如此不同的人群。工人是沒沒無聞和爲人所遺忘的一群，正如他們是一個新的社會群體。中產階級社會調查家和觀察家的許多作品，都可以證明他們是多麼沒沒無聞；而讀過畫家梵谷（Van Gogh，曾進入比利時煤田傳福音）書信的人，也可以了解他們是多麼爲人所遺忘。社會主義者往往是最先去關照他們的人。在情況適合的地方，他們會讓最形形色色的工人群體(從技術職工或好戰先鋒，到所有的屋外工作者或礦工)深刻感受到一種單一身分：「無產階級」的身分。一八八六年前，列日(Liège)周圍山谷中的比利時農場雇工(傳統上以製造槍枝維生)，從沒有發起過任何政治活動。他們過著收入微薄的生活，只有養鴿子、釣魚和鬥雞，才能使男人的生活略有變化。但是自從「工人黨」(Workers Party)來到他們中間那刻起，他們便全體入黨。從此以後，維斯德谷地(Val de Vesdre)百分之八十到九十的居民都投票給社會主義政黨，甚至當地天主教的最後防禦也遭到破壞。列日附近的居民發現他們自己和根特(Ghent)的織工具有同樣的身分和信仰(他們甚至連根特人的語言——法蘭德斯語——也不懂)，因此也和任何具有單一、普遍工人階級理想的人，分享了同樣的身分和信仰。煽動者和宣傳家將所有貧窮工人團結一致的信息，帶到其國家最偏遠的角落。他們同時也帶來**組織**。沒有這種有組織的集體行動，工人便不能以一個階級的形式存在。而透過組織，他們得到一群發言人，這些發言人可以清晰地表達出男男女女的感情和希望，那些無法自行表達的男男女女。這些人也擁有或發現了可以表達他們所感覺到的眞理的言辭。沒有這種有組織的集體主義，他們只是貧窮的勞動者。因爲，簡潔陳述前工業世界勞動貧民人生哲學的古代智慧大全，如格言、諺語和詩歌，現在已不夠用了。他們是**新的**社會實體，需要新的反映。這種認知開始於他們從新發言人口中聽到下列訊息的那一刻：你們是一個階級，你們必須表現出你們是。因而，在極端的情形下，新政黨只需宣布他們的名稱——「工人的政黨」——就足夠了。除了這個新運動的好戰者外，沒有人將這種階級意識的訊息帶給工人。這項訊息將那些預備超越彼此間的差異，進而承認這一偉大眞理的所有人，團結在一起。

大家都準備承認這項眞理，因爲將工人或準工人與其他人（包括社會上普通的「小人物」）分隔開來的間隙，正在加寬；因爲，工人階級的世界愈來愈分離；尤其因爲，勞資雙方的衝突，是一個愈來愈具有支配性的實際存在。在事實上被工業也爲工業所創造的地方，情形更是如此，譬如說：波庫（Bochum，一八四二年有四千二百位居民，一九〇七年有十二萬居民，其中百分之七十八爲工人，百分之零點三爲「資本主義者」），和密德堡（一八四一年有六千位居民，一九一一年有十萬零五千居民）。這些主要於十九世紀下半葉迅速成長的礦業和重工業中心，比起稍早作爲典型工業中心的紡織業市鎮，其男男女女在日常生活中，可能更難見到不在某方面支配他們的非受薪階級人士（業主、經理、官員、教師、教士），除了小工匠、小店主和酒吧老闆——這些人供應窮人有限的需要，他們依靠他們的顧客維生，因而也適應了無產階級環境。（在許多國家，酒店經常便是工會和社會主義政黨支部的聚會所，而酒店老闆也經常是社會主義好戰者。）波庫的消費生產者，除了一般的麵包師、屠夫和釀酒商外，還有幾百個縫紉女，和四十八個女帽商。但是，它只有十一個洗衣婦，幾個製帽者，八個皮貨商——特別值得注意的是，沒有半個製作手套（中上階級典型身分象徵）的人⓯。

可是，即使是在擁有各式各樣的服務業和多元性社會的大城市，除了在像公園、火車站和娛樂場所這些中性地帶以外，機能性分工加上這個時期的市鎮計畫和房地產發展，日益將階級與階級隔離開來。舊日的「大眾化區域」，隨著這種新的社會隔離而式微。在里昂，絲織工暴動的古老根據地「紅十字區」（La Croix-Rousse），在一九一三年被形容爲「小雇員」區——「蜂聚的工人已離開高原以及通往高原的斜坡」[16]。工人由這個古老的城市搬到隆河(Rhône)對岸和他們的工廠宿舍。被逐出城中區之後，新工人階級住處的陰沉單調，籠罩了柏林的威丁(Wedding)和新克爾恩(Neuköllun)區，維也納的法渥瑞騰(Favoriten)和奧塔克林(Ottakring)區，倫敦的巴普拉(Poplar)和西漢姆(West Ham)區。這些地方和迅速成長中的中產和中低階級的住宅區和郊區，恰成對比。如果說傳統手工藝廣爲大家所討論的危機，像在德國一樣，將工匠中的某些群體逼成反資本主義和反無產階級的激進右派，那麼它也可以，像在法國的情形，加強反資本主義的政治激進主義或贊成共和的急進主義。對其職工和學徒而言，這些危機一定可讓他們認識到他們只不過是無產階級。再者，承受強烈壓力的原始農舍工業，不是往往也像早期與工廠制度共生的手搖紡織機織工一樣，認同無產階級的處境嗎？在德國中部的丘陵地帶、波希米亞和其他地區的這種地方性社群，遂成爲這個運動的天然根據地。

所有的工人，都有充分的理由相信這種社會秩序的不公平，但是他們據以判斷的關鍵卻是他們與雇主的關係。新社會主義勞工運動與工作場所的不滿情緒無法分開，不論這樣的情緒是否表達在罷工和較少見的有組織工會裡面。地方性社會主義政黨的興起，往往與當地主要工人的某一特殊群體有關，這些政黨導致或反映了他們的動員。在法國的羅安那(Roanne)，織工們形成了工人黨(Parti Ouvrier)的核心：一八八九至九一年間，當這個地區的紡織業組織起來以後，這些農村地區的政治立場立刻由「保守反動」轉爲「社會主義」，而工業衝突也已進入政治組織和選舉活動中。可是，如十九世紀中期英國勞工的例子所示，工人以雇主(資本家)階級爲主要政敵的態度和他們進行罷工和組織的意願，並沒有必然關係。事實上，傳統上的共同陣線使勞動生產者、工人、工匠、小店主和中產階級團結一致，對抗閒散和「特權」，而信仰進步的人（也是一個打破階級界限的聯盟）則對抗「保守反動」。可是，這個大致造成自由主義早期歷史和政治力量的聯盟（參看《資本的年代》第六章）崩潰了，不僅是因爲選舉式民主政治揭露了其各類成員的利害分歧（參看第四章），也因爲愈來愈以規模和集中爲象徵的雇主階級（如前所見，「大」這個關鍵字眼出現得更頻繁了，如英文的「大」企業〔big business〕，法文的「大」實業〔grande industrie〕、「大」雇主〔grand patronat〕、德文的「大」實業〔Grossindustrie〕[17]），更明顯地踏入政、商、特勾結不分的三角地帶。它加入了英國愛德華時代煽動政治家所喜歡責罵的「財閥政治」，這種「財閥政治」在從不景氣走向經濟擴張的時代裡，愈來愈常藉由新興大眾媒體自我炫耀。英國政府的首席勞工專家聲言：報紙和汽車（在歐洲是富人的專利），使貧富之間的強烈對比成爲必然[18]。

但是，當針對「特權」的戰鬥與以往發生在工作場地及其周邊的戰鬥結合在一起時，體力勞動者便在第三行業的興起下與其上層階級區隔開來。服務業在有些國家成長得迅速而驚人，創造了一個工作時不需把手弄髒的社會階層。從前的小資產階級，也就是小工匠和小店主，可以被視作勞動階級和資產階級中間的過渡地帶或眞空地帶。可是這些新興下中階級和上述的小資產階級不同，它們將勞動階級和資產階級分隔開來，而他們好不到哪裡去的經濟收入（往往只比高工資工人多一點），促使他們更爲強調自己與體力勞動者之間的差別，以及自己與地位較高人士的相同性——這些相同性是他們希望擁有或認爲自己應該擁有的（參看第七章）。他們形成了孤懸在工人之上的一個階層。

如果說經濟和社會發展有助於形成一個涵括所有體力勞動者的階級意識，那麼第三項因素更從實際面上給予加強：此即日益糾結的國家經濟和國家政府。國家政府不但形成了公民生活的間架，樹立了它的特性，也決定了工人奮鬥的具體條件和地理界限，而且它的政治、法律和行政干預，對於工人階級的生存也愈來愈重要。經濟愈來愈趨向以一個整合的系統運作，或者更正確的說，在這個系統中，同業工會不再能以一個集合了許多地方單位的鬆散組織發揮作用，並把地方事務作爲首要關懷。相反的，它被迫採取全國性觀點，至少對它自己那一行是如此。在英國，有組織的**全國性勞工**衝突這種新現象最初在一八九〇年代出現，而全國性罷工的幽靈，也在一九〇〇年代由運輸和煤礦工人召喚到世人面前。與此相呼應的是，各種工業開始磋商全國性的集體協議，在一八八九年前，這種舉動幾乎是不存在的；然而到了一九一〇年，這種情形顯然已稀鬆平常。

工會(尤其是社會主義的工會)愈來愈傾向於將工人組成綜合性團體，每個團體涵蓋一種全國性實業(「實業工會主義」〔industrial unionism〕)。這種傾向，反映了上述以經濟爲一個整合體的事實。「實業工會主義」的靈感，係來自他們認識到「實業」已不再是統計學家和經濟學家的一個理論類別，而正在變成全國性的行動或戰略概念，不論其地方性多麼強固，它都是工會戰鬥的經濟骨架。雖然英國的煤礦工人熱愛他們的煤礦區，甚至他們的礦坑自治權，他們也意識到其本身問題和習慣的獨特性，可是南威爾斯和諾森伯蘭(Northumberland)的笛郡(Fife)和斯塔福郡(Staffordshire)，卻在一八八八和一九〇八年間，基於這個理由結合成全國性組織。

至於政府，選舉的民主化加強了其統治者希望避免的階級團結。擴大公民權的抗爭對工人而言自然是帶有階級意味的，因爲最主要爭執的焦點（至少就男人來說）正是無產公民的選舉權。財產限制的標準不論多中庸，都會排除掉一大部分工人。相反的，在尚沒有得到普選權的地方，至少在理論上，新社會主義運動必然會成爲普選權的主要擁護者，並以發動示威和威脅全面罷工作爲爭取手段。比利時在一八九三年便碰上這種麻煩，此後又發生了兩次；一九〇二年的瑞典和一九〇五年的芬蘭也一樣。這個現象，證明並加強了他們動員新皈依社會主義民衆的力量。甚至刻意反民主的選舉改革，也可增強全國性的階級意識，只要它們把工人階級的合格選舉人組成一個分離（和沒有充分代表權的）選舉區，例如一九〇五年的俄國情形。由於無政府主義者將選舉活動視爲脫離革命軌道的發展，因此社會主義政黨的全力加入，使他們大爲驚恐。這些選舉活動只會賦予工人階級一個單一的全國一致性，不論這個階級在其他方面如何分裂，其結果都一樣。

更有甚者，是政府統一了這個階級，因爲任何社會群體都愈來愈必須採取對**全國性**政府施加壓力的辦法，來達成其政治目的——它們或是贊成或是反對**全國性**法律的制定或推行。沒有任何其他階級比無產階級更需要政府在經濟和社會事務上採取積極行動，以補償他們獨立集體行動的不足；而全國無產階級的人數愈多，政治人物對這個龐大危險的選民團體的要求便愈（被迫要）敏感。一八八〇年代，英國維多利亞中期的舊式工會和新興勞工運動之所以分裂，其關鍵問題便在於勞工要求**經由法律**來規定每天工作八小時，而非經由集體磋商來確立這個工作時數。這意味著：制訂一條普遍適用於**所有**工人的法律，也就是**全國性**的法律。充分意識到這項要求之重大意義的第二國際，甚至認爲應制訂一條這樣的國際性法律。這項國際性口號的確自一八九〇年起造成了一年一度的五一勞動節示威，該運動的確是工人階級國際主義最深刻也最感人的展現。（一九一七年時，終於獲得自由而能慶祝這個節日的俄國工人，甚至放棄他們自己的曆法，以便和世界其他地區的人士同一天示威⑲。）（如眾所知，一九一七年時，俄國的凱撒曆比我們的格列高里曆〔Gregorian calendar〕晚十三天，因此才有「十月革命」卻發生在十一月七日這個大家耳熟能詳的矛盾現象。）可是，除了對少數高尙的鬥士和行動家外，促使工人階級團結在每個國家之內的力量，不可避免地取代了工人階級國際主義的希望和主張。如大多數國家的工人階級在一九一四年八月所表現的那樣，除了短暫的革命時刻以外，其階級意識的有效框架仍舊是國家以及政治意義上的民族。

4

關於工人階級在一八七〇至一九一四年間形成了有意識和有組織的社會群體這個一般性的主題，我們不可能、也不需要在此介紹實際上和可能的種種變化，包括地理、意識形態、國家、地方性等等。在非白人的世界（如在印度，當然還有日本），即使工業發展已不可否認，工人階級顯然尙未形成具有上述意義的社會群體。階級組織的這種進展，在時序上是不平均的。它在下列兩個短暫時期中進展得特別快速。第一次大進展發生在一八八〇年代末到一八九〇年代初，這些年間所發生的特出事項，有勞工國際性組織的重新建立（稱爲第二國際，以別於一八六四至七二年間的第一國際），以及勞工階級希望和信心的象徵——五一勞動節。在這些年間，若干國家的議會首次出現一定數目的社會主義者，而即使是在社會主義政黨已擁有強大勢力的德國，社會民主黨的力量，在一八八七到一八九三年間也增加了一倍（由百分之十點一增加到百分之二十三點三）。第二次大進展發生在一九〇五年的俄國革命與一九一四年間——俄國革命對這項進展具有重大影響，尤以在中歐爲最。勞工和社會主義政黨在選舉上的重大進展，如今更得到選舉權普及的助力，後者讓它可以有效的增加選票。同時，一波一波的勞工騷動，促成有組織工會力量的一大突破。雖然細節隨各國情形而有極大的不同，這兩波迅速的勞工進展卻以各種不同的方式隨處可見。

可是，勞動階級意識的形成，不能簡單等同於有組織勞工運動的成長。雖然，也有一些例子顯示工人對其政黨和運動幾乎完全認同，尤其是在中歐和某些工業特區。因而，一九一三年時，一位對德國中部選區（瑙堡—梅爾斯堡〔Naumburg-Merseburg〕）進行選舉分析的觀察家，會非常驚訝的發現：只有百分之八十八的工人投票給社會民主黨——顯然，在這兒，一般都以爲工人便等於是社會民主黨員[20]。但是這種情形既非典型，甚至也非常見。愈來愈常見的情況是非政治性的階級認同，不論工人是否認同於「他們的」政黨，工人都自覺自己是另一個工人世界的一分子。這個世界包含、但遠越過了「階級政黨」。因爲這個世界是以另一種生活經驗爲根據，以另一種生活方式爲根據。這種生活方式超越語言和習慣的區域性變異，出現在他們共有的社會活動上（比方說，特別是表演給勞動階級看的那些運動，如一八八〇年代以後的英國足球），甚至階級特有的衣著打扮上，如眾所周知的工人鴨舌帽。

不過，如果沒有勞工運動的同時出現，那麼甚至階級意識的非政治表現，也將既不完整，復無法完全理解。因爲，正是透過這種運動，多元的工人階級才結合爲一個單一階級。但是，反過來說，勞工運動的本身，因爲它們轉變成群眾運動，於是也浸染了工人對所有四體不勤之人的不信任，這種不信任是非政治的，但也是直覺的。這種普遍的「勞工運動」，反映了群眾政黨的眞實情形。因爲這些政黨與小而非法的組織不同，絕大多數是由體力勞動工人所組成。一九一一至一二年，在漢堡的六萬一千名社會民主黨黨員之中，只有三十六名是「作家和新聞記者」，外加兩個高級專業人士。事實上，其黨員中只有百分之五是非勞動階級，而這百分之五當中又有半數是旅店主人㉑。但是，對非勞工的不信任，並不妨礙他們對來自其他階級的偉大導師(如馬克思本人)的崇拜，也不妨礙他們對少數資產階級出身的社會主義者、開創元老、全國領袖和雄辯家(這兩種人往往不易分辨)或「理論家」的崇拜。而事實上，在社會主義政黨成立的最初三十年，它們吸引了理應接受這種崇拜的中產階級偉大人才：奧地利的阿德勒(Victor Adler, 1852–1918)，法國的饒勒斯(Jaurès, 1859–1914)，義大利的圖拉蒂(Turati, 1857–1932)和瑞典的布蘭廷(Branting, 1860–1925)。

那麼，這個在極端情況下實際與該階級共同擴張的「運動」，指的是什麼？不管在任何地方，它都包括了工會這個最基本普遍的工人組織，不過這些工會的形式各色各樣，而力量也互不相同。它也經常包括合作社，合作社主要是作爲工人的商店，偶爾(如在比利時)也可成爲這個運動的中央機構。(雖然工人合作社與勞工運動具有密切關係，事實上還往往形成了一八四八年前社會主義「烏托邦」理想和新社會主義之間的橋樑，然而這卻不是合作社最輝煌的部分，其最輝煌的部分係表現在義大利之外的小農和農莊主人身上。)在擁有大規模社會主義政黨的國家，勞工運動可以包括工人實際參加的每一種組織：從搖籃到墳墓——更正確的說，應該是火葬場，由於他們反對教權，因而贊成「進步人士」熱情提倡的火葬，認爲它更適合這個科學和進步的時代[22]。這些組織可以涵括一九一四年時擁有二十萬會員的德國工人合唱團聯盟(German Federation of Worker Choirs)，一九一〇年時擁有十三萬成員的自行車俱樂部共同體(Workers' Cycling Club 'Solidarity')，到工人集郵會(Worker Stamp Collectors)和工人養兔會(Worker Rabbit Breeders)，這些團體的蹤跡至今仍偶爾可以在維也納的郊區旅店中看到。但是，大體上，這些運動都附屬於某個政黨，或是其一部分，或至少與它有密切關聯。這個政黨是它最重要的表現，並且幾乎永遠或是稱爲社會主義(社會民主)黨，或是(或同時)簡簡單單地稱爲工黨或勞工黨。不具有組織的階級政黨或反對政治的勞工運動，雖然代表烏托邦或左翼無政府主義的意識形態，卻幾乎永遠處於弱勢。它們只能代表個別好戰者、傳福音者、煽動者和罷工領袖的易變核心，而非大規模結構。除了在永遠和其他歐洲發展相左的伊比利半島外，無政府主義並未在歐洲其他地方形成勞工運動的主要意識形態，甚至連弱勢都談不上。除了在拉丁國家以及俄國——如一九一七年革命所示——以外，無政府主義在政治上是無足輕重的。

大多數的工人階級政黨(大洋洲是一大例外)都盼望一種社會基本變革，因而自稱爲「社會主義者」，或被人認定將往這個方向發展，如英國的工黨。在一九一四年以前，它們認爲在勞工階級自組政府並(也許)著手進行這項偉大的轉型之前，最好盡量少和統治階級的政治活動有所牽連，更要少和政府打交道。受到中產階級政黨與政府引誘並與之妥協的勞工領袖，除非他們噤口不語，否則一定便會受到咒罵。麥唐納(J. R. MacDonald)在與自由黨員進行選舉安排時，便不敢大肆宣揚，這項安排首次讓英國工黨在一九〇六年的國會當中擁有一定的代表權。(我們不難了解這些政黨對地方政府的態度要正面得多。)許多這類政黨之所以升起馬克思紅旗，或許是因爲馬克思較任何左翼理論家更能向它們說明三件似乎聽起來同樣合理而又令人鼓舞的事：在目前的制度中，沒有可預見的改革可以改變工人階級被壓榨的情形；資本主義發展的本質(他曾詳加分析)，使推翻目前的社會而代之以較好的新社會一事，不太能確定；而由階級政黨組織起來的工人階級，將是這個光榮未來的創造者和繼承人。因而，馬克思向工人提供了類似於宗教的保證——科學顯示了他們的最後勝利是歷史的必然。在這些方面，馬克思主義非常有效，以致連馬克思的反對者，也大致採納了他對資本主義的分析。

因此，這些政黨的演說家和理論家，以及他們的敵手，一致假定他們需要一場社會革命，或他們的行動具有社會革命的含意。但是「社會革命」這個片語的確切意義，指的不過是當社會由資本主義轉成社會主義，當一個以私有財產和企業爲基礎的社會轉變成一個以公有生產和分配爲基礎的社會[23]，必定會爲他們的生活帶來革命。不過他們對於未來社會的確切性質和內容面貌的討論，卻出奇得少。它們給人的印象一片模糊，只是籠統的保證現在的不良情形將來會有所改善。在這個時期，勞動階級政治辯論的所有議題，都集中在革命性質這個焦點上。

即使當時有許多領袖和好戰者太忙於眼前的各種奮鬥，以致對於較遙遠的未來沒有什麼興趣，但是這個時期所爭論的問題，卻不是全盤改造社會的信念。基本上它比較像是那種希望藉由突然、狂暴的權力轉變而達成社會基本改變的革命，而這種想法可從馬克思和巴枯寧(Bakunin)一直追溯到一七八九甚至一七七六年的左翼傳統。或者，在比較一般性的千禧年意義上，它較像是一場偉大的改變，這場改變的歷史必然性，應該比它在工業世界的實際顯現更爲逼近，而事實上，也的確較它在不景氣的一八八〇年代或希望初現的一八九〇年代更爲逼近。然而即使是老練的恩格斯，這個曾在每隔二十年便會豎起防禦工事的時代回顧革命年代的人，這個曾經眞正持槍參加過革命戰役的老前輩，也警告說：一八四八年的日子已是一去不返。而如前所示，自一八九〇年代中期起，資本主義形將崩潰的想法似乎是無法取信於人。那麼，數以百萬計在紅旗之下動員的勞動階級群眾，他們將做些什麼？

在運動的右翼，有些人提議集中精力追求當下的改進和改革——這些是勞動階級可以從政府和雇主那裡爭取到的——而較遠的將來則聽其自然。總之，反叛和暴動並不在他們的計畫表上。不過即使如此，仍然沒有幾個一八六〇年代以後出世的勞工領袖，曾放棄新天堂的想法。伯恩斯坦是一位白手起家的社會主義知識分子，他曾魯莽的指出：馬克思的理論應該按照流行的資本主義加以修正(修正主義)，而社會主義所假設的目標，要比在追逐它時一路上所可能贏得的改革更不重要。他受到勞工政治家的嚴辭譴責；但這些政治家對於實際推翻資本主義，有時顯得極端沒有興趣。如某位對一九〇〇年代德國社會主義會議進行觀察的人士所云：勞動階級的好戰分子對於推翻資本主義一事，不過是三心兩意[24]。新社會的理想，不過是賜予工人階級希望的口惠罷了。

那麼，在這個舊制度看上去絕不會很快崩解的時代，新社會如何能從中產生？考茨基有點困窘地將偉大的德國社會民主黨形容成一個「雖然以革命爲號召，卻不製造革命的政黨」㉕。這句話簡要說明了問題所在。然而(如社會民主黨那樣)，只在理論上維持對社會革命的起碼承諾，例行般地在選舉中檢測這個運動日漸成長的力量，並且依靠歷史發展的客觀力量去造成它命定的成功，這樣做便夠了嗎？如果這指的是勞工運動可藉此自我調節以便在它無力推翻的制度體系內運作，那麼答案是不夠的。如許多激進或好戰人士所感受到的，這個號稱不妥協的陣線卻以可悲的組織紀律爲藉口，隱藏了妥協、消極、拒絕命令動員起來的勞工大軍採取行動，以及壓制群眾的自發性鬥爭。

因而，不配稱爲激進左派的叛徒、草根工會好鬥者、異議知識分子和革命分子，他們所拒斥的，是大規模的無產階級政黨。他們認爲這些政黨無疑是修正主義派，並因爲從事某些政治活動而日趨官僚化。不論當時盛行的是馬克思主義的正統學說(如歐陸通常的情形)，還是英國的費邊式反馬克思主義，反對它們的議論大致相同。相反的，激進左派喜歡採用可繞過政治這個危險泥沼的直接行動，特別是能造成類似革命效果的總罷工。一九一四年前十年間所盛行的「革命工團主義」(revolutionary syndicalism)，便結合了這種全力以赴的社會革命分子和分散的工會尚武政策，這一結合多多少少與無政府主義思想有關。在這個運動不斷成長並趨向激進化的第二階段，除西班牙外，它已成爲少數幾百個或幾千個無產階級工會好戰者和少數知識分子的主要意識形態。在這個階段中，勞工的不安狀態相當普遍且具有國際性，同時社會主義政黨對於它們究竟能做些什麼和應該做些什麼，也有點舉棋不定。

一九〇五到一九一四年間，西方典型的革命分子很可能就是某種工團主義者。矛盾的是，他拒絕以馬克思主義作爲其政黨的意識形態，因爲政黨會以此作爲不發動革命的藉口。這對馬克思的亡靈是有點不公平，因爲打著他的旗號的西方無產階級各政黨，其最顯著的特色，便是馬克思對它們只有十分有限的影響。其領袖和好戰者的基本信念，往往和非馬克思主義的工人階級激進左派如出一轍。他們同樣相信理性可對抗無知和迷信（也就是教權主義），進步將戰勝黑暗的過去；也相信科學、教育、民主，以及三位一體的自由、平等、博愛。即使是在三個公民裡面就有一個投票給社會民主黨（一八九一年正式宣布信仰馬克思主義）的德國，一九〇五年前，《共產黨宣言》（*Communist Manifesto*）每版只發行二千到三千册，而工人圖書館中最受人歡迎的思想著作，是從其書名便可知其內容的《達爾文或摩西》（*Darwin versus Moses*）㉖。實際上，德國甚至連本土的馬克思主義者也很稀少。德國最著名的「理論家」，是由哈布斯堡帝國或俄羅斯帝國進口的，前者如考茨基和希法亭（Hilferding），後者如巴渥斯和羅莎·盧森堡（Rosa Luxemburg）。因爲由維也納和布拉格向東走，四處可見馬克思主義和馬克思主義知識分子。而在這些地區，馬克思主義仍保存了其未曾淡化的革命衝力，以及其和革命的明顯關聯——因爲在這些地區，革命的希望是立即而眞實的。

而事實上，這裡便是勞工和社會主義運動模式的關鍵所在，也是一九一四年以前十五年間歷史上許多其他模式的關鍵所在。勞工和社會主義運動出現在雙元革命的國家，事實上，也出現在西歐和中歐的許多地方，在這些地方，每一個具有政治頭腦的人都會回顧有史以來最偉大的一場革命——法國大革命——而任何出生於滑鐵盧（Waterloo）之役那一年的人，很可能在六十年的一生當中，直接或間接經歷過至少兩次甚或三次革命。勞工和社會主義運動自以爲是這一傳統的正統延續。

在他們慶祝新的五一勞動節以前，奧地利社會民主黨慶祝的是三月節，也就是一八四八年維也納革命受難者的紀念日。但是，社會革命當時正迅速從其最初籌劃的地帶撤退。而在某些方面，大規模、有組織、尤其是有紀律的階級政黨的出現，反倒加速了社會革命的撤退。有組織的群眾集會、經過仔細計畫的群眾示威遊行，以及選戰，它們取代了叛亂和騷動，而非為叛亂和騷動鋪路。在資產階級社會的先進國家當中，「紅色」政黨的突然竄起，對於其統治者而言，的確是一個令人憂心的現象。但是它們之中沒幾個眞的希望在自己的首都搭建斷頭台。他們可以承認這類政黨是其體系中的激烈反對團體，不過這個體系提供了改進和修好的餘地。儘管惑人的言辭皆指向相反方向，但當時的確沒有，或尚未有，或不再會有流血成河的社會。

促使新政黨致力於(至少在理論上)完全的社會革命，以及促使一般工人群眾將自己託付給這些政黨的，確實不是因為資本主義不能帶給他們某些改進。其原因所在，就大多數希望改進的工人看來，是所有具有重大意義的改善，都必須透過他們作為一個階級的行動和組織方可達成。事實上在某些方面，選擇集體改進一途的決定，使他們無法做其他選擇。在義大利的某些區域，貧苦無地的農業勞工選擇了組織工會和合作社，並因此放棄了大規模向外移民一途。工人階級的一致性和休戚之情愈強，則其固守其中的社會壓力便愈大。不過這樣的壓力並不阻止——尤其是就礦工這樣的群體而言——他們立志要讓他們的孩子接受教育，好讓他們將來可以脫離礦坑。在工人階級好鬥者的社會主義信念背後，以及他們的群眾支持背後，主要是強加於新勞動階級之上的被隔離世界。如果他們還有希望——他們有組織的成員的確是驕傲而且滿懷希望的——那是因為他們對這個運動抱有希望。如果「美國夢」是個人主義的，那麼歐洲工人的夢便是集體性的。

這場運動是革命性的嗎？德國的社會民主黨是所有革命社會主義政黨中最強大的一個，從它大多數黨員的行為來判斷，我們幾乎可以確定：它不屬於暴動式革命。但是，當時歐洲有一個廣大的半圓形地帶，瀰漫著貧窮不安的氛圍。在這個地帶裡的人們的確在計畫革命，而至少在它的某部分，也果真爆發了革命。這個地帶由西班牙通過義大利的許多地區和巴爾幹半島，進入俄羅斯帝國。革命在這個時期從西歐播遷到東歐。下面我們將再討論歐洲大陸和世界革命地帶的命運。在此，我們只需注意：東方的馬克思主義保留了其原來富爆炸性的義涵。在俄國革命之後，馬克思主義回到西方，並擴張到東方，成為社會革命最完美的意識形態——這種情形一直延續到二十世紀的大半時間。與此同時，在主張同一理論的社會主義者之間，其溝通上的裂縫正在不知不覺地加大加深。一直要到一九一四年，因大戰爆發暴露出這道裂縫，人們才驚其程度之嚴重。這一年，長久以來讚賞德國社會民主正統的列寧，發現其首要理論家竟是一個叛徒。

5

雖然，在大多數國家中，縱然有民族和信仰上的分野，社會主義政黨顯然似乎是在逐漸動員其大部分的勞動階級，可是，除了英國以外，無產階級並不是（社會主義者滿懷自信地說「還不是」）全國人口的大多數。一旦社會主義政黨取得了群眾基礎，不再只是宣傳家和煽動者的學派、菁英幹部的組織或四散的地方性根據地，他們顯然便不能只把眼光放在工人階級身上。一八九〇年代中期，馬克思主義者開始進行有關「農業問題」的密集辯論，正可反映這種現象。雖然「農人」無疑注定會消失（馬克思主義者的這種看法是正確的，因爲二十世紀後半期的事實便是如此），但是在眼前，社會主義可以或應該爲那些靠農業維生的人做些什麼？這些人占德國人口的百分之三十六、法國的百分之四十三（一九〇〇年）。而它又能爲當時還是以農立國的那些國家做些什麼？社會主義政黨的訴求對象必須從單一的勞動階級向外擴大，這種需求可從各個角度加以說明和辯護：由簡單的選舉人或革命考量，一直到一般性的理論基礎（「社會民主黨是無產階級的政黨，但它同時也是社會發展的政黨，其目標在於將所有的社會團體由現在的資本主義階段，發展到更高的形式」）㉗。這是一種不可否認的需要，因爲無產階級幾乎在任何地方都會被其他各階級的聯合力量以投票的方式制伏、孤立，甚至壓抑。

但是，社會主義政黨認同於無產階級這件事，使它比較不容易對其他社會階層產生吸引力。這種認同妨礙了政治實用主義者、改革家、馬克思主義的修正主義者：這些人寧可將社會主義從一個階級政黨擴大到一個「人民政黨」。它甚至也妨礙了負責執行的政治家，這些政治家雖然願意將主義交給分類爲「理論家」的少數同志，但他們卻也認識到：唯有把工人當作工人，他們才能賦予政黨眞正的力量。再者，替無產階級量身訂作的政治要求和標語——如每天工作八小時和社會化——也無法使其他社會階層感興趣，甚或因爲其中含有剝奪他們權利的威脅，而使他們採取敵對立場。社會主義者很少能夠衝破龐大而隔離的工人階級宇宙：在這個宇宙中，他們的好鬥者和他們的群眾，往往都會感到相當舒適。

可是，這些政黨有時遠不止對勞動階級具有吸引力，而甚至那些「最不妥協於與單一階級認同」的群眾政黨，也公開由其他社會階層動員支持力量。比方說，在有些國家，其社會主義雖然在意識形態上與農村世界不和，卻攻占了一大片鄉村地區，而且得到的不只是可以歸類爲「農村無產階級分子」的支持。這個情形見諸於法國南部、義大利中部和美國的許多地區。在美國，社會主義政黨最紮實的根據地，出人意外的是在奧克拉荷馬州(Oklahoma)信仰《聖經》的貧窮白人農夫當中，在該州的二十三個最富鄉村氣息的郡裡面，一九一二年社會主義政黨的總統候選人得了百分之二十五以上的選票。同樣值得注意的是，加入義大利社會主義政黨中的小工匠和小商人，其數目比起它們在全國人口中所占的百分比，顯然過多。

無疑，這是有歷史上的理由。在擁有古老強大的(世俗)左翼政治傳統(如共和、民主和激進等)的地方，社會主義似乎是這項傳統的自然延伸。在左翼顯然是一支龐大力量的法國，那些鄉間草根知識分子和共和價值觀念的鬥士——小學教員——頗爲社會主義所吸引。而第三共和的主要政治集團，也在尊重其選區理想的動機下，於一九〇一年將自己命名爲共和激進和激進社會主義黨(Republican Radical and Radical Socialist Party，它顯然既非激進，也非社會主義)。可是，社會主義政黨之所以能從這樣的傳統當中汲取力量，只是因爲，如前所述，即使它們認爲這些傳統已不夠用，它們卻贊成這些傳統。因而，在那些選舉權受到限制的國家，它們對於民主投票權的強力抗爭，便得到其他信仰民主主義者的支持。由於它們是最不具有特權的階級政黨，它們自然會被視爲對抗不平等和「特權」的主要旗手，自美國和法國掀起革命的那刻起，這項抗爭對於政治激進主義便極其重要。而在當時更是如此，因爲它從前的許多旗手，如自由派中產階級，如今已投身到特權行列。

社會主義政黨因其作爲絕對反對富人政黨的身分而受惠更多，它們所代表的階級，沒有例外全是窮人，雖然照當時的標準來說不一定是非常窮。它們以不絕的熱情公開指責剝削、財富和財富的日漸集中。於是窮困者和被剝削者，即便不是無產階級，也可能會覺得這個政黨跟他們意氣相投。

第三，社會主義政黨幾乎在定義上便是獻身於十九世紀那個關鍵性概念——「進步」——的政黨。它們(尤其是馬派)堅信歷史必然會朝向更好的未來邁進，這個未來的確切內容可能並不清楚，但是一定可以看得到理性和教育、科學和科技的加速勝利。當西班牙的無政府主義者在想像他們的烏托邦時，他們腦中浮現的是電氣和自動處理垃圾機。「進步」，如果只當作是希望的同義字，是那些財產很少或沒有財產的人所渴望的；而資產階級世界和貴族文化近來對「進步」的質疑(見下)，更加深了「進步」與平民和激進政治的聯想。社會主義者無疑已從「進步」的聲譽中受惠，從所有信仰進步的人，尤其是那些在自由主義和啓蒙運動傳統中成長的人。

最後也最奇異的一點是：作爲局外人和永遠的反對黨(至少到革命時爲止)，給了它們一個有利條件。由於它們是局外人，它們顯然由少數分子那兒吸引到比統計數字多得多的支持。這些少數分子的社會地位在某種程度上是特殊的，像大多數歐洲國家的猶太人(即使他們是舒適的資產階級也不例外)，以及法國的新教徒。由於它們永遠是反對黨，未受統治階級的污染，它們可以在多民族的帝國中吸引受壓迫的民族，這些民族可能是基於這個緣故才集合在紅旗之下。如我們在下章中將看到的，沙皇帝國的情形顯然如此，而其最戲劇化的例子是芬蘭人。正是這個原因，使芬蘭的社會主義黨在法律許可它接受選票時，便立刻收到百分之三十七的選票。一九一六年，它獲得的選票更增加到百分之四十七，成爲該國事實上的全國性政黨。

因此，名義上是無產階級的各政黨，其所獲得的支持在相當程度上可超越無產階級。在具有這種事實的地方，一旦情況合適便可輕易將這些政黨轉化爲執政黨。事實上，一九一八年後也的確如此。然而，要加入「資產階級」的政府體系，意謂必須放棄革命分子、甚至激進反對分子的身分，然而在一九一四年前，這是不可思議的事，也確實得不到公眾支持。第一位加入「資產階級」政府的社會主義者是米勒蘭(Alexandre Millerand, 1899)，米氏後來成爲法國總統。雖然他當初加入「資產階級」政府的藉口，是想在緊迫的反動威脅之下團結維護共和，可是還是被鄭重地逐出這個全國性和國際性的運動。在一九一四年前，沒有一個嚴肅的社會主義政客會愚蠢到犯他那樣的錯誤。(事實上在法國，社會黨一直到一九三六年才加入政府。)在大戰之前，就表面上看，這些政黨始終是純粹而不妥協的。

然而，我們必須問最後一個問題：史家能單就他們的階級組織(不一定是社會主義的組織)，或是單就勞動階級聚居區的生活方式和行爲模式所表現的一般階級意識，來撰寫工人階級的歷史嗎？答案是肯定的，但前提是他們必須自覺是這個階級的一分子，並以這個階級的模式行動。這種意識可以延伸到很遠的地方，進入完全始料不及的區域。譬如說，在加利西亞失落的一隅，極度虔誠的猶太哈錫德教派(Chassidic)織工，即曾在當地猶太社會主義者的協助之下進行罷工。可是，許多窮人，尤其是最窮苦的人，並不認爲他們是無產階級，其行爲也不像無產階級。他們自認爲屬於注定貧窮的一群，是被遺棄者、不幸者或邊緣人。如果他們是來自鄉間或外國的移民，他們或許會聚居在可能與勞動階級貧民窟重疊的區域，但他們聚居的區域更容易爲街坊、市場，以及合法或非法的無數小巷弄所主宰。在這樣的區域中，貧苦的家庭苟延殘喘，他們之中只有某些人眞正從事賺取工資的工作。對他們而言，重要的不是工會或階級政黨，而是鄰居、家庭、可以給他們好處或提供工作的保護人、寧願推卸也不施壓的政府官員、教士，以及同鄉——任何一個可以使他們在陌生的新環境中把日子過下去的人事物。如果他們屬於古老的內城庶民，無政府主義者對於下層世界的讚賞，並不會使他們更爲無產階級化或更具政治性。摩瑞森（Arthur Morrison）所著《雅各的一個孩子》（*A Child of the Jago*, 1896）的世界，或布魯安（Aristide Bruant）的歌曲〈巴黎拜爾維區和米尼蒙當區〉（Belleville-Ménilmontant）的世界，除了都對富人懷有憤恨感之外，均不是階級意識的世界。英國雜耍歌曲中的世界（如艾倫〔Gus Elen〕所唱：攀上梯子拿個望遠鏡／我們可以看見苦役者沼澤〔Hackney Marshes〕／如果中間沒有隔著這些房子），那個諷刺、嫌惡、冷淡、懷疑、聽天由命和不關心政治的世界，更近乎有自覺的工人階級世界，不過它的主題，如岳母、妻子和無錢付房租，卻是屬於任何在十九世紀都市中備受壓迫的群落。

我們不應該忘記這些世界。事實上矛盾的是，它們之所以未被遺忘，是因爲它們比標準無產階級那種可敬、單調、尤其是狹隘的世界，更能吸引當時的政治家。但是我們也不應該拿它和無產階級的世界對比。貧窮老百姓的文化，乃至傳統被遺棄者的世界，已逐漸變成無產階級意識的一部分，一個他們共同的部分。它們彼此承認，而在階級意識及其運動的強勢地區(例如柏林和海港漢堡)，前工業時代的貧窮世界也能與它取得一致，甚至鴇母、竊賊和買賣贓物者也會向它致敬。雖然無政府主義者不這麼想，不過它們確實沒有任何特有的事物可以貢獻給它。它們確實缺乏積極分子的永久鬥志，更別說投入；然而如任何積極分子都知道的，這也是任何地方的大部分一般勞動階級的共性。好鬥者對於這類消極和持懷疑態度的死沉分子，有說不完的抱怨。既然一個有意識的工人階級正在這個時期成形出現，前工業時代的平民遂被吸引進它的勢力範圍。如果他們沒有被吸引進它的勢力範圍，那麼他們便會被歷史所遺漏，因爲他們不是歷史的創造者，而是眞正的受害者。

註釋

❶勞工瑞賓(Franz Rehbein)一九一一年時的回憶。取自高爾(Paul Göhre)編，《一個農業勞工的生活》(*Das Laben eines Landarbeiters*)，慕尼黑：一九一一，引自艾摩瑞其(W. Emmerich)編，《工人階級的生涯》(*Proletarische Lebensläufe*)第一冊，雷白克：一九七四，頁二八〇。

❷龔帕斯，《歐美的勞工》(*Labor in Europe and America*)，紐約和倫敦：一九一〇，頁二三八—九。

❸《我們帶來新時代：奧地利的工人文化，一九一八—一九三四》(*Mit uns zieht die neue Zeit: Arbeiterkultux in Österreich 1918-1934*)，維也納：一九八一。

❹華特紹森(Sartorius v. Waltershausen)，《義大利的流動工人》(*Die italienischen Wanderarbeiter*)，萊比錫：一九〇三，頁一三、二〇、二二及二七。荷德(Dirk Hoerder)提供我這一條資料。

❺貝羅赫，《由耶利哥到墨西哥市》，頁三八五—六。

❻施若德(W. H. Schröder)，《勞工歷史與勞工運動：十九世紀和二十世紀早期工業勞動與組織行爲》(*Arbeitergeschichte und Arbeiterbewegung: Industriearbeit und Organisationsverhalten im 19 und frühen 20. Jahrhundert*)，法蘭克福和紐約：一九七八，頁一六六—七及三〇四。

❼休斯(Jonathan Hughes)，《極重要的少數：美國的經濟進步與其主要人物》(*The Vital Few: American Economic Progress and its Protagonists*)，倫敦、牛津和紐約：一九七三，頁三二九。

❽貝羅赫，〈城市／鄉村〉，頁九一。

❾渥汀斯基(W. Woytinsky)，《數的世界㈡：工作》(*Die Welt in Zahlen, II: Die Arbeit*)，柏林：一九二六，頁一七。

❿《爲什麼美國沒有社會主義》(*Warum gibt es in den Vereinigten Staaten keinen Sozialismus?*)，蒂賓根：一九〇六。

⓫都察爾(Jean Touchard)，《一九〇〇年後的法國左翼》(*La Gauche en France depuis 1900*)，巴黎：一九七七，頁六二；柯泰錫(Luigi Cortesi)，《藉由改革和革命的義大利社會主義：義大利社會主義黨大會辯論，一八九二—一九二一》(*Il Socialismo Italiano tra riforme e rivoluzione: Dibatti congressuali del Psi 1892–1921*)，巴里：一九六九，頁五四九。

⓬勒華(Maxime Leroy)，《工人階級的習慣》(*La Coutûme ouvrière*)，巴黎：一九一三，第一冊，頁三八七。

⓭克魯(D. Crew)，《波庫：一個工業城市的社會史》(*Bochum: Sozialgeschichte einer Industriestadt*)，柏林和維也納：

一九八〇，頁二〇〇。

⑭曉摩(Guy Chaumel)，《鐵路工人及其工會的歷史》(*Histoire des cheminots et de leurs syndicats*)，巴黎：一九四八，頁七九，註二二。

⑮克魯，前引，頁一九、七〇及二五。

⑯里京(Yves Lequin)，《里昂地區的工人(一)：里昂地區工人階級的形成》(*Les Ouvriers de la région lyonnaise, I: La Formation de la classe ouvriére régionale*)，里昂，一九七七，頁二〇二。

⑰根據記錄「大企業」一辭最早出現在一九一二年的美國。「大實業」出現得較早，但似乎在大蕭條時期成爲一般用語。

⑱艾斯克威(Askwith)的非正式記錄，引述自派林(H. Pelling)，《英國維多利亞晚期的大眾政治和社會》(*Popular Politics and Society in Late Victorian Britain*)，倫敦：一九六八，頁一四七。

⑲但門傑，《五一勞動節史》(*Histoire du Premier Mai*)，巴黎：一九五三，頁二五二。

⑳葛茲曼(W. L. Guttsman)，《德國社會民主黨，一八七五—一九三三》(*The German Social-Democratic Party, 1875-1933*)，倫敦：一九八一，頁九六。

㉑同上，頁一六〇。

㉒《我們帶來新時代：奧地利的工人文化，一九一八—一九三四》，頁二四〇。

㉓英國工黨章程。

㉔亨特(Robert Hunter)，《正在發生影響力的社會主義者》(*Socialists at Work*)，紐約：一九〇八，頁二。

㉕豪普特(Georges Haupt)，《計畫與眞實：一九一四年前的國際社會民主政治》(*Programm und Wirklichkeit: Die internationale Sozialdemokratie vor 1914*)，紐威：一九七〇，頁一四一。

㉖或許更受大家歡迎的是反教權的柯文(Corvin)的《僧鏡》(*Pfaffenspiegel*)。(斯坦伯格〔H-J. Steinberg〕，《社會主義和德國社會民主黨：論社會民主黨第一次世界大戰前的意識形態》〔*Sozialismus und deutsche Sozialdemokratie: Zur Ideologie der Partei vor dem ersten Weltkrieg*〕，漢諾威：一九六七，頁一三九。)社會民主黨大會在一九〇二年宣稱：只有反教權政黨的文學作品才眞正有銷路。因此，一八九八年時，《共產黨宣言》發行一版共三千本，倍倍爾的《基督教和社會主義》(*Christenthum und Sozialismus*)則發行了一萬本。一九〇一至〇四年，《共產黨宣言》發行了七千本，倍倍爾的《基督教和社會主義》發行了五萬七千本。

㉗考茨基，《農業問題》(*La Questione Agraria*)，米蘭：一九五九版，頁三五八。

第六章 揮舞國旗：民族與民族主義

快逃，祖國來了。

——義大利農婦對其子說❶

他們的語言已變得複雜，因爲他們現在已經識字。他們讀書，或者至少學習從書中獲取知識。文學語言的字彙和習慣語法以及拼字所產生的發音，往往戰勝地方語言的慣用法。

——威爾斯，一九〇一❷

民族主義攻擊民主政治，破壞反教權主義，與社會主義鬥爭並逐漸損害和平主義、人道主義和國際合作主義……它宣稱自由主義的方案已告終結。

——羅柯(Alfredo Rocco)，一九一四❸

1

如果勞動階級政黨的興起是政治民主化的一個重要副產品，則民族主義在政治活動中的興起則是另一個。民族主義就其本身而言，顯然不是新鮮事（參看《革命的年代》、《資本的年代》），可是，在一八八〇到一九一四年間，民族主義卻戲劇化地向前大躍進，而其意識形態和政治內容也都發生了改變。這個字彙本身便說明了這些年的重要性。因爲民族主義（nationalism）一辭在十九世紀末首次出現之際，是用來形容若干法國和義大利的右翼思想家群體。這些群體激烈地揮舞國旗，反對外國人、自由主義者和社會主義者，而支持其本國的侵略性擴張，這種擴張，行將成爲這些運動的特色。也就是在這段期間，〈德國至上〉取代了其他競爭歌曲，而成爲德國事實上的國歌。雖然民族主義一辭最初只是形容這個現象的右翼說法，它卻比一八三〇年以來歐洲政治家所採用的笨拙的「民族原則」（principle of nationality）一辭更爲方便，因此，它遂逐漸被用於所有以「民族奮鬥目標」爲政治活動極致的那些運動，亦即所有要求自決權的運動，也就是促成某一民族群體形成一個獨立國家的運動。在本書所述時期，這種運動的數目，或自稱是代表這項運動發言的領袖人數，以及其政治重要性，都有顯著增加。

各式「民族主義」的基礎都是一樣的，即人民願意在情感上與「他們的民族」認同，並以捷克人、德國人、義大利人或任何其他民族的身分，在政治上進行動員。這種自發情緒是可以在政治上加以利用的；而政治的民主化，尤其是選舉，則提供動員它們的充分機會。當國家在進行這類動員時，它們將這種情緒稱爲「愛國心」；而出現在已經確立的民族國家中的原始「右翼」民族主義，指的乃是政治極右派對對愛國心的壟斷，他們可藉此將所有異已歸類爲某種叛國者。這是一種新現象，因爲在十九世紀大半時期，一般人是將民族主義與自由激進運動混爲一談，與法國大革命的傳統混爲一談。除此之外，民族主義並不特定和政治光譜上的某個顏色認同。在那些尙未建立自身國家的民族運動當中，有些係與右翼或左翼認同，有些則對右翼和左翼都漠不關心。事實上，如前所示，有些運動(頗爲有力的運動)雖然實際上是在民族的基礎上動員男男女女，但這卻是意外造成的，因爲其主要訴求是社會解放。雖然在這一時期，民族認同顯然已是，或已變成各國政治的一個重要因素，但若說民族訴求與任何其他訴求是矛盾的，那就不對了。民族主義的政客和其對手，自然是會支持一種訴求排除另一種訴求，好像戴了一頂帽子之後便不能同時戴另一頂帽子。但是，歷史事實卻非如此。在本書所談論的這個時期，一個人大可同時是具有階級意識的馬克思主義革命分子和愛爾蘭愛國主義者。康諾利(James Connolly)便是代表之一。一九一六年，康氏因領導都柏林的復活節起義(Easter Rising)而遭處決。

不過，在實行群眾政治的國家當中，由於諸多政黨必須競逐同一群支持者，它們當然必須做出彼此互斥的選擇。

以階級認同的理由訴諸其可能支持者的新勞工階級運動，很快便認識到這一點。因爲它們發現——如在多民族區域常見的情形——自己正在與下面那種政黨競爭，那個政黨要求勞動階級和可能的社會主義者因爲它們是捷克人、波蘭人或斯洛文尼亞人而支持它們。因而，新興勞工階級運動一旦眞的成爲群眾運動，它們便立刻全神貫注在「民族問題」上。幾乎每一個重要的馬克思主義理論家——從考茨基和羅莎・盧森堡，經過奧地利的馬克思主義者，到列寧和年輕的史達林(Stalin)——在這一時期都曾參與有關這個主題的熱烈辯論，由此可見這個問題的急迫和重要❹。

在民族認同成爲政治力量的地方，民族主義構成了政治活動的底層。即使當它們自稱是特別的民族主義或愛國主義時，它們五花八門的表示也使其極不容易分辨。我們下面將會看到：民族認同在本書所述時期無疑更爲普遍，而政治活動中的民族訴求重要性也日漸增加。然而，更重要的無疑是政治民族主義內部的一組主要變化，這組變化將對二十世紀造成深遠影響。

這組變化有四個方面必須一提。第一，如前所示，是民族主義和愛國主義意識形態的出現及其被政治右翼所接收。這點將在戰間期的法西斯主義身上得到極端表現，法西斯的意識形態便根源於此。第二方面與民族運動發展上的自由階段相當異質，它係假設涵括獨立主權國家之形成的民族自決，不僅適用於那些證明其本身在經濟上、政治上和文化上具有生存能力的民族，也適用於任何自稱爲一個「民族」的群體。一八五七年時，在十九世紀民族主義偉大先知馬志尼的構想中，「民族的歐洲」包括十二個相當大的實體(參看《資本的年代》第五章)。而第一次世界大戰結束後，根據威爾遜總統(President Wilson)的民族自決原則，則出現了二十六個國家(如果將愛爾蘭包括在內便是二十七個)。這兩者之間的差異，便說明了新舊假設之間的不同。第三，是人們愈來愈傾向於假設：除了完全的國家獨立之外，任何形式的自治都無法滿足「民族自決」。在十九世紀的大半時間裡，對於自治權的要求大多不曾想到這一點。最後，當時出現一種用種族以及尤其是用語言來界定民族的趨勢。

在一八七〇年代以前，有某些主要位於西歐的政府自認爲它們可代表「民族」（例如法國、英國或者新建立的德國和義大利），也有某些政府雖然以別的政治原則爲根據，也因它能代表其居民的主要成員，而被視爲某種民族（沙皇便是這樣，它以同時是俄羅斯和東正教統治者的身分，享有大俄羅斯民族的效忠）。在哈布斯堡帝國以及鄂圖曼帝國之外，其他國家內部的無數民族，並不曾構成嚴重的政治問題，尤其是在德國和義大利政府建立之後。當然，波蘭人從不曾放棄復興遭俄、德、奧瓜分的獨立波蘭。聯合王國中的愛爾蘭人亦然。當時也有各種民族群體，基於不同的原因，而居住在他們十分想要隸屬的國家和政府疆界之外。不過他們之中只有某些造成政治問題，比方說一八七一年被德國兼併的亞爾薩斯—洛林（Alsace-Lorraine）居民。（一八六〇年被統一不久的義大利政府讓予法國的尼斯〔Nice〕和薩伏衣〔Savoy〕，並沒有表現出明顯不滿。）

無疑，自一八七〇年代起，民族主義運動的數目增加了許多。不過事實上，在一次大戰前四十年間，在歐洲所建立的新民族國家，比德意志帝國形成前四十年間所建立的，要少得多。而且，第一次世界大戰前四十年間所建立的國家，如保加利亞（一八七八）、挪威（一九〇七）和阿爾巴尼亞（一九一三），也不具什麼重要性。（一八三〇至七一年間所建立或爲國際所承認的國家，有德國、義大利、比利時、希臘、塞爾維亞和羅馬尼亞。所謂一八六七年的「妥協方案」〔Compromise〕，也等於是由哈布斯堡帝國授予匈牙利廣泛的自治權。）如今，不僅是芬蘭人和斯洛伐克人這些前此被認爲是「不具歷史」的民族（也就是，以前從未擁有獨立國家、統治階級或文化菁英的民族)在進行「民族運動」，而且像愛沙尼亞人(Estonians)和馬其頓人(Macedonians)這類除民俗學熱中者外，前此幾乎根本無人過問的民族，也開始興起「民族運動」。而在久已建立的民族國家中，區域性的人口現在也開始在政治上以「民族」的身分動員。比方說，一八九〇年代，威爾斯在一位本地律師勞合喬治的領導下組織了「青年威爾斯」(Young Wales)運動，我們在下面將會再談到勞合喬治；又比方說，一八九四年時，西班牙有一個「巴斯克民族黨」(Basque National Party)組成。而幾乎同時，赫茨爾(Theodor Herzl)則在猶太人中間發動了猶太復國運動(Zionism)，在此之前，猶太人對於它所代表的那種民族主義一無所知。

這些運動通常都聲稱是爲某個民族說話，可是其大多數都尚未得到它們所欲代表之民族的多數支持。不過，大規模的向外移民賦予更多落後群落成員強烈的懷鄉誘因，使他們想與他們遺留下來的事物認同，並接納新的政治構想。不過，大眾確實愈來愈認同於「民族」，而對許多政府和非民族主義的競爭對手而言，民族主義的政治問題恐怕已愈來愈不容易處理。或許，大多數一八七〇年代早期的歐洲局勢觀察家都認爲：在義大利和德國完成統一，以及奧匈帝國達成妥協之後，「民族原則」大致不會像以往那麼具有爆炸性。甚至，當奧國當局被要求在其戶口調查中加入一項對語言的調查時(這是一八七三年國際統計學大會〔International Statistical Congress〕建議的)，他們雖不是很熱中，卻也沒有拒絕。然而，他們認爲應該給一點時間，讓過去十年間激烈的民族傾向冷卻下來。他們非常有把握的假定，到一八八〇年再度舉行戶口調查時，這種傾向便會冷卻下來。可是他們卻大錯特錯❺。

然而，從長遠的觀點看來，重要的不是當時的民族奮鬥目標在各個民族當中所得到的支持程度，而是民族主義的定義和綱領的改變。我們現在早已習於用人種和語言來定義民族，因而忘記了這個定義基本上是十九世紀晚期發明的。我們不需詳細討論這件事，只需要記住：在一八九三年蓋爾聯盟(Gaelic League)成立了一段時間之後，愛爾蘭運動的理論家才開始將愛爾蘭民族奮鬥的目標和對蓋爾語的維護連為一氣；而一直到同一時期，巴斯克人才以其語言(而非其歷史上的憲法特權)作為其民族獨立的根據；並且，關於馬其頓人是不是與保加利亞人比與塞爾維亞—克羅埃西亞人更為相像的熱烈辯論，在決定馬其頓人應與這兩個民族中的哪一個結合上，不具任何重要性。至於支持猶太復國主義的那些猶太人，他們更進一步主張猶太民族和希伯來文(Hebrew)是同一回事，然而自從被巴比倫人(Babylonian)拘留之日起，再也沒有任何猶太人眞的在日常生活中使用希伯來文。它是在一八八〇年才被人發明為日常用語(與神聖和儀式語言或博學的國際混合語言有別)，而當時所發明的第一個希伯來文辭彙，便是「民族主義」一字。而猶太人之所以學它，是把它當作對猶太復國主義運動的投入標記，而非溝通工具。

這麼說並不表示在以前語言不是一個重要的民族問題。它是若干民族識別的標準之一，而一般來說，它愈不顯著，一個民族的民眾與其團體的認同便愈強烈。語言並不是那些只把它當作溝通工具者的意識形態戰場，因為單是要把它運用在控制母親和子女、丈夫和妻子，以及鄰居之間的交談語言上，都幾乎是不可能的。當時，大多數猶太人實際上所說的語言是意第緒語(Yiddish)，在非猶太復國主義的左派採用這種語言之前，它幾乎不具有意識形態上的重要性。而大多數說它的猶太人，也不在乎許多官員(包括哈布斯堡帝國的官員)甚至拒絕接受它是一個獨立的語言。上百萬人選擇成爲美國的一分子，美國顯然沒有單一的民族基礎，而他們之所以學英語是爲了必須或方便。他們努力地使用這個語言，並不是爲了任何與民族靈魂或民族延續有關的基本原理。語言的民族主義，是書寫和閱讀之人所創造的，不是說話的人所創造的。而那些可從中發現其民族基本性格爲何的「民族語言」，往往是人爲的。因爲，它們必須由地方性或區域性方言——由無文字的實際口語所組成——的拼圖玩具中，將這些方言加以編纂、標準化、均質化和現代化，以供當代和文學之用。古老民族國家或知識文化的主要書寫語言，很久以前便經歷過這個編纂和更正的階段：德文和俄文在十八世紀，法文和英文在十七世紀，義大利文和卡斯提爾(Castile)語甚至更早。對大多數語言群體較小的語文來說，十九世紀是「大師」輩出的時期，這些大師確立了其語言的字彙和正確用法。對若干語文——如加泰隆尼亞語(Catalan)、巴斯克語和波羅的海等語言——來說，大師的時代是在十九世紀和二十世紀之交。

書寫語言與領土和制度具有密切、但非必然的關係。以「民族意識形態和綱領的標準模式」自命的民族主義，基本上是領域性的，因爲它的基本模範是法國大革命的領土國家，或至少接近於可對其清楚劃定的疆界和居民進行全盤政治控制的國家。在此，猶太復國主義運動又是個極端例子，因爲它顯然是一個假借的計畫，在幾千年來賦予猶太民族「永久性、凝結力和不可毀滅之標誌」的實際傳統中，並沒有其先例，與它也沒有根本上的關聯。這項運動是要求猶太人去取得一片當時已被另一個民族所占領的領土(對赫茨爾來說，這片領域甚至和猶太人不必有任何歷史關聯)，以及說他們已有幾千年不說的語言。

這種民族與特定地域的認同，在大規模遷徙的世界(甚至在非遷徙性的世界)的大部分地區，都造成了許多問題，以致另一種民族的定義也被發明出來，尤其是在哈布斯堡帝國和散居的猶太人中間。在這種定義中，民族不被視爲是「一群居民所附著的一塊特殊土地」所固有的，而被視爲是「自以爲屬於一個民族的一群男男女女」所固有的，不論他們碰巧住在哪兒都一樣。這些男男女女皆享有「文化自治權」。支持「民族」地理論和人文論的人，便這樣被鎖定在激烈的爭執之中，特別是在國際社會主義運動裡面，以及猶太復國主義者和親納粹派之間。這兩種理論都不十分令人滿意，不過人文論比較無害。無論如何，它不曾讓它的支持者先創造一片領域，而後再將它的居民塞進正確的民族形狀中去；或者，套用一九一八年後新獨立的波蘭領袖畢蘇斯基(Pilsudski)的話：「國家造成民族，而非民族造成國家。」❻

根據社會學理論，非領土派幾乎無疑是對的。「非領土」指的並非男男女女(增減少數幾個遊牧或散居的民族)不牢牢地附著於他們稱爲「家園」的那塊土地，尤其當我們想到：在歷史上的大半時間內，絕大部分的人都屬於植根最深的人類——靠農業爲生的人類。但是，那塊「家鄉領域」並不等於現代國家的領域，正好像現代英文「fatherland」(祖國)一字中的「father」(父)，並不是一個眞正的父親。那時的「鄉土」(homeland)是彼此具有眞正的社會關係的人類的**眞實**群落所在地，而非在成千萬人口(今日甚至成億人口)當中創造「某種連結」的虛構社會。字彙本身便可證明這點。

西班牙文中的「patria」(家園、祖國)，一直到十九世紀後期才與西班牙具有同樣大小的範圍。十八世紀時，它還只是指一個人出生的地方或市鎮❼。義大利文中的「paese」(鄉或國)和西班牙文中的「pueblo」(民)，也仍然可以意指一個村落或國家的領域或居民。(德國電視連續劇《家園》(*Heimat*)的力量，正是在於結合劇中人物對「小祖國」杭斯魯克山(Hunsrück Mountain)的經驗與其對大祖國德國的經驗。)民族主義和國家接掌了親屬、鄰居和家園，其所造成的區域和人口規模使它們成爲隱喻。

但是，人們所習慣的眞正群落——如村莊和家族、教區、行會、會社等等——因爲顯然不再能像以前那樣涵蓋他們生活中大多數可能發生的事情，而因此步向式微。隨著它們的式微，它們的成員感到需要以別的東西來取代它們。而虛構的「民族」共同體正可塡滿這一空虛。

它無可避免地附著在十九世紀典型的現象——「民族／國家」——之上。因爲就政治而言，畢蘇斯基是對的。國家不僅造成民族，也需要造成民族。政府透過普通但無所不在的代理人——由郵差和警察到教師和(在許多國家的)鐵路員工——而直接向下接觸到其境內每一個公民的日常生活。它們可以要求男性公民(最後甚至要求女性公民)積極投入國家：事實上便是他們的「愛國心」。在一個愈來愈民主的時代，政府官員不能再依靠傳統上社會階級較低之人服從階級較高之人的穩定秩序，也不能再依靠傳統宗教來確保社會服從。他們需要一個結合國民的辦法，以防止顚覆和異議。「民族」是各個國家的新公民宗教。它提供了使所有公民附著於國家的黏合物，提供了將民族國家直接帶到每一個公民面前的方法，並可平衡人們對那些「超越政府事物」(如宗教、與國家不一致的民族或人種，或更特出的階級)的效忠。在立憲國家，藉著選舉而參與政治的民眾人數愈多，則這樣的要求便愈有機會提出。

再者，甚至非立憲國家，如今也珍視那種可以用民族的理由(可發揮民主訴求的效果，但沒民主政治的危機)，加上他們有責任服從上帝所認可的政府官員的理由，來向其臣民提出訴求的「政治力量」。一八八〇年代，在面臨革命的鼓動時，甚至俄國沙皇也開始採取下列那個一八三〇年代有人向他祖父建議但未獲採用的政策，亦即：沙皇的統治不但要以獨裁政體和正教原則為依據，也要以民族為依據——訴諸俄國人乃俄國人這個事實❽。當然，在某種意義上，幾乎所有十九世紀的君主都必須穿戴上民族的化裝服飾，因為他們之中幾乎沒有一個是他們所統治國家的本地人。成為英國、希臘、羅馬尼亞，俄國、保加利亞，或其他需要君王之國家的統治者或統治者配偶的那些王子和公主(大半是日耳曼人)，為了尊重民族原則，而將他們自己歸化為英國人(如維多利亞女王)或希臘人(如巴伐利亞的鄂圖〔Otto〕)，進而學習另一種他們在說的時候會帶有口音的語言。雖然他們與這個國際親王工會——或許我們應該說是這個國際親王之家，因為他們都是親戚——其他成員的相像度，遠比與自己的臣民大得多。

使國家民族主義甚至更為必要的，是工業技術時代的經濟和其公私管理的性質需要民眾接受小學教育，或至少具有閱讀識字的能力。由於有司百官和其子民之間的距離增加，而大規模的遷徙使甚至連母子和新婚夫婦之間也隔著幾天或幾個星期的路程，遂使十九世紀成為口語溝通崩潰的時代。由國家的觀點來說，學校還有一個進一步的好處：它可以教導所有的孩童如何成為好臣民或好公民。在電視奏凱以前，沒有任何媒體和世俗宣傳可以和教室相提並論。

因此，就教育來說，在大多數歐洲國家，一八七〇到一九一四年間乃是小學的時代。就連那些素以良好教育制度聞名的國家，小學教師的人數也大增：瑞典增加了三倍，挪威也差不多。比較落後的國家也開始迎頭趕上。荷蘭小學生的人數增加了一倍；在一八七〇年前還沒有建立公立教育制度的聯合王國，小學生的人數則增加了三倍；在芬蘭，它增加了十三倍；甚至在文盲充斥的巴爾幹國家，小學的孩童數目也增加了四倍，而教師的人數幾乎增加了三倍。但是國民教育系統，也就是主要係由國家組織和監督的教育系統，需要以國語教學。教育也和法庭與官僚制度一樣(參看《資本的年代》第五章)，也是使語言成爲國籍主要條件的一大力量。

國家因而創造了「民族」，也就是民族愛國心，並且至少爲了某種目的，特別急迫和熱切地創造了在語言上和管理上的均質公民。法蘭西共和將小農轉化爲法國人。義大利王國在「創造了義大利」之後，順從阿澤利奧(Azeglio)的口號(參看《資本的年代》第五章第二節)，盡了最大的努力用學校和兵役「製造義大利人」，結果有成有敗。美國規定：懂英語是作爲美國人的條件之一，而且自一八八〇年代晚期開始引進基於這種新公民宗教的眞實崇拜(在其不可知論憲法下所能擁有的唯一崇拜)，其表現方式是在每一所學校中，每天舉行向國旗效忠的儀式。匈牙利盡了一切力量想將其多民族的居民轉化爲馬札兒人。俄國堅持將其較小的諸民族俄羅斯化，也就是以俄文壟斷教育。而在那些多民族得到相當承認，且允許小學乃至中學以某種別的方言教學的地方(如哈布斯堡帝國)，國語仍在高等學府享有決定性優勢。因此，非主流民族若能在其國家當中爭取到自己的大學，是具有重大意義的(如在波希米亞、威爾斯和法蘭德斯)。

國家民族主義不論是眞實的，或是爲方便而發明的（如上述君王的例子），都是一種雙刃的戰略。當它在動員某些居民的時候，也疏遠了另一些居民——那些不屬於、或不想屬於該國主要民族的居民。簡言之，由於它將那些爲了某種原因拒絕接受官定語言和意識形態的群落區分開來，遂使得非官方民族的那些民族更容易被界定。

2

但是，在許多其他民族不拒絕接受官定語言和意識形態的地方，爲什麼有些民族拒絕接受？畢竟，對於小農來說（而且對於其子女來說更甚），成爲一個法國人有相當多好處。事實上，任何人在他們自己的方言或土語以外能學會另一種主要的文化和升遷用語，都可帶來不少好處。一九一〇年時，百分之七十移民到美國的德國人（一九〇〇年以後他們來到美國時平均口袋中有四十一美元）❾，已成爲會說英文的美國公民，雖然他們顯然不想停止說德語，也不曾放棄德國式的感情❿。（持平而論，很少有幾個州眞的嘗試打斷少數語言和文化的私生活面，只要它不向官定「國家民族」的公開優勢挑戰即可。）除了在宗教、詩歌、社群或家庭感情以外，非官定語言很可能並無法與官定語言競爭。雖然今日我們可能不容易相信，但是在那個進步的世紀，確曾有一些具有強烈民族情感的威爾斯人，承認他們古老的塞爾特語地位較低下，甚至有些人想要爲它進行安樂死。（這個名詞是一八四七年在國會討論威爾斯教育的委員會上，一個作證的威爾斯人所說的。）當時有許多人不僅選擇由一個地區遷徙到另一個地區，也選擇由一個階級轉換到另一個階級，而這樣的遷移很可能意謂國籍的改變，至少是語言的改變。中歐滿是擁有斯拉夫姓氏的日耳曼民族主義者，也滿是其姓名乃照德文字面翻譯或修改斯洛伐克姓名而成的馬札兒人。在這個自由主義和充滿流動的時代，美國和英語並非唯一發出公開邀請的國家和語言。而樂於接受這種邀請的人很多，尤其是當他們事實上不需要因此而否認其淵源時爲然。在十九世紀大半時期，「同化」(assimilation)絕不是一個壞字眼，它是許多人想要做到的一件事，尤其是那些想要加入中產階級的人。

某些民族中的分子之所以拒絕「同化」，一個明顯的原因是他們沒有被允許成爲官方民族的完整成員。最極端的例子是歐洲殖民地的土著菁英，他們被施以其主子的語言文化教育，以便可以代表歐洲人管理殖民地居民，但是顯然歐洲人不以平等態度對待他們。在這一點上，遲早會爆發衝突，尤其是因爲西方教育實際上提供了一種明確表達其要求的具體語言。一九一三年，一位印尼的知識分子用荷文寫道：爲什麼荷蘭人期望印尼人慶祝荷蘭人從拿破崙統治下解放的一百年紀念？如果他是一個荷蘭人，「我不會在一個其人民獨立被偷竊的國家，張羅獨立的慶典。」⑪

殖民地的民族是一種極端情形，因爲從一開始起，由於資產階級社會普遍的種族優越感，任何程度的同化也不能將黑皮膚的人變成「眞正的」英國人、比利時人或荷蘭人，即使他們和歐洲貴族一樣有許多財富、有高貴的血統和對運動的品味——許多在英國接受教育的印度土王便是如此。可是，即使是在白人的範圍圈內，表面與實際之間仍有顯著的矛盾：他們一方面對任何證明他有意願和能力加入「國家民族」之人提供無限制的同化機會，另一方面卻又拒絕接受某些群體。對於那些在當時根據彷彿高度合理的理由，假設同化的範圍可以無遠弗屆的人來說，這種矛盾更是戲劇性：此即西化的、有教養的中產階級猶太人。這也就是爲什麼發生在法國的德雷福斯事件（一名法國猶太參謀的受害事件），會不僅在猶太人中間，也在所有自由主義者之間，造成這麼不成比例的恐怖反應，並且直接導致猶太復國主義運動的發起。

一九一四年以前的半個世紀，是著名的仇外時代，因而也是民族主義者的反動時代。因爲，即使不說全球性的殖民主義，這也是一個大規模流動和遷徙的時代，尤其是在大蕭條那幾十年，也是充滿社會緊張的時代。就拿一個例子來說：到了一九一四年時，大約有三百六十萬人（幾乎是總人口的百分之十五）已經永久離開了休戰時期的波蘭領土，其中還不包括每年五十萬的季節性遷徙者⑫。由此而產生的仇視外人心態，不是來自下層社會。它最始料所不及的表示，那些反映資產階級自由主義的表示，是來自根基穩固的中產階級。這些中產階級實際上永遠不大可能遇見紐約下東城的定居者，或住在薩克森收割工工棚裡的人。韋伯身爲不存偏見的德國資產階級學術之光，可是他也逐漸對波蘭人產生激烈敵意（他正確地指控德國地主大批進口波蘭人充當廉價勞工），並因此在一八九〇年代參加極端民族主義的泛日耳曼聯盟（Pan-German League）⑬。美國對於「斯拉夫人、地中海民族和猶太人」的種族偏見，實見於當地的白人中間，尤其是信仰新教、以英語爲母語的中、上階級人士。這些人，甚至在這一時期，已發明了他們的本土英雄神話：那些在廣漠西部行俠仗義的盎格魯撒克遜牛仔（幸而未組成協會）——神話中的廣闊天地與大城市膨脹中的危險蟻丘，眞有天壤之別！（三位代表這個神話的美國東北部菁英，是威斯特〔Owen Wister〕，他在一九〇二年出版了《維吉尼亞人》〔*The*

Virginian〕，畫家雷明頓〔Frederick Remington〕，和稍後的狄奧多・羅斯福總統[14]。）

事實上，對這些資產階級來說，貧窮外國人的湧入，既加劇了也象徵著人數日增的都市無產階級所引起的諸多問題，這些人結合了國內外「野蠻人」的特徵，這些特徵似乎就將淹沒高尚者的文明（參看第二章）。他們同時也凸顯出社會在應付急速改變的各種問題上的明顯無能，以及新群眾不可原諒地未能接受舊有菁英的優越地位，而這種情形尤以美國爲最。波士頓是富有且受過教育的白種、盎格魯撒克遜裔、信奉新教的傳統資產階級的中心，而限制移民聯盟(Immigration Restriction League)正是於一八九三年在波士頓成立的。在政治上，中產階級的仇視外人，幾乎可以確定較勞動階級的仇視外人更爲有效；勞動階級的仇外只是反映鄰居間的摩擦，以及對壓低工資競求工作機會的恐懼。不過實際上將外國人排除於勞力市場之外的，是區域性的勞動階級壓力，因爲對雇主來說，進口廉價勞工的誘因幾乎是不可抗拒。在完全拒納陌生人的地方，如在一八八〇年代和一八九〇年代實施禁止非白人移民的加州和澳洲，這種仇外不會造成全國性或社群之間的摩擦；但是，在那些當地社群已遭歧視(如白色南非的非洲人或北愛爾蘭的天主教徒)的地方，它自然很容易加速摩擦。不過，在一九一四年前，工人階級的仇視外人很少發揮實際效用。整體而言，歷史上最大規模的國際移民，即使是在美國，也只造成出人意外之少的反外國勞工騷動，而在阿根廷和巴西，這類騷動幾乎可說不曾發生。

不過，進入外國的移民群體，不論他們是否曾遭到當地人的仇視，都很容易發展出強烈的民族情感。這種情感的產生不僅是因爲他們一旦離開了故鄉村落，便不能再假定自己是一個不需要定義的民族，如波蘭人和斯洛伐克人；也不僅是因爲他們移入的國家強加給他們的新定義，如美國將前此自以爲是西西里人或那不勒斯人，甚至盧卡(Lucca)人或薩萊諾(Salerno)人等移民，全部分類爲「義大利人」。這種情感的產生是因爲他們需要社群間的互助。除了家人、朋友和這些由故國來的人以外，這些剛遷徙到新奇陌生環境中的人，能期望向誰求助？(甚至在同一個國家之內，每個不同區域的遷徙者也和自己區域的其他遷移者團結在一起。)甚至有誰能了解他？或者更確切的說，有誰能了解她？因爲女人的家務領域，使她們比男人更倚賴單一語言。在最初的移民社區中，除了類似於他們的教會這樣的團體以外，還有誰能使他們成爲一個社群，而非一堆外國人？他們的教會即使在理論上是世界性的，實際上卻是民族性的，因爲它的教士是和會眾來自同一個民族。而且不論他們用什麼語言做彌撒，斯洛伐克的教士都需要用斯洛伐克語和會眾說話。於是，「民族」成爲人際關係的眞正網絡，而不僅是一個虛構社會。只因爲遠離故國，每一個斯洛文尼亞實際上和每一個他所遇見的斯洛文尼亞人都有一種可能的私人關係。

再者，如果這類移民要在他們所在的新社會以任何方式組織起來，則組織的方式必須允許他們能彼此溝通。如前所示，勞工和社會主義運動是國際主義的，而且像自由主義者一樣(《資本的年代》第三章第一及第四節)，它們甚至夢想一個全人類說單一世界語的未來——在「使用世界語」的小群體之間，這個夢仍然存在。例如，考茨基在一九〇八年時還希望全體受過教育的人最後都會結合爲一個使用單一語言的民族群體[15]。可是在當時，他們卻面臨了巴別塔(Tower of Babel)的問題：匈牙利工廠中的工會，可能需要以四種不同的語文發布罷工命令[16]。它們不久即將發現，民族混雜的部門工作效率較差，除非工作人員已經能以兩種語文溝通。勞動階級的國際性運動，**必須是**民族或語言單位的合併。在美國，實際上成為工人大眾政黨的民主黨，也必須以「族裔」聯盟的形式發展。

民族遷徙的情形愈甚，造成無根民眾彼此衝突的城市和工業發展愈迅速，則這些被連根拔起的民眾之間的民族意識基礎便愈廣。因此，就新的民族運動來說，流亡往往是它們主要的孕育期。未來的捷克斯洛伐克總統瑪薩瑞克（Masaryk），是在匹茲堡（Pittsburgh）簽署捷、斯兩族合組國家的協議，因為有組織的斯洛伐克群眾基礎是在美國的賓夕凡尼亞州（Pennsylvania）而非斯洛伐克。至於在奧地利被稱為羅塞人（Ruthenes）的喀爾巴阡山（Carpathians）落後山區居民（一九一八到一九四五年間將併入捷克），他們的民族主義，除了在移民到美國的羅塞人當中，此外並不具任何有組織的形式。

移民間的互助和互保，可能有助於其民族的民族主義成長，但卻不足以解釋它的產生。然而，就移民間的民族主義是以移民對舊日故鄉風俗的模稜懷念為基礎而論，它無疑與故國正在孕育民族主義的那種力量有相似之點，尤其以較小的民族為然。這就是新傳統主義，是一種防禦性或保守性的反動，用以抵抗現代化、資本主義、城市工業，以及無產階級社會主義的擴散，抵抗這些力量對舊日社會秩序所造成的破壞。

天主教會支持像巴斯克和法蘭德斯人的民族主義運動，以及許多小民族的民族主義運動，這些小民族受到「自由派民族主義」所拒斥，在自由派眼中，這些小民族顯然是無法變成「有生存能力的民族國家」。教會的支持顯然帶有傳統主義的成分。在這個時期人數激增的右翼理論家，往往發展出對以傳統爲根據的文化區域主義的喜好，如普羅旺斯(Provence)的本地語文推行運動。事實上，二十世紀晚期西歐的分離主義和區域主義運動(布列塔尼語、威爾斯語、普羅旺斯語)，其思想淵源均來自於一九一四年前的右派思想。相反的，在這些小民族之中，資產階級和新興無產階級通常都不喜歡小型民族主義。在威爾斯，勞工黨的興起逐漸損害了威脅要接管自由黨的青年威爾斯民族主義。至於新興的工業資產階級，自然也喜歡大國或世界的市場，而不喜歡小國或區域的狹窄拘束。在俄屬波蘭和西班牙巴斯克地區(這兩個地區的工業化程度遠高於該國的平均值)，當地資本家對於民族主義的奮鬥目標都不熱中；而根特那些公開以法國爲中心的資產階級，始終是法蘭德斯民族主義分子痛恨的對象。雖然這種漠不關心並不十分普遍，但它已有力到使羅莎・盧森堡誤以爲波蘭的民族主義不具資產階級基礎。

但是，使傳統主義的民族主義分子更沮喪的，是農夫這個最傳統的階級對於民族主義竟也只有微弱的興趣。巴斯克民族黨成立於一八九四年，其目的在於維護所有古風，抵抗西班牙人和無神論工人的侵犯，可是說巴斯克語的農夫對它卻不具熱忱。像大多數其他這類運動一樣，它主要是都市中產或低中階級的團體⓱。

事實上，本書所述時期的民族主義進展，大致是由這些社會中間階層所帶動的現象。因此，當時的社會主義者稱它爲「小資產階級的」是頗有幾分道理。而它與這些階層的關係，也有助於解釋我們已經談到的三個新特點：語言上的好戰政策，要求組成獨立國家而非次等的自治權，以及政治上的轉向右派和極右派。

對於由大眾背景中興起的中下階級來說，事業和方言是不可分割地結合在一起。從社會建立在大眾閱讀書寫能力的那刻起，如果他不想淪爲純粹靠口語溝通的下層社會（偶爾在民俗學博物館中占有一席之地），則其口語必須多少官方化，以作爲官僚政治和教育媒介。大眾（也就是小學）教育，是一個非常重要的發展，因爲它只能用大多數人口能夠了解的語言。（威爾斯語或某種方言或土語的禁止在教室使用，曾在地方學者和知識分子的記憶中留下許多創傷。這種禁止不是由於國家具有支配性民族的某種極權主義的要求，而幾乎可以確定是由於當政者眞正相信：除非以官定的語言教學，否則教育便會有所不足；而一個只懂一種語言的人，其作爲一個公民的能力和其職業前途，都將無可避免地受到妨礙。）以一種純粹的外來語施教的教育，不論這個外來語是活的還是死的，只適用於精心挑選的少數人，只有這些人花得起相當的時間、費用和氣力，去取得對它的純熟使用。官僚政治是另一個非常重要的因素，一方面因爲它決定一個語言的官定地位，一方面也因爲在大多數國家中，它是需要閱讀識字能力的最大雇主。因而自一八九〇年代起，在哈布斯堡帝國中，關於不同民族混居地區的街名應該用什麼語文書寫，以及關於特殊助理郵政局長和鐵路站長應該由哪一個民族的人來擔任，便產生了無窮的瑣碎鬥爭，甚至危及到政治活動。

但是，只有政治力量才可以改變次要語言或方言的地位（如眾所周知，所謂次要語言和方言，只不過是沒有軍隊和警察力量作爲後盾的語言和方言）。因此，在這個時期考究的語言調查和統計數字背後，隱藏了許多壓力和反壓力（比方說，尤其是一九一〇年比利時和奧地利的語言調查和統計數字）。方言的政治要求，便是依靠在這樣的調查和統計數字上。因此，至少在部分情況上，每當如比利時的情形，即操雙語的荷裔比利時人數目顯著增加時，或如在巴斯克的情形，當巴斯克語的使用在迅速成長中的城市幾乎消滅時，便會有民族主義者爲語言而發起動員⑱。因爲只有政治壓力可以爲在實際上不具競爭能力的語言，贏得作爲教育或大眾溝通媒介的地位。這一點，也只是這一點，才使得比利時在一八七〇年正式成爲一個雙語國家，使得法蘭德斯語在一八八三年成爲法蘭德斯中學的必修科目。但是，一旦一個非官定語言贏得了官定地位，它便會自動創造出相當可觀的具方言讀寫能力的政治選民。以哈布斯堡王室治下的奧地利而論，在它一九一二年總數四百八十萬的中小學學生當中，可能或實際成爲民族主義者的比例，顯然比在一八七四年總數二百二十萬的中小學學生中來得高，遑論以各種互相敵對的語言進行教學的十萬多名新增教師。

可是，在多種語言的社會，接受以方言傳授的教育，並可因這種教育而得到職業升遷的人，或許仍會覺得自己的地位較卑下，或「因社會地位不佳而享受不到大多數人享有的權益」。雖然他們往往可因爲比只會說菁英語言的勢利小人多懂一種語言，而在競爭次要的工作機會時占有優勢，可是，他們還是會認爲在謀求最高層職位時他們是居於不利地位，而他們這種感受似乎也無可非議。因而，當時有一種壓力，要求將方言教學由小學教育延伸到中學教育，最後延伸到完整教育系統的巔峯——方言大學。基於這個原因，我們可說威爾斯和法蘭德斯對於這樣一所大學的需求是高度政治性的。事實上，威爾斯在一八九三年成立的國立大學，曾一度是威爾斯的第一個，也是**唯一**的民族機構。那些母語不是官定方言的人，幾乎一定會被排除在文化和公私事務的較高範圍之外，除非他們會說高級的官定方言：文化和公私事務，一定是以這種方言進行的。總而言之，新的下中階級乃至中產階級仍是接受斯洛文尼亞語或法蘭德斯語教育這一事實，凸顯了主要獎賞和最高地位仍屬於說法語或德語者的現象，雖然這些人不屑去學習次要語言。

可是，要克服這個固有障礙，卻需要更多的政治壓力。事實上，所需要的是政治**權力**。說得白一點，就是必須強迫人們使用方言達成某些目的，雖然他們通常寧可使用另一種語言來達成這些目的。匈牙利堅持在教學上要用馬札兒語，雖然每一個受過教育的匈牙利人，過去和現在都非常明白，在匈牙利社會中，除了最僚屬性的任務以外，至少懂得一種國際通用語言，是必備的技能。強制性或形同強制的政府壓力，是將馬札兒語變成書寫語言的必要之惡，馬札兒語在變成書寫語言之後，便可在其境內爲所有的現代目的效勞，即使在其本土之外沒有任何人看得懂。只有政治力量——歸根結柢也就是政府的力量——可望達成這樣的目的。民族主義者，尤其是那些其生計和事業前途與其語言有關的人，不大可能會問是否還有其他方法可使其語言發展更爲興盛。

就這方面來說，語言民族主義對於分離是具有內在偏見的。而相反的，對於獨立國家的領土要求，又似乎愈來愈和語言分不開。以至於，我們看到官方對蓋爾語的支持在一八九〇年代介入了愛爾蘭民族主義，雖然（或者實際上因爲）絕大多數的愛爾蘭人顯然非常習慣使用英語。而猶太復國主義則發明了希伯來語文以作爲日常用語，因爲沒有任何其他的猶太人語言責成他們建設一個領土國家。我們可以對這種基本上是政治性的制定語言的努力做一些有趣的反思，因爲有些將失敗（如使愛爾蘭人重新改說蓋爾語）或半失敗（如編制更挪威式的挪威語〔Nynorsk〕），而另一些將成功。然而，在一九一四年前，它們通常缺乏必要的政府力量。一九一六年時，實際在日常生活中使用希伯來文的人不超過一萬六千人。

但是，民族主義也以另一種方式和中間階層繫聯，這種方式也促使它和中間階層的人士轉向政治上的右派。仇視外人一事對於商人、獨立工匠和某些受到工業經濟進步威脅的農夫，很容易具有吸引力，尤其(再一次)在財政緊迫的不景氣時期。外國人逐漸變成資本主義的象徵，而資本主義正是瓦解古老傳統的力量。因此，自一八八〇年代起傳布全西歐的政治反猶太主義，和猶太人的實際數目並沒有什麼關聯。在四千萬人口中只有六萬猶太人的法國，它的效力最強大；在六千五百萬人口中有五十萬猶太人的德國，它的效力也不弱；在猶太人占人口百分之十五的維也納亦然。(猶太人占了布達佩斯人口的四分之一，可是反猶太主義在布達佩斯卻不構成政治因素。)這種反猶太運動所針對的是銀行家、企業家，以及其他「小人物」眼中的資本主義荼毒者，「美好時代」典型資本家的卡通造型，不只是一個戴高頂絲質禮帽和抽雪茄菸的胖男人，而且他還有個猶太鼻子，因為在猶太人所主導的企業領域中，他們不僅與小商人競爭，同時也扮演給予或拒給農夫和小工匠信貸的角色。

因而，德國社會主義領袖倍倍爾覺得反猶太主義是「白癡的社會主義」。可是，當十九世紀末政治反猶太主義興起時，最吸引我們注意的不是「猶太人等於資本家」這個公式(在東歐和中歐許多地方，這個等式並非不成立)，而是它和**右翼**民族主義的結合。這種結合不僅是由於社會主義運動的興起，該運動有系統地對抗其支持者的潛在或公開的仇外心態，以致對外國人和猶太人的深刻厭惡，在這個群體當中往往顯得較從前更為可恥。它標示出民族主義意識形態在許多大國中的明顯右傾，尤其是在一八九〇年代。比方說，我們可以看到在這個時期，德國民族主義的古老群眾組織(許多體操協會)，由承繼自一八四八年革命的自由主義作風，轉爲具有侵略性、軍國主義和反猶太的姿態。此時，愛國精神的旗幟已成爲政治右派的所有物，左派不容易掌握它們，雖然在有的地方愛國精神和法國的三色旗一樣，是認同於革命和人民奮鬥的目標。於是左派人士認爲炫耀國名和國旗，可能會有被極右派污染的危險。一直到希特勒上台，法國左翼才重新充分運用激進派的愛國精神。

愛國精神的轉移到政治右翼，不僅是因爲它以前的思想夥伴——資產階級自由主義——陷於一片混亂，也是因爲以往顯然使自由主義和民族主義可以配合的那種國際情勢，不再有效。一直到一八七〇年代，或許甚至到一八七八年的柏林會議(Congress of Berlin)爲止，國際情勢都顯示出：一個民族國家的獲利，不一定是另一個民族國家的損失。事實上，歐洲地圖雖因兩個主要的新民族國家(德國和義大利)的創建，和巴爾幹半島上若干小民族國家的形成而改觀，可是卻沒有發生戰爭或對國際間的國家體系造成不可忍受的破壞。在大蕭條以前，像全球自由貿易之類的事情，是爲了所有國家的利益(或許對英國好處最多)。可是自一八七〇年代起，這樣的宣稱聽起來已不再眞實。而當全球性的衝突再一次逐漸被認爲是一種嚴重、雖然尚未成爲迫切的可能時，那種視其他國家簡直就是威脅者或犧牲者的民族(國家)主義，便因之得勢。

在自由主義危機中出現的政治右派運動，一方面培育了這種民族主義，一面也受到它的鼓舞。事實上，最初以新出現的「民族主義者」一辭自稱的人，往往是那些因戰敗刺激而採取政治行動的人，例如一八七〇至七一年德國戰勝法國之後的巴雷斯(Maurice Barrès, 1862-1923)和德羅列德(Paul Deroulède)，以及一八九六年義大利可恥地敗於衣索比亞之手以後的柯拉迪尼(Enrico Corradini, 1865-1931)。而他們所創建的運動(這個運動使一般的字典上出現了「民族主義」一字),在相當程度上是有意反對當時的民主政治(也就是反對議會政治)⓳。在法國,這種運動一直只是聊備一格,比方說,一八九八年創立的「法蘭西行動」(Action Française),便迷失在不切實際的君主主義和出口不遜的無趣言談之中。義大利的這種運動,在第一次世界大戰以後與法西斯主義相結合,形成一種新的政治運動,建立在愛國狂、仇視外人,以及(愈來愈)擴張國土、征服,甚至戰爭行動的理想化上。

對那些無法精確解釋其不滿的人而言,這樣的民族主義特別能夠替他們表達集體的憤恨。一切都是外國人的錯。德雷福斯案使法國的反猶太主義有了特殊武器,不僅因爲被告是一個猶太人(一個外國人在法國參謀總部幹什麼?),也因爲他被指控的罪名是替德國當間諜。相反的,德國的好國民每當想起他們的國家正遭到其敵對聯盟有系統的包圍(如他們的領袖常提醒他們的),便嚇得戰慄不已。在此同時,像其他好戰民族一樣,英國人已準備好用那股不正常高漲的仇外興奮情緒,來慶祝世界大戰的爆發。這股仇外情緒說服了英國皇室將其日耳曼姓氏改爲盎格魯撒克遜姓氏——溫莎(Windsor)。無疑,每一個土生土長的公民,除了少數的國際社會主義者、幾個知識分子、國際性商人,和國際貴族及王族俱樂部的成員外,都感受到某種程度的愛國狂熱。無疑,幾乎所有人,甚至包括社會主義者和知識分子在內,都深深浸染了十九世紀的種族優越感(參看《資本的年代》第十四章第二節,以及本書第十章),以致他們很容易相信自己的階級或民族,在先天上便較其他人優越。帝國主義只不過是在各帝國的人民間加強這樣的誘惑。可是,無可懷疑的是,最熱烈響應民族主義召喚的那些人，多半都介於「社會上已有確立地位的上層階級」與「最下層的農夫和無產階級」之間。

對於這個擴展中的中間階層來說，民族主義也具有範圍較廣、工具性較少的吸引力。它提供了他們作爲國家「眞正捍衛者」的集體身分(規避他們爲一階級的說法)，或者作爲(他們非常垂涎的)完整的資產階級身分申請者的集體身分。愛國心補償了他們在社會上的卑下地位。因此，在沒有服兵役義務的英國，一八九九至一九〇二年的帝國主義南非戰爭，其接受召募的工人階級曲線，完全反映了經濟情勢，它隨失業率而升降；但是下中階級和白領階級青年響應召募的曲線，卻淸楚反映了愛國宣傳的吸引力。而且，在某種意義上，軍人的愛國心可爲他們帶來社會報償。在德國，它爲就讀中學到十六歲(即使未上下去)的男孩，提供了可出任預備軍官的機會。在英國，如戰爭將說明的，甚至連替國家服務的辦事員和售貨員，也可以成爲(用英國上層階級嚴峻的術語來說)「暫時的紳士」。

3

可是，一八七〇年代到一九一四年的民族主義，不只局限於以失意的中產階級或反自由主義(和反社會主義)的法西斯祖先爲訴求的那種意識形態。因爲，毫無疑問的，在這個時期能夠提出或包含全國性訴求的政府、政黨或運動，多半可享有額外利益；相反的，那些不能或不爲者，在某種程度上是居於不利地位。無可否認，一九一四年戰爭的爆發，在主要作戰國家激起了眞正的（雖然有時短暫的）大眾愛國精神的勃發。而在多民族的國家中，全國性工人階級運動敗給了分解爲「以每一個民族的工人爲基礎」的個別運動。哈布斯堡帝國的勞工和社會主義運動，在帝國尙未崩潰之前，便已崩潰了。

不過，作爲「民族運動和揮舞國旗的意識形態」的民族主義，與民族性的廣泛訴求之間，有一點非常不同。前者看不到「國家」建立或擴張之後的情形。它的綱領是反抗、驅除、擊敗、征服、駕馭或淘汰「外國人」。此外，其他任何事情都不重要。只要能在一個愛爾蘭民族、日耳曼民族或克羅埃西亞民族的獨立國家（完全屬於他們的國家）中，維護其愛爾蘭人、日耳曼人或克羅埃西亞人的特性，宣布其光榮的未來，或爲達成這個目標盡一切犧牲，就足夠了。

事實上，正是這一點使它的吸引力只能局限在下列範圍內：熱情的理論家和好戰者、尋找凝結力和自我定義的不定形中產階級，可以將他們所有的不滿歸罪於天殺的外國人的群體（主要是掙扎中的小人物），當然，還有那些對那種「告訴公民說愛國心便夠了的意識形態」大表歡迎的政府。

但是，對大多數人而言，單有民族主義是不夠的。矛盾的是，這一點在尙未獲得自決之民族的實際運動上最爲明顯。在本書所論時期當中，眞正得到民眾支持的民族運動（並非所有想得到的都能得到），幾乎全是那些將民族和語言的訴求與某些更強有力的利害或動員力量（包括古代和現代的）相結合的民族運動。宗教便是其中之一。如果沒有天主教會，那麼法蘭德斯人和巴斯克人的運動在政治上便會微不足道。而沒有人會懷疑：天主教信仰賦予受異教統治的愛爾蘭和波蘭民族主義一種一致性和群眾力量。事實上，在這個時期，愛爾蘭的芬尼亞(Fenians，最初是一個世俗、事實上反教權的運動，訴諸各種信仰的愛爾蘭人)民族主義已成了一大政治力量，其原因在於他們允許愛爾蘭的民族主義認同於信仰天主教的愛爾蘭人。

更令人驚異的是，如前所述，那些最初以國際階級和社會解放爲主要目標的政黨，也發現自己成了民族解放的媒介物。獨立波蘭的重建，不是十九世紀完全致力於獨立的無數政黨中的任何一個所領導的；而是由隸屬於第二國際的波蘭社會主義黨所完成。亞美尼亞(Armenian)的民族主義亦然，猶太人的領土民族主義也是如此。建立以色列的不是赫茨爾或魏茲曼(Weizmann)，而是俄國人所啓發的勞工猶太復國主義運動。雖然有些這類政黨在國際社會主義中受到批判，因爲它們把民族主義遠放在社會解放之前，可是這樣的批判卻不適用於另一些社會主義乃至馬克思主義政黨，因爲後者是在意外之中發現它們代表了特定的國家：芬蘭的社會黨，喬治亞(Georgia)的孟什維克黨(Mensheviks)，東歐大片地區的猶太人聯盟，甚至拉脫維亞絕對非民族主義的布爾什維克黨。相反的，民族主義運動也覺察到：就算不提出特定的社會綱領，至少也要表現出對經濟和社會問題的關懷，因爲這可帶給它們不少好處。其中最典型的，是出現於工業化波希亞——被同受勞工運動吸引的捷克人和日耳曼人分占——自稱爲「民族社會主義」的運動。(一九〇七年，社會民主黨員在第一次民主選舉中得到百分之三十八的捷克選票，而成爲最大政黨。)捷克的民族社會主義者，最後成爲獨立捷克的代表性政黨，並且提供了其最後一任總統——貝奈斯(Beneš)。德國的民族社會主義者啓發了一個年輕的奧地利人，他把他們的名稱和他們結合了「反猶太極端民族主義」和「含糊的人民主義社會煽動法」的態度，帶進了戰後的德國。這個人便是希特勒。

因而基本上，當民族主義被調成雞尾酒時，它才眞的普受歡迎。它的吸引力不只在於它本身的滋味，也在於它摻合了其他的某種成分或許多成分。它希望能藉這些成分解消費者精神或物質上的渴。但是這樣的民族主義雖然還是名副其實的，卻不是揮舞國旗的右派所希望的那樣——它既不那麼好鬥又不那麼專心致志，而且確乎不那麼反動。

矛盾的是，在各種民族壓力下形將瓦解的哈布斯堡帝國，卻展現了民族主義的極限。在一九〇〇年代初，雖然帝國中絕大多數的人民毫無疑問已意識到自己屬於某個民族，但他們之中卻很少有人認爲這一點和對哈布斯堡君主政體的支持有任何矛盾。甚至在大戰爆發之後，民族獨立仍然不是重要的爭論點。在哈布斯堡帝國的各民族中，只有四個民族對政府抱有堅決敵意，其中三個可以與帝國境外的民族國家認同（義大利人、羅馬尼亞人、塞爾維亞人和捷克人）。然而對大多數民族而言，它們並不特別想要衝破這個某些狂熱的中等或下中階級口中的「諸民族牢獄」。在戰爭過程中，當不滿和革命的情緒眞正上升之際，它也是先以社會革命而非民族獨立的方式呈現[20]。

至於西方交戰國，在戰爭期間，反戰情緒和對社會的不滿日漸壓制了群眾軍隊的愛國心，但卻未曾摧毀。如果要了解一九一七年俄國革命對國際間所造成的不尋常影響，則我們必須牢牢記住：一九一四年甘心情願、甚至滿懷熱忱走上戰場的人，是受到愛國思想的感動。這種愛國思想不能局限在民族主義的口號中，因爲它帶有公民責任意識。這些軍隊的奔赴戰場不是因爲嗜好作戰，嗜好狂暴和英雄氣概；也不是要追求右派那種民族自大狂和民族主義的無限制擴張；更不是因爲對於自由主義和民主政治的敵意。

正好相反。所有實行群眾民主政治的交戰國，其國內宣傳都說明了：它們所強調的不是光榮和征伐，而是「我們」是侵略或侵略政策的受害者，而「他們」代表了對於「我們」所體現之自由和文明價值觀的致命威脅。尤有甚者，男男女女之所以能夠因戰爭而予以動員，唯一的原因，是因爲他們感到這場戰爭不只是一般的武裝格鬥，而是在某種意義上世界將因「我們的」勝利而更好，而「我們的」國家，用勞合喬治的話來說，將成爲「適合英雄居住的國度」。因此，英國和法國政府聲稱它們是在維護民主和自由，抗禦君主權力、軍國主義和野蠻習性(「德國兵」)；而德國政府則聲稱它是在維護秩序、法律和文化的價值觀，抗禦俄國的獨裁政體和野蠻習性。征伐和帝國擴張可以是殖民戰爭的宣傳素材，卻不是這場大衝突的宣傳素材，即使在幕後主宰各國的外交部也一樣。

德國、法國和英國的民眾，一九一四年是以公民和平民的身分走上戰場，而非以戰士或冒險家的身分走上戰場。可是，這個事實適足以說明：在民主社會當中，愛國心對政府運作的必要性，以及其所具有的力量。因爲，只有把國家目標視爲自己目標的想法，才可以有效動員民眾。一九一四年時，英國人、法國人和德國人都有這種想法，他們便是因此而動員。一直到爲期三年無比慘烈的屠殺和俄國革命的例子，才讓他們了解到他們的想法錯了。

註釋

❶我能引用義大利作家約文(F. Jovine, 1904-50)的這句話，得感謝普林斯頓大學的碧殊塞維克茲(Martha Petrusewicz)。

❷威爾斯，《預期》(*Anticipations*)，倫敦：一九〇二(第五版)，頁二二五—六。

❸羅柯，《民族主義是什麼，民族主義者想要什麼？》(*What Is Nationalism and What Do the Nationalists Want?*)，羅馬：一九一四。

❹參看豪普特、羅維(Michel Lowy)和維爾(Claudie Weill)合著，《馬克思主義者和民族問題，一八四八—一九一四：研究和論題》(*Les Marxistes et la question nationale 1848-1914: études et textes*)，巴黎：一九七四。

❺布瑞克斯(E. Brix)，《騷動與同化之間的奧地利土語方言：一個區域民間故事的語言統計，一八八〇—一九一〇》(*Die Umgangsprachen in Altösterreich zwischen Agitation und Assimilation: Die Sprachenstatistik in den zisleithanischen Volkszählungen 1880-1910*)，維也納、科隆和格拉茨：一九八二，頁九七。

❻儒斯(H. Roos)，《波蘭近代史》(*A History of Modern Poland*)，倫敦：一九六六，頁四八。

❼加西亞(Lluis Garcia i Sevilla)，〈語言產生、並存在於西班牙皇家學院字典中〉(Llengua, nació i estat al diccionario de la reial academia espanyola)，《*L'Avenç*》，巴塞隆納：一九七九年五月十六日，頁五〇—五。

❽西騰華森(Hugh Seton-Watson)，《民族與國家》(*Nations and States*)，倫敦：一九七七，頁八五。

❾荷艾德(Dirk Hoerder)提供我這一條資料。

❿《哈佛美國族群百科全書》，「歸化和公民權」(Naturalization and Citizenship)，頁七四七。

⓫安德森(Benedict Anderson)，《想像的群落：民族主義起源和傳布的反思》(*Imagined Communities: Reflections on the Origins and Spread of Nationalism*)，倫敦：一九八三，頁一〇七—八。

⓬波賓斯卡(C. Bobinska)和非爾奇(Andrzej Pilch)合編，《十九和二十世紀全球性求職的波蘭移民》(*Employment-seeking Emigrations of the Poles World-Wide XIX and XXC*)，克拉考：一九七五，頁一二四—六。

⓭蒙森，《韋伯和德國政治，一八九〇—一九二〇》，芝加哥：一九八四，頁五四起。

⓮泰勒(Lonn Taylor)和馬爾(Ingrid Maar)，《美國的牛仔》(*The American Cowboy*)，華盛頓：一九八三，頁九六—八。

⓯毛姆森(Hans Mommsen)，《民族問題和勞工運動》(*Nationalitätenfrage und Arbeiterbewegung*)，特里爾：一九七一，頁一八—九。

⓰《匈牙利勞工運動史：匈牙利勞工運動博物館永久陳列品指南》(*History of the Hungarian Labour Movement. Guide to the Permanent Exhibition of the Museum of the Hungarian Labour Movement*)，布達佩斯：一九八三，頁三一起。

⓱海伯格(Marianne Heiberg)，〈裡面人／外面人：巴斯克民族主義〉(Insiders/Outsiders; Basque Nationalism)，《歐洲社會學檔案》(*Archives Européennes de Sociologie*)，第十六期(一九七五)，頁一六九—九三。

⓲左柏格(A. Zolberg)，〈法蘭德斯人和華隆人的發展：比利時，一八三〇—一九一四〉(The Making of Flemings and Walloons: Belgium 1830-1914)，《科際史學報》(*Journal of Interdisciplinary History*)，第五期(一九七四)，頁一七九—二三五；蒲耳，〈西班牙的巴斯克民族主義〉(Baskischer Nationalismus im spanischen Kontext)，收入文克勒(H. A. Winkler)編，《今日世界的民族問題》(*Nationalismus in der Welt von Heute*)，哥廷根：一九

八二，尤其是頁六〇—五。

⑲《大義百科全書》(*Enciclopedia Italiama*)，「民族主義」。

⑳哈那克(Peter Hanak)，〈戰爭末期的奧匈帝國輿論〉(Die Volksmeinung während den letzten Kriegsjahren in Österreich-Ungarn)，收入普拉斯奇卡(R. G. Plaschka)和麥克(K. H. Mack)合編，《哈布斯堡帝國的崩潰：多瑙河上的崩潰和新方向》(*Die Auflösung des Habsburgerreiches: Zusammenbruch und Neuorientierung im Donauraum*)，維也納：一九七〇，頁五八—六七。

第七章 資產階級的不確定性

就盡可能最廣義的範圍來説……一個人的「自我」，是他能聲稱屬於他的一切事物的總和，不僅包括他的身體和精神力量，也包括他的衣服和他的房屋，他的妻子和兒女，他的祖先和朋友，他的名譽和著作，他的土地和馬匹，以及遊艇和銀行存款。

——詹姆斯(William James)❶

帶著極大的興致……他們開始購物。……他們全力以赴，就好像在為事業衝刺一樣；作為這個階級，他們談的、想的和夢的都是財富。

——威爾斯，一九〇九❷

這個學院是因創辦人的愛妻的建議和勸告而創辦的……其宗旨是給予上層和中上層階級的婦女最好的教育。

——錄自豪樂維學院(Holloway College)創辦宗旨，一八八三

1

現在讓我們反過來看看似乎受民主化威脅的那些人。在資產階級從事征服的這個世紀，成功的中產階級對於他們的文明深具信心，他們一般也很自信，而且通常沒有財政上的困難，但是一直要到十九世紀後期，他們的物質生活才稱得上是**舒舒服服**。在此之前，他們也過得很不錯：周遭環繞著裝飾華麗的堅固物品，身著大量織物，買得起他們認爲適合他們身分而不適合比他們低下之人的東西，消耗很多食物和飲料，或許有點消耗過量。至少在某些國家，飲食是非常考究的：所謂的「資產階級食品」(cuisine bourgeoise)，至少在法國是一個讚美美食的辭彙。眾多的僕人彌補了家中不舒適和不實際的地方。但僕人無法隱藏這些地方。一直到十九世紀後期，資產階級社會才發明了一種特殊的生活方式和與之相稱的物質設備，這些是爲了迎合被視爲其主力中堅的需要而設計的，這些中堅分子包括商人、自由業者或較高級的公務人員及其眷屬。他們不一定指望貴族的身分或極富有者的那種物質報酬，但是他們卻遠高於那些買了這樣東西便不能買那樣東西的人。

許多世紀以來，大多數資產階級的矛盾之處，是其生活方式係後來才成爲「資產階級式」的，這種轉型乃由其邊緣而非由其中心開始；而且所謂特殊的資產階級生活方式，卻只有短暫的勝利。這或許便是爲什麼走過當年的人，常常帶著懷舊的心情回顧一九一四年以前的時代，將它視之爲「美

好的時代」。讓我們以探討這個矛盾，作爲綜述本書所述時期中產階級際遇的開始。

這種新的生活方式，當時是指郊區的房子和花園，很久以來，這已不再一定是「資產階級式的」，除了在作爲願望的指標上。像資產階級社會的許多其他事物一樣，它也來自典型的資本主義國家——英國。我們最初可在花園郊區中看到它，這種花園郊區，是一八七〇年代像諾門・蕭(Norman Shaw)這樣的建築師，爲舒適但不一定富裕的中產階級家庭所規劃開拓的(貝德福公園〔Bedford Park〕)。這種聚落一般是爲比英國類似聚落的居民更富有的階層所發明的，它們發源於中歐市郊，如維也納的小屋區(Cottage-Viertel)和柏林的達倫(Dahlem)和綠林區(Grunewaed-Viertel)。後來又擴及社會較低階級，出現在中下階級的郊區，或大城市邊緣未經計畫的「亭台式」迷宮。最後，透過投機的建築業者和理想主義的市鎮設計者，進入到半獨立的街道和聚落，以期爲部分舒適工人捕捉以往的村落和小市鎮精神。理想的中產階級住宅不再被視爲市街的一部分，例如「城市住宅」或其代用物——一個面朝市街、自命爲華廈的大建築中的一個公寓。相反的，它是四周圍繞著青葱草木的小公園或花園中的都市化或正確的說郊區化的別墅。它成爲非常強勢的生活理想，不過在非盎格魯撒克遜的城市中尚不適用。

這樣的別墅，和它最初的模型——貴族和士紳的別墅——相比，除了其規模較小和成本較低以外，還有一個很大的不同：它的設計目的是爲了私生活方便，而不是爲了爭取地位或裝模做樣。誠然，這些聚落大致是單一階級的社區，而與社會其他部分隔絕的這個事實，使它們更容易集中力量來追求舒適生活。這種隔絕的產生，有時甚至不是故意的。在社交上抱持理想主義的(盎格魯撒克遜)

設計家，其所設計的「花園城市」和「花園郊區」，和那些特意要將中產階級從比他們低下的人群中移開而開闢的郊區，走得是同一個路線。而這種外移，其本身也表示資產階級放棄其統治階級的身分。一九〇〇年左右，一個當地的富人告訴他的幾個兒子說：「除了重稅和暴政以外，波士頓城不能給你們什麼。你們結婚以後，找個郊區在上面蓋幢房子，參加一個鄉間俱樂部，並以你們的俱樂部、家和子女作為生活中心。」❸

但是這些傳統別墅或鄉間大宅的作用正相反，甚至和其資產階級的競爭和模擬者——大資本家的豪宅——作用相反，後者如克魯伯家族的山陵別墅(Villa Hügel)，或阿克羅埃家族(Akroyds)和克羅斯雷家族(Crossleys)的堤野大宅(Bankfield House)和美景大廈(Belle Vue)，這些家族支配了羊毛業城市哈里法克斯(Halifax)的煙霧生活。這樣的建置，是權勢的外罩。它們的設計，是為了替統治階級的某個高級分子向其他高級分子以及較低階級炫耀其財富和威望，也是為了組織影響力和統治的事業。如果內閣是在奧尼姆公爵(Duke of Omnium)的鄉村府邸組成的，則克羅斯雷地毯公司的約翰·克羅斯雷在他五十歲生日那天，至少邀請了他在哈里法克斯自治市議會的四十九位同事，到他設於英格蘭西北湖區的府邸歡聚三日，並在哈里法克斯市政廳開幕當天，招待威爾斯親王。在這樣的府邸中，公私生活是不分的，有其被認可的外交與政治上的公開功能。這些職責的要求優於居家安適的要求。我們不會認為阿克羅埃家族會只為了其家族用途而建造一座繪有古典神話場景緻的宏偉樓梯，造一間雕樑畫棟的宴客廳、一間飯廳、圖書室和九間接待用的套房，或可容納二十五個僕人的廂房❹。鄉紳無可避免地會在其郡中運用他的權力和影響力，正如當地的大企業家不會放棄在伯利(Bury)和次維考(Zwickau)運用其權力和影響力一樣。事實上，只要他住在城市，即使是一名普通的資產階級，也不容易避免藉著選擇他的住處，或者至少他公寓的大小或樓層，他能指揮僕役的程度，他的服裝和社交往來的禮節，來點出(應說強調)他的地位。一位愛德華時代證券經紀商的兒子日後回憶道：他們家比不上福賽特一家(Forsytes)，因爲他們的房子不大能夠俯視肯辛頓花園(Kensington Gardens)，不過離得也還不算太遠，因而勉強不失身分。「倫敦的社交季節」他們是沒分的，但是他母親平日午後都會正式的「待在家裡」，並曾經舉行許多晚宴，晚宴中有自惠特來萬國百貨商店請來的「匈牙利樂隊」。同時，在五月和六月，他們也會按時舉行或出席幾乎每天都有的餐宴❺。私生活和身分與社會地位的公開展示，是無法明確區分的。

前工業革命時期，上升中的中等階級，由於他們雖然可敬但仍低下的社會地位，或由於他們清教或虔信派的信仰，再別提由於資本累積是他們的首要目的，因此大半被排除於這些誘惑之外。是十九世紀中期經濟成長的好運，使他們跨入成功者的世界。但是，這同時也爲他們強加上舊式菁英的那種公共生活方式。不過，在這勝利的一刻，有四項發展鼓勵了較不正式、較私人化的生活方式。

如前所示，第一項是政治的民主化。它逐漸降低了除了「最高尚和最不可輕視者」以外所有中產階級的公共和政治影響力，在某些情形下，(主要是自由派的)中產階級被迫實際上完全由政治活動中撤退。這些政治活動已爲群眾運動或群眾選民所支配，這些選民拒絕承認那些不是眞正針對他們而來的「影響力」。在十九世紀末葉，維也納文化一般都被認爲是某個階級和某個民族的文化，亦即中產階級猶太人的文化，這個階級和民族已不再被允許扮演他們所希望的角色，也就是日耳曼的自由主義者；而且即使是非猶太的自由派資產階級，也找不到太多追隨者❻。柏登布魯克家族（Buddenbrooks）及其作者湯馬斯·曼（Thomas Mann）——一位古老驕傲的漢撒（Hanseatic）同盟城市貴族之子——所代表的文化，是已經從政治中撤退的資產階級文化。波士頓的卡伯特家族（Cabots）和羅威爾家族（Lowells），雖然尚未被由政治中逐出，但是他們對於波士頓政治的控制權即將喪失給愛爾蘭人。一八九〇年代以後，英國北部仁慈專制的「工廠文化」宣告瓦解，在這種文化中，其工人可以是工會的會員，但他們仍然追隨雇主的政治色彩，並且慶祝其雇主的周年紀念日。一九〇〇年後工黨出現的原因之一，是在工人階級選民中具影響力的地方中產階級，在一八九〇年代拒絕放棄提名地方上的「著名人士」（也就是像他們自己那樣的人）競選國會和市鎮議會的席次。就資產階級在保持其政治權力這點上，此後他所能動員的恐怕只有影響力，而非徒眾。

第二項發展，是勝利的資產階級和清教價值觀念中的某些關聯變得略微鬆動。這樣的價值觀念，以往非常有助於資本累積；而資產階級也往往以這樣的價值觀念自我標榜，表示他們與懶散而放蕩的貴族和懶惰而好飲貪杯的勞工有別。對地位穩固的資產階級而言，錢已經賺到了。它可能不直接來自它的出處，而是由紙張所做的規律性付款。這些紙張所代表的「投資」，即使它們不是源自遠離倫敦四周六郡的世界上的某一遙遠地區，其性質也可能是隱匿不明的。錢往往是繼承來的，或分給不工作的兒子和女性親戚。十九世紀晚期許多資產階級是「有閒階級」——這個名稱是當時一位相當有創意的無黨無派美國社會學家維布倫（Thorstein Veblen）所發明的，維氏寫了一篇關於它的「理論」❼。而甚至有些真正在賺錢的人，也不需要在它上面花太多時間，至少如果他們是在（歐洲的）銀行業、金融和投機買賣中賺錢是如此。總之，在英國，他們剩下足夠的時間去追求其他事物。簡言之，花錢至少和賺錢一樣重要。花錢當然不必像非常富有的人那般浪擲，在「美好的時代」，非常富有之人的確多的是。甚至比較不富裕的人，也學會如何花錢追逐舒適和享受。

第三項發展是資產階級的家庭結構趨於鬆弛，這個現象反映在家庭婦女某種程度上的解放（下章再討論這個問題），以及一個比較獨立的「青年人」類別的出現，這個類別指的是介於少年和適婚年齡之間的年齡群，他們對於藝術和文學具有強大的影響力（參看第九章）。「青年」和「現代」這兩個字，有時幾乎可以互用，而如果「現代化」意有所指，則它指的是品味、室內裝飾和風格的改變。在十九紀下半葉，這兩種發展在地位穩固的中產階級中均已歷歷可見，而在它的最後二十年間尤其顯著。它們不僅影響了休閒方式，也大大增加了資產階級住宅作爲其婦女活動背景的作用。當時休閒的方式是旅遊和度假。如維斯康堤（Visconti）的《威尼斯之死》（*Death in Venice*）所正確說明的，當時進入其榮耀時期的海濱和山間大旅館，是由女客的形象所主宰。

第四項發展，是屬於或自稱屬於或熱切希望屬於資產階級的人數，正在穩穩成長，簡言之，就是整個「中產階級」的人數在穩穩成長。將所有中產階級聯繫在一起的事物之一，是關於居家生活方式的某種基本構想。

2

同時，政治民主化、自覺意識濃厚的工人階級的興起，以及社會流動，都為那些屬於或想要屬於這些中產階級某一層次的人，造成了社會身分的新問題。「資產階級」的定義出名的不容易下（參看《資本的年代》第十三章第三、四節），而當民主政治和勞工運動的興起使得那些屬於資產階級（這個名稱日漸變成不潔的字眼）的人在公開場合否認有這麼一個階級的存在時，要為其下定義就更不容易了。在法國，有人主張大革命已廢除了所有階級；在英國，有人主張階級——不是那種封閉式的世襲階級——並不存在；在聲音愈來愈多的社會學領域，有人主張社會結構和階層的形成過於複雜，不能如此簡化。在美國，危險似乎不在於民眾會以一個階級的方式動員而指認壓榨他們的人為另一個階級，而是在於：在他們追求平等的憲法權利時，他們可能會因宣稱自己是中產階級，而減少了原本屬於菁英分子的有利條件（除了無法爭辯的財富事實以外）。社會學這門學科，是一八七〇至一九一四年間的產物。由於社會學家喜歡以最適合他們意識形態信念的方式重新將人口分類，遂使這門學問至今仍受困於有關社會階級和身分的無窮辯論。

再者，隨著社會的流動性增加，加上確定誰屬於誰又不屬於社會「中間地位」或「階層」的傳統等級制度已告式微，這個「中間社會區域」（及其內部）的界線遂變得異常模糊。在習於較古老分類方法的國家，情況又有不同。以德國為例，如今在資產階級（Bürgertum）和它下面的中產階級

(Mittelstand)之間，又增添了複雜的區別。資產階級又分爲以財產所有權爲基礎的有產階級(Besitzbürgertum)和藉由較高教育而取得中產階級身分的教養階級(Bildungsbürgertum)；而中產階級則看不起小資產階級(Kleinbürgertum)。西歐的其他語言也只能在「大」或「上」，「小」或「低」這些字眼上撥弄資產階級的變換和不精確分類。但是，究竟該如何決定誰能自稱屬於任何這樣的階級？

基本的困難在於自稱爲資產階級的人數增加了，畢竟，資產階級構成了社會的最高一層。甚至在古老的土地貴族未被淘汰(如在美洲)或未被剝奪其應有特權(如在共和法國)的地方，貴族在已開發資本主義國家的姿態也顯然較前爲低。英國的土地貴族在十九世紀中葉曾經維持了突出的政治參與和絕對多數的財富，但是它現在也處於明顯的落後狀態。一八五八至七九年間，在故世的英國百萬富翁中，有五分之四(一百一十七人)尙是地主；一八八〇至九九年間，只有三分之一多一點；而在一九〇〇至一四年間，這個百分比甚至更低[8]。一八九五年前，在幾乎所有的英國內閣中，貴族都占多數。一八九五年後，他們從來不曾是多數。即使在貴族已經沒有正式地位的國家，貴族的稱號也絕不會受人輕視。自己無幸取得貴族稱號的美國富人，趕緊藉著讓女兒締結「金錢婚姻」的方法，在歐洲購買貴族稱號。勝家(Singer)縫紉機公司的女兒便因此成爲波利尼亞克公主(Princess de Polignac)。不過，即使是古老且根深柢固的君主國，如今也承認金錢和門第已是同樣有用的標準。德皇威廉二世以爲，「滿足百萬富翁對於貴族勳章和特許狀的渴望，是他作爲統治者的責任之一。但是要授予他們這些權位卻有一個條件，那便是他們必須做慈善捐贈以用於公益事物。或許他是受了英國模式的影響。」❾觀察家大可如此認爲。在一九〇一至二〇年間英國所創造的一百五十九名貴族中，除了那些因軍功而受封者外，另有六十六名商人(其中大約一半是工業家)，三十四名專業人士(其中絕大多數是律師)，只有二十個人是憑藉其土地背景❿。

但是，如果說資產階級和貴族之間的界線是模糊的，那麼資產階級與較低階層之間的界線也極不清楚。這一點對「古老的」下中階級或獨立工匠、小店主等小資產階級影響不大。他們的經營規模使他們固定處於較低層次，事實上也令他們與資產階級對立。法國激進派的方案，便是圍繞著「小即是美」這個主題而做的一系列變化。「小」這個字，在激進派的集會中總是不斷重複⓫。它的敵人是「大」——大資本、大企業、大財政、大商人。同樣的態度也見於德國的同類人士，不過在德國，它帶有民族主義、右翼和反猶太色彩，並不是共和和左翼的。一八七〇年代以後，德國的激進派受到快速工業化的強大壓力。從上位者的眼光看來，不僅是他們的「小」使他們無法取得較高身分，他們的職業也同樣不適合，除非，在例外的情形下，他們的財富可大到人們完全想不起他們原來的出身。不過，財富分配制度的戲劇性轉型，尤其是在一八八〇年代以後，使某些修正成爲必須。到今天，「雜貨商」一字在上中階級看來仍舊帶有輕視的意味，但是在本書所論時期，有一個靠著茶包致富的立頓爵士，一個藉著肥皂賺錢的勒伍豪勳爵(Lord Leverhulme)和一個由冷凍肉發財的威斯泰勳爵(Lord Vestey)，卻取得了貴族的稱號和蒸汽遊艇。然而，眞正的困難是由於服務業的大幅擴張。這些在公私辦公室中工作的人顯然居於部屬的地位並領取工資酬勞(雖然這樣的工資稱爲「薪水」)，但是他們的工作又顯然不是體力勞動，而是有賴於正式的教育資格(雖然其資格並不高)。尤有甚者，這些男人（甚至一些女人）大半堅持自己不是勞動階級的一部分，且往往付出極大的物質代價追求可敬的中產階級的生活方式。這個辦事員「下中階級」和高層專業人員甚或日漸增多的受薪行政主管和大企業經理之間的界線，引起了另一個新問題。

就算不提這些新興的下中階級，顯而易見的，新進中產階級或申請中產階級身分的人，其數目也在迅速增加，這種情形引起了分界和定義的實際問題。而這些問題又由於定義理論標準的不確定性，而變得更難解決。「中產階級」的條件爲何，在理論上比哪些條件構成貴族身分（例如出身，世襲稱號，土地所有權）或工人階級（例如工資關係和體力勞動）更難決定。不過在十九世紀中期，這個標準是相當明確的（參看《資本的年代》第十三章）。除了受薪的高級公務員以外，這個階級的人需要擁有資本或投資收入，並且／或許是雇用勞工的獨立營利企業家或是「自由」職業（一種私人企業的從業員。重要的是，在英國所得稅的呈報上，「利潤」和「報酬」是列於同一個項目之下。可是，隨著上面提到的改變，要從一大群「中等階級」群眾中，更別提從甚至更大一群渴望這一身分的眾人中辨別出「眞正的」中產階級，這些標準就變得不大管用。他們並非全都擁有資金，但是許多以較高教育程度代替資金而無疑具有中產階級身分的人，至少在一開始的時候也沒有資金，而他們的人數正大量增加。一八六六到八六年間，法國醫生的人數多少穩定地保持在一萬二千人左右，但到了一九一一年時，已增加到二萬人；在英國，一八八一年到一九〇一年間，醫生的人數由一萬五千人增加到二萬二千人，建築師的人數由七千人增加到一萬一千人。在這兩個國家，這種增加都遠超過成年人口的成長速度。他們既不是企業家也不是雇主（除了是僕人的雇主以外）⑫。但是，誰能說領取高薪的經理不是資產階級，他們已日漸成爲大企業的一個必要部分，至此，如一八九二年時一位德國專家所指出：「舊式小企業那種親密和純私人的關係，已完全無法運用到這種大型事業上。」[13]

所有這些中產階級，其大多數構成分子，至少就他們大半是雙元革命之後的產物而論（參看《革命的年代》〈導言〉），有一個共同之點：亦即過去或現在的社會流動性。在社會學上，如一位法國觀察家在英國所注意到的，「中產階級」主要包括正在社會中攀升的家庭，而資產階級則是已經到達頂點或一般被認爲已位於高原之上的家庭[14]。但是這樣的快照，幾乎拍不出這個動作的發展過程；這個過程，似乎只能由類似於電影的社會學予以捕捉。「新社會階層」是甘必大(Gambetta)眼中法國第三共和政權的基本內涵——他無疑是想到像他這樣的人，可以在沒有事業和財產的背景下，透過民主政治而得到影響力和收入。「新社會階層」甚至在大家認爲「已經到達」之時，也不曾停下腳步[15]。相反的，它們已「達到」改變資產階級性質的程度嗎？那些靠著家產悠閒度日的資產階級第二代和第三代——那些有時反對仍舊構成資產階級精髓的價值觀念和活動的人——不應該算是資產階級嗎？

在本書所論時期，經濟學家並不關心這樣的問題。一個以追求利潤的私人企業爲根本的經濟（如無疑支配了西方已開發國家的經濟），不需要其分析家去思索究竟是什麼樣的人構成「資產階級」。由經濟學家的觀點來說，唐納斯馬克親王(Prince Henckel von Donnersmarck，帝制德國僅次於克魯伯的第二大富翁)在功能上是一位資本家，因爲其收入的十分之九係來自他所擁有的煤礦、工業和銀行股份、房地產合股，以及一千二百到一千五百萬馬克的利息。另一方面，對社會學家和歷史學家來說，他的世襲貴族身分絕非無關緊要。因此，將資產階級界定成一群男女組成的團體，以及這個團體與中下階級該如何區分的問題，和分析這一時期的資本家發展，並沒有直接關聯（只有那些堅信資本制度有賴於個別的私人企業家之人，不這樣認爲），不過資本家的發展當然反映了資本主義經濟的結構性變化，而且可以闡釋其組織形式。（當時有一些思想家主張，官僚化和企業家價值觀念的日益不爲大眾所喜以及其他類似的因素，會逐漸減弱私人企業家的作用，因此也逐漸降低資本主義的作用。韋伯和熊彼得便是抱持這種意見的代表人物。）

3

因而，對於當時的資產階級或中產階級成員乃至以此自稱自許的成員來說，尤其是對於那些單憑其金錢還不足以爲其自身及其子孫購買「尊敬和特權身分證」的人來說，確立「可公認的標準」是件迫切的事。在我們所探討的這個時期，有三種確立這項身分的主要辦法變得愈來愈重要——至少在那些「誰是誰」的不確定性已經上升的國家中是如此。（收錄國家知名人士的參考書——不是像《哥達年鑑》〔Almanach de Gotha〕那類皇家和貴族人物指南——在這個時期開始出版。英國的《名人錄》〔*Who's Who*, 1897〕或許是最早的一本。）這三種辦法都必須具備兩個條件：它們必須能清楚的區別中產階級分子和勞動階級、農夫與其他從事體力勞動之人；它們也必須提供一個排他的階級組織，但不能把爬上這個社會階層的入口封死。中產階級的生活方式和文化是一個標準；休閒活動，尤其是新發明的運動，是另一個標準；但是正式的教育愈來愈成爲(而且至今仍是)其主要指標。

雖然在一個日益以科學技術爲基礎的時代，經由學習得來的才智和專門知識可以獲得金錢上的報償，雖然它爲接受英才教育的人才開拓了較寬廣的事業(尤其是正在擴張中的教育事業本身)，但是教育的主要功能卻非功利主義的。它的重要性在於，它說明了青少年可以延遲賺錢維生的時間。教育內容反倒是次要的，事實上，英國「公立學校」男生花費許多時間學習的希臘文和拉丁文，以及一八九〇年占法國中學課程百分之七十七的哲學、文學、歷史和地理，這些科目對就業的價值都不太大。甚至在講求實際的普魯士，一八八五年時，古典的文科中學(Gymnasien)學生仍然比現代和注重技術的科學語文中學(Realgymnasien)與高級職業學校(Ober-Realschulen)多了三倍。再者，能爲孩子提供這樣的教育開支，其本身便是社會地位的指標之一。一位普魯士官員以標準的日耳曼人作風，計算出在三十一年中間他花了他收入的百分之三十一給他的三個兒子接受教育⑯。

在此之前，正式的教育(最好有某種證書)對於一位資產階級分子的上升是無關緊要的，除非他是從事公務或非公務方面的學術工作。大學的主要功能，是訓練學術方面的人才，再加上爲年輕的紳士提供飲酒、嫖妓或運動的適宜環境。對於這些年輕的紳士來說，實際的考試根本不重要。十九世紀的商人，很少是從大學畢業的。法國的綜合工科學校在這個時期並不特別吸引資產階級菁英。一位德國銀行家在一八八四年勸告一位剛起步的工業家要摒除理論和大學教育，他認爲理論和大學教育只是休息時的享受，就好像午餐後的一枝雪茄菸。他的建議是盡快進入實際操作領域，找一個財務上的贊助人，觀察美國，並吸取經驗，把高等教育留給那些「受過科學訓練的技師」——企業家將來會用得到這些技師。由企業的觀點來說，這是非常容易了解的常識，不過它卻令技術人員感到不滿。德國工程師忿恨地要求「與工程師的生活重要性相當的社會地位」⓱。

學校教育主要是提供進入社會上公認的中等和上等地帶的入場券，以及使進入者在社交上習慣那些使他們有別於較低階級的生活方式。在某些國家當中，即使是最小的離學校年齡（大約是十六歲），也可保障男孩子在被徵召入伍時可以被分類為具有軍官資格的人。隨著時代的演進，中產階級年輕人通常會接受中學教育到十八或十九歲，在正常的情形下並接著接受大學教育或高等專業訓練。整體而言，在學的人數仍然不多，不過在中學教育的階段增加了一些，在高等教育階段則有比較戲劇性的增加。一八七五到一九一二年間，德國學生的數目增加了三倍以上；一八七五到一九一〇年間，法國學生的數目增加了四倍以上。然而，一九一〇年時，介於十二歲到十九歲的法國青少年，上中學的比例仍然不到百分之三，總計七萬七千五百人；而撐到畢業考的只占這個年齡層的百分之二——其中半數考及格⓲。擁有六千五百萬人口的德國，在進入第一次世界大戰時共有十二萬左右的預備軍官，大概是該國年齡介於二十歲到四十五歲男子總數的百分之一⓳。

這些數字雖然不怎麼大，但卻比較古老統治階級的一般人數大得多——一八七〇年代時，這個統治階級的七千多人，擁有英國全部私有土地的百分之八十，並構成英國貴族的七百多個家庭。十九世紀早期，資產階級還可以藉由非正式的私人網絡將自己組織起來，可是現在這些數字已大到無法形成這樣的網絡，部分係因為當時的經濟高度地方化，部分則由於對資本主義具有特殊喜好的宗教和種族上的少數群體（法國的新教徒、教友派教徒、唯一神教派〔Unitarians〕、希臘人、猶太人、亞美尼亞人），已發展出互信、親屬和商業交易的網絡，這樣的網絡遍布許多國家、大陸和海洋。（關於這種喜好的原因曾有許多討論，在本書所述時期，尤其值得注意的是德國學者〔如韋伯、桑巴特（Werner Sombart）〕對這個問題的討論。不論各家的解釋爲何——所有這些群體唯一的共同之處，是對於其少數身分的自覺——當時的事實都是：這種小群體，如英國的教友派信徒，已幾乎完全將他們自己轉化爲銀行家、商人和製造業者的團體。）在全國性和國際性經濟到達最高峯的時候，這種非正式的網絡仍然可以發揮作用，因爲牽涉在內的人數很少，而有些企業，尤其是銀行和金融業，更逐漸集中於一小撮金融中心（通常也就是主要民族國家的首都）。一九〇〇年左右，實際控制世界金融業的英國銀行界，只包括住在倫敦一個小地區的幾十家人。他們彼此相識，常去同樣的俱樂部，在同樣的社交圈走動，並且互相通婚[20]。萊茵—西發里亞鋼鐵企業聯合組織（Rhine-Westphalian steel syndicate）共包括二十八家公司，它們也構成德國鋼鐵業的絕大部分。世界上最大的一個托辣斯——美國鋼鐵公司——是在一小撮人的非正式談話中形成，並在飯後的閒談和高爾夫球場上定型。

因此，這個非常龐大的資產階級，不論是舊有的或新興的，很容易便可成爲菁英組織，因爲它可運用與貴族類似的辦法，或貴族的實際技巧（如在英國）。事實上，他們的目的是盡量設法加入貴族階級，至少透過其子女，或藉由過貴族式的生活。可是，如果就此認爲他們在面對古老的貴族價值觀時會放棄資產階級的價值觀，那就錯了。一則，通過菁英學校（或任何學校）以適應社會一事，對傳統貴族並不比對資產階級更重要。因爲菁英學校（如英國的「公立學校」）已將貴族的價值觀吸收到針對資產階級社會及其公共服務而設計的道德系統。再則，貴族的價值觀如今已愈來愈以揮金如土的昂貴生活方式作爲品評，而這種方式最需要的就是錢，不論錢由哪裡來。金錢因而成爲貴族的判斷標準。眞正傳統的土地貴族，如果他不能維持這樣的生活方式且參加與這樣生活方式有關的種種活動，便會被放逐到一個式微的狹隘世界之中，忠誠、驕傲，但在社交上只是勉強夠格，就好像馮譚（Theodore Fontane）《史特虛林》（*Der Stechlin*，古代布蘭登堡〔Brandenburg〕容克〔junker，鄉紳〕價值觀的有力輓歌，一八九五年出版）一書中的人物一樣。偉大的資產階級運用了貴族以及任何菁英群體的手法，去達到其自己的目的。

中學大學適合社會需要的眞正測驗，是爲社會中力爭上游之人而設，不是爲已經到達社會頂端之人而設。它將一個沙斯伯里（Salisbury）地區非國教派園丁的兒子，轉化爲劍橋大學的導師，而這個兒子又經由伊頓（Eton）和國王學院，將他的兒子造就成經濟學家凱因斯。凱氏顯然是一位充滿自信的文雅菁英，以致我們對他母親的童年竟是在外郡的浸信會茅舍中度過一事，甚感驚訝。可是，終其一生，凱氏都是他那個階級的驕傲成員——他日後稱這個階級爲「受過教育的資產階級」㉑。

無足爲奇，這種使學生或許可以取得資產階級身分、乃至一定可以取得資產階級身分的教育，自然會日漸擴張，以因應其不斷增加的人數。這些人之中，有些是已經得到財富但尙未得到身分的人（如凱因斯的祖父），有些是其資產階級身分傳統上有賴於教育的人（如貧窮的新教牧師和報酬比較豐富的專業人員子弟），更多是較不爲人尊敬、但對其子女抱有很大希望的父母。作爲入門必要初階的中學教育成長快速，其學生的人數從增加一倍（如比利時、法國、挪威和荷蘭）到增加五倍（義大利）

不等。一八七〇年代晚期到一九一三年間，保證學生能取得中產階級身分的大學，其學生人數在大多數歐洲國家大致增加了三倍(在這之前的幾十年，波動不大)。事實上到了一八八〇年代，德國觀察家已經在擔心大學錄取人數已超過經濟體系對中產階級的容納度。

對「上中階級」——比方說，一八九五到一九〇七年間，躋身德國波庫地區最高納稅階級的五個大工業家㉒——而言，其問題在於：這種一般性的教育擴張，並未提供充分的身分標記。可是，在此同時，大資產階級不能正式自絕於較其地位爲低的人，因爲它的本質正是在於它的結構必須對新分子敞開；也因爲它需要動員、或者至少需要安撫中中階級和下中階級，以對抗活動力日強的工人階級。因而，非社會主義的觀察家堅持說：「中產階級」不僅在成長，而且規模異常龐大。德國經濟學巨擘施莫勒(Gustav von Schmoller)認爲，他們占了總人口的四分之一㉓，但是他不僅將「收入不錯但不頂多的新官員、經理和技師」包括進去，也將工頭和技術工人涵蓋進去。桑巴特的估計也差不多，他認爲中產階級有一千二百五十萬人，而工人階級則有三千五百萬人㉔。

這些估算基本上估得是可能反對社會主義的選民人數。在維多利亞晚期和愛德華七世時代的英國，一般以爲構成「投資大眾」的人，從寬估計也不會超出三十萬太多㉕。總之，眞正根基穩固的中產階級分子，極不願意歡迎較低階級加入到他們中間，即使這些人衣冠楚楚也無濟於事。更典型的情況是，一位英國觀察家草草地將下中階級和工人一律歸爲「公立小學的世界」㉖。

因而，在大門敞開的各體系中，非正式但明確具有排他性的圈子必須豎立起來。這件事在像英國這樣的國家最容易辦到。一八七〇年以前，英國還沒有公立小學教育(在此之後的二十年，上小學還不是義務性的），一九〇二年以前，英國尚未設置公立中學教育，而除了牛津和劍橋這兩所古老大學外，也沒有重要的大學教育。（蘇格蘭的制度比較廣泛，不過蘇格蘭畢業生如果希望升遷發達，最好是能在牛津或劍橋大學再拿一個學位或再考一下試。凱因斯的父親在取得倫敦的學位以後便是如此。）一八四〇年起，英國爲中產階級興辦了無數非常名不副實的所謂「公立學校」，其模範爲一八七〇年眾所公認的九所古老學校，它們已成爲貴族和紳士的養成所（尤其是伊頓）。到了一九〇〇年代早期，公立學校的名單已增加至六十四到一百六十餘所（視排他性或勢利的程度而異），這些或昂貴或較不昂貴的學校，聲稱其目的在於將學生訓練成統治階級㉗。許多類似的私立中學（主要位於美國東北部），也旨在培育良好或者至少是富有人家的子弟，以便他們接受私立菁英大學的最後洗練。

在這些大學之中，正如在許多德國大學生團體之中，私人協會（如學生俱樂部或更有聲望的美國大學學生兄弟會〔Greek Letter fraternity〕①）又徵集了甚至更具排他性的群體——在古老的英國大學中，其地位爲寄宿「學院」所取代。因而，十九世紀晚期的資產階級是一種教育開放和社會封閉的奇異組合。之所以說「開放」，是因爲有錢便可入學，或者甚至有好的成績便可入學（透過獎學金或其他爲窮學生所想的辦法）。之所以說「封閉」，是因爲大家都了解有的圈子平等，有的圈子不平等。這種排他性是在社交上的。德國大學聯誼會中的學生，爲了決鬥而醉酒受傷，因爲決鬥可以證明他們有別於較低階級，是紳士而非平民。英國私立學校的微妙地位分等，是以那些學校彼此在運動場上的競技輸贏來決定。美國菁英大學的團體，至少在東部，事實上是由運動競技的社交排外性來決定，它們只在「常春藤聯盟」（Ivy League）中做各種競賽。

對於那些剛爬升到大資產階級的人而言，這些社會化的手法，爲他們的子弟確立了無可質疑的身分。女兒們的學術教育沒有硬性規定，而在自由和進步的圈子外也沒有保障。但是，這種手法也有一些確切的實際好處。一八七〇年代以後迅速發展的「校友」制度，說明了教育機構的產物已構成了一個堪稱是全國性乃至國際性的網絡，也將年輕和年長的校友結合在一起。簡言之，它使一群異質的新成員，有了社交的凝結力。在這一點上，運動也提供了許多正式的黏合物。藉由這些方法，一個學校、學院、聯誼會或兄弟會——經常有校友重訪並往往出資協助——構成了一種可能的互助朋黨（往往也是在商業上的），並進一步結成「大家庭」網絡，這個「家庭」的成員可說均具有相同的經濟和社會地位。這個網絡，在本地或區域性的親戚關係和商業範圍之外，提供了可能的聯絡管道。正如美國大學兄弟會的指南在談到校友會急速成長一事時，便曾指出（一八八九年時，「生命、學識、友誼兄弟會」〔Beta Theta Phi〕在十六個城市中設有分會，一九一二年更擴及一百一十個城市），這些校友會形成了「有教養人士的圈子，若非藉它之力，這些人根本不會認識」[28]。

在一個全國性和國際性企業的世界，這種網絡的實際潛力可以由下列事實說明。「Delta Kappa Epsilon」這個美國兄弟會，一八八九年時擁有六位參議員、四十位眾議員、一位洛奇（Cabat Lodge，**編按：美國政壇同名祖孫檔中的祖父**）和那位狄奧多・羅斯福。到了一九一二年時，它更擁有十八位紐約銀行家（包括摩根在內）、九位波士頓富豪、標準石油公司的三位董事，以及中西部具有類似分量的人物。一位未來的企業家（例如皮奧瑞亞〔Peoria〕）在一所常春藤大學通過「Delta Kappa Epsilon」兄弟會的嚴酷入會儀式，對他確實不會有什麼壞處。

當資本家的集中情形日益具體，而純粹地方性乃至區域性的實業又因缺乏與較大網絡的連結而告萎縮時——如英國「鄉村銀行」的迅速消亡——上述這些組織除了社會上的重要性外，更有了經濟上的重要性。可是，雖然這種正式和非正式的教育制度，對於已有確立地位的經濟和社會菁英分子是方便的，它對於那些想加入、或者想藉其子弟的同化而得以加入的人而言，卻是必要的。學校是中產階級比較低下分子的子弟藉以高攀的階梯。即使是在最以作育英才爲宗旨的教育系統中，也很少有幾個農夫之子，更少有幾個工人之子，能爬到最低的台階以上。

4

雖然「最上面的一萬人」(upper ten thousand，意指上流社會)的排他性比較容易建立，卻無助於解決「最上面的十萬個人」的問題——這些人居於頂尖人物和老百姓之間的不明確地帶——它更無助於解決更爲龐大的「下中階級」的問題。下中階級與下層工資較高的技術工人之間，在財產上只有極短的距離。他們的確屬於英國社會觀察家所謂「雇得起傭人的階級」，在約克(York)這樣的地方大城，他們占了總人口的百分之二十九。雖然一八八〇年代以後，家僕的人數不再上升或者甚至下降，因而趕不上中產階級的成長速度，可是除了美國以外，中層甚至下層中產階級不雇用傭人還是一件無法想像的事。就這一點而言，中產階級還是一個主子階級(比較《資本的年代》)，或者更正確的說，是可使喚幾名女僕的主婦階級。他們一定會讓他們的兒子，甚至愈來愈包括他們的女兒，接受中等以上教育。因爲這可使男人有資格擔任預備軍官(或一九一四年英國平民軍隊中的「暫時紳士」),也可使他們成爲可望駕馭其他人的主子。可是,他們之中有爲數龐大且不斷增加的成員,在正式的意義上已不再是「獨立的」,他們已成爲從雇主那裡賺取工資的人,即使這樣的工資用了其他比較委婉的名稱。在舊日那種特指企業家或獨立專業人士的資產階級,以及那些只承認上帝或政府權威的人士之外,現在有一個新的中產階級逐漸茁壯,這些人是在政府團體和高科技資本制度中工作的受薪經理、行政主管和技術專家,這樣的公私科層制度,其興起曾引起韋伯的警告。與舊日獨立工匠和小店主等小資產階級並肩而立且奪其光彩的,是正在成長中的辦公室、商店和行政部屬的小資產階級。這是一個在數目上確實十分龐大的階級,而經濟活動由第一、二類逐漸向第三類轉移的趨勢,又注定使這個階級更加蓬勃。到了一九〇〇年,它們在美國已經比實際的工人階級更大,不過這是一個例外情形。

這些新的中層和中下層中產階級的人數太多,而就其個人而言,往往又太無足輕重。他們的社會環境太過鬆散無名(尤其是在大城市);而經濟和政治運作的規模太大,不能以個人或家庭來計算他們,像計算「上中階級」或「上等資產階級」那樣。無疑,在大城市當中情形一直是這樣,可是一八七一年時,住在十萬人以上城市的德國人不到百分之五,而一九一〇年時卻提高到百分之二十一。於是漸漸地,確認中產階級的方式不再完全以「列入」該階級的個人爲對象,而是按照集體表徵:按照他們所接受的教育,他們所住的地點,他們的生活方式,以及風俗習慣。這些集體表徵可以指出他們相對於其他人的地位;可是就個人而論,還是同樣無法指認。對於公認的中產階級而言,這些表徵指的是收入和教育的結合以及和民眾出身者之間的明顯距離，這種距離可表現在，比方說，在與不比他們身分低下的人交際時，他們還是慣常使用文雅的標準國語和代表高尚身分的口音。下層中產階級，不論是新是舊，顯然是身分不同且較爲低下，因爲他們收入不足，才能平庸，而又與民眾出身者相近㉙。「新興」小資產階級設法與工人階級涇渭分明，這一目標往往使他們成爲政治上的激烈右翼。「反動」便是他們諂上傲下的方式。

「堅實」而毫無疑問的中產階級主體，人數不多。一九〇〇年代早期，死於聯合王國並留有超過三百鎊遺產（包括房子、家具等等）的人，不到全民的百分之四。可是，即使超過舒適程度的中產階級收入（例如一年七百鎊到一千鎊）或許是高薪工人階級的十倍之多，它卻不能與眞正的富人，遑論鉅富相提並論。在地位穩固、可識別和富裕的上層中產階級與當時所謂的財閥之間，還有一道深廣的鴻溝。一位維多利亞晚期的觀察家說：「這道鴻溝代表了世襲貴族與財富貴族中間的那條傳統界線，已被抹去大半。」㉚

居住地帶的隔離（往往是在一個適當的郊區），是將這些舒適的人群組織成一個社會群體的方法之一。如前所示，教育是另一個辦法。十九世紀最後二十五年間，體育運動已經制度化，並成爲將上述兩種方法聯繫在一起的樞紐。大約在這個時期於英國定型的運動（英國也賦予它模式和字彙），就像野火一樣延燒到其他國家。在一開始的時候，它的現代形式基本上是與中產階級有關，而不一定與上等階級有關。以英國的情形爲例，年輕的貴族可能會在任何形式的體能勇技上一試身手，但是他們的專長是與騎馬和殺伐人或動物有關的運動，或至是攻擊人與動物。事實上在英國，「運動」

(sport)一字原本只限於這類事情，今日所謂的遊戲或體能競賽的「運動」，當時係歸類爲「娛樂」。和以往一樣，資產階級不僅採納、而且也改變了貴族的生活方式。貴族之流照例也喜歡顯然昂貴的事物，如新發明的汽車。在一九〇五年的歐洲，人們正確地將汽車形容爲「百萬富翁的財產和有錢階級的交通工具」㉛。

新的運動也滲入工人階級，而甚至在一九一四年以前，工人已經熱中於某些運動(當時在英國或許有五十萬人玩足球)，龐大數目的群眾更是激烈地觀望和仿效。這個事實爲運動設立了一個判斷的標準，業餘性質，或者正確的說，對於「專業運動員」的禁令和嚴格的階級隔離。沒有一個業餘運動員可以有優異的成績，除非他可以花比勞動階級花得起的更多時間在一項運動上，除非他有報酬可拿。中產階級最典型的運動，如草地網球、橄欖球、美式足球(雖然有些辛苦，當時仍是大學生的運動)，或者尚未發達的冬季運動，都頑強地拒絕職業化。業餘性的理想更有連結中產階級和貴族的好處，它在一八九六年初創的奧林匹克運動會(Olympic Games)中被奉爲神聖定律。奧運是一位讚賞英國公立學校制度的法國人所創辦，並以它的運動場爲靈感。

運動被視爲構成新統治階級的一項重要因素，而這個統治階級又以公立學校所訓練出來的資產階級「紳士」爲榜樣，從學校在將運動介紹給歐陸時所發揮的作用，便足以說明這個事實。同樣清楚的是：運動具有愛國、甚至軍國主義的一面。但是，它也有助於創設中產階級生活和團結的新模式。一八七三年發明的草地網球，迅速成爲中產階級郊區的典型運動，這主要是因爲它是由兩性一起玩的遊戲，因而提供了偉大中產階級的子女一個結交異性朋友的途徑。這些不是經由家庭介紹的年輕人，確定具有類似的社會地位。簡言之，它們拓寬了中產家庭狹隘的交友圈，而且，透過「草地網球收費俱樂部」的交互網絡，由許多獨立的家庭小組織中創造出一片社交天地。「客廳很快便萎縮成不重要的場合。」㉜如果沒有郊區化和中產階級婦女的逐漸解放，網球是不可能盛行的。爬山、新興的騎腳踏車運動(歐陸最早的工人階級大眾運動)，以及從滑雪衍生出的各種冬季運動，也相當得力於兩性間的吸引力，因此也在無意間對婦女的解放運動發揮了重要作用(見下)。

高爾夫球俱樂部在盎格魯撒克遜中產階級專業和商業人士的男性世界，也將發生同樣重要的作用。上面我們已經談到在高爾夫球場上所達成的一項早期商業交易。高爾夫球場是塊廣大的不動產，需要俱樂部會員花大錢修建和維持，其設計的目的，是爲了將在社交上和財政上不合格的人士排拒在外。這種遊戲的社交潛力，像乍現的啓示般驚醒新興中產階級。一八八九年以前，整個約克郡只有兩座高爾夫球場；一八九〇到一八九五年間，卻新成立了二十九座㉝。事實上，在一八七〇到一九〇〇年代早期，各種有組織的運動形式征服資產階級社會的不尋常速度，表示它滿足了一種社會需要——感受到這一需要的人，比眞正喜歡戶外運動的人爲多。矛盾的是，至少在英國，大約與此同時，工業上的勞動階級和新的資產階級或中產階級，皆以具有自我意識的群體出現，以集體的生活方式或行動風格爲自己定位，以顯示彼此間的差別。運動是中產階級創造的，如今則轉型爲兩種明顯以階級爲本體的系別——它是自我定位的一個主要辦法。

5

因而，在社會上，一九一四之前幾十年的中產階級，係以三項主要發展爲其特色。在較低的那一頭，有點資格自稱爲中產階級的人數已然增加。這些人是從事非體力勞動的雇員，他們與工人的差別，不在於收入的多寡，而在於他們引以爲傲的工作服式樣（「穿黑色外套的人」，或者，如德國人所云：「硬領」的勞動階級），以及他們自稱自許的中產階級生活方式。在較高的那一端，雇主、高級專業人士和較高級經理、受薪行政人員和資深職員之間的界線，愈來愈模糊。當英國的戶口調查在一九一一年首次按照階級登記人口時，這些人實際上都被分類爲「第一階級」。在此同時，靠二手利潤爲生的資產階級男女——清教徒的傳統可從英國內地稅捐處（British Inland Revenue）將這樣的利潤歸類爲「不勞而獲的收入」一事上透露出來——也成長得相當快速。當時只有相對少數的資產階級眞正從事「賺錢」的工作，但可以分給他們親屬的累積財富卻比以前大得多。在中產階級的最頂端則是極爲富有的財閥。一八九〇年早期，美國已經有四千多個百萬富翁。

對於大多數人而言，戰前的幾十年都是好日子；對於比較幸運的人而言，這幾十年更是異常的安適。新興的下層中產階級在物質上的收益很少，因爲他們的收入可能不比技術工匠多（雖然這是以「年」而非「週」或「日」計算），但工人不必花很多錢修飾外表。然而，他們的身分無疑使他們居於勞動大眾之上。在英國，下層中產階級的男人甚至可以自認爲是「紳士」。「紳士」一辭原指有土地的上流社會人士，但是，在這個資產階級的時代，它特有的社會意義已然耗竭，成爲泛指任何不實際上從事體力勞動之人（它從來不等同於工人）。他們大多數都認爲自己比父母過得好，而且希望將來他們的子女會過得甚至更好。不過這種體認似乎不曾減輕他們對地位較高及較低者的忿恨之感。這種無可救藥的忿恨感，似乎是這個階級的特色。

那些毫無問題屬於資產階級世界的人，實在是沒有什麼可抱怨的了。因爲，任何一個年收入幾百鎊（絕對算不上大錢）的人，都可過非常如意的生活，而此刻的生活方式，又非常令人稱心滿意。偉大的經濟學家馬歇爾以爲（見《經濟學原理》〔*Principles of Economics*〕）：一位教授每年花用五百鎊便可享有不錯的生活㉞，他的同事——凱因斯的父親——證實了他的說法。老凱因斯從每年的一千鎊收入（薪水加上繼承的資金）中設法節餘四百鎊，這樣的收入，使他可以住在一幢貼有莫里斯壁紙（Morris-wallpaper）的房屋，雇三名正規的僕人和一位女家庭教師，每年度兩次假（一八九一年時，在瑞士的一個月假期花了這對夫婦六十八鎊），並盡情享受他集郵、捕蝴蝶、論理和（當然）打高爾夫球的嗜好㉟。每年想辦法花比這多一百倍的錢，並不是難事。而「美好時代」極端富有的人，如美國的大富翁、俄國的大公爵、南非的黃金巨豪以及各式各樣的國際資本家，正是在競相奢侈花費。但是，一個人不必是大亨，便可享受到人生極大的歡樂。因爲比方說，一八九六年時，一套用自己姓、名的第一個字母編成圖案的碗碟，可以在倫敦商店以不到五鎊的代價購得。十九世紀中期因鐵路行經而建築的國際性大飯店，在一九一四年以前的二十年間達到其最高點。到今天，它們有許多還沿用當時最著名大師傅的名字——麗池（César Ritz）。超級富翁可能常常光顧這些華廈，但這些飯店主要並不是爲他們而建，因爲超級富翁會修建或租用他們自己的華屋。它們招徠的顧客，是中等的富人和過得不錯的人。羅斯伯里勳爵在新開的塞西爾飯店(Hotel Cecil)用餐，但吃的不是六先令一份的標準餐。以眞正富有者爲對象的活動，其價碼是根據另一個標準。一九〇九年時，一套高爾夫球桿和球袋，在倫敦索價一鎊半，而新推出的朋馳汽車，其基價是九百鎊。(文邦女爵〔Lady Wimborne〕和她的兒子擁有兩輛這樣的朋馳汽車，另有兩輛戴姆勒〔Daimler〕、三輛達拉克〔Darracq〕及兩輛那比爾〔Napier〕[36]。)

一九一四年前的日子，無疑是資產階級歷史上的黃金時代。同樣不需懷疑的是，吸引最多公眾注意力的那種有閒階級，又是如維布倫所說的那些大肆揮霍、以建立個人身分和財富的人。這些人的競爭對象並不是較低下的階段，因爲後者身分太低，甚至引不起他們的注意；他們是在與其他大亨競爭。摩根對於「維持一艘遊艇要花多少錢」這個問題的回答(「如果你得問這個問題，那麼你便維持不起」)，以及洛克斐勒在聽說摩根死後留下八千萬美元時同樣不一定可信的評語(「我們還以爲他是有錢人呢」)，便可說明這個現象。在那鍍了金的幾十年間，這樣的現象比比皆是：藝術品商人(如杜維恩〔Joseph Duveen〕)說服億萬富翁，讓他們以爲只有蒐集古代大藝術家的作品，才能確保他們的身分；成功的雜貨商如果沒有一艘大遊艇便稱不上體面；沒有任何一個礦業投機家沒養幾匹賽馬以及一幢(最好是英國的)華麗別墅和松雞狩獵場；而他們所浪費的食物，單是愛德華時代一個週末的分量和種類(乃至食物的消耗量)，都令人難以想像。

可是，事實上如前所示，最大部分的私人收入多半是花用在富有人家的妻子、兒女以及其他親戚所從事的非營利活動上。我們在下面將會看到，這是婦女解放運動中的一項重要因素（參看第八章）。伍爾芙（Virginia Woolf）以爲，爲了這個目的，必須要有「自己的一個房間」，亦即一年五百鎊；而韋布夫妻偉大的費邊式聯姻，是以她在結婚時獲贈的一年一千鎊爲基礎。許多良好的奮鬥目標都從不支薪的協助和財政贊助中獲益，這些目標從藉由對窮人的社會服務以達成和平和節制飲酒——這是中產階級積極分子淸理貧民窟的時代——到支持非商業性藝術。二十世紀早期的藝術史，充滿了這樣的贊助。一位叔父和一連串貴婦的慷慨，成全了里爾克（Rilke）的詩歌；盧卡奇（Lukacs）的哲學和格奧爾格（Stefan George）的詩歌，以及克勞斯的社會批評，也都是由其家族的企業所資助；家族企業也使湯馬斯・曼在他的文學生涯開始獲利之前可以專心寫作。引另一位私人收入的受益者佛斯特的話：「紅利進門，高尚的思想升起。」它們在別墅和公寓內外升起，這些地方的陳設，係採用「藝術及工藝」運動（art-and-crafts movement）的風格，這項運動是仿自中古工匠對那些付得起工資者所採用的辦法。它們也在「有教養的」人家升起，對這些人家而言，只要口音和收入是對的，即使前此認爲是不可敬的職業，也可以如德國人所云：請進家來。後淸教徒時代中產階級的另一奇怪發展，是到了十九世紀末它已隨時願意讓它的子女走上職業性舞台——這時舞台已取得所有公認的象徵。畢強藥品公司（Beecham's Pills）的繼承人湯瑪斯・畢強爵士（Sir Thomas Beecham），選擇把時間花在指揮戴流士（Delius，布拉福〔Bradford〕羊毛貿易業人家的子弟）和莫札特（Mozart，無此優異條件）的樂曲上。

6

可是，當愈來愈多的資產階級成員在這個富裕的年代開始遊手好閒，並迅速遠離前此賦予他們身分、責任和奮發精力的清教徒倫理——強調工作、努力、節約致富、責任和道德熱誠的價值觀——這個富征服性的資產階級時代還繁榮得起來嗎？如我們在本書第三章中已經看到的，恐懼（不，應該說是恥辱）、害怕和羞於在未來當寄生蟲的想法，困擾著他們。閒暇、文化、舒適都是很好的事。（這個「閱讀聖經的一代」仍牢記上帝對金牛崇拜者的懲罰，對於以奢侈浪費公開炫耀財富之舉，仍然抱持相當的保留態度。）但是，這個把十九世紀據爲己有的階級，不是正在從它的歷史命運中退縮嗎？它如何（如果辦得到的話）能將它過去和現在的價值觀念調和在一起？

這個問題在美國幾乎尚未出現。在美國，雖然有些企業家爲他們的公共關係發愁，但是這些生氣勃勃的企業家，並未感覺到什麼不確定的痛苦。只有在新英格蘭那些獻身於大學教育和專業服務的世家當中，如詹姆士家族（Jameses）和亞當斯家族（Adamses），才能找到對其社會感到十分不舒服的男女。關於美國的資本家，我們只能說：他們有的賺錢賺得太快，且賺進的是天文數字，以致他們的教育強迫他們反對下面這項事實：亦即對人類、甚至對資產階級而言，單是資本累積本身，並不是人生的充分目標。（卡內基說：「聚積財富是一種最壞的偶像崇拜，沒有任何偶像比對金錢的崇拜更使人降格。如果我再繼續因商業而憂慮不已，且專心致志於在最短的時間裡賺錢，必將使自己降格到萬劫不復的地步。」

㊲)然而，絕大多數的美國商人不能與公認非凡的卡內基相提並論，卡氏捐了三億五千萬美元給世界上各種傑出的奮鬥目標和個人，同時卻沒有明顯影響到他在斯基波堡(Skibo Castle)的生活方式。他們也不能和洛克斐勒相提並論，洛氏仿效卡內基慈善基金的新辦法，在他於一九三七年逝世之前，其所捐出的款項已較卡內基更多。這種大規模的慈善事業，像蒐集藝術品一樣，有意想不到的好處：可使他們在日後公眾的心目中留下慈善家的形象，以柔化他在其工人和商業競爭對手眼中的無情掠奪者形象。對於絕大多數的美國中產階級來說，致富，或者至少相當富有，仍然是人生的一個充分目標，也是其階級和文明的充分理由。

在進入經濟轉型時代的西方小國中，我們也覺察不出什麼大資產階級的信心危機——例如易卜生曾寫過一部著名的戲劇來敍述這群挪威地方市鎮上的「社會棟樑」(一八七七年出版)。和俄國的資本家不一樣，他們沒有理由感覺到整個傳統主義社會的重量和道德，由大公們到農夫，更別說受他們壓榨的工人，都是正對著他們而來。與此正相反，在俄國這個國家的文學和生活中，我們看到令人驚奇的現象，如以其勝利爲恥的那個商人(契訶夫所著《櫻桃園》〔*Cherry Orchard*〕中的洛巴克興〔Lopakhin〕)，以及資助列寧共產黨員的偉大紡織業鉅子兼藝術贊助人莫洛佐夫(Savva Morozov)。不過，即使是在俄國，迅速的工業進步也爲他們帶來自信。矛盾的是，後來將一九一七年的二月革命轉化爲十月革命的，是俄國雇主在前二十年間所得到的信念，亦即：「在俄國除了資本主義之外，不可能有其他經濟制度」，而且俄國的資本家有足夠的力量迫使其工人就範。(如一位中庸的工業領袖在一九一七年八月三日所云：「我們必須堅持……目前的革命是資產階級的革命，在當前這個時代，資產階級的制度是不可避免的，而由於不可避免，便應該達到一個完全合乎邏輯的結論：那些統治國家的人，應該按照資產階級的方式思想和行動㊳。）

無疑，在歐洲已開發的部分，許多商人和成功的專業人員，仍然感到時機對他們有利，可以揚帆乘風破浪。不過，傳統上支撐這些帆的兩根桅柱，此際已正在發生明顯的變化。這兩根支柱，一是由業主所經營的公司，另一是以男性為中心的家庭。當時，一位德國的經濟史家確曾如釋重負地談到：受薪職員所經營的大企業和自主企業家在卡特爾中失去的獨立，「距離社會主義還很遠」㊴。但是，單是從私人企業和社會主義可以如此相提並論一事，已經說明了這個時期的新經濟結構，與眾所公認的私人企業理想，有多大的距離。至於資產階級家庭的耗蝕（其婦女成員的解放是一大要因），如何能不損傷到這個對其仰賴甚巨的階級的自我詮釋（參看《資本的年代》第十三章第二節）？對這個中產階級而言，「可敬」即等於「道德」，而道德又極端仰賴於其婦女的外在行為。

資產階級長久以來的特殊意識形態和忠誠，在這段期間所發生的危機，除了對某些自命虔誠的天主教群體以外，至少在歐洲，又使這個問題更為嚴重，而且還溶解了十九世紀資產階級的強固輪廓。因為資產階級向來不僅信仰個人主義、尊重觀和財產，也信仰進步、改革和溫和的自由主義。在十九世紀上層社會永恆的政治戰鬥（「運動」或「進步」派與「秩序派」之間的戰鬥）中，大多數的中產階級，無疑是站在「運動」的一方，不過他們對秩序也非完全無動於衷。但是，我們在下面將會看到，進步、改革和自由主義此刻都出現了危機。當然，科學和技術的進步無庸置疑，而至少在大蕭條的懷疑與猶豫心態之後，經濟的進步似乎還是可以斷言的——雖然它引起了通常由危險顛覆分子所領導的有組織勞工運動。如前所見，就民主政治而言，政治進步是一個充滿問題的概念。至於文化和道德領域的情形，則似乎愈來愈使人感到迷惑。什麼樣的時代能塑造出尼采和巴雷斯？他們在一九〇〇年代成爲年輕一輩的精神領袖，而這些年輕人的親輩當年在思想上卻是受到斯賓塞(Herbert Spencer, 1820-1903)和雷南(Ernest Renan, 1820-92)的指引。

隨著德國資產階級世界的得勢和成功，這種情勢的知識面顯得更令人迷惑。在德國，中產階級的文化向來與啓蒙運動理性主義的簡單明白不太親近；然而這個運動卻深植於法英兩國的自由主義當中。德國在科學和學術上，在工藝和經濟發展上，在禮貌、文化和藝術上，以及同樣重要的在國勢上，無疑都是一個巨人。或許，就各方面來說，它是十九世紀最可觀的國家成功故事。它的歷史例示了進步。但是，它眞的信奉自由主義嗎？就算它信奉自由主義，十九世紀末德國人所謂的自由主義，對於十九世紀中葉爲大家所接受的各種眞理而言，指的又是什麼？德國大學甚至拒絕教授在其他地方已普被接受的那種經濟學（參看第十一章）。偉大的德國社會學家韋伯，係來自完美的自由主義背景，畢生自視爲資產階級自由主義者，而事實上就德國的標準而言，也是一個十足的左翼自由主義者。可是，他也激烈地信仰軍國主義和帝國主義，並且至少一度十分傾心右翼民族主義，以致加入了泛日耳曼聯盟。或者，看一看湯馬斯・曼兩兄弟的文學內戰：海因里希・曼(Heinrich，德國以外的人之所以知道他，或許〔而且不公平的〕是因爲他的作品曾被改編成瑪琳・黛德麗〔Marlene Dietrich〕所主演的電影《藍色天使》〔*Blue Angel*〕)是一位古典理性主義者和親法的左翼分子。湯馬斯・曼卻激烈地批評西方「文明」和自由主義，並拿它們（以熟悉的條頓民族方式）與德國的「文化」對比。可是，湯馬斯・曼的整個事業，尤其他對希特勒興起和勝利的反應，說明了他的根源和內心是屬於十九世紀自由主義的傳統。這兩兄弟中，哪一個是眞正的「自由主義者」？德國資產階級的立場又是什麼？

再者，如前所示，當各自由政黨的優勢在大蕭條期間紛紛崩潰之際，資產階級政治也變得更爲複雜、分化。在英國，從前的自由主義者轉趨保守；在德國，自由主義分化式微；在比利時和奧地利，它的支持者轉向左派和右派。所謂「自由主義者」究竟是代表什麼？或者，甚至在這些情形下的「自由主義者」究竟是什麼意思？一個人究竟必須是思想上或政治上的自由主義者嗎？畢竟，一九〇〇年代時，在大多數的國家中，典型的企業和專業階級成員，往往公然站在政治中心的右方，而且，在他們的下面，還有人數日增的新興中層和下層中產階級。這些人對公然反對自由主義的右翼，具有打從心底的親近感。

舊有的集體認同的腐蝕情形，又因兩個愈來愈迫切的問題而更爲明顯。這兩個問題是：民族主義／帝國主義（參看第三章和第六章）以及戰爭。在此之前，自由資產階級並不熱中於帝國征服，雖然（矛盾的）其知識分子應該對治理印度這個最大的帝國主義財產的方法負責（參看《革命的年代》第八章第四節）。資產階級雖然可以讓帝國的擴張和自由主義取得協調，但是往往無法使它們融洽一致。征服最激烈的鼓吹者通常更爲右傾。另一方面，信奉自由主義的資產階級，在原則上既不反對民族主義也不反對戰爭。然而，他們向來只不過把「國家」（包括他們自己的國家在內）視爲演化的一個臨時階段，這個演化將朝向一個眞正的全球性社會和文明。他們對那些在他們看來顯然無生活能力之弱小民族的獨立要求，抱持懷疑態度。至於戰爭，雖然有時是必要的，但是應該予以避免，戰爭只能在信奉軍國主義的貴族和不文明的人群當中引起熱切的情緒。俾斯麥那句切合實際的名言，亦即德國的問題只能以「鐵和血」來解決，其用意便在於驚嚇十九世紀中葉信仰自由主義的資產階級民眾。而到了一八六〇年代，它也果然達到這個目的。

顯然，在這個帝國紛建、民族國家主義擴張和戰爭日漸迫近的時代，這些情操已經不再切合世界的政治實況。一個人如果曾在一九〇〇年代重述那些在一八六〇年代、乃至一八八〇年代被認爲是資產階級普遍經驗的常識，那麼到了一九一〇年時，他會發現上述常識已與這個時代格格不入(蕭伯納〔Bernard Shaw〕的戲劇，在一九〇〇年後便因這樣的衝突而得到一些喜劇效果)[40]。在這個情形下，我們可以預期：現實取向的中產階級自由主義者，多半會對其自身的立場動搖採取迂迴曲折、避重就輕的解釋，要不便是保持緘默。事實上，這正是英國自由黨政府首長所採用的辦法，他們一面答應讓英國參戰，一面又假裝不答應。但是我們看到的還不止於此。

當資產階級的歐洲在愈來愈舒適的物質生活中走向其異常的災禍時，我們觀察到一個資產階級的奇異現象，或者至少是在其大部分年輕人和其知識分子中間的奇異現象。他們心甘情願的，甚至熱切的，躍進地獄。我們都知道那些像墜入情網般爲第一次世界大戰爆發而歡呼的年輕男子。(一九一四年前，未來年輕女子的那種好鬥性，還看不太出來。)一位通常極其理性的費邊社會主義者和劍橋使徒——詩人布魯克(Rupert Brooke)——寫道：「感謝上帝讓我們生活在這一刻。」義大利未來派作家馬里內蒂(Marinetti)寫道：「只有戰爭知道如何使智力回春、加速和敏銳，使神經更愉快、更活潑，使我們從每日背負的重壓下解放，使生命添滋味，使白癡具才能。」一位法國學生寫道：

「在軍營的生活和砲火之下，我們將經驗到我們內在法國力量的最大迸發。」❹但是，很多較年長的知識分子，也將以欣喜和驕傲的宣言迎接戰爭——他們之中有的命長到懂得懊悔的時候。在一九一四之前的許多年，已有人觀察到歐洲人棄絕和平、理性和進步的理想，而追求狂暴、天性和激烈的發展。有一部研究那個時期英國歷史的重要著作，便把其書名定爲：「自由主義英國的離奇死亡」。

我們可以將這個書名延伸到整個西歐。在他們新近收穫到的物質享受中，歐洲中產階級卻感到渾身不自在(雖然當時新世界的商人還沒有這樣)。他們已喪失了他們歷史的使命。那些無條件衷心讚頌理性、科學、教育、啓蒙運動、自由、民主和人類進步——這些資產階級一度驕傲例示的事物——的歌曲，如今只能出自那些其思想結構屬於過去那個時代、而又跟不上新潮流的人。在其一九〇八年發表的《進步幻象》(*The Illusions of Progress*)一書中，才華橫溢而又富反叛性的思想怪傑索雷爾，乃針對工人階級而非資產階級做此警告。知識分子、年輕人和資產階級政客，在瞻前顧後之餘，仍無法相信這一切都是或將是爲了最好的未來。然而，歐洲上等和中等階級的一個重要部分，卻保持了對未來進步堅定不移的信心，因爲這個信念是以他們最近處境的驚人改進爲基礎。這一部分包括了婦女，尤其是一八六〇年後出生的婦女。

註釋

❶詹姆斯，《心理學原理》(*The Principles of Psychology*)，紐約：一九五〇，頁二九一。艾爾維特(Sanford Elwitt)提供我這條資料。

❷威爾斯，《托諾—本蓋》(*Tono-Bungay*)，一九〇九，現代叢書版，頁二四九。

❸孟福(Lewis Mumford)，《歷史上的城市》(*The City in History*)，紐約：一九六一，頁四九五。

❹吉樂阿德(Mark Girouard)，《維多利亞時代的別墅》(*The Victorian Country House*)，紐黑文和倫敦：一九七九，頁二〇八—一二。

❺亞當斯(W. S. Adams)，《愛德華時代的畫像》(*Edwardian Portraits*)，倫敦：一九五七，頁三—四。

❻舒斯克(Carl E. Schorske)，《世紀末的維也納》(*Fin-de-Siècle Vienna*)，倫敦：一九八〇。

❼維布倫，《有閒階級的理論：各種制度的經濟研究》(*The Theory of the Leisure Class: An Economic Study of Institutions*)，一八九九。修訂版紐約一九五九年出版。

❽魯賓斯坦(W. D. Rubinstein)，〈現代英國的財富、菁英和階級結構〉(Wealth, Elites and the Class Structure of Modern Britain)，《過去與現在》，第七十六期(一九七七年八月)，頁一〇二。

❾威爾克(Adolf v. Wilke)，《老柏林的回憶》(*Alt-Berliner Erinnerungen*)，柏林：一九三〇，頁二三二以次。

❿葛茲曼，《英國的政治菁英》(*The British Political Elite*)，倫敦：一九六三，頁一二二—七。

⓫都察著，前引，頁一二八。

⓬哲勒汀，《法國：一八四八—一九四五》(*France, 1848–1945*)，牛津：一九七三，第一冊，頁三七；馬希(D. C.

Marsh)，《一八七一到一九六一年間英格蘭和威爾斯改變中的社會結構》(*The Changing Social Structure of England and Wales 1871-1961*)，倫敦：一九五八，頁一二二。

⑬瑞特和柯卡，《德國社會史，文獻與特寫㈡：一八七〇—一九一四》(*Deutsche. Sozialgeschichte. Dokumente und Skizzen. Band II 1870-1914*)，慕尼黑：一九七七，頁一六九—七〇。

⑭德斯坎(Paul Descamps)，《英國的學校教育》(*L'Éducation dans les écoles Anglaise*)，巴黎：一九一一，頁六七。

⑮哲勒汀，前引，第一冊，頁六一二—一三。

⑯同上，第二冊，頁二五〇；惠勒(H.-U. Wehler)，《德意志帝國：一八七一—一九一八》(*Das deutsche Kaiserreich 1871-1918*)，哥廷根：一九七三，頁一二六；瑞特和柯卡，前引，頁三四一—三。

⑰瑞特和柯卡，前引，頁三二七—八、三五二；梅耶(Arno Mayer)，《舊政策的持續：歐洲走向大戰》(*The Persistence of the Old Regime: Europe to the Great War*)，一九八一，頁二六四。

⑱何荷斯特、柯卡和瑞特，前引，頁一六一；馬耶爾(J. J. Mayeur)，《第三共和的源始：一八七一—一八九八》(*Les Débuts de la IIIe République 1871-1898*)，巴黎：一九七三，頁一五〇；哲勒汀，前引，第二冊，頁三三〇。梅耶，前引，頁二六二。

⑲瑞特和柯卡，前引，頁二二四。

⑳卡西斯(Y. Cassis)，《愛德華時代倫敦的銀行家：一八九〇—一九一四》(*Les Banquiers de la City à l'epoque Edouardienne*)，日內瓦：一九八四。

㉑斯奇德斯基，前引，第一冊，頁八四。

㉒克魯，前引，頁二六。

㉓施莫勒，《所謂中等階級是指什麼？它在十九世紀開始或結束？》（*Was verstehen wir unter dem Mittelstande? Hat er im 19. Jahrhundert zu-oder abgenommen?*），哥廷根：一九〇七。

㉔桑巴特，《十九世紀和二十世紀初年的德國政治經濟》（*Die deutsche Volkswirthschaft im 19. Jahrhundert und im Anfang des 20. Jahrhunderts*），柏林：一九〇三，頁五三四、五三一。

㉕波拉德，〈資金的輸出：一八七〇—一九一四〉，頁四九八—九。

㉖勞森(W. R. Lawson)，《約翰牛和他的學校：爲父母、納稅人和商人而寫》(*John Bull and His Schools: A Book for Parents, Ratepayers and Men of Business*)，愛丁堡和倫敦：一九〇八，頁三九。他估計大約有五十萬「眞正的中產階級」。

㉗杭尼(John R. de S. Honey)，《湯姆・布朗的世界：維多利亞時代公立學校的發展》（*Tom Brown's Universe: The Development of the Victorian Public School*），倫敦：一九七七。

㉘白爾德(W. Raimond Baird)，《美國大學中的兄弟會：美國各大學會社制度的敘述性分析，附有對每一種兄弟會的詳細說明》(*American College Fraternities: a descriptive analysis of the Society System of the Colleges of the United States with a detailed account of each fraternity*)，紐約：一八九〇，頁二〇。

㉙馬耶爾，前引，頁八一。

㉚艾思考，前引，頁二〇二—三。

㉛《英國婦女年鑑》（*The Englishwoman's Year-Book*），一九〇五，頁一七一。

㉜艾思考，前引，頁一九六。

㉝可以由維多利亞郡史中對該郡的記述證實。

㉞《經濟學原理》(*Principles of Economics*)，倫敦：第八版，一九二〇，頁五九。

㉟斯奇德斯基，前引，頁五五—六。

㊱威爾希(P. Wilsher)，《你口袋中的英鎊，一八七〇—一九七〇》(*The Pound in Your Pocket 1870-1970*)，倫敦：一九七〇，頁八一、九六及九八。

㊲休斯，前引，頁二五二。

㊳羅森堡(W. Rosenberg)，《俄國革命中的自由主義分子》(*Liberals in the Russian Revolution*)，普林斯頓：一九七四，頁二〇五—一二。

㊴華特紹森(A. Sartorius v. Waltershausen)，《德國經濟史，一八一五—一九一四》(*Deutsche Wirtschaftsgeschichte 1815-1914*)，第二版，耶納：一九二三，頁五二一。

㊵例如《人與超人，錯誤聯合》(*Man and Superman, Misalliance*)。

㊶沃荷(Robert Wohl)，《一九一四那一代》(*The Generation of 1914*)，倫敦：一九八〇，頁八九、一六九及一六。

①美國大學學生兄弟會(姊妹會)係指北美各大專院校的自治互助會組織，通常都採用能表達其目標或理想的希臘字母的前幾個字母爲名稱。

第八章 新女性

按照佛洛伊德(Freud)的說法，婦女的確不能由讀書中獲益，而且就整體而言，婦女的命運也不能藉以改善。再者，在性的昇華上，婦女也不能和男子有同樣的成就。

——《維也納心理分析學會會議記錄》，一九〇七❶

母親十四歲那年離開學校。她馬上得去某個農場工作……稍後，她到漢堡去幫傭。但是他們允許他的兄弟學點東西，他成爲一名鎖匠。當他失業時，他們甚至讓他再做一次學徒，跟了一位印刷業者。

——亞潘(Grete Appen)談她的母親(一八八八年出世)❷

女性主義運動的要旨，在於恢復女性的自尊。其最重大的政治勝利，最高的價值也止於此——它們教導婦女不要低貶自己的性別。

——安東尼(Katherine Anthony),一九一五❸

1

乍看起來,由西方中產階級的脈絡來思考本書所論時期一半人類的歷史,似乎是荒謬的。畢竟,西方的中產階級即使是在「已開發資本主義國家」或開發中資本主義國家,也不過是一個較小的群體。可是,就歷史家將其注意力集中在婦女身分的改變和轉型這一點來說,這樣做卻是合理的。因為這些改變和轉型中最驚人的一項——「婦女解放運動」——在這一時期中,其拓墾與推展幾乎仍限於社會的中產階級,並以不同的方式存在於就統計數字而言較不重要的社會上層階級。雖然這一時期也產生了數目雖小但卻前所未有的活躍婦女,在以前完全屬於男人的領域卓然成家,如羅莎·盧森堡、居里夫人(Madame Curie)、碧亞翠斯·韋布,但在當時,婦女運動的規模仍然相當有限。儘管如此,它還是大到不僅可以推出一小撮拓墾者,也能夠在資產階級的環境中,造就一種新人類——「新女性」。由一八八〇年代起,男性觀察家開始對她們進行思索辯論。她們也是「進步作家」的主人翁,如易卜生筆下的娜拉(Nora)和利百加·威斯特(Rebecca West),以及蕭伯納的女主角——或者更正確的說——反派女主角。

就世界絕大多數的婦女而言,那些住在亞洲、非洲、拉丁美洲以及東歐和南歐農業社會的婦女,其情形尚沒有什麼改變;任何地方的大多數勞工階級婦女,其景況的改變也都很小。不過有一個非常重要的部分是例外的，此即：一八七五年後，「已開發」世界的婦女開始生育為數顯然少得多的子女。

簡言之，世界上的這一部分，正明顯經驗到所謂的「人口學上的變遷」，由古老模式的某個形態，大致說來便是為高死亡率所中和的高生育率，改變到現在所熟悉的模式，也就是為低死亡率所補償的低生育率。這一轉變如何又為何發生，是人口史家所面對的大難題之一。就歷史來說，生育率在「已開發國家」的陡降是相當新鮮的事。附帶一提：世界上絕大部分地區的生育率和死亡率無法同時下降，造成了兩次世界大戰以後全球人口的壯觀激增。雖然部分由於生活水準提高，部分由於醫學革命，死亡率已呈戲劇性下降，可是在第三世界絕大部分地區，生育率仍然很高，要到戰後三十年才開始下降。

在西方，生育和死亡率的配合較好。生育率和死亡率顯然影響到婦女的生活和感情，因為影響死亡率最驚人的發展，是一歲以下嬰兒死亡率的陡降，而這種陡降在一九一四年以前的幾十年間也成為明確的趨勢。比方說，在丹麥，一八七〇年代一千個活著生下來的嬰兒中，平均有一百四十個夭折；但是在一九一四的倒數前五年中，這個數字保持在九十六左右。在荷蘭，這兩個數字是將近二百和一百多一點。(在俄國，一九〇〇年代早期嬰兒夭折率大約是千分之二百五十，而一八七〇年代，大約是千分之二百六十。)不過，我們可以合理的假定：較少的子女生育數要比更高的子女存活率，對婦女的人生改變更為顯著。

婦女的晚婚、不婚(假定非婚生子女的人數不增加)，或某種形式的節育辦法(所謂節育，在十九世紀幾乎等同於禁欲或中止性交），都可確保較低的生育率。（在歐洲，我們可以不考慮大規模殺嬰。）事實上，西歐行之已有數百年的特殊婚姻模式，都曾使用過上述辦法，但以前面二者居多。不同於非西方國家的一般婚姻模式——也就是女孩子早婚，且幾乎沒有一個不婚——前工業時代的西方婦女往往晚婚（有時二十多近三十歲才結婚），而單身男子和老小姐的比例也很高。因此，即使在十八、十九世紀人口快速增加的時期，在「已開發」或「開發中」的西方國家，歐洲的生育率也比二十世紀第三世界的生育率低，而其人口成長率，不論照過去的標準看來如何驚人，也比二十世紀第三世界的人口成長率低。不過，雖然當時已有婦女結婚率提高的一般傾向，而且她們的結婚年齡也較前提早，然而生育率卻呈現下跌之勢，這意味著刻意的節育必然已經相當普遍。對於這個令人情感激動的問題，有的國家正在自由討論，有的國家則討論得較少。但是不論如何，這種討論的重要性，遠比不過無數對夫婦有力而沉默地決定「限制其家庭人數」。

在過去，這樣的決定大多是維持和擴大家族財力策略的一部分。由於絕大多數的歐洲人都住在鄉下，因此這個策略的目的便是確保土地可以代代相傳。十九世紀控制後裔人數的兩個最驚人例子，是大革命後的法國和大饑荒後的愛爾蘭，其動機主要是由於農民想藉由減少土地可能的繼承人數目，來防止家族土地消散。在法國的情形是減少子女的人數；在比較虔信宗教的愛爾蘭，則是藉由將平均結婚年齡提高到歐洲有史以來的最高點，使單身男子和老小姐的數目增多（最好是用宗教上受人尊敬的獨身形式），當然還包括將多餘的後嗣全部送到海外充當移民等方式。因而，在這個人口成長的世紀便出現了罕見的例子：法國的人口保持在只比穩定多一點的水平，而愛爾蘭的人口事實上是下降的。

控制家庭大小的新形式，幾乎可以確定不是基於同樣的動機。在城市中，它們無疑是受到對較高生活水準的欲望所激發，這種情形尤以人數日增的下層中產階級爲然。這些人負擔不起同時支付許多幼小子女的開銷，和購買現在有可能購買的更多日用品和服務。因爲在十九世紀，除了貧窮的老年人以外，沒有人較收入低而又有一屋子小孩的夫婦更爲貧窮。但是，節育的原因或許也有部分是由於這個階段的某些改變，使子女更成爲父母的拖累。例如：子女上學和受訓練的時期愈來愈長，他們在經濟上必須依靠父母；而有關童工的禁令和工作的都市化，也減少或淘汰了子女之於父母的微薄經濟價值，比方說，在農場上，他們可以頂一點用。

同時，在對待子女的態度上，以及在男人和女人對人生的期望上，節育都指出了重大的文化變遷。如果希望子女日後可比父母過得好（對前工業時代的大多數人而言，這是既不可能也不爲人所希求的），則必須讓他們的人生擁有較好的機會，而較小的家庭可使父母給每一個子女更多的時間、關懷和財力。而且，這個「改變和進步的世界」已經打開了改善社會和就業機會的大門，如今的每一代都可期望比上一代擁有更多機會，而這也告訴了男男女女：他們自己的人生，不必只是他們父母人生的重複。道德家或許會對只養育一個或兩個孩子的法國家庭大搖其頭，可是無可懷疑，在夫婦私下的枕邊談話中，節育卻暗示了許多新希望。

因此，節育的興起指出了新結構、新價值和新期望，在某種程度上，這些改變已滲透到西方勞動階級的婦女圈內。不過，她們之中，絕大多數只受到極些微的影響。事實上，她們大致皆居於「經濟系統」之外。傳統上所謂的「經濟系統」，只包括那些自稱受雇或有「職業」的人（家庭雇傭不算）。一八九〇年代，在歐洲的已開發國家和美國，大約三分之二的男性，都在這個標準下被分類為「有職業的」；而大約四分之三的女人（在美國是百分之八十七）是「無職業的」。（不同的分類法可能產生不同的數字。因而，哈布斯堡君主國的奧地利那一半，包括百分之四十七點三的就業婦女；而在經濟狀況極不相似的匈牙利那一半，只包括不到百分之二十五的就業婦女。這些百分比是以全民為根據，孩童和老人都算在內❹。）更精確的說，在所有介於十八歲到六十歲之間的已婚男人之中，百分之九十五在這個意義上都是「就業者」（如在德國），而一八九〇年代時，所有已婚婦女當中，只有百分之十二的人是「就業者」。不過一半的未婚女人和大約百分之四十的孀婦，都是有職業的。

即使是在鄉村，前工業時代的社會也不全是一成不變。生活的條件在改變，甚至婦女生存的模式也不會代代相同。不過，除了氣候或政治災禍，以及工業世界的影響會造成戲劇性的改變以外，在這五十年當中，我們幾乎看不出任何戲劇性的變化。對於世界「已開發」地區之外的絕大多數農村婦女而言，工業世界的影響是很輕微的。她們生活的特點，是家庭責任和勞動的不可分割。她們在同一個環境裡善盡這兩種責任。在這個環境中，絕大多數的男人和婦女從事他（她）們因性別而不同的工作——不論這個環境是在我們今日所謂的「家庭」或「生產」。農夫需要妻子做飯和生小孩以外，也需要她們種田；手藝工匠需要妻子幫著做活。有某些職業——如軍人或水手——可以長期的將許多男人單獨集合在一起，而不需要女性；但是卻沒有任何一種純粹的女性職業（或許賣淫或與之類似的公共娛樂是為例外），其大多數時間通常不是在某個家庭環境中工作的。因為，即使是受雇為僕人或農業勞工的未婚男女，也是住在雇主家中。只要世界上大部分的婦女繼續像這樣生活，爲雙重的勞動和比男性低微的身分所桎梏，那麼對於她們，我們所能說的頂多也不過是孔子、穆罕默德或舊約聖經時代所能說的那一套。她們不是不在歷史裡面，但卻不在十九世紀的歷史裡面。

誠然，其生活模式當時正受到經濟革命所改變（不一定變好）的勞動階級婦女，其人數很大，而且日益增加。改變她們的那種經濟，其第一個面相便是今日我們所謂的「初始工業化」，亦即因應廣大市場而出現的家庭手工業和外包工業的驚人成長。只要這樣的工業繼續在結合了家庭與生產的環境中作業，那麼它便無法改變婦女的地位。不過有些家庭手工製造業特別適合女性（像製造花邊或編草帽），因而給了農村婦女稀有的優越條件：她們可以不必依賴男人而賺取一點現金。然而，家庭手工業一般所促成的，卻是侵蝕傳統上男女工作的差異，尤其是家庭結構和策略的轉型。一旦兩個人達到工作的年齡，便可以成家；子女是家庭勞動力的可貴生力軍，因此在生孩子時，不需要考慮農夫擔心的土地繼承問題。因此，傳統上用來平衡下一代與其賴以維生的生產方式的複雜機制，亦即控制結婚年齡、選擇婚姻對象，和控制家庭的大小和繼承等等，也宣告崩潰。對於人口成長的後果曾有許多討論，但是與本章有關的，是它對於婦女生活史和生活模式的較直接影響。

偏巧，到了十九世紀晚期，各種初始工業，不論是男性工業、女性工業或男女雙性工業，都成了較大規模製造業的受害者，正如工業化國家中的手工生產一樣。就全球而言，日益盤據在社會調查者和各政府心頭的「家庭工業」，仍然還不少。一八九〇年代，它占德國全部工業就業人口的百分之七，瑞士百分之十九，奧地利或許多到百分之三十四❺。這樣的工業一般被稱爲「苦工」，在新出現的小規模機械化(值得注意的是縫紉機)和聲名狼藉的低廉工資與被壓榨勞力的協助之下，這些工業在某些情形下甚至還出現擴張。然而，當其勞力愈來愈女性化，而義務教育又剝奪了它們的童工(通常是它們必要的一部分)時，它們便愈來愈失去其「家庭製造業」的性質。當傳統的「初始工業」漸漸被淘汰之際(手搖紡織，支架編結等)，絕大部分的家庭工業都不再是一種家庭事業，而成為報酬過低的工作——婦女可以在簡陋小屋、閣樓上和後院中進行的工作。

家庭工業至少讓她們一邊有可以賺錢的事做，一邊又可以看顧家和小孩。這便是為什麼需要錢花但又離不開廚房和幼小子女的婦女，相率從事這種工作的原因。因而，工業化對於婦女地位的第二項重大影響，是更為劇烈的：它將家庭和工作場所分開。如此一來，婦女便大致被排除於公認的經濟(領工資的經濟)以外，使婦女傳統上相對於男性而言的低下地位，因經濟上的依賴性而更變本加厲。例如，農夫沒有妻子便幾乎不成其為農夫。農場上的工作需要男人也需要女人，雖然其中一性被認為具有支配力量，但若就此假定家庭收入乃由一性而非兩性賺取，卻是荒謬的。但是在新式經濟中，家庭收入通常愈來愈是由某位特定的成員賺取。這類成員外出工作，而在固定的時候由工廠或辦公室回家。他們所帶回來的錢，則分配給其他家庭成員使用。這些其他成員，即使其對家庭的貢獻在其他方面也是同樣必要的，卻顯然不直接賺取金錢。雖然主要的「賺取麵包者」通常是男人，帶錢回家的人卻不一定只有男人。但是，不容易由外面帶錢回家的人，通常卻是結了婚的女人。

這種家庭與工作場所的分離，順理成章地造成一種性別／經濟的劃分。對於婦女而言，它意指她主要的功能是理家，尤其是在家庭收入不固定和不寬裕的情況下。這一點可以解釋中產階級為什麼經常抱怨勞動階級婦女在這方面的不足。類似的抱怨在前工業時代似乎並不普遍。當然，除了富有之外，這個情形也造成了夫妻間的一種新互補性。只是，無論如何，妻子不再賺錢回家。

主要的「養家者」必須設法賺到足夠養活全家人的錢。因而，他(因爲他通常是男性)的收入最好固定在足夠維持大家生活的層次，不需要家中其他人出力賺錢養家。相反的，其他家庭成員的收入，最多不過被認爲是貼補家用，而這一點，又加強了傳統認爲婦女(當然還有兒童)的工作是低下且待遇不佳的想法。畢竟，付給婦女的工資可以少一點，因爲她不必賺錢養家。由於收入高的男人，其工資會因收入差的婦女的競爭而減低，他們自然便設法要盡可能排除這樣的競爭。如此一來，婦女便被迫在經濟上依靠男人，或從事永遠的低工資職業。在此同時，從婦女的觀點來說，依賴就成了最適宜的經濟策略。由於靠自己賺取一種好生活的機會很渺小，她想要得到好收入的機會，便在於和能賺大錢的男人結合。除了高級娼妓(想當高級娼妓，不比日後想當好萊塢影星容易)以外，她最有前途的事業便是婚姻。但是，即使她想賺錢過日子，婚姻也使她極不容易這樣做，部分因爲家事和照顧丈夫子女使她離不開家；部分是由於大家認爲所謂好丈夫是好的「養家者」，因而男人更堅持傳統上不想讓妻子工作的態度。在社會上，如果人家看到她不需要工作，便明顯證明她的家庭並不窮困。每一件事都共同指向使一個已婚婦女淪爲依靠者。習慣上，婦女在婚前都會外出工作。而當她們居孀或被丈夫遺棄時，更往往不得不外出工作。但是她們在爲人妻時，一般是不出外工作的。一八九〇年代，德國已婚婦女中只有百分之二從事爲人所認可的職業；一九一一年的英國，也只有百分之十左右❻。

由於許多成年的男性「賺取麵包」者，其本身顯然無法賺取足夠的家庭收入，因此女工和童工的工資事實上對家庭的預算而言往往必要的。再者，由於女工童工的工資著名的低廉，而她(他)們又很容易施以威嚇(尤其因爲許多女工是年輕的女孩子)，資本主義經濟乃鼓勵盡量雇用她(他)們，只要男人不反對，法律和習俗不禁止，或者工作的性質不過分耗用體力。因此，即使是根據戶口調查的有限資料，從事工作的女人還是很多。戶口調查無疑十分低估了「受雇」已婚婦女的數量，因爲她們有許多有報酬的工作並未申報，或與婦女的家事無法區分：如招收寄宿者、兼差爲清潔婦、洗衣婦等等。一八八○和一八九○年代，十歲以上的英國婦女百分之三十四均「受雇於人」，男人則有百分之八十三；而在「工業界」，德國的婦女占百分之十八，法國的婦女占百分之三十一❼。在本書所論時期剛開始時，婦女在工業界的工作仍然幾乎完全是集中在少數幾種典型的「女性」部門，尤其是紡織業和成衣業，不過食品製造業雇用的婦女也愈來愈多。然而，大多數以個人身分賺取收入的婦女，卻是在服務業中工作。奇怪的是，家僕的人數和比例卻有極大的差異。它在英國所占的比例或許比任何其他地方都高(或許比法國或德國高兩倍)，但是到了十九世紀末，卻開始顯著下降。以英國這個極端的例子而言，一八五一至一八九一年間，這一數目增加了一倍(由一百一十萬人上升到二百萬人)，而在這段時期的其餘年分，又幾乎保持穩定。

就整體而言，我們可以視十九世紀的工業化(用其最廣泛的意義)，是一個往往將婦女(尤其是已婚婦女)排擠出經濟體系的過程。在這個經濟體系的正式定義中，唯有能從其中獲取個人現金收入者，才算是「受雇者」。這種經濟學至少在理論上將娼妓的收入算作「國民所得」，但不將其他婦女類似但無報酬的婚姻或婚外活動納入「國民所得」；它將有報酬的僕人算作「受雇者」，但無報酬的家事操作排除在外。它使經濟學上所承認的「勞動」在某種程度上男性化，就好像在對婦女工作深具偏見(參看《資本的年代》第十三章第二節)的資產階級世界，它造成了企業的男性化一樣。在前工業時代，親自照顧產業或事業的婦女雖然並不普遍，但是仍得到承認。但到了十九世紀，除了下層社會以外，她們愈來愈被視爲畸形物。在下層社會，窮人和較低階級的卑下地位，使人們不可能將爲數眾多的女性小店主和市場商婦、旅館和宿舍女管事、小商人和放利者看得那麼「畸形」。

如果說經濟被如此男性化，那麼政治也是。因爲，當民主化挺進，而地方性和全國性的投票權在一八七〇年以後逐步擴大之時(參看第四章)，婦女卻有計畫的被排除在外。因此，政治基本上成爲男人的事，只在男人所聚集的酒館或咖啡館中，或在男人參加的集會中討論。而婦女則被局限於私人的生活中，因爲當時認爲只有這樣才適合她們的天性。這也是一種相當新的想法。在前工業社會的大眾政治(從村落的輿論壓力，到贊成舊式的「道德經濟」暴動，乃至革命和臨時建築的防禦工事)中，貧窮的婦女不但是其中的一部分，也具有爲大眾所承認的地位。在法國大革命期間，遊行到凡爾賽宮，向國王表達人們對控制食物價格之要求的，是巴黎的婦女。在政黨和普選的時代，她們卻被撇在一邊。如果她們還能施展任何影響力，那也必須透過她們的男人。

事實上，最受這些過程影響的是十九世紀最典型的新階級婦女，亦即中產階級和勞動階級的婦女。對農村婦女、小工匠和小店主等的妻女而言，她們的情況改變不大，除非她們和她們的男人也被捲進這個新經濟體系當中。事實上，在新處境中經濟無法獨立的婦女，與在舊日卑下處境中的婦女，其差異並不很大。在這兩種處境中，男子都是具有支配力的一方，婦女則是次等人——由於她們根本沒有公民權，我們甚至不能稱她們爲次等公民。在這兩種處境下她們都得工作，不論她們有沒有工資。

在這幾十年間，勞動階級和中產階級的婦女，都看到她們的地位因爲了經濟的關係而有相當大的變化。首先，結構的轉型和科技本身已改變並大大增加了婦女就業賺取工資的範圍。除了幫傭業的式微外，最驚人的變化，首推出現了許多以女性爲主要從業員的職業：商店和辦公室中的職業。在德國，女性店員由一八八二年的三萬二千人（全數的五分之一），增加到一九〇七年的十七萬四千人（大約是全數的百分之四十）。在英國，一八八一年時，中央和地方政府雇用了七千名婦女，但是一九一一年時卻雇用了七萬六千名。「商業和企業書記」的數目，由六千人增加到十四萬六千人——這得歸功於打字機[8]。小學教育擴大了教學的行業，這種職業在若干國家（如美國以及日漸普遍的英國）驚人地演變成女性的行業。甚至在一八九一年的法國，應徵進入「共和國黑色輕騎兵」那種待遇不好的終身軍隊的人中，女性也首次超過男人[9]：因爲婦女可以教導男孩，但讓男人去承受教育人數日益增加的女學生的誘惑，卻是不可思議的。於是某些這種新空缺遂可嘉惠於工人乃至農夫的女兒，不過更多是嘉惠於中產階級和新舊下層中產階級的女兒。她們尤其感到有吸引力的，是那些相當爲社會所尊敬或者（犧牲其較高工資水準）被視爲爲了賺取「零用錢」而工作的職位。（「管理倉庫的女孩子」和書記通常來自階級好一點的人家，因而往往可得到其父母的津貼……在幾種行業中，如打字員、書記和店員……我們可以看到現代女孩子那種「打工」的現象。」[10]）

婦女社會地位和期望的改變，在十九世紀的最後幾十年間變得異常明顯。不過婦女解放運動比較明顯的各方面，當時還大致局限於中產階級的婦女。我們不需要過分注意其最壯觀的一面——有組織的女性「擴大參政權論者」(suffragists)和「婦女參政權論者」(suffragettes)爲婦女投票權所做的積極、(在英國等國家)甚至戲劇化活動。以一種獨立的婦女運動來說，它除了在少數國家(尤其是美國和英國)以外，並不具太大的重要性。而即使是在這幾個國家，它也要到第一次世界大戰以後才達到目的。在像英國這樣的國家，主張婦女參政已成爲一種重要現象，它雖然可衡量出有組織女權運動的公眾力量，但在進行的同時，卻也顯示出它的重要缺陷——其訴求主要僅限於中產階級。像婦女解放運動的其他方面一樣，在原則上，婦女選舉權受到新興勞工和社會主義政黨的強烈支持；而至少在歐洲，這些政黨事實上對解放後的婦女，提供了可以參與公共生活的絕佳環境。然而，雖然這個新的社會主義左翼(不像過去強烈男性化、激烈民主和反教權的左翼部分)與主張婦女參政的女權主義重疊，而且有時受它吸引，但它卻無法不看到大多數勞動階級婦女在疾苦下的辛勞。這些疾苦比政治權利被剝奪更爲迫切，而且不大可能因取得投票權而自動消除。然而，絕大多數的中產階級婦女參政權論者卻不重視這些問題。

2

回想起來，這個解放運動似乎是很自然的，甚至連它在一八八〇年代的加速，乍看之下也無足爲奇。如同政治上的民主化一樣，賦予婦女較大程度的平等權利和機會，早已暗含在自由主義的資產階級意識形態中，不論它對家長的私生活會造成多大的不方便和不相宜。一八七〇年代以後資產階級內部的各種轉型，無疑爲其婦女（尤其是女兒）提供了更多機會。因爲，如前所示，它創造了一個相當龐大的經濟獨立的婦女有閒階級（不論婚姻狀態爲何），她們遂因此要求從事非家務性的種種活動。再者，當愈來愈多的資產階級男子不再需要從事生產時，他們之中有許多人便開始從事以前吃苦耐勞的商人喜歡留給其女眷參加的文化活動。如此一來，性別的差異無可避免地減少了。

再者，某種程度的婦女解放，對於中產階級的父親而言或許是**必要**的。因爲，絕非所有的中產階級家庭，以及幾乎沒有什麼下層中產階級家庭，富足到可以給其不結婚又不工作的女兒一個舒適的生活。這可以解釋，爲什麼那麼多拒絕婦女進入其俱樂部和職業協會的中產階級男子，熱中於教育其女兒，以便將來她們可以獨立一點。無論如何，我們根本沒有理由懷疑自由主義的父親對這些事情是眞正信服的。

勞工和社會主義這類解放無特權者的重大運動，其興起無疑也鼓勵了婦女去追求其自身的自由。她們之所以構成一八八三年成立的（小型中產階級）費邊協會（Fabian Society）的四分之一會員，不是一件偶然的事。而且，如前所示，服務業和其他第三類職業的興起，爲婦女提供了範圍較廣的工作，而消費經濟的興起，又使她們成爲資本主義市場的中心目標。

雖然「新女性」的出現，其原因可能不像乍看那麼簡單，但我們卻不需要花太多時間去尋找這些原因。舉例來說：在這個時期進入其第一個光榮時代的廣告業，以其一貫無情的現實主義，認識到婦女因控制購物籃而日漸占有經濟上的中心地位。不過，我們卻沒有確切的證據可說明這個事實嚴重地改變了婦女的地位。在一個即使是在窮人之間也能發現大眾消費的經濟中，廣告業必須針對婦女，因爲他們的賺錢對象，是決定家庭採購單的那個人。至少，她必須受到資本主義社會這個體制的較大尊重。銷售系統的轉型，如複合商店和百貨商店逐漸侵蝕街角的小店和市場，而郵購型錄也日益淘汰沿街叫賣的小販，經由順從、奉承、展示和廣告，資本主義將這種尊重制度化。

然而，雖然比較貧窮或絕對貧窮的人，其絕大部分的花費都是購買必需品或爲習慣所固定，但資產階級的貴婦，卻久已被當作有價值的顧客看待。此時，被視爲是家用必需品的範圍已經擴大，但是婦女個人的奢侈品，如化妝用品和日新月異的時裝，主要還是限於中產階級。婦女的市場力量尚未對改變其身分發揮多少貢獻，尤其是對早已具有這種力量的中產階級而言。我們甚至可以說：廣告業者和新聞記者認爲最有效的技巧，甚至可能使婦女行爲的傳統框架更爲穩固。不過在另一方面，婦女市場的確爲婦女專業人員打開了相當數目的新工作職位，而許多這樣的專業人員，對於女權主義也相當積極。

不論這個過程有多麼錯綜複雜，起碼就中產階級而言，在一九一四年以前的幾十年間，婦女的地位和希望無疑有驚人的改變。這個情形最明顯的徵兆，是女子中學教育不尋常的擴展。在法國，我們所討論的這整個時期當中，男子公立中學的數目大致穩定在三百三十到三百四十所之間。但是女子公立中學，卻由一八八〇年的一所也沒有，增加到一九一三年的一百三十八所。而在這些公立中學就讀的女孩，其數目(大約三萬三千人)又已達到了中學男生的三分之一。英國在一九〇二年以前尚未建立國立中學系統，一九〇四／五年到一九一三／四年間，男子中學的數目由二百九十二爬升到三百九十七所，但是女子中學的數目卻由九十九所爬升到與男子中學類似的數目（三百四十九所）。（男女合校〔幾乎總是地位較低〕成長得較緩慢，由一百八十四所增到二百八十一所。）在約克郡，到了一九〇七／八年，在中學就讀的女生數目大致與在中學就讀的男生相等。但是，比較更有趣的是：到了一九一三／四年，十六歲以上仍繼續就讀英國國立中學的女孩，其數目比同類的男孩多得多⓫。

並非所有的國家對（中層和下層中產階級）女孩的正式教育，都有類似的熱忱。它在瑞典的進展比在其他斯堪的納維亞國家的進展慢得多，在荷蘭幾乎沒有任何進展，在比利時和瑞士進展很小。義大利只有七千五百個學生，幾乎談不上有這樣的教育。相反的，到了一九一〇年，德國大約有二十五萬的女孩子接受中等教育（比奧國多得多）。而頗令人驚奇的是，一九〇〇年的俄國也已達到這個數目。它在蘇格蘭的成長比在英格蘭和威爾斯的成長慢得多。女子大學教育就沒有這麼不均勻，唯一的例外是沙皇治下的俄國，以及理所當然的美國。俄國的女大學生人數從一九〇五年的二千人，成長到一九一一年的九千三百人；而美國一九一〇年的大學女生總數是五萬六千人，雖不到一八九〇年的兩倍，但已是其他國家大學系統無法望塵的數字。一九一四年時，德國、法國和義大利大學女生的人數在四千五百人到五千人之間，奧國是二千七百人。值得注意的是：在俄國、美國和瑞士，一八六〇年起女子便可上大學；但是在奧地利要到一八九七年，在德國要到一九〇〇至〇八年（柏林）。除了醫學以外，及至一九〇八年，只有一百零三名婦女由德國大學畢業。而同一年，第一位婦女受聘為德國大學教授（在曼漢〔Mannheim〕的「商業學院」）。到當時為止，各國在女子教育進步上的差異，尚未引起史學的特別注意⓬。

即使這些女孩(除了一小撮滲透進男性大學的以外)都無法接受和同年齡男孩同樣的教育，或同樣好的教育，但是，就拿中產階級婦女接受正式中學教育的情形已爲人所熟悉，而且在若干國家的某些圈子裡面已經幾乎是正常現象的這個事實來說，也已堪稱史無前例。

年輕婦女地位改變的第二項、也是比較難以計量的徵兆，是她們在社會上取得較大的行動自由——不論是在其自己個人的權利上，或是在她們與男人的關係上。對於「可敬」家庭的女孩子而言，這一點尤其重要，因爲傳統上她們所受到的約束最大。在公共跳舞場合經常可見的非正式社交舞會(也就是不在家中或爲特殊事故舉辦的舞會)，反映了習俗的放鬆。到了一九一四年，西方大城市和遊憩勝地比較開放的年輕人，已經相當熟悉富有煽動情欲作用的韻律舞蹈。這些舞蹈的起源曖昧而富異國情調(如阿根廷的探戈舞，美洲黑人的切分法舞步)，不時可見於夜總會或(更驚人的)旅館的下午茶時間或餐宴上。

這種行動自由不僅表現在社交上，也表現在實際的「行動」上。雖然婦女的時裝一直到第一次世界大戰以後才戲劇性的展現了解放，可是在那種於公共場合綑綁女體的織物和鯨鬚製甲胄消失以前，已經出現了寬鬆和飄拂的衣裙。一八八○年代思想上唯美主義的風氣、新藝術，以及一九一四年前夕的時裝風尚，都有助於這種衣裙的流行。而與此同時，中產階級婦女由資產階級室內的微明中逃避到露天來一事，也具有重大意義。因爲它也意指得以——至少在某些場合——從衣著和束腹所造成的行動局限中逃脫，而束腹也在一九一○年後爲更具伸縮性的胸罩所取代。易卜生在描述其女主角的解放時，以「一股新鮮空氣進入她位於挪威的家」作爲象徵，並非偶然。運動不僅使青年男女可以在家庭和親屬的範圍以外相逢和結伴。婦女(雖然爲數不多)成爲新成立之旅遊俱樂部和登山俱樂部的會員，而偉大的自由器械——腳踏車——解放女人的比例比解放男人來得高，因爲女人更需要自由行動。它帶給女人的自由，超過貴族女騎士所享有的自由。因爲這些女騎士爲了女性的羞怯，冒了相當大的受傷危險，仍然採用側騎。透過日漸增加而且不大規矩的夏日遊樂場度假(冬季運動除了兩性混合溜冰外，尙在萌芽時期)，中產階級的婦女還可再得到多少自由？(她們的丈夫通常留在城裡的辦公室中，只偶爾和她們一起前往這些遊樂場。)(對於心理分析有興趣的讀者，可能已經在佛洛伊德的病歷簿中，注意到假日對於病人好轉所發生的作用。)總之，雖然有許多人反對，但男女在一起游泳時無可避免會暴露的身體尺度，是維多利亞時代的廉恥觀無法容忍的。

我們很難說這種行動自由的增加，如何造成中產階級婦女更大的性解放。未婚的性關係，確實還只限於這個階級中故意解放的女孩；她們幾乎可以確定也想要其他解放的表現，不論是政治性的或其他的。一位俄國婦女回憶道：在一九〇五年以後，「對一個『前進的』女孩來說，很難不費唇舌地拒絕進步的要求。外地的男孩子要求不很大，接吻便夠了，但是由首都來的大學生……卻很不容易拒絕。『小姐，妳是老古板嗎？』誰願意當老古板？」⑬這種解放的年輕婦女到底有多少，我們不得而知，但幾乎可以確定的是，她們在沙皇治下的俄國人數最多，在地中海國家幾乎沒有(這個情形可以解釋俄國流亡婦女，在像義大利這樣的國家的前進和勞工運動中所發揮的作用)，而在西北歐(包括英國)和哈布斯堡帝國的城市中或許相當多。私通幾乎可以確定是中產階級婦女最普遍的婚外性活動形式，它或許隨著或許未隨著她們的自信而增加。由閉塞生活中解放的烏托邦夢想式的私通（如十九世紀包法利夫人〔Madame Bovary〕式的小說中所描寫的），和法國中產階級夫婦所享有的婚外情自由（如見於十九世紀法國的通俗戲劇），是非常不同的。（附帶一句，這些十九世紀的小說和戲劇都是出自男人的手筆。）然而，十九世紀的私通和十九世紀的性一樣，都無法予以量化。我們只能確定：這種行爲在貴族和時髦的圈子裡，以及在容易保持體面的大城市中（得到像旅館這樣考慮周到和不具人格的制度之助），最爲普遍。（這些觀察完全只限於中等和上等階級。它們不適用於農夫和都市勞動階級婦女的婚前和婚後性行爲，而當然，這些婦女所占的人數最多。）

然而，如果研究數量的史家有點爲難，那麼研究性質的史家卻無法不驚訝於這個時期男性有關婦女的刺耳言論，在他們的言談之間，婦女已逐漸被認定是淫蕩的。許多這樣的說法，都旨在以文學和科學的方式，重申男性在積極和知識成就上的優越，以及婦女在兩性關係中的被動和補助性功能。這些內容是不是適足以顯示他們對婦女優越性的恐懼，似乎不是頂重要。哲學家尼采經常被人引用的對男人的訓諭——去找女人時不要忘記帶鞭子（《查拉圖斯特拉如是說》〔*Thus Spake Zarathustra*, 1883〕）[14]——事實上並不比克勞斯對婦女的讚美更具性別歧視。像克勞斯一樣，堅持「不該賦予婦女的東西，便是那些能保障男人善用其天分的東西」[15]，或者像心理學家摩比烏斯（Möbius）所堅持的「與自然疏遠的文化男人，需要自然的婦女與之搭配」的說法，可能帶有（如對摩比烏斯來說）所有爲婦女而設立的較高教育機構均應予以毀棄，也可能（如對克勞斯來說）不具這個意思。不過，它們的基本態度是相似的。然而，當時有一種確切而新穎的堅決信念，便是：婦女對於性欲具有強烈興趣。對克勞斯而言，「婦女的淫蕩是男人智力充電的地方」。十九世紀末的維也納，這個現代心理學了不起的實驗室，提供了對婦女性欲最複雜世故也最無拘束的認可。克林姆(Klimt)畫筆下的維也納婦女，遑論一般婦女，是一個其本身帶有強烈情欲的形象，而不只是男人性幻想的形象。而這些形象顯然反映了哈布斯堡帝國中等和上等階級的某些「性」實況。

改變的第三個徵兆，是公眾對於婦女的注意力顯著增加，婦女被視爲具有特殊利益的團體和擁有特殊希望的個人。無疑，商業的嗅覺最先捕捉到特殊婦女市場的氣味，例如，新成立的大眾日報爲下層中產階級的婦女開設專屬版面，以及爲新近具讀寫能力的婦女所出版的雜誌。但是，甚至市場也體會到把女人視爲有成就者而不僅是純消費者，在宣傳上會極具價值。一九〇八年盛大的英法國際博覽會，便捕捉到這種時代風格。展出者的促銷攻勢，不僅和第一個專爲奧林匹克設計的運動場配合，也和一個位於博覽會中心地位的婦女工作華廈(Palace of Women's Work)配合。後者展示出死於一九〇〇年代以前的皇室、貴族和平民出身的傑出婦女遺物，如維多利亞女王年輕時的素描、《簡愛》(*Jane Eyre*)一書的手稿，南丁格爾(Nightingale)的克里米亞馬車等；也陳列了婦女的針線活、工藝、書籍插畫、攝影等等。(然而，當時的一般情形是：婦女藝術家大多喜歡在「藝術華廈」(Fine Arts Palace)展出其作品。但婦女工業會議(Women's Industrial Council)卻向《泰晤士報》投訴，說一千多名受雇於博覽會的婦女，其工作環境令人難以忍受[16]。)我們也不應忽視在競爭場合(運動再一次是一個明顯的例子)脫穎而出，而變得卓然有成的婦女。溫布頓(Wimbledon)在男子網球單打開始舉辦後的六年開始舉辦女子網球單打，又隔了六年之後，法國和美國的網球錦標賽也開始舉辦女子網球單打，在當時，這是我們今日無法想像的革命性創舉。因爲，甚至不過二十年前，可尊敬、甚至已婚的婦女，若沒有在家庭男人的陪同下於這種公共場合拋頭露面，還是不可思議的事。

3

基於明顯的原因，歷史學家比較容易記錄追求婦女解放的有意識運動，以及成功深入到前此是男性生活禁區的婦女。兩者都包括能言善道，以及因爲稀少而有記錄可稽的西方中等和上等少數婦女。這些記錄之所以完善，是因爲她們的努力，或者在某些情形下只是因爲她們的存在，便曾引起無數的抗拒和辯論。這些少數婦女的高可見度，減低了人們對婦女社會地位發生了歷史性改變的注意。歷史學家對於這種歷史性的改變，只能間接覺察。誠然，如果將注意力集中於其好鬥的發言人，甚至婦女解放運動的有意識發展，也無法完全予以把握。因爲這個運動的重要部分，以及英國、美國、(可能)斯堪的納維亞和荷蘭以外的大多數運動參與者，並不認同於特殊的女權主義。相反的，她們比較認同於一般性解放運動(如勞工和社會主義運動)中的婦女解放部分。不過，我們還是必須簡略看一看這些少數人。

如前所示，各種特殊的女權運動規模不大，在許多歐陸國家它們的組織只包括幾百個或者最多一、兩千個人。它們的成員幾乎完全來自中產階級，而它們與資產階級的認同，尤其是與資產階級自由主義的認同，給了它們力量，也決定了它們的極限。在富裕和受過教育的資產階級以下，婦女的投票權、受高等教育的機會、外出工作和參加專門職業團體，以及爭取和男性一樣的法律地位和權利（尤其是財產權），都不容易像其他問題那樣引起共同爲社會除惡的熱忱。我們也不應該忘記，中產階級婦女之所以能有相當的自由去爭取這些要求，至少在歐洲，是因爲她們將家事的重擔交給一群人數多得多的婦女——她們的僕人。

中產階級女權主義的極限，不僅是社會和經濟性的，也是文化性的。她們的運動所渴望的那種解放——也就是在法律上與政治上和男人享有同樣的待遇，以及以個人（不論性別）的身分參加社會生活——是建立在一種與傳統「女人的地位」非常不一樣的生活模式想像上。舉一個極端的例子來說，想要藉著將其妻子由蟄居帶進「客廳」，以表示他們西化的孟加拉男子，卻在他們與婦女之間造成了始料不及的緊張氣氛。因爲這些女人不明白，在她們失去無疑是屬於**她們的**那部分家庭——雖然是附屬性，但卻可以完全自主——之後，她們能得到什麼[17]。定義明確的「婦女範疇」——不論是婦女個人在家庭的關係上，或集體作爲社會的一部分成員上——或許會讓前進分子認爲那只是壓抑婦女的一個藉口，而且，它顯然也是如此；然而隨著傳統社會結構的削弱，它卻更是如此。

可是，在這種範疇的限制之內，它已賦予婦女個人和集體力量，而這些力量不完全是可以忽視的。比方說，她們是「語言、文化和社會價值觀念」的承傳者、「輿論」的基本製造者、某些公共行動（如保衛「道德經濟」）世所公認的發起者，而同樣重要的是，她們不但是學會操縱她們男人的人，也是在某些主題和情勢上，男人**應當**順從的人。男人對女人的統治，不論在理論上有多麼絕對，在集體的實行上並非沒有限制。這個情形和專制君主的神權統治並非無限制的專制政治一樣。這個說法並不是要替那種統治辯護，但是它可以有助於解釋：爲什麼許多在沒有更好的辦法之下已學會操縱這個制度的婦女，會對自由主義中產階級的要求冷淡以對，這些要求看起來並無法提供這種實際的有利條件。畢竟，甚至在資產階級的自由主義社會，絕不愚蠢、往往也不被動消極的中產階級和小資產階級法國婦女，也沒有群起支持婦女投票權的奮鬥。

由於時代在改變，加上婦女的附屬性又是普遍、公開且令男子驕傲的事實，因此婦女解放運動還是有充分的活動空間。矛盾的是，這些運動之所以在本時期有可能得到婦女大眾的支持，並非因爲它們是什麼特殊的女權運動，而是因爲它們是人類普遍解放運動中的婦女那個部分。因而，它遂成了新社會革命和社會主義運動的訴求之一。它們特別致力於婦女的解放：德國社會民主黨領袖有關社會主義最受歡迎的說明，是倍倍爾的《婦女和社會主義》(*Woman and Socialism*)。事實上，社會主義運動爲演藝人員和極少數甚受人喜愛的菁英女兒以外的婦女，提供了最優惠的公共環境，去發展她們的個性和才能。但是它們的目標尙不止此，它們還允諾社會的整體轉型，而如同每個重視實際的婦女都很懂得的，這表示必須改變男女兩性的古老模式。(這並不是說這種轉型將如社會主義和無政府主義運動所預料的，將只出以社會革命的形式。)

就這一點而言，歐洲大多數婦女眞正的政治選擇，不在於選擇女權主義或男女混合的政治運動，而在於選擇教會(尤其是天主教會)或社會主義。各教會針對十九世紀的進步採取有力的後衛行動(比較《資本的年代》第六章第一節)，維護在傳統社會秩序中婦女所擁有的權利。它們的熱忱日形強烈，因爲它們的信眾以及在許多方面它們的實際成員，都正在戲劇化的女性化。到了十九世紀末，幾乎可以確定的是：自中世紀以降，當時的女性宗教專業人員比任何時期都多。十九世紀中葉以後，最著名的天主教聖人都是女性一事，簡直不是偶然的：聖女伯納黛(St. Bernadette of Lourdes)和聖女德蕾莎(St. Teresa of Lisíeux)(兩人均在二十世紀早期被封爲聖徒)；而教會又明顯鼓勵崇拜貞女聖母瑪麗亞。在天主教國家，教會爲妻子提供對付丈夫最強有力且爲其所憎恨的武器。因而，如在法國和義大利，許多反教權主義都帶有明顯的反女性色彩。而另一方面，各教會擁護其婦女的代價，是要它們的虔誠支持者接受其傳統的服從和附屬地位，並且責難社會主義者所提出的婦女解放運動。

在統計數字上，選擇透過虔敬的行爲去維護其性別的婦女，遠超過選擇解放的婦女。誠然，雖然從一開始起，社會主義的運動便吸引了異常能幹的婦女先鋒(如可以預期的，主要是從中等和上等階級)，但是，一九〇五年以前，在勞工和社會主義政黨中卻看不出具有重要地位的婦女。一八九〇年代，向來勢力都不很大的法國工人黨，只有不到五十名婦女黨員，約占百分之二到三⑱。當她們大批被徵召時(如一九〇五年後的德國)，其中大多是社會主義男子的妻女或母親。在一九一四年前，雖然德國的百分比已經相當大⑲，但卻還比不上(例如說)一九二〇年代中期奧地利社會民主黨幾乎占百分之三十的婦女黨員，或一九三〇年代英國工黨幾乎占百分之四十的婦女黨員。工會中的婦女會員百分比始終不大——一八九〇年代，除了英國以外，幾乎都可略去不計；一九〇〇年代通常不超過百分之十。然而，由於婦女當時在大多數國家中並沒有投票權，我們沒有有關她們政治取向的最方便指標，因此進一步的臆測是沒有什麼意思的。(一九一三年婦女在有組織工會中所占的百分比如下：

英國十點五，德國九，比利時(一九二三)八點四，瑞典五，瑞士十一，芬蘭十二點三⑳。)

因此，絕大多數的婦女都是置身於任何形式的解放運動之外。再者，即使是那些其生活、事業和意見都顯示她們極端關懷打破傳統「女性範疇」的婦女，她們對於正統女權主義的奮鬥，也表現出極少的熱忱。婦女解放運動早期曾經造就了一群了不得的傑出婦女，但是她們之中有些最卓越的代表(如羅莎・盧森堡和碧亞翠斯・韋布)，並不認為應該把她們的才能局限於任何一性的奮鬥目標上。誠然，到這個時候，取得公眾的承認比較容易一點了：一八九一年起，英國的參考書《當代男士》(*Men of the Time*)將其書名改為《當代男士和女士》(*Men and Women of the Time*)；而那些以婦女或婦女特別感興趣之事物(如兒童福利)為目的的公共活動，如今也為自身贏得一些名聲。不過，婦女在男人世界的前進道路仍然崎嶇，成功需要極大的努力和天分，而成功的人為數不多。

她們之中，絕大多數都是從事通常以為與傳統婦女氣質一致的活動，如表演和(中產階級婦女，尤其是已婚者的)寫作。一八九五年所記載的英國「當代婦女」，絕大多數都是作家(四十八人)和舞台人物(四十二人)㉑。法國的柯萊特(Collette, 1873-1954)便兼有兩種身分。在一九一四年前，已經有一位婦女得到諾貝爾文學獎(瑞典的拉格羅芙〔Selma Lagerlöf〕，一九〇九)。專業性事業之門也為婦女敞開，例如，在教育界和新興的新聞業，前者係隨著女子中學和高等教育的大幅成長而開啓；後者則是始於英國。在我們所探討的這個時期中，政治活動和激進公共活動成為另一種有前途的選擇。一八九五年的英國傑出婦女中，最大的一個百分比(三分之一)是列為「改革家、慈善家等」。事實上，如來自專制政體下的俄國而在各個不同國家從事活動的若干婦女（羅莎・盧森堡、札蘇里琪（Vera Zasulich）、柯倫泰（Alexandra Kollontai）、庫里茜奧（Anna Kuliscioff）、芭拉班諾芙（Angelica Balabanoff）、戈德曼（Emma Goldman）、以及其他國家的少數幾位婦女（英國的碧亞翠斯・韋布，荷蘭的羅蘭荷斯特（Henrietta Roland-Holst））所說明的，社會主義和革命性政治活動，爲她們提供了別處趕不上的機會。

在這方面，它與保守的政治活動不一樣。保守政治活動在英國（不過很少在別的地方）得到許多貴族女權主義者的效命，但它卻不曾提供上述機會。（女權主義的《英國婦女年鑑》（*Englishwoman's Year-Book*, 1905），共包括了一百五十八位有爵位的貴婦，其中有三十位公爵夫人或女公爵、侯爵夫人或女侯爵、子爵夫人或女子爵以及伯爵夫人或女伯爵。該書涵括了英國所有公爵夫人或女公爵的四分之一[22]。）而它也與自由黨的政治活動不一樣，在這段期間，從事自由黨政治活動的政客，基本上都是男人。不過，諾貝爾和平獎頒贈給一位婦女（祖特內爾（Bertha von Suttner），一九〇五），象徵了婦女如今在公共領域中成名的可能性提高了些。雖然婦女在醫學上建立了小規模但迅速擴張的灘頭陣地（一八八一年英格蘭和威爾斯有二十位女醫師，一九〇一年有二百一十二位，一九一一年有四百四十七位），可是，婦女最艱巨的工作，卻在於抵抗有組織專業男人的制度化或非正式的強烈抗拒。這一點或可幫助我們衡量居里（專制俄國的另一產物）的不平凡成就，她在這段期間曾兩度獲得諾貝爾科學獎（一九〇三、一九一一）。雖然這些大師不足以說明婦女在男人所主宰之世界的參與情形，但由於牽涉的人數很少，這樣的參與可能是相當可觀的。我們可聯想到一小撮解放婦女在一八八八年後的勞工運動復興中所發揮的作用：她們包括安妮・貝贊特（Annie Besant）和艾琳娜・馬克思（Eleanor Marx）；我們也可聯想到對於幼小的獨立勞工黨很有貢獻的巡迴宣傳家：艾妮・絲泰西（Enid Stacy）、凱薩琳・康威（Katherine Conway）和卡洛琳・馬婷（Caroline Martyn）。不過，雖然所有這些婦女幾乎都支持女權，而且（尤其是在英國和美國）她們絕大多數也強烈支持政治上的女權主義運動，可是，她們對它的注意力，卻是有限得很。

那些集中注意力在它上面的人，通常致力於政治運動，因爲，她們所要求的權利和投票權一樣，需要政治和法律上的改變。她們幾乎不能寄望於保守政黨和宗教政黨，而她們與自由主義和激進政黨的關係（中產階級女權主義的思想方式與自由主義和激進政黨相近），有時也是困難的，這個情形尤以英國爲然。一九〇六至一四年間，阻擋英國強力主張婦女參政運動的，正是自由黨政府。偶爾（如在捷克和芬蘭人中間），她們也會與主張國家解放的反對運動結合。在社會主義和勞工運動中，婦女被鼓勵集中注意力於她們那個性別的事物，而許多社會主義的提高女權論者果眞如此。其原因不僅在於勞動婦女的被壓榨情形明顯需要採取行動予以糾正，也因爲她們發現：雖然她們的運動在意識形態上致力於追求平等，可是在這個運動中卻需要特別爲婦女的權利和利害奮鬥。因爲，一個自由或革命好戰者的小規模先鋒，其與大規模勞工運動之間的差異，是在於後者所包括的不僅主要是男人（也許是因爲大半賺取工資和甚至更多的有組織工人階級都是男性），而且這些男人對婦女的態度也是傳統的；而他們基於工會會員的利益，又傾向將待遇低廉的競爭者排除到男人的工作範圍之外，而婦女正是廉價勞力的典型。然而在各種勞工運動之內，這些問題卻因婦女組織和委員會的增加而減色，並在某種程度上削弱，尤以一九〇五年後爲然。

在提高女權運動的各種政治問題中，議會選舉投票權是最爲突出的。一九一四年前，雖然女子在美國幾個州以及某種程度上的地方政府議會選舉中擁有投票權，但是除了澳洲、芬蘭和挪威，全國性的婦女投票權尚不存在。除了美國和英國，婦女投票權並不是一個動員婦女運動，或在全國性政治中扮演主要角色的議題；不過在美國和英國，它已於上等和中等階級的婦女中得到相當大力的支持，在政治領袖和社會主義運動的積極分子當中，也得到不少協助。這項運動在一九〇六至一四年間，因婦女社會和政治同盟(Women's Social and Political Union，也就是「婦女參政權論者」)的直接行動戰術，而變得戲劇化。然而，我們不能因爲主張婦女參政的運動，而忽視爲了其他奮鬥目標而形成的婦女壓力團體的廣大政治組織，這些目標包括與其性別有關的——如反對「白奴貿易」——也包括和平和禁酒運動。如果她們的第一項努力不幸而未獲成功，她們對於第二項努力的獲勝(亦即美國憲法第十八條修正案——禁酒令)，卻是貢獻良多。不過，在美國、英國、低地國家和斯堪的納維亞以外的地區，婦女的獨立政治活動(除了作爲勞工運動的一部分以外)仍舊是不重要的。

4

當時，還有另外一股女權主義混入關於婦女的政治性和非政治性辯論之中，此即性解放。這是一個棘手的問題，許多公開傳播類似節育這種受到正派人士支持之主張的婦女，卻遭受到無情迫害，由此可知一斑。一八七七年，貝贊特夫人的子女因此被剝奪；瑪格麗特‧桑格(Margaret Sanger)和瑪麗‧史托普斯(Marie Stopes)的子女稍後也被剝奪。但是，它最棘手的是，它不太容易進入任何運動的組織。只要在必要時能夠保持體面，普魯斯特(Proust)偉大小說中的巴黎上等階級世界，或像娜塔莉‧巴涅(Natalie Barney)這類獨立且往往準備充足的女同性戀，會很輕易地接受性自由，不論它是正統還是異端。但是，像從普魯斯特的小說中可以看出的，他不將性解放和社會或私人的幸福，乃至社會的轉型，混爲一談；而且，它也不歡迎這樣的轉型。相反的，社會革命分子的確致力於婦女性選擇的自由(恩格斯和倍倍爾所讚美的傅立葉〔Fourier〕性烏托邦，尚未完全被遺忘)，而這樣的運動吸引了反傳統者、烏托邦主義者、狂放不羈者，以及各種各樣的反文化宣傳者，包括那些伸張與任何人以任何方式共寢權利的人。像卡本特(Edward Carpenter)和王爾德(Oscar Wilde)這樣的同性戀，像埃利斯(Havelock Ellis)這樣擁護性寬容的人，以及像貝贊特和施賴納(Olive Schreiner)這類各具品味的解放婦女，均被吸引在一八八〇年代英國社會主義運動的小圈子裡。沒有結婚證書的自由結合不僅被接受，在反教權運動特別熱烈的地方，它簡直是必須。可是，從列寧日後與太過注意性問題的女性同志發生小衝突一事，可看出關於「自由戀愛」應該何指，而它在社會主義運動中又占了什麼樣的地位，大家的意見仍頗不一致。心理學家葛羅茲(Otto Grosz, 1877-1920)是一名罪犯、吸毒者和佛洛伊德早期的學生。他的成功，是透過海德堡(Heidelberg)的知識和藝術環境(至少是透過他的情人李奇霍芬〔Richthofen〕姊妹——韋伯，勞倫斯〔D. H. Lawrence〕等人的情人或妻子)，透過慕尼黑、阿斯科那(Ascona)、柏林和布拉格。像他這樣提倡無限制解放本能的人，是對馬克思沒有什麼好感的尼采派哲學家。雖然他受到一些前一九一四年狂放不羈的無政府主義者的頌讚（但也被其他人反對，說他是道德之敵），而且贊成任何會毀滅現存秩序的事物，但他卻是一個幾乎無法放進任何政治組織的自負者。簡言之，就作為一項方案而言，性解放所引起的問題比它所解決的問題來得多。在反傳統先鋒的圈子外，它的計畫吸引不了太多人。

它所引起的一個大問題，是在一個擁有平等權利、機會和待遇的社會中，婦女的未來其確切性質為何。在此，要緊的是家庭的未來，因為它的關鍵在於為人母的女性。婦女由家務的負擔中解放比較容易想像，中等和上等階級（尤其是在英國），大致藉著傭人和藉著將其男性子孫及早送進寄宿學校的辦法，擺脫家事的負擔。在一個傭人不容易請到的國家，美國的婦女向來鼓吹節約勞力的家庭技術轉型，而如今也開始達到願望。在一九一二年的《婦女家庭雜誌》(*Ladies Home Journal*)中，克莉絲汀・菲德烈(Christine Frederick)甚至將「科學管理」引進家庭（參看第二章）。一八八〇年以後，煤氣炊具開始普遍化，不過速度不很快。自戰前的最後幾年起，電氣炊具也開始普遍化，而且比較快速。「真空吸塵器」一辭在一九〇三年出現，而一九〇九年以後，電熨斗已出現在抱持懷疑態度的公眾面前。但是它們的勝利還有待戰間期的到來。衣服的燙洗也開始機械化（尚未在家庭中出現），一八八〇到一九一〇年間，美國洗衣機生產的數值，增加了五倍㉓。社會主義者和無政府主義者對於工藝技術的理想國抱有同樣的熱忱。他們贊成比較集體的安排，也集中注意力於嬰兒學校、托兒所和外食的供應（如早期的學校餐廳），以便婦女可以將為人母的責任與工作和其他活動合併在一起。

婦女解放運動難道不會指向以某種其他的人類組合方式，取代現有的核心家庭嗎？在這個民族學空前發達的時代，人們已知道核心家庭絕不是歷史上唯一的家庭形式。芬蘭人類學家韋斯特馬克(Westermarck)的《人類婚姻史》(*History of Human Marriage*, 1891)，到一九二一年時已銷售了五版，並被譯爲法、德、瑞典、義大利、西班牙和日文；而恩格斯的《家庭、私有財產和國家的起源》(*Origin of the Family, Private Property and the State*)已做出必要的革命性結論。可是，雖然烏托邦和左翼革命分子已開始實驗新的公社形式(其最持久的產物將是位於巴勒斯坦的猶太移住民屯墾制度)，但我們卻可有把握的說：絕大多數的社會主義領袖和甚至更絕大多數的支持者，更別提沒有那麼「進步」的個人，他們對未來的展望，是轉了型的、但基本上仍舊是核心的家庭。但是，對於以婚姻、家管和做母親爲其主要事業的婦女，大家的看法卻不一致。正如蕭伯納向一位已解放的女性記者所說的，婦女的解放主要是關於**她自己**[24]。雖然有些社會主義的溫和派爲家庭和爐灶辯護(如德國的「修正主義者」)，但左翼的理論家一般都認爲婦女的解放將因其出外就業或對外界的興趣而達成，因而他們強力地鼓勵之。可是，合併解放和爲母之道的問題，卻沒那麼容易解決。

這個時期中，大量(或許大多數)已解放的中產階級婦女，如果她們選擇在男人的世界闖出一番事業，則對這個問題的解決方法，將是不生育、拒絕結婚，和往往(如在英國)眞的守貞。這種現象不僅反映對男性的敵意，有時也僞裝女性對另一性別的優越感，如在盎格魯撒克遜投票權運動的邊緣所看到的那樣。它也不只是當時人口結構的副產品，那個時候，有的國家女多於男(一九一一年在英國，女人較男人多一百三十三萬多人)，使許多女人不可能結婚。結婚仍是甚至許多非體力勞動的職業女子所企望的事業。她們在結婚的那天放棄教書或辦公室職位，即使並不需要這樣。這種情形反映了將兩種要求很高的職業結合在一起的眞正困難。在那個時候，只有異常的物力和協助才能使一個女人同時兼任這兩項工作。在缺乏這樣的物力和協助的情形下，像艾瑪莉・瑞巴塞德(Amalie Ryba-Seidl, 1876-1952)這樣的工作人員和女權主義者，不得不放棄她在奧地利社會主義政黨中畢生的尙武政策達五年之久(一八九五—一九〇〇)，以便爲她的丈夫生三個孩子[25]。而照我們的標準來說更不可原諒的是，傑出但爲人所忽略的歷史學家柏莎・尼瓦(Bertha Philpotts Newall, 1877-1932)，認爲她必須辭去劍橋大學吉爾頓學院(Girton College)的教職，因爲她的父親需要她而她也非去不可，這已是遲至一九二五年的事了[26]。但是，自我犧牲的代價很高。選擇事業的婦女——如羅莎・盧森堡——知道她們必須付這個代價，而且正在付這個代價[27]。

那麼，在一九一四年以前的五十年間，婦女的情況有了多大的變化？這不是一個如何去衡量改變的問題，而是一個如何去判斷改變的問題。這些改變，就任何標準來說，對爲數甚多的婦女(或許對都市化和工業化西方絕大多數的婦女)而言，都是很可觀的；而對於少數的中產階級婦女，更是戲劇性的。(但是，值得重新說明的是：這些婦女全部加起來，也只構成全人類女性的一個小百分比。)根據瑪麗・沃斯頓克拉夫特(Mary Wollstonecraft，要求男女平權)簡單而初步的標準，在婦女進入前此認爲是男性專利的職業和專業上，當時已有極大的突破。在此以前，男性往往不顧常識，甚至不顧資產階級的習俗，獨占這些職業和專業。例如男性的婦科醫生主張：由婦女去醫療婦女的特殊疾病，是尤其不適合的。到一九一四年時，雖然很少婦女能跨過這道鴻溝，但是在原則上，這條路已經打開了。雖然外表上與此相反，婦女卻在爲平等公民權的奮鬥上(以投票權爲象徵)，行將獲得重大勝利。不論在一九一四年前遭到如何激烈的反駁，不到十年後，在奧地利、捷克、丹麥、德國、愛爾蘭、荷蘭、挪威、波蘭、俄國、瑞典、聯合王國和美國，婦女在全國性選舉中都已初次獲得選舉權。(事實上，在歐洲只有拉丁語系國家(包括法國)、匈牙利、東南歐和東歐比較落後的地區，以及瑞士，婦女尚未享有投票權。)顯然，這個了不起的改變，是一九一四年前奮鬥的極致。至於在民法之前的平等權利，雖然有些比較重大的不平等已經廢除，得失之間卻沒有這麼正面。在工作待遇的平等上，這時並沒有重大進展，除了可以不計的例外情形，婦女與男子做同樣的工作，其可希望的待遇卻少得多。她們可望得到的工作，由於被視爲「婦女的工作」，待遇因此也很低。

我們可以說，在拿破崙以後的一個世紀，法國大革命所高唱的「人權」，現在也延伸到婦女身上。婦女行將和男子得到相等的公民權，而且，不論怎麼吝嗇和狹窄，事業之門現在也向她們的才能開放，就像對男子一樣。由今回顧，我們很容易看出這些進步的有限，就好像看出最初「人權」的有限一樣。它們是受到女人歡迎的，但並不足夠，尤其是對於極大多數因貧困和婚姻使她們不得不依靠男子維生的婦女而言，是不夠的。

但是，即使是對那些認爲解放乃勢所必然的婦女——地位穩固的中產階級婦女(雖然也許不包括新舊小資產階級或下層中產階級的婦女)，以及婚前適於工作年齡的年輕婦女——來說，它也產生了一大問題。如果解放是指從私人和往往獨立存在的家庭、家人以及個人關係的範圍中脫逃出來，也就是由她們長久以來禁錮其間的場所中逃出，她們能不能，又如何能保持她們特有的婦女氣質？那些不僅是在一個爲男子所設計的世界中，男人強加給她們的角色？易言之，婦女如何能以婦女的身分，在一個爲不同構造的性別而設計的公共活動範圍內，與他們競爭？

由於每一代關懷婦女社會地位之人所面對的情況都不同，這個問題或許根本沒有永恆的答案。每一個答案，或每一組答案，可能都只能滿足回答者所面對的歷史。那些投身解放運動的第一代西方城市婦女，她們的答案是什麼？我們對於在政治上活躍、在文化上能言善道的傑出拓墾先鋒，所知甚多，但對於不活躍和不能言善道的先鋒卻所知甚少。我們只知道：在第一次世界大戰以後風靡西方解放婦女的風尙，亦即採自一九一四年以前「前進分子」(尤其是大城市的藝術放任主義者)所預見的風尙，係結合了兩個非常不同的因素。其一是，化妝品的普遍使用，化妝在以往雖然是以取悅男子爲業的婦女(妓女和其他若干演藝人員)的特色，可是戰後的「爵士樂一代」，已公開的普遍使用化妝品。她們現在開始展示身體上的若干部分，由雙腿開始(十九世紀的女性必須將雙腿遮起來，不讓好色的男人看見)。另一方面，戰後的流行款式，卻是要盡量減少使婦女看上去與男子不同的第二性徵——剪短傳統的長髮，將胸部弄成體質上盡可能的平坦。和短裙一樣，束腹的被拋棄和新發現的行動自如，都是自由和呼喚自由的象徵。這些是老一輩的父親、丈夫或其他掌握傳統家長權威的人所不可能容忍的。它們還暗示了其他什麼嗎？或許，在職業婦女先鋒香奈兒(Coco Chanel, 1883-1971)所發明的「小黑洋裝」的流行風潮中，它們也反映了婦女在工作和公開場合中的非正式裝扮，也必須展現出優雅的一面。但是這一點我們只能臆測。可是，我們很難否認：解放後的流行跡象，指出相反而不一定相容的方向。

正如戰間期的許多其他事物一樣，後一九一八年的婦女解放流行風潮，最初都是由戰前的前衛款式中拓展出來的。更精確的說，它們在大城市的波希米亞區域中流行，像是在格林威治村(Greenwich Village)、蒙馬特區(Montmartre)和蒙帕納斯區(Montparnasse)、奇爾西(Chelsea)、施瓦賓(Schwabing)等。因爲資產階級社會的構想，包括其意識形態上的危機和矛盾，往往可在其藝術中找到特殊、雖然令人迷惑和難解的表現。

註釋

❶能柏(H. Nunberg)和費登(E. Federn)合編，《維也納心理分析學會會議記錄》(*Minutes of the Vienna Psychoanalytical Society*)，第一冊：一九〇六—一九〇八，紐約：一九六二，頁一九九—二〇〇。

❷魯帕(W. Ruppert)編，《工人：生活方式、日常生活和文化》(*Die Arbeiter: Lebensformen, Alltag und Kultur*)，慕尼黑：一九八六，頁六九。

❸安東尼，《德國和斯堪的納維亞的女性主義》(*Feminism in Germany and Scandinavia*)，紐約：一九一五，頁二三一。

❹《政治科學手冊》(*Handwörterbuch der Staatswissenschaften*)，耶納：一九〇二版，「職業」，頁六二六，「婦女工作」，頁一二〇二。

❺同上，「家庭工業」，頁一一四八及一一五〇。

❻提里(Louise Tilly)和史高特(Joan W. Scott)合著，《婦女，工作與家庭》(*Women, Work and Family*)，紐約：一九七八，頁一二四。

❼《手冊》，「婦女工作」，頁一二〇五—六。

❽關於德國，見前引何荷斯特、柯卡和瑞特合著，頁六八，註八。關於英國，見亞伯藍姆斯(Mark Abrams)，《一九一一到一九四五年間英國人的情況》(*The Condition of the British People 1911-1945*)，倫敦：一九四六，頁六〇—一；馬希，前引，頁一二七。

❾哲勒汀，前引，第二冊，頁一六九。

❿卡德柏利(E. Cadbury)、梅希森(M. C. Matheson)和施安(G. Shann)合著，《婦女的工作和工資》(*Women's Work and Wages*)，倫敦：一九〇六，頁四九與一二九。本書乃描寫伯明罕的情形。

⓫布來恩(Margaret Bryant)，《始料未及的革命》(*The Unexpected Revolution*)，倫敦：一九七九，頁一〇八。

⓬沙尼爾(Edmée Charnier)，《婦女思想發達史》(*L'Évolution intellectuelle féminine*)，巴黎：一九三七，頁一四〇和一八九。也見蒲耳，〈我們爲何不能由歷史中多得到一點？〉(Warum gibt es so wenige Historikerinnen?)，《歷史與社會》(*Geschichte und Gesellschaft*)，一九八一，尤其頁三七三。

⓭勒文尼梅耶(Rosa Leviné-Meyer)，《勒文尼》(*Levinê*)，倫敦：一九七三，頁二。

⓮一八九一年初次譯爲英文。

⓯孔恩(Caroline Kohn)，《克勞斯傳》(*Karl Kraus*)，司徒加，一九六六，頁二五九，註四十。羅緬，《兩個時代的分水嶺》，頁六〇四。

16 耐特(Donald R. Knight)，《大白城、牧羊人未墾地，倫敦：七十周年，一九〇八—一九七八》(*Great White City, Shepherds Bush, London: 70th Anniversary, 1908-1978*)，新巴奈特：一九七八，頁二六。

17 雪梨大學馬克赫吉博士(Dr. S. N. Mukherjee)的一位學生，向我提供這一資料。

18 韋拉(Claude Willard)，《格斯德派》(*Les Guesdistes*)，巴黎：一九六五，頁三六二。

19 柯爾(G. D. H. Cole)，《一九一四年起的工黨歷史》(*A History of the Labour Party from 1914*)，倫敦：一九四八，頁四八〇。艾文斯(Richard J. Evans)，《女性主義者》(*The Feminists*)，倫敦：一九七七，頁一六二。

20 渥汀斯基，前引，第二冊，提供這些資料的基礎。

21 計算資料根據《當代男士和女士》，一八九五。

22 關於保守的女性主義，也參看阿列維，《十九世紀英國人的歷史》(*A History of the English People in the Nineteenth Century*)，一九六一版，第六冊，頁五〇九。

23 關於這些發展，參看吉迪昂(S. Giedion)，《機械化掛帥》(*Mechanisation Takes Command*)，紐約：一九四八，散見各處；關於這個徵引，見頁五二〇—一。

24 溫卓布(Rodelle Weintraub)編，《蕭伯納和女人》(*Bernard Shaw and Women*)，賓州立大學：一九七七，頁三一四。

25 麥鐘(Jean Maitron)和豪普特合編，《國際勞工運動傳記辭典：奧國》(*Dictionnaire biographique du mouvement ouvrier international: L'Autriche*)，巴黎：一九七一，頁二八五。

26 霍華斯(T. E. B. Howarth)，《戰間期的劍橋大學》(*Cambridge Between Two Wars*)，倫敦：一九七八，頁四五。

27 納透(J. P. Nettl)，《羅莎・盧森堡》(*Rosa Luxemburg*)，倫敦：一九六六，第一冊，頁一四四。

第九章 文藝轉型

他們(法國的左翼政客)對於藝術非常無知……但是他們都假裝多少懂一點，而他們往往眞正愛好藝術……他們之中的一個佯爲劇作家，另一個亂拉小提琴，另一個佯爲著迷的華格納崇拜者。而他們都蒐集印象派的繪畫，閱讀頹廢派的文學作品，而且以對喜好某種極端貴族式的藝術爲傲。

——羅曼・羅蘭(Romain Rolland)，一九一五❶

是在具有經過教養的大智、敏感的神經，和不良的消化這樣的人中間，我們找到悲觀主義的信仰……因此，悲觀主義的信條不大可能對堅強而實際的盎格魯撒克遜民族發生影響力。而我們只能在某些非常有限的所謂唯美主義的詩歌和繪畫中，在它們讚美病態和自覺理想的傾向中，找到悲觀主義的蛛絲馬跡。

——萊恩(S. Laing)，一八八五❷

過去必然比不上未來。這是我們所希望的。我們怎麼能承認我們最危險的敵人有任何優點？……這便是我們何以要否認逝去的好幾個世紀令人魂牽夢縈的光輝，也是我們何以要與奏凱的機械技巧合作，這種技巧，將世界牢牢地掌握在它的速度之網中。

——未來派作家馬里內蒂，一九一三❸

1

也許沒有什麼能比一八七〇年代到一九一四年之間的文藝史，更足以闡明資產階級社會在這個時期中所度過的身分危機。在這個時代，創作性文藝和其欣賞大眾都失去了方向。前者對這個情勢的反應，是朝向創新和實驗發展，逐漸和烏托邦主義或似是而非的理論銜接。後者，除非是爲了流行和藝術品的勢利價值，否則便會便喃喃自衛道：「他們不懂藝術，但是他們知道他們喜歡什麼。」或者，他們會退縮到「古典」作品領域，這些作品的優異，已爲累世的輿論所保證。但是，所謂這種輿論的概念，其本身也正受到批評指責。由十六世紀起一直到十九世紀之末，大約有一百件古代雕刻品具體表現了大家所一致同意的塑造藝術的最高成就。它們的名稱和複製品，是每一個受過教育的西方人所熟悉的：《勞孔》（*Laocoön*）、《望樓的阿波羅》（*Apollo Belvedere*）、《垂死的格鬥者》（*Dying Gladiator*）、《除刺的男孩》（*Boy Removing a Thorn*）、《哭泣的尼奧比》（*Weeping

Niobe)，以及其他。或許除了《米羅的維納斯》(*Venus de Milo*)以外，幾乎所有這些雕像均在一九〇〇年後的兩代之間被遺忘。《米羅的維納斯》於十九世紀早期被發現之後，便爲巴黎羅浮博物館保守的主管人員單挑出來，一直到今天還深受大眾讚賞。

再者，到了十九世紀末葉，傳統高尚文化的領域又受到甚至更爲可怕的敵人的侵凌。這個敵人是以一般人爲訴求(部分文學例外)，並經過工藝和大眾市場攜手革命過的藝術。在這方面最不尋常的革新是電影。電影和爵士樂以及其各種不同的衍生音樂，當時雖然尚未奏凱，但是一九一四年時，電影已在許多地方出現，並且行將征服全球。

當然，誇大這一時期高級或資產階級文化中大眾性和創造性藝術家的分歧，是不智的。在許多方面，他們的意見仍然相同，而那些以革新者自命並因此遭到拒絕的作品，不但被吸收到有教養人士視爲「好」又「普及」的藝術主體中，也以淡化和選擇性的形式，融入到廣大群眾的藝術中。二十世紀後期深受大眾喜愛的音樂會曲目，不僅有十八和十九世紀的「古典作品」，也有這一時期作曲家的作品。「古典作品」仍是主要的演奏曲目，如馬勒(Mahler)、理查•史特勞斯(Richard Strauss)、德布西(Debussy)，以及許多在本國知名的作曲家(艾爾加、佛漢•威廉士〔Vaughan Williams〕、雷格爾〔Reger〕、西貝流士〔Sibelius〕)。國際性的歌劇曲目正不斷擴大(普契尼〔Puccini〕、理查•史特勞斯、馬斯卡尼〔Mascagni〕、雷昂卡伐洛〔Leoncavallo〕、揚那傑克〔Janãček〕，當然還包括華格納——華氏在一九一四年前的二十年便已成名)。事實上，大歌劇曾盛極一時，甚至還爲了迎合時髦的觀眾，而以芭蕾舞的形式吸取了前衛藝術(avant garde art)。在這一個時期享有大名者，到今天仍是傳奇人物：卡羅素(Caruso)、沙里亞賓(Chaliapin)、梅爾巴(Melba)、尼金斯基(Nijinsky)。「輕古典作品」、輕鬆活潑的小歌劇，和基本上以方言演唱的歌曲和小品，也盛極一時，如哈布斯堡帝國的輕歌劇(雷哈爾〔Lehar, 1870-1948〕)和「音樂劇」(musical comedy)。從旅館大廳和茶室管絃樂隊、音樂台，以及甚至今日在電梯等公共場合播放的音樂曲目，均可證明它的吸引力。

這一時期「嚴肅的」散文文學，今日看來，已經擁有並且能保持住它的地位，不過在當時，它卻不一定廣受歡迎。如果哈代(Thomas Hardy)、湯馬斯・曼或普魯斯特的名望今日已實至名歸地上升(他們絕大部分的作品是發表在一九一四年以後,不過哈代的小說卻大半是在一八七一至九七年間問世)，那麼貝內特(Arnold Bennett)和威爾斯、羅曼・羅蘭和馬丁杜加爾(Roger Martin du Gard)、德萊賽(Theodore Dreiser)和拉格羅芙的運氣，就比較多變化。易卜生和蕭伯納、契訶夫和(在其本國的)豪普特曼(Hauptmann)，均已熬過了最初的醜聞期，而成爲古典劇壇的一部分。就這一點而言，十九世紀晚期視覺藝術的革命分子——印象派和後期印象派畫家——到二十世紀已被接受爲「大師」，而不是其仰慕者的現代性指標。

眞正的分界線貫穿過這個時期。這指的是戰前最後幾年的實驗性前衛藝術，除了在「前進的」一小群人士(知識分子、藝術家和批評家，以及具有流行感的人)之外，它始終未曾在廣大的群眾之間得到眞正自發的歡迎。他們可以自我安慰說未來是屬於他們的，但是，就荀白克(Schönberg)來說，未來卻沒有出現——沒有像華格納那樣有前途。(不過，我們卻可以說史特拉汶斯基〔Stravinsky〕日後已享有名聲。)梵谷的未來出現了，立體派(Cubist)藝術家卻沒有。陳述這一事實並不是要評斷藝術作品，更不是要低估其創造者的才能，有許多畫家的才華確實非常可觀。畢卡索(Pablo Picasso, 1881-1973)是一個擁有異常秉賦和非常多產的畫家。可是，我們很難否認，今人係把他當一個特殊人物來讚美，而不是因爲景仰他的深遠影響，或甚至因爲對他作品的單純欣賞(除了幾幅畫，主要是他前立體派時期的作品)。他很可能是文藝復興以來第一個具有全方位才能的藝術家。

可是如前所述，以他們的成就來通盤考慮這個時期的藝術，就像史家對十九世紀早期藝術所採用的方法，是沒有什麼意義的。但是，我們必須強調：藝術在這段時期是異常興盛的。單是可以花較多時間在文化上的都市中產階級人口和財富增加的事實，以及下層中產階級和部分工人階級，這些具讀寫能力和對文化如飢似渴之人的數量大增，均足以保障這一發展。一八七〇到一八九六年間，德國的劇院數目增加了三倍，由二百家增加到六百家❹。在這段時期，英國的逍遙音樂節(Promenade Concerts, 1895)開始舉辦；新成立的麥第奇學會(Medici Society, 1908)，爲渴望文化的人大量生產偉大畫家的廉價複製品；埃利斯(以研究性學知名)校訂伊莉莎白女王和詹姆士一世時代劇作家的廉價美人魚叢書(Mermaid Series)；而像世界名著(World's Classics)和人人文庫(Everyman Library)這樣的叢書，又將國際文化帶給沒有什麼錢的讀者。在頂極富豪當中，古代畫家的作品和其他代表昂貴的藝術品，其價格在美國百萬富豪的競購下，達到有史以來的最高點。爲這些富豪出主意的是商人和與他們共事的專家，如貝倫森(Bernard Berenson)，這兩種人都由藝術品的交易中獲取暴利。某些與文化圈關係較深的富人(偶爾也包括鉅富)和經費充足的博物館(主要是在德國)，不僅購買了舊日最好的藝術作品，也蒐藏新近最佳的藝術創作，包括極端前衛派作品。前衛藝術之所以能在經濟上挺下來，主要便是由於一小撮這類蒐藏家的資助，如俄國商人莫洛佐夫和希曲金(Shchukin)。文化修養較低之士，則請薩金特(John Singer Sargent)或波迪尼(Boldini)爲他們自己，或者更常爲他們的妻子畫像，並請時髦的建築師爲他們設計住家。

因此，如今那些更富有、更具文化修養也更民主化的藝術欣賞者，無疑也更富熱忱和接納性。畢竟，長久以來作爲富有中產階級地位指標的文化活動，在這段期間取得其具體象徵，得以表現更多人等的渴望或少許的物質成就。這樣的象徵之一是鋼琴。由於可用分期付款，許多人在財務上都負擔得起。它現在進入急於表現其時髦的書記、工資較高的工人(至少在盎格魯撒克遜國家)以及生活舒服的農夫的客廳當中。再者，文化不僅代表個人的，也代表集體的熱望，這個情形，尤以在新興的大規模勞工運動中爲然。在一個民主的時代中，藝術也成爲政治的手段和成就，這種現象使建築家和雕刻家得到許多物質報償。建築家爲國家的自我慶賀和帝國的宣傳建造巨大歷史紀念物，將大量磚造物或石造物豎立在新興的德意志帝國和愛德華七世時代的英國和印度。而雕刻家更以各式各樣的歷史人物雕像，大至德國、美國的巨型人像，小至法國鄉村的半身塑像，來供應這個被稱爲「雕像狂」的黃金時代❺。

藝術不能以純粹的數量來度量，而其成就也不僅是開支和市場要求的函數。可是，不能否認的是，在這段時期中，有更多人想當創作藝術家謀生，或者這樣的人在勞動力市場中占了較以前更高的比例。有人指出，藝術之所以紛紛由控制官方公開展覽的官方藝術組織脫離(如「新英國藝術俱樂部」〔New English Arts Club〕，維也納和柏林名稱坦率的「分離組織」〔Secessions〕等，以及一八七〇年代早期法國印象派展覽的後繼者），主要是由於這個行業和其官方機構已過於擁擠，而這兩者又多半是掌控在年紀較大或已成名的藝術家手中❻。我們甚至可以說：因爲每日和定期出版品（包括繪圖出版品）的驚人成長，廣告業的出現，再加上由藝術家—手工匠和其他擁有專業地位者所設計的日用必需品的廣受歡迎，當個職業創作家現在比以前更容易維持生活。廣告業至少開創了一種新的視覺藝術形式，並於一八九〇年代陶醉在其小規模的黃金盛世：海報的時代。無疑，專業創作者的繁增，自然產生了許多商業化作品，或是其文學和音樂從業者所憤恨的作品。他們在寫作輕歌劇或流行歌曲的時候，心中夢想的是交響樂；或者，像吉興（George Gissing）那樣，在艱苦地撰寫書評、「論說文」或文藝專欄時，腦中所想的卻是偉大的小說和詩。但是這樣的工作有報酬可拿，而且報酬還不錯。心懷熱望的女記者（或許是新婦女專業人員中最大的一群），光是供稿給澳洲報紙，便可保證每年一百五十鎊的收入❼。

再者，無可否認，這個時期藝術創作本身也相當發達，而其涵蓋的西方文明範圍，亦較以前任何時期更廣。音樂在這以前已擁有一張國際性的曲目單，尤其是源自奧地利和德國的曲目。可是，就算我們不把音樂算在內，本時期的藝術創作也出現前所未有的國際化。我們在前面談到帝國主義的時候，已經提到異國影響（一八六〇年代以後來自日本，一九〇〇年代早期來自非洲）對西方文學的增進作用（參看第三章）。在通俗文學上，由西班牙、俄國、阿根廷、巴西以及尤其是北美傳來的影響，廣布整個西方世界。但是，即使是公認的菁英文化，也因爲個人可以在較寬廣的文化地帶移動自如，而顯著的國際化。我們並不認爲被某些國家文化威望所吸引的外國人，是眞正的「歸化」。

這種威望曾使希臘人摩瑞亞斯（Moreas）、美國人梅里爾（Stuart Merrill）、維雷格里芬（Francis Vielé-Griffin）和英國人王爾德，用法文寫作象徵主義作品，也幫助波蘭人康拉德和美國人詹姆士、龐德（Ezra Pound）在英國樹立聲譽，並確保培養畫家的巴黎派（École de Paris），出現本國人少而外國人多的現象，其中著名的代表人物包括：西班牙人畢卡索、格里斯（Gris），義大利人蒙德里安（Modigliani），俄國人夏加爾（Chagall）、里普西茨（Lipchitz）、史丁（Soutine），羅馬尼亞人布朗庫西（Brancusi），保加利亞人巴斯珊（Pascin）和荷蘭人唐吉（Van Dongen）。在某種意義上，這只是知識分子向宇宙迸散的一個面向。在這個時期中，他們以移民、訪客、定居者和政治難民的身分，或是透過大學和實驗室，散布於全球各城，孕育國際性的政治和文化。（由俄國來的這類亡命異國者，他們在其他國家政治上的作用，是大家所熟悉的，如：羅莎．盧森堡、巴渥斯和拉狄克〔Radek〕在德國，庫里茜奧和芭拉班諾夫在義大利，拉柏波特〔Rappoport〕在法國，多布若吉努基瑞亞〔Dobrogeanu-Gherea〕在羅馬尼亞，戈德曼在美國。）相反的，我們也可聯想到一八八〇年代發現俄國和斯堪的納維亞文學（譯本形式）的西方讀者，在英國藝術和工藝運動中找到靈感的中歐人，以及一九一四年前征服時髦歐洲的俄國芭蕾舞。自一八八〇年代以後，高尚文化的基礎是本地製品和進口品的合併。

然而，如果對那些在一八八〇和九〇年代以被視爲「頹廢」自傲的文學藝術和創作人才而言，這是正確的說法，那麼在這個時期，民族性的文化，至少在其較不保守和因襲的表現上，顯然是情況健全的。要在這個模糊領域做出價值判斷是出名的困難，因爲民族情操易於使人誇大其民族語文所能達成的文化成就。再者，如前所示，這個時期有許多進步的書寫文學，只有極少數的外國人能夠了解。對於我們絕大多數人而言，以蓋爾文、匈牙利文或芬蘭文寫成的散文以及(尤其是)詩，其偉大之處必然仍是人云亦云，正如對不懂德文或俄文的人來說，歌德或普希金(Pushkin)詩歌的偉大之處，也必然是人云亦云。在這方面，音樂比較幸運。無論如何，或許除了前衛派的稱譽，當時並沒有公認的判斷標準，可將某個民族性人物從其同時代人中挑選出來，說他享譽國際。達里奧(Rubén Darío, 1867–1916)可說是當代拉丁美洲最好的詩人嗎？他很可能是。不過我們所能確知的，只是這個尼加拉瓜國民係以一位有影響力的西語世界詩歌改革者的身分，享譽國際。建立文學評判國際標準的困難，使諾貝爾文學獎(一八九七年創設)得主的選擇，永遠令人不滿意。

在那些於高尚文藝上擁有「公認威望」和「持續成就」的國家，文化的開花或許不大看得出來。不過即使是在這些國家，我們也注意到一八八〇年代以後，法國第三共和和德意志帝國文化上(與世紀中葉相較)的活潑生氣，以及前此相當光禿的創作性文藝樹枝上的新葉成長：英國的戲劇和作曲，奧地利的文學和繪畫。但是，尤其可觀的，卻是在小型和邊遠國家，或前此不大爲人注意或久已沉寂的地區，它們文藝發展的欣欣向榮，如在西班牙、斯堪的納維亞或波希米亞。這一點在國際性的時尚上尤爲明顯，如本世紀後期名目多樣的新藝術(年輕風格〔Jugendstil〕、自由風格〔stile liberty〕)。它的核心地區不僅限於一些大型文化首都(巴黎、維也納)，在多少處於邊緣地帶的文化首都尤爲明顯，如布魯塞爾和巴塞隆納、格拉斯哥(Glasgow)和赫爾辛基。比利時、加泰隆尼亞和愛爾蘭，都是顯著的例子。

或許自十七世紀以來，世界上的其餘部分都不曾需要像十九世紀的最後幾十年那樣注意低地國家南部的文化，因爲這段期間，梅特林克(Maeterlinck)和維爾哈倫(Verhaeren)曾短暫成爲歐洲文學上的大名人(他們之中的一位至今仍爲我們所熟悉，因爲他是德布西《貝利亞與梅麗桑》〔*Pelléas et Mélisande*〕的作者)，恩索爾(James Ensor)成爲繪畫上一個熟悉的名字，而建築家歐塔(Horta)開創了新藝術，維爾德(Van de Velde)將從英國人那裡學來的「現代主義」帶入德國建築，默尼耶(Constantin Meunier)又發明了無產階級建築那種千篇一律的國際型。至於加泰隆尼亞，或者更正確的說是現代主義的巴塞隆納(在其建築家和畫家中，高第〔Gaudi〕和畢卡索最負盛名)，在一八六〇年時恐怕只有最富自信心的當地人才曾幻想過這樣的光榮。而一八八〇年的愛爾蘭藝文觀察家，也不會預料到三十年後這個島上會盛放出這麼多的傑出作家(主要是新教徒)：蕭伯納、王爾德、偉大的詩人葉慈(W. B. Yeats)、辛格(John M. Synge)、年輕的喬艾斯(James Joyce)和其他比較地方性的名人。

可是，單是將本書所論時期的藝文歷史寫成一篇成功故事是不行的，雖然就經濟和文化的民主化來說，它的確是一篇成功的故事，並且在低於莎士比亞和貝多芬的層次上，就其創作成就的廣泛分布而言，它也是一個成功的故事。因爲，即使我們留在「高尚文化」的範圍之內(而高尚文化已經因工業技術的發展而即將過時)，被歸類爲「優良的」文學、音樂及繪畫等創作家和公眾，他們都不這麼看待這個時期。當時當然仍有一些充滿信心和勝利的表現，尤其是在藝術創作與工業科技重疊的邊緣地帶，如紐約、聖路易、安特衛普、莫斯科(非凡的喀山站)、孟買和赫爾辛基的偉大火車站，這些十九世紀的公共華廈仍舊被設計成藝術上的宏偉不朽之物。單是科技工藝上的成就——如艾菲爾鐵塔和新奇的美國摩天樓所說明的——便能使那些否認其美學吸引力的人爲之目眩。對於那些渴望讀寫能力並日漸擁有這類能力的人來說，單是可以接觸到高尙文化本身，便是一種偉大的勝利（高級文化當時仍被視爲過去和現在的連續，「古典」和「現代」的連續）。（英國的）「人人文庫」以系列的方式呈現高尙文化的成就，由荷馬到易卜生，由柏拉圖到達爾文❽。而當然，以公共雕像和公共建築牆壁上的雕刻繪畫來歌頌其歷史文化的活動（如巴黎索邦大學和維也納城堡戲院〔Burgtheater〕、大學及藝術史博物館的牆壁上），也是前所未有的蓬勃。義大利和德國民族主義在提羅爾地區（Tyrol）的爭鬥，便因雙方分別在該地豎立對但丁和中世紀抒情詩人佛吉維德（Walter von der Vogelweide）的紀念物而白熱化。

2

不過，十九世紀後期並不是一個充滿勝利主義和文化自信的時代，而「世紀末」（fin de siècle）一辭爲人所熟悉的含意，更是相當引人誤解的「頹廢」。一八八〇和一八九〇年代，許多已成名的藝術家和渴望成爲藝術家的人（我在此想起年輕的湯馬斯・曼），均以「頹廢」爲傲。普遍的情形是：「高尙」藝術在社會中顯得侷促不安。不知爲了什麼，長久以來被視爲與人類心靈同步成長的資產主義社會，其在文化領域所展現的歷史進程卻與預期的不一樣。德國知識界第一位偉大的自由主義歷史學家吉維努斯（Gervinus），曾在一八四八年前主張：日耳曼政治事物的安排，是日耳曼文學另一次旺盛發展不可缺少的先決條件❾。在新德國眞正成立以後，文學史教科書滿懷信心地預測這個黃金時代即將來臨。但是，到了十九世紀末，這種樂觀的預測轉變成對古典傳統的頌讚，以及對當代作品的反對，認爲它是令人失望或不可取的。對於比好爲人師的一般腐儒更偉大的人物來說，「一八八八年的德國精神代表了一七八八年德國精神的退化」（尼采）一事，似乎已非常淸楚。文化似乎是庸才的一種奮鬥，使它自己變得堅強，以對抗民眾和怪人（兩者大致連爲一氣）的支配❿。在革命年代的今古之爭中，今人顯然獲得勝利；可是如今，古人（不只限於古典時代）又再一次掌握大權。

教育普及所造成的文化民主化，甚至因中層和下層中產階級對文化如飢似渴者的增加所造成的文化民主化，其本身已足以驅使菁英人物找尋更具排他性的文化身分象徵。但是，這個時期文藝的主要危險，乃在於當代文藝和「現代」文藝之間日益加深的分歧。

最初，這種分歧並不明顯。事實上，一八八〇年以後，當「現代主義」成爲口號，而現代意義的「前衛」一辭開始偷偷溜進法國畫家和作家的會話中時，公眾性與富冒險性文藝之間的間隙，實際上似乎是在縮小。其中的原因，部分是因爲（尤其是在經濟不景氣和社會呈緊張狀態的那幾十年間）各種有關社會和文化的「進步」看法似乎正在自然融合；部分是因爲中產階級的許多重要品味顯然更具伸縮性，這點或許是由於公眾認識到已解放的（中產階級）婦女和年輕人是一個獨立群體，加上資產階級已進入比較無拘束和以休閒爲取向的時期（參看第七章）。地位穩固的資產階級大眾，其堡壘——大歌劇——在一八七五年時，曾被比才（Bizet）作品《卡門》（*Carmen*）中的共產主義所震撼，到了一九〇〇年代，卻不僅接受了華格納，也接受了以下層民眾爲主題的抒情調和社會寫實主義的奇異結合（馬斯卡尼《鄉村騎士》〔*Cavalleria Rusticana*, 1890〕、夏邦提耶〔Charpentier〕的《露薏絲》〔*Louise*, 1900〕）。它已準備就緒，隨時可以使像理查‧史特勞斯這樣的作曲家功成名就。史氏一九〇五年的獨幕歌劇《莎樂美》（*Salome*），結合了所有爲震撼一八八〇年的資產階級而設計的因素，包括根據一個好鬥且聲名狼藉的唯美主義者（王爾德）的著作所寫的象徵主義歌詞，以及不妥協的後華格納音樂格調。在另一個商業性更重的層次，反傳統少數人的品味如今已可在市場出售，這一點，可以由倫敦家具製造商希爾斯（Heals）和織品商利伯蒂（Liberty）的財富看出。在英國這個文體地震的震央，早在一八八一年，吉伯特（Gilbert）和蘇利文（Sullivan）這兩個傳統思想的代言人，便以輕歌劇《忍耐》（*Patience*）諷刺了一個王爾德筆下的人物，並且攻擊上流社會年輕婦女對手持百合花象徵主義詩人的偏好，而不喜歡健壯的騎兵軍官。不久以後，莫里斯和藝術工藝運動，又爲舒適且受過良好教育之資產階級（經濟學家凱因斯口中所稱的「我的階級」）的別墅、農村小屋以及居家設計，提供了範本。

當時人使用同樣的字眼來描寫社會、文化和審美上的各種革新，更加說明了這種輻合的現象。「新英國文藝俱樂部」、新藝術，以及國際馬克思主義的主要雜誌《新時代》（*Neue Zeit*），均使用加諸在「新女性」之上的相同形容詞。年輕和春天是用來形容德國版的新藝術，例如「年輕維也納」（Jung-Wien）的藝術叛徒，以及以春天和成長作爲五一勞動節示威象徵的設計家。未來係屬於社會主義，華格納的「未來音樂」具有一種自覺的社會政治面相，甚至左翼政治革命分子（蕭伯納，奧地利社會主義領袖阿德勒，俄國馬克思主義先驅普列漢諾夫〔Plekhanov〕），都認爲他們覺察到其中的社會主義成分(今天，我們之中絕大多數是覺察不出的)。事實上，信仰無政府主義的左派，甚至可在尼采這個偉大、但絕非政治「進步」派的天才中，發現其意識形態優點。尼采這個人，不論他還有什麼其他特點，卻無疑是「現代的」⓫。

無疑，「先進的」概念自然會與那些受「人民」啓發的藝術風格相契合，或與那些以被壓榨人民、甚至勞工奮鬥爲題材的藝術風格密切相連。在社會意識的不景氣時代，這類作品爲數甚多，其中許多(如繪畫方面)是出於不贊同任何藝術反叛宣言者之手。「前進分子」自然會讚美那些粉碎資產階級視爲「正當」題材的人。他們喜歡俄國小說家(大半由「進步分子」發掘並在西方宣揚)、易卜生(在德國，還包括其他斯堪的納維亞人，如年輕的漢姆生〔Hamsun〕和更出人意料之外的史特林堡〔Strindberg〕)，特別是極端「寫實」的作家或藝術家。這些人都被可敬的人物指控爲將注意力過分集中於社會的汚穢底層。往往(有時是暫時的)他們又被吸引到各種民主左翼，如左拉和德國劇作家豪普特曼。

同樣不足爲奇的是，藝術家超越了不動感情的「寫實主義」，並以新方式表現他們對受難人群的熱情：當時尚籍籍無名的梵谷；挪威社會主義者孟克(Munch)；以〈一八八九年耶穌基督進入布魯塞爾〉一文呼籲社會革命的比利時人恩索爾；或紀念手搖紡織機織工反叛的寇維茲(Käthe Kollwitz)。可是，好鬥的唯美主義者和信仰爲藝術而藝術的人、擁護「頹廢派」的人和類似「象徵主義」這類有意使大眾無法接近的學派，也宣稱他們同情社會主義(如王爾德和梅特林克)，或者至少對無政府主義表現出相當興趣。于斯曼(Huysmans)、李康特德萊爾(Leconte de Lisle)和馬拉梅(Mallarmé)，都是《反叛》(*La Révolte*, 1894)的讀者⑫。簡言之，在二十世紀到來之前，政治上和藝術上的「現代性」之間，並不存在裂縫。

以英國爲基地的建築和應用藝術革命，說明了二者之間的關係，以及其最後的無法和諧共存。產生包浩斯派建築(Bauhaus)的「現代主義」，竟是植根於英國的哥德式建築。在這個煙霧瀰漫的世界工廠，這個因利己主義而破壞藝術的社會，這個小工匠已被工廠濃煙吞噬無形的地方，由農夫和工匠所構成的中世紀，長久以來一直被視爲是更令人滿意的社會和藝術典範。由於工業革命是一個無法變更的事實，中世紀遂無可避免的成爲他們對未來世界的靈感，而非可以保存或可以復原的事物。從莫里斯身上，我們看到一個晚期浪漫派的中古崇尚者如何變成一位馬克思派的社會改革者。使莫里斯及其藝術工藝運動具有如此深遠影響力的原因，是他的思想方式，而非他作爲設計家、裝飾家和藝術家的多方面天才。這項藝術革新運動，其宗旨在於重鑄藝術與生產工人之間一度斷裂的鏈鎖，並企圖將日常生活的環境——由室內陳設到住宅，乃至村落、城市和風景——予以轉型，因此，它並不以有錢有閒階級的品味改變爲滿足。這項工藝運動具有異常深遠的影響，因爲它的衝擊超出了藝術家和批評家的小圈子，也因爲它啓發了那些想要改變人類生活的人，以及那些對於生產實用物件和相關教育部門有興趣的實際人士。同樣重要的是，它吸引了一群思想進步的建築師。這些人在很容易吸引他們的「理想國夢想」和其宣傳家的鼓吹之下，紛紛投入新穎而迫切的「都市計畫」之中——「都市計畫」一辭，在一九〇〇年後爲大家所熟悉。霍華(Ebenezer Howard)於一八九八年所建的「花園城」，或者至少是「花園郊區」，便是他們的作品之一。

隨著這個藝術工藝運動的發展，藝術的意識形態已不僅是創作者和藝術鑑賞家之間的風尚，因爲它對社會變遷的許諾，使它和公共制度以及改革派的公共機關官員產生聯繫，而這一點又使它介入到公共實務當中，諸如藝術學校的設立、城市或社區的重建或擴大等。它也使藝術工藝運動中的男人(以及顯著增加的)女人實際接觸到生產，因爲它的目的基本上是要生產「應用藝術」，或在眞實生活中可以使用的藝術。莫里斯留下來最持久的紀念物，是一組教人驚嘆的壁紙和織物設計，這些設計在一九八〇年代的市場上還買得到。

這種社會審美觀和工藝、建築、改革的結合極致，是一八九〇年代在英國的示範和宣傳推動下橫掃歐洲的新風格。這個風格有各種不同的名稱，其中「新藝術」(art nouveau)一辭最爲大家所熟悉。這是一種具有審愼革命性、反歷史、反學院，並一再強調其「當代性」的風格。它充分結合了不可或缺的現代科技——其最傑出的不朽代表是巴黎和維也納的大眾運輸車站——和傳統工匠的「寓裝飾於實際」。這種結合，使得直到今天，它主要還是意指一種繁複的曲線裝飾，這種裝飾，乃以生物性的圖案(植物或婦女)作爲模仿基礎。它們是當代特有的自然、青春、成長和律動的比喻。而事實上，甚至在英國以外的地方，具有這一風格的藝術家和建築師，均與社會主義和勞工有關——如在阿姆斯特丹興建工會總部的伯爾拉赫(Berlage)，在布魯塞爾興建「人民之家」的歐塔。基本上，新藝術的勝利，是藉由家具、室內裝飾圖案以及無數較小的家用物件——從第凡內(Tiffany)、拉利克(Lalique)和韋克斯塔(Wiener Werkstätte)等商店所出售的昂貴奢侈品，到經由機械仿製使它們得以擴散進郊區住宅的枱燈和餐具。它是最早征服一切的「現代」風格。(在寫完這一段以後，作者用一支韓國製的茶匙攪拌紅葉，這支茶匙的裝飾圖案，顯然就是出於新藝術。）

可是，在新藝術的核心地區卻有一些瑕疵，這些瑕疵很可能是它之所以很快便從文化場合，至少是高尚文化場合消逝的原因。它們便是驅使前衛藝術走向孤立的各種矛盾。無論如何，在菁英主義與民粹主義對「先進」文化的渴望之間，亦即在對普遍更新懷抱希望與受過教育的中產階級在面對「群眾社會」的悲觀之間，它們之間的緊張狀態只是暫時隱藏。自一八九〇年代中期起，當人們已清楚看出社會主義的大躍進，其結果不是革命而只是從事有希望但慣例性的有組織民眾運動時，藝術家和唯美主義者便認為它們已不具啓示性。在維也納，最初為社會民主所吸引的克勞斯，已在新的世紀與它脫離。選戰已無法使他感到興奮，因為這個運動的文化政策必須考慮其無產階級好鬥者的傳統品味，但又得在實際上與低級的驚悚小說、羅曼史和其他種種垃圾文學所造成的影響進行艱苦戰鬥⓭。創造一種人民藝術的夢想，與「先進」藝術的欣賞者基本上是上等與中等階級人士這一事實，發生衝突，只有極少數藝術家的創作主題可以在政治上為工人好鬥者接受。和一八八〇至九五年間的前衛藝術家不一樣，新世紀的前衛藝術家除非是上一代的遺老，否則均不為激進政治活動所吸引。他們不關心政治，有些派別甚至向右傾，如義大利的未來派。一直要到第一次世界大戰、十月革命，以及伴隨二者而來的天啓氛圍，才能再一度將文藝革命與社會革命融合在一起，並在立體派和「構成主義」(constructivism)上面投射一道回溯性的紅色光輝。一九一四年以前，這樣的關係並不存在。老馬克思主義者普列漢諾夫在一九一二至一三年抱怨道：「今日大多數的藝術家都採取資本主義觀點，並且完全抗拒當代偉大的自由理想。」⓮而巴黎的前衛藝術家的確是將全副心力都投注於技術的辯論上，不涉足任何思想和社會活動⓯。一八九〇年時，誰會預料到這種情形？

3

可是，在前衛藝術當中尙有更多矛盾之處。這些矛盾都與維也納分離派格言中所提到的兩件事的本質有關（「給我們的時代以藝術，給藝術以自由」），或與「現代性」和「眞實」的本質有關。「自然」仍舊是創造性藝術的題材。甚至日後被視爲純粹抽象派先驅的康丁斯基（Vassily Kandinsky, 1866–1944），在一九一一年時也拒絕與它完全斷絕關係，因爲如此一來便只能畫出「像領帶或地毯上」的那種圖案⓰。但是，如我們在下面將看到，當時的藝術是以一種新起的、根本上的不確定感，去回應自然是什麼這個問題（參看第十章）。它們面對了一道三重難題。姑且承認一棵樹、一張臉、一個事件具有客觀和可描寫的眞實性，那麼描述如何能捕捉它的眞實？在「科學」或客觀意義上創造「眞實」的困難，已經使得印象派這類藝術家，遠遠超越象徵性傳統的視覺語言（參看《資本的年代》第十五章第五節），不過，事實證明他們並未越出一般常人理解的範圍。它將他們的追隨者進一步帶進秀拉（Seurat, 1859–91）的點描法，以及對基本結構而非視覺外表的眞實追尋。立體派畫家打著塞尙（Cézanne, 1839–1906）的威名，認爲他們可以在立體的幾何圖形中看出基本結構。

其次，在「自然」和「想像」之間，或在作爲描繪溝通藝術與作爲概念、情感和價值觀的溝通藝術之間，存在著二元性。困難不在於該由它們之中選擇哪一個，因爲即使是極端實證主義的「寫實主義者」或「自然主義者」，也不會認爲自己是完全不動感情的人類照相機。困難在於被尼采的強銳眼力診斷出來的十九世紀價值觀危機，也就是將概念和價值觀轉化爲創造性藝術的傳統語言（描述性或象徵性）危機。一八八〇到一九一四年間，傳統格調的官方雕像和建築物狂流，淹沒了整個西方世界，從自由女神像（Statue of Liberty, 1886）到伊曼紐爾紀念碑（Victor Emmanuel Monument, 1912），它代表著一個正在死亡的——一九一八年後顯然死亡的——過去。可是，對於其他（往往是異國情調的）風格的尋求，不僅反映了對舊風格的不滿，也反映了新風格的不確定感。西方人從古埃及和日本，到大洋洲島嶼，以及非洲的雕刻品中，追尋這種另類風格。在某種意義上，新藝術可說是一種新傳統的發明，不過這種新傳統日後並未成立。

其三，當時還有眞實性和主觀性如何結合的問題。由於「實證主義」的部分危機（下章中將詳細討論）是堅持「眞實」不僅是存在、有待發現的，也是一件可藉由觀察家的心靈，去感覺、塑造，甚至創造的事物。這個看法的「弱勢」說法是，眞實在客觀上的確存在，但是只能透過那個了解和重建它的個人的想法去了解，例如普魯斯特對法國社會的觀察，是一個人對其記憶進行漫長探索的副產品。這個看法的「強勢」說法則是，除了創作者本身，以及其以文字、聲音和顏料所傳達的訊號外，眞實一無所有。這樣的藝術在溝通上一定會出現極大的困難，而它也必定會趨近唯我論的純主觀主義。於是，無法與之共鳴的批評家便將以這個理由將它草草了結、不予考慮。

但是，前衛藝術家除表現其心境和技巧外，當然也想傳達點什麼。然而，它想要表現的「現代性」，卻向莫里斯和新藝術揮出致命一擊。沿著羅斯金—莫里斯路線的藝術社會革新，並沒有賦予機器眞正的地位，而機器卻是此際資本主義的核心，套用班雅明(Walter Benjamin)的話來說，在資本主義的時代，科技已學會複製藝術品。事實上，十九世紀後期的前衛藝術家，想要用延續舊時代的方法，去創造新時代的藝術。「自然主義」以擴大題材的方法，尤其是將窮人的生活和性包括進去，將文學領域擴大爲「眞實」的再現。已確立地位的象徵主義和諷喻語言，被修改或改編爲新概念和新希望的表示法，如社會主義運動中的新莫里斯圖像學，以及「象徵主義」的其他前衛學派。新藝術是這一企圖的極致——以舊語說新事。

但是，新藝術如何能精確表達工藝傳統所不喜歡的世界，亦即機器社會和現代科學？伴隨新藝術而來的商業時尚，以大量生產的方式複製了樹枝、花卉和女性等裝飾圖案和理想主義，而這不正是莫里斯工藝復興的反證嗎？正如維爾德——他最初是莫里斯和新藝術潮流的追隨者——所感受到的情感主義、抒情風格和浪漫精神，難道不會和生活在機器時代的新理性現代人相矛盾嗎？藝術一定不能表現那種反映科技經濟的新人類理性嗎？在簡單實用的功能主義與工匠的裝飾快樂之間，難道沒有矛盾嗎(新藝術便是從這種快樂中拓展出錯綜複雜的裝飾)？建築家魯斯(Adolf Loos, 1870-1933)宣稱：「裝飾便是罪」，而這句話同樣是由莫里斯和工藝所啓發的。顯然，已有許多建築師，包括最初與莫里斯乃至新藝術有關的諸人，如荷蘭的伯爾拉赫、美國的蘇利文、奧地利的華格納、蘇格蘭的麥金托什(Mackintosh)、法國的佩雷(Auguste Perret)、德國的貝倫斯(Behrens)，乃至比利時的歐塔，如今都走向功能主義的烏托邦，回復到不受裝飾物遮蔽的純淨線條、形式和素材，並採用那種不再和泥瓦匠、木匠混爲一談的科學技術。正如其中一位建築家繆西修斯(Muthesius，一如當時的風氣，繆氏熱愛英國的「本土風格」在一九○二年所主張的：「機器只能創造出樸實無華的形式。」[17]我們已置身於包浩斯和柯比意(Le Corbusier)的世界。

即使這種理性的純粹性犧牲了將結構與雕刻、繪畫和應用藝術等裝飾完全融合的堂皇熱望(這種理想是莫里斯從他景仰的哥德式大教堂中看到的，那是一種視覺上的華格納式「整體藝術」)，但對建築家來說，其吸引力是可以了解的，對於他們所興建的建築物結構來說，工藝傳統是不相干的，而裝飾則是應用修飾。以新藝術爲極致的藝術，此時還希望能看到兩者的結合。但是，即使我們能了解樸素對新建築家的吸引力，我們也應該說：絕沒有使人信服的理由足以說明，爲什麼革命性科技在建築上的使用，必須伴隨著剝奪裝飾的「功能主義」(尤其，它往往成爲反實用的審美)；或者爲什麼除了機器之外，任何東西看上去都應該像機器。

因此，我們大可合理地用傳統建築的二十一響禮砲，去向革命性科技的勝利致敬。建築上的現代主義運動，並沒有強迫性的「邏輯」。它所傳達的主要是一種情感上的信念：傳統以歷史爲根據的視覺藝術語言，對現代世界來說，已不適宜也不夠用。更精確的說，他們認爲這樣的語言，不可能表達十九世紀所造成的新世界，只會使它更看不清楚。長成龐然大物的機器，似乎粉碎了它以前躲在其背後的藝術外觀。他們認爲舊日的風格再也無法傳達人類悟性和價值觀的危機，是這個革命的時代造成了此一危機，現在又被迫面對它。

馬克思曾經指控一七八九至一八四八年間的革命分子，說他們「用咒語召遣過去的靈魂和魔鬼爲自己服務，並且由它們那兒借來名目、戰爭口號和服裝樣式，以便用這種由來已久的僞裝和借來的語言，展示世界歷史的新景致」⓲。在某種意義上，前衛藝術家也用同樣的理由責備傳統主義者和世紀末的現代主義者。他們所缺乏的只是一種新語言，或者他們不知道這種新語言會是什麼。尤其是當新世界最可辨認的面是舊事物的瓦解時（科技不算），什麼樣的語言可以用來代表這個新世界呢？這便是新世紀開始之際，「現代主義」的困境所在。

因此，指引前衛藝術家的，不是對未來的幻想，而是對過去幻想的逆轉。事實上，如在建築和音樂上，他們往往是傳統風格的傑出運用者。他們之所以放棄傳統，如極端華格納派的荀白克，是因爲他們感覺到這些風格已不可能再改良。

當新藝術將裝飾推到極致之後，建築家遂拋棄了裝飾；當音樂沉溺在後華格納時代的僞色覺時，作曲家乃拋棄了音調。長久以來，畫家們的困擾是，舊有的畫法不足以再現眞實的外在和他們內心的感覺。但是，除了在大戰前夕拓墾完全「抽象」領域的極少數人（値得注意的是幾個俄國前衛派藝術家）外，他們都很難放棄畫點**什麼**。前衛藝術家分往不同的方向發展，但是大致說來，他們多半採納如馬克斯·拉斐爾（Max Raphael）這樣的觀察家所謂的色彩與形式較內容重要的觀點，或選擇專心追求情感形式的非象徵性內容（「表現主義」〔expressionism〕），或者接受以各種不同的方法拆卸象徵性眞實的傳統因素，並以不同的秩序或無序予以重組（立體派）⓳。只有因依賴具有特定意義和發音的文字而備受拘束的作家們，雖然少數人已開始嘗試，但大多數卻感到還不容易發動類似的正式革命。拋棄文學寫作傳統形式（如押韻詩和格律）的實驗，既不新穎也不算有野心。於是作家們引伸、扭曲和操縱能以一般字彙敍述的內容。幸運的是，二十世紀早期的詩作乃是十九世紀晚期象徵主義的直系發展，而非對象徵主義的反叛。因此它能產生里爾克、阿波里耐(Apollinaire, 1880-1918)、格奧爾格、葉慈、布洛克(Blok, 1880-1921)和許多偉大的西班牙作家。

自從尼采以來，當代人從不懷疑藝術的危機反映了十九世紀自由主義資產社會的危機：這場危機正在以不同方式逐漸摧毀它的生存基礎——構成這個社會並作爲其秩序的價值、慣例和知識體系。日後的歷史家曾從一般和特殊的——如「世紀末的維也納」——藝術層面，來探索這場危機。在此，我們只需注意兩件事。第一是，十九世紀末和二十世紀的前衛藝術家，曾在一九〇〇到一九一〇年間的某一個時刻明顯決裂。對於業餘的歷史學家來說，這個決裂的年代可以有若干選擇，而一九〇七年立體主義的誕生不失爲一個方便的分水嶺。在一九一四的倒數前幾年，幾乎所有後一九一八年「現代主義」的各種不同特徵，均已出現。第二，自此以後，前衛派便發現它所前進的方向，是大多數公眾既不願意也不能夠追隨的。理查·史特勞斯這位違離曲調通性的藝術家，在一九〇九年的《埃勒克特拉》(*Elektra*)失敗以後，認爲公眾將不再擁護他這位商業大歌劇的供應者了。於是他捲土重來，回復到比較接近《玫瑰騎士》(*Rosenkavalier*, 1911)的風格，並獲得極大成功。

因此，在「有文化修養的」品味主體和各種不同的少數者之間，便裂開了一道鴻溝。這些少數派高舉他們持異議和反資產階級叛徒的身分，表現出對大多數人無法接近並以爲可恥的藝術創作風格的讚賞。這道鴻溝上只有三座橋樑。第一座是一小撮像德國工業家拉特瑙(Walter Rathenau)這樣既開明又富有的贊助者，或像坎威勒(Kahnweiler)這樣的經紀人，他們能夠欣賞這個規模雖小但在金錢上極具報酬性的市場的商業潛力。第二座是時髦上流社會的一部分，他們比以前更熱中於不斷變化但保證不是資產階級的風格，特別是富有異國情調和驚世駭俗的風格。第三座橋，矛盾的，竟是商業。由於缺乏對審美的先入之見，工業遂能認識到建築的革命性技術和實用風格的經濟價值——它一向如此——而商業也看出前衛派技術在做廣告上相當有效。「現代主義」的評斷標準對於工業設計和機械化大量生產，具有實際上的價值。一九一八年後，商業贊助和工業設計將成爲貫通最初與高尚文化前衛藝術有關的各種風格的主要作用力。然而，一九一四年前，它還局限在孤立的包圍圈中。

因而，除非把他們當作祖輩看待，否則過分注意一九一四年前的「現代主義」前衛藝術家，很容易使人產生錯覺。當時，絕大多數人(即使是有高度文化修養的人)或許從未聽過，比方說，畢卡索或荀白克。另一方面，十九世紀最後二十五年的革新家，已成爲中產階級文化包袱的一部分。新的革命者屬於彼此，屬於城市特定區域咖啡館中異議青年的好辯團體，屬於新「主義」(立體主義、未來主義、漩渦主義〔vorticism，編按：未來主義的一支，以漩渦紋構成圖畫〕)的批評家和宣言起草人，屬於小雜誌和少數對於新作品及其創作者具有敏銳觀察力和品味的經理人和收藏家：例如佳吉列夫(Diaghilev)、和辛德勒(Alma Schindler)。甚至在一九一四年前，辛德勒已經由馬勒前進到柯克西卡(Kokoschka)、葛羅培亞斯(Gropius)以及(較不成功的文化投資)表現派的魏菲爾(Franz Werfel)。他們被部分高級時髦人物所接納。如此而已。

儘管如此，一九一四倒數前幾年的前衛派藝術家，仍然代表了自文藝復興以來，藝術史上的一個基本斷裂。但是它們所**未能**達成的，卻是他們志在促成的二十世紀眞正的文化革命。這個革命當時正在發生，它是社會民主化的副產品，是由將目光投注在完全非資產階級市場的企業家居間促成。不論是以平民版本藝術工藝方式，還是藉由高科技，平民藝術即將征服世界。這項征服，構成了二十世紀文化的最重要發展。

4

平民藝術的較早階段並不一定都很容易回溯。在十九世紀晚期的某一個時刻，群眾大量湧向迅速成長中的大城，一方面為通俗戲劇娛樂打開了有利市場，一方面也在城市當中占領了屬於他們的特殊區域。狂放不羈的流浪者和藝術家也覺得這些區域極富吸引力，如蒙馬特區和施瓦賓區。因此，傳統的通俗娛樂形式被修改、轉型和專業化，並隨之產生了通俗藝術的原始創作形式。

當然，高尚文化圈，或者更正確的說，高尚文化圈的狂放邊緣，也察覺到這些大城市娛樂區的通俗戲劇圈。富於冒險精神的年輕人，前衛派或藝術浪子，性叛逆者，贊助拳師、賽馬騎師和舞蹈家的上等階級紈袴子弟，在這些不可敬的環境中感到萬分自如。事實上，在巴黎，這些通俗的成分被塑造成蒙馬特區的助興歌舞和表演文化，這些表演主要是受惠於社會名流、旅客和知識分子。而其最偉大的歸化者——貴族畫家羅德列克——更在其大幅廣告和石版畫中，使這些表演永垂不朽。前衛派資產階級的下層文化，也在中歐表現出發展的跡象。但是在英國，自一八八〇年代以來深受唯美主義知識分子所欣賞的雜耍戲院，卻比較名副其實的是以通俗聽觀眾為對象。知識分子對它們的讚美是公正的。不久之後，電影便會將英國窮人娛樂界的一位人物，轉化爲二十世紀上半期最受大家讚賞的藝術家：卓別林（Charlie Chaplin, 1889–1977）。

在比較一般的通俗娛樂層次，或是窮人所提供的娛樂——酒店、舞廳、有人駐唱的飯館和妓院——國際性的音樂革新在十九世紀末開始出現。這些革新的溢出國界和飄洋過海，部分是透過旅遊和音樂舞台的媒介，主要則是藉由在公共場合跳交際舞的新風氣。有些只限於在本地流行，如當時正處於黃金時代的那不勒斯民謠（*canzone*）。另一些具較大擴張力的，則在一九一四年前進入到歐洲上流社會，例如安達魯西亞的佛朗明哥舞（flamenco，一八八〇年代以後西班牙的平民知識分子熱切予以採納），或布宜諾斯艾利斯妓院區的產物——探戈舞曲。這些異國情調和平民的創作，後來都比不上北美非裔的音樂風格那般輝煌，並享有世界聲譽。這種風格（再度是透過舞台、商業化的通俗音樂以及交際舞）在一九一四年時已經橫渡大洋。它們與大城市中的半上流社會（demi-monde）藝術相融合，偶爾也得到落魄狂放之士的支援，和高級業餘人士的歡呼致敬。它們是民俗藝術的都市對應物，現在已形成商業化娛樂業的基礎，不過它們的創造方式卻與它們的宣傳方式完全無關。但是，更重要的，基本上這是一種完全不拜資產階級文化之賜的藝術，不論是「高尚」藝術形式的資產階級文化，或是中產階級輕鬆娛樂形式的資產階級文化。相反的，它們行將由下面改變資產階級的文化。

眞正的科技藝術革命是建在大眾市場的基礎上，此時正以前所未有的高速向前推展。這種科技——經濟媒體的其中兩項，當時還不太重要：即「聲音的機械廣播」和報刊。留聲機的影響力受到其硬體成本的限制，大致上只有比較富有的人家才買得起。報刊的影響則受限於它對老式印刷字體的依賴性。穩固的中產階級菁英閱讀《泰晤士報》、《辯論報》(*Journal des Débats*)和《新自由報》(*Neue Freie Presse*)；一般報刊的內容多半打碎成小而獨立的專欄，以便沒有受過多少教育、也較不願全神貫注的讀者容易閱讀。它那種純視覺上的革新——粗體標題、版面設計、圖文混排，尤其是廣告的刊登——是極富革命性的。立體派畫家認識到這一點，遂將報紙的片段放進它們的畫裡。但是，唯一名副其實在報刊的復興下得以創新的溝通形式恐怕是漫畫，甚至可說是現代連環漫畫的最早形式。報紙將它們從通俗小冊子和大幅印刷物中接收過來，並爲了技術上的理由而予以簡化⑳。大眾報刊在一八九〇年代開始銷售達一百萬份以上，它改變了印刷物的環境，但沒有改變它的內容或各種共生體。這或許是因爲創辦報紙的人多半都受過良好教育且一定是富人，因而他們所體認到的基本上是資產階級文化的價值觀。再說，在原則上，報紙和期刊也沒有什麼新穎之處。

電影(最後也透過電視和錄影帶)日後將主宰並改變二十世紀的所有藝術。不過在這個時期，電影卻是全新的，不論在其技術上，在其製作方式上，或在其呈現眞實的模式上。事實上，電影是第一種在二十世紀工業社會來臨之前不可能存在的藝術。在較早的各種藝術中，都找不到類似的事物或先例，甚至在靜態的攝影術中也找不到(我們可以認爲攝影不過是素描或繪畫的一個替換物，參看《資本的年代》第十五章第四節)。有史以來第一次，動作的視覺呈現被從直接的現場表演中解放出來。有史以來第一次，故事、戲劇或壯觀排場，得以從時間、空間和人物的約束中解放出來，更別提從舊日對舞台幻影的限制中解放出來。攝影機的移動，其焦點的可變性，攝影技巧的無限範圍，特別是能將紀錄影片剪成適合的大小而後隨心所欲予以組合或重新組合，立刻都成為明顯的事實，也立刻為製片人所利用。這些製片人對於前衛藝術通常不具任何興趣和共鳴。可是，沒有其他藝術比電影更能戲劇性地表現一種完全非傳統的現代主義的要求和意外勝利。

在它成功的速度和規模上，電影堪稱是舉世無匹曠世無儔。一直到一八九〇年左右，移動式攝影才具有技術上的可行性。雖然法國人是放映這類活動影片的主要拓墾者，電影短片卻幾乎是在一八九五至九六年間，同時在巴黎、柏林、倫敦、布魯塞爾和紐約首次放映，當作賽會場所、露天市場或雜耍表演的新奇玩意[21]。不過短短十二年，美國每週上電影院看電影的人數便高達二千六百萬，也就是說高達當時全美國人口的百分之二十[22]，他們大多數是去為數八千到一萬家的五分錢小電影院。至於歐洲，甚至在落後的義大利，當時各大城市中已幾乎共有五百家電影院，其中單是米蘭便有四十家[23]。到了一九一四年，美國的電影觀眾已上升到幾近五千萬人[24]。到了這個時候，電影已成為大企業了。電影的明星制度已經發展出來（一九一二年勒姆利〔Carl Laemmle〕為瑪麗·畢克馥〔Mary Pickford〕所製定的）。而電影業也已經開始在洛杉磯的山坡上植根，這個地方已逐漸成為它的全球性首都。

這種不尋常的成就，首先得歸因於這些電影先驅除了為大量民眾提供有利潤的娛樂以外，對別的事物一概沒有興趣。他們以馬戲雜耍等娛樂主持人，有時甚至是小規模賽會表演商人的身分進入電影工業，如第一位電影顯要人物法國的百代（Charles Pathé, 1863-1957），不過他並不是典型的歐洲娛樂業者。比較常見的情形是（如在美國的情形），他們是貧窮但精力旺盛的猶太移民商人，如果衣服、手套、毛皮、五金器具這些行業擁有同樣的利潤，他們也會很樂意從事。他們爲了充實他們的表演節目而製片。他們毫不遲疑的以受過最少教育、最不聰明、最不複雜世故和最不長進的人們作爲對象，這些人坐滿五分錢小電影院。而環球電影公司(Universal Films)的勒姆利、米高梅公司(Metro-Goldwyn-Mayer)的梅耶(Louis B. Mayer)、華納兄弟和福斯公司(Fox Films)的福斯(William Fox)，都是在一九〇五年左右從這些小電影院起家。在一九一三年的《國家雜誌》(*The Nation*)中，美國的民粹黨對較低階級用五分錢入場券所獲得的這個勝利大表歡迎；而歐洲的社會民主黨爲了給工人生活添加一些較高尚的事物，遂將電影貶抑爲勞動階級墮落者尋求逃避的消遣[25]。因此，電影的發展，乃根據了自古羅馬以來屢試不爽的受歡迎模式。

再者，電影享有一項始料未及但絕對重要的有利條件。由於在一九二〇年代晚期之前，它只能放映影像而無法發出聲音，它不得不以默片方式呈現，只有音樂伴奏的聲音間歇打斷默片的進行。這一點，使得二流樂器演奏者的就業機會大增。由巴別語言高塔的束縛中解放出來之後，電影因而發展出一種世界語言。這種世界語言使它們可以不必顧忌實際上的語言隔閡，而開發出全球市場。

毫無疑問，電影這項藝術的革命性創新(幾乎全是一九一四年前在美國發展出來的)，在於它需要完全藉由受技術所操縱的眼睛，去向可能是全球性的公眾講話。同樣毫無問題的是，把高尚文化的前衛派藝術勇敢地拋在後頭的這些創新，大受群眾歡迎，因爲這種藝術除了其內容以外，把什麼都改變了。公眾在電影中所看到和喜好的，正是自有專業娛樂以來，使聽觀眾驚訝、興奮、發笑和感動的那些事情。矛盾的是，這卻是高尚文化對美國電影業具有重要影響的唯一一點。一九一四年時，美國的電影業已向征服和完全支配全球市場邁進。

當美國那些馬戲團主持人正在從移民和工人的五分錢中使自己變成百萬富翁的同時，其他的戲劇和雜耍表演主持人（更別提某些五分錢戲院唯利是圖的商人），正在夢想著如何開發可敬的家庭觀眾的較大購買力和較高「品味」，尤其是美國新女性和其子女的流動資金。（因爲五分錢電影院時代的觀眾，百分之七十五是成年男性。）他們需要昂貴的故事和聲望（「銀幕古典作品」），而美國電影製片削價競爭的無政府亂狀，卻無意冒這樣的風險。但是，這類影片可以從電影先驅的法國進口，或由其他歐洲國家進口，當時法國的電影產量尙占全世界的三分之一。由於歐洲擁有正統戲院及其固定的中產階級市場，因此遂成爲富有野心的娛樂電影的天然源頭。如果聖經故事和世俗古典作品（左拉、大仲馬〔Dumas〕、都德〔Daudet〕、雨果〔Hugo〕）搬上舞台可以成功，那麼搬上銀幕爲什麼不能成功？由成功女演員如莎拉·貝納（Sarah Bernhardt）主演的劇服華麗的進口電影，或擁有史詩般壯闊場面的外來電影（義大利人的專長），在大戰前幾年間，從商業的角度看來都是成功的。一九〇五至〇九年間逐漸明顯的趨勢，是由紀錄片轉向劇情片和喜劇片。受到這一戲劇性轉向的刺激，美國的製片家便開始著手自行製作電影小說和史詩。而這些，又給了像葛里菲斯（D. W. Griffith）這類美國白領主流的小文學人才一個機會，去將電影轉化成一種主要和原創的藝術形式。

好萊塢的基礎是建立在下列二者的交會上，一是五分錢電影院的民粹主義，二是人數同樣龐大的中產階級美國人所期盼的戲劇和情操。它的長處和短處，皆在於它的注意力完全聚焦於大眾市場的票房。它的長處首先是在經濟上的。歐洲的電影選擇了受過教育的觀眾，而犧牲了未受教育的公眾，雖然這個選擇也遭受到民粹派演藝人士的抗拒。(「我們的這項行業是藉著其通俗的吸引力而進步，它需要所有社會階級的支持。它必須不淪爲只是富有階級的寵物，這些人可以花幾乎和去劇院同樣的錢，購買電影票。」——《電影生涯》〔*Vita Cinematografica*〕，一九一四㉖。）若非如此，誰會去製作一九二〇年代德國著名的烏發電影合股公司（UFA Films）的電影？與此同時，美國電影業已充分開發其大眾市場，雖然在理論上，其人口基礎不超過德國人口基礎的三分之一。這一點，使它可以在國內減低成本並賺取到高額利潤，因而能用削價競爭的辦法征服世界其他地方。第一次世界大戰將使這個具有決定性的有利條件更爲有利，並使美國的地位無敵天下。無限的富源也將使好萊塢能從世界各地重金禮聘人才，尤其是在戰後的中歐。不過它卻不一定充分利用這些人才。

好萊塢的弱點也同樣明顯。它創造了一個具有不尋常潛力的不尋常媒體，但是至少在一九三〇年代以前，這個媒體的訊息在藝術上是微不足道的。今日還在上映、或受過教育之人還記得的美國默片，除了喜劇以外，爲數都甚微。就當時製片的異常高速而言，它們只占所有產品的一個完全不具意義的百分比。誠然，在意識形態上，它們的訊息絕非無效或微不足道。如果已沒有什麼人還記得當年大量推出的低成本B級電影，但它們的價值觀卻已在二十世紀後期慢慢注入美國的高階層政策。

無論如何，工業化的大眾娛樂引起了二十世紀的藝術革命，而這件事卻與前衛藝術沒有什麼關聯。因爲在一九一四年前，前衛藝術並不是電影的一部分，而它似乎也對電影不感興趣，只有一位俄國出生的立體派藝術家例外，據說一九一三年時，他曾構想一系列的抽象影片㉗。一直到大戰中期，前衛藝術才開始重視這個媒體，而那個時候它已幾乎成熟。一九一四年以前，典型的前衛藝術表演形式是俄國的芭蕾舞，偉大的經紀人佳吉列夫爲這種芭蕾動員了最具革命性和異國情調的作曲家和畫家。但是俄國芭蕾毫不猶疑的是以富有和出身良好的文化勢利菁英爲對象，正如美國的電影製片人是以人類盡可能的最小公分母爲對象。

於是這個世紀的「現代」、或確確實實的「當代」藝術，出乎意料的發達起來。它爲文化價值觀的守護者所忽視，而它發展的速度之快使人聯想起一場名副其實的文化革命。但是，除了在一個極其重要的方面——它是極度的資本主義——之外，它不再是，也不再能是，資產階級世界和資產階級世紀的一部分。它算得上是資產階級式的「文化」嗎？一九一四年時，絕大多數受過教育的人士，幾乎都會回答說他們不這麼認爲。可是，這項新穎而富革命性的大眾傳媒，卻比菁英文化強有力得多。它對表現大千世界的新方法的追尋，占了二十世紀藝術史的絕大篇幅。

一九一四年時，維也納的兩位作曲家比絕大多數的其他藝術家更明顯代表了舊日傳統，不論是其因襲或是革命的形式。他們是康戈德(Erich Wolfgang Korngold)和荀白克。康戈德是中產文化音樂界的神童，當時已熱中於交響樂、歌劇等等。日後，他成爲好萊塢有聲影片最成功的作曲家之一和華納兄弟電影公司的導演。荀白克在促成十九世紀古典音樂的革命之後，在維也納度過一生。他畢生都沒有贏得聽眾的喝采，但是得到許多音樂家的讚美和經濟資助。這些音樂家比較善於適應環境並且富有得多。他們不需藉著從荀白克那兒所學到的東西，便可從電影業中賺錢。

因而，造成二十世紀藝術革命的那些人，並不是那些以這項革命爲己任的人。在這方面，藝術和科學極度不同。

註釋

❶羅曼·羅蘭，《約翰·克里斯多福》(*Jean Christophe in Paris*)，一九一五年紐約譯本，頁一二〇—一。

❷萊恩，《現代科學和現代思想》(*Modern Science and Modern Thought*)，倫敦：一八九六，頁二三〇—一，最初發表於一八八五年。

❸馬里內蒂，《文選》(*Selected Writings*)，福臨編，紐約：一九七一，頁六七。

❹吉拉維其(Peter Jelavich)，《慕尼黑和戲劇上的現代主義：一八九〇至一九一四年間的政治、劇作和表演》(*Munich and Theatrical Modernism: Politics, Playwriting and Performance 1890–1914*)，麻省劍橋：一九八五，頁一〇二。

❺這個字乃阿居宏(M. Agulhon)所造，見阿氏，〈雕像狂和歷史〉(La statuomanie et l'histoire)，收入《法國民族學》(*Ethnologie Française*)，頁三—四(一九七八)。

❻韋勒(John Willett)，〈脫離〉(Breaking Away)，《紐約書評》(*New York Review of Books*)，一九八一年五月二十八日，頁四七—九。

❼《英國婦女年鑑》(*The Englishwoman's Year-Book*)，一九〇五，〈殖民地婦女新聞業〉(Colonial journalism for Women)，頁一三八。

❽在英國許多靠自修和文化狂熱而賺錢的叢書中，我們可以一提「亞瑟王宮廷名著」(Camelot Classics, 1886–91)，「卡塞爾國民叢書」(Cassell's National Library 1886–90, 1903–07)的三百多冊書「卡塞爾紅色叢書」(Cassell's Red Library, 1884–90)，「盧保克爵士百書」(Sir John Lubbock's Hundred Books，一八九一年起路特利奇公司出版，一八九七年起也爲「現代名著」的出版商出版)，「納爾遜名著」(Nelson's Classics, 1907–)，「六便士名著」(Sixpenny Classics，只由一九〇五年出版到一九〇七年)，「牛津世界名著」(Oxford's World's Classics)。人人文庫值得稱讚的，是在其最初出版的五十本書中，有一本重要的現代名著：康拉德(Joseph Conrad)的《諾斯卓摩》(*Nostromo*)。這五十本書包括麥考來(Macaulay)的《英國史》(*History of England*)，到洛克哈德(Lockhart)的《史考特爵士傳》(*Life of Sir Walter Scott*)。

❾吉維努斯，《德國詩歌民族文學史》(*Geschichte der poetischen Nationalliteratur der Deutschen*)，五卷，一八三六—四二。

❿尼采，《權力意志》(*Der Wille zur Macht*)收入《全集》(*Sämtliche Werke*)，司徒加：一九六五，第九冊，頁六五和五八七。

⓫湯瑪斯(R. Hinton Thomas)，《尼采在德國的政治和社會，一八九〇—一九一八》(*Nietzsche in German Politics and Society 1890–1918*)，曼徹斯特：一九八四。該書強調，也可說過分強調，他對自由意志論者的吸引力。不過，雖然尼采不喜歡無政府主義者(比較《超越善惡》〔*Jenseits von Gut und Böse*〕，收入《全集》第七冊，頁一一四，一二五)，但在一九〇〇年代法國無政府主義者的圈子中，人們「熱切地討論施蒂納(Stirner)、尼采，尤其是勒丹泰(Le Dantec)」。麥鐘，《法國的無政府主義運動》(*Le Mouvement anarchiste en France*)，巴黎：一九七五，第一冊，頁四二一。

⑫赫伯特(Eugenia W. Herbert)，《藝術家與社會改革：法國和比利時，一八八五—一八九八》(*Artists and Social Reform: France and Belgium 1885-1898*)，紐黑文：一九六一，頁二一。

⑬道格里安尼(Patrizia Dogliani)，《「新加入者的訓練所」：十九世紀末葉到第一次世界大戰的國際少年社會主義者》(*La 'Scuola delle Reclute': L'Internazionale Giovanile Socialista dalla fine dell'ottocento, alla prima guerra mondiale*)，杜林：一九八三，頁一四七。

⑭普列漢諾夫，《藝術和文學》(*Kunst und Literatur*)，東柏林：一九五五，頁二九五。

⑮豪爾(J. C. Holl)，《早期的當代繪畫》(*La Jeune Peinture contemporaine*)，巴黎：一九一二，頁一四—五。

⑯〈論藝術中的精神方面〉(On the spiritual in art)，《紐約書評》，一九八四年二月十六日，頁二八。

⑰羅緬，《兩個時代的分水嶺》，頁五七二。

⑱馬克思，《路易·波拿巴的霧月十八》(*The Eighteenth Brumaire of Louis Bonaparte*)。

⑲拉斐爾，《由莫內到畢卡索：美學的特色和現代繪畫的成長》(*Von Monet zu Picasso. Grundzüge einer Aesthetik und Entwicklung der modernen Malerei*)，慕尼黑：一九一三。

⑳在現代政治漫畫的演進中，擁有強勢民主和民粹主義的新聞界而缺少大量中產階級民眾的國家，其作用值得注意。關於一九一四年以前澳洲在這方面的重要性，參看霍布斯邦，《共產主義漫畫》(*Communist Cartoons*)〈引言〉，倫敦：一九八二，頁三。

㉑巴赫林(Peter Bächlin)，《作爲商品的電影》(*Der Film als Ware*)，巴塞爾：一九四五，頁二一四，註一四。

㉒巴里奧(T. Balio)編，《美國的電影業》(*The American Film Industry*)，威斯康辛州麥迪遜市：一九八五，頁八六。

㉓布魯乃塔(G. P. Brunetta)，《義大利電影史，一八九五—一九四五》(*Storia del cinema italiano 1895-1945*)，羅

馬：一九七九，頁四四。

㉔巴里奧，前引，頁九八。

㉕同前，頁八七；《我們帶來新時代》，頁一八五。

㉖布魯乃塔，前引，頁五六。

㉗賈瑞尼(Luigi Chiarini)，〈電影製片術〉，收入《世界藝術百科全書》(*Encyclopedia of World Art*)，紐約、倫敦和多倫多：一九六〇，第三冊，頁六二六。

第十章

確定性基蝕：科學

物質世界由什麼所構成？以太，物質和能。

——萊恩，一八八五❶

一般人都同意，在過去的五十年間，我們對於遺傳學基本定律方面的知識，有極大的增進。事實上，我們可以持平地說，在這段時期這方面所得到的進展，比這個領域有史以來所得到的總和更多。

——頗爾柔(Raymond Pearl)，一九一三❷

就相對論的物理學而言，時空不再是宇宙梗概的一部分。現在大家都承認它們是結構。

——羅素(Bertrand Russell)，一九一四❸

有的時候，人類了解和構築宇宙的整個方式，會在相當短促的時期中改變，而第一次世界大戰之前的幾十年，正是這樣一個時期。這種轉變，在當時還只有一小撮國家中極少數的男女可以了解，乃至可以觀察到。有時，甚至在正值轉型的知識和創造性活動領域之內，也只有少數人能夠了解和觀察到。當然，並不是所有的領域中都有轉變發生，或以同樣的方式被改變。比較完整的研究，必須區別那些人們意識到直線前進而非轉型（如醫學）的領域，與那些已經發生革命的領域（如物理學）；區別那些經過巨大改變的舊科學，與其本身便構成各種革新的新科學（因爲它們誕生於我們所探討的這個時代，如遺傳學）；區別那些注定會成爲新輿論或正統的科學理論，與那些將留在其學科邊緣的科學理論（如心理分析）。它也必須區別接受過挑戰、但已成功地重建爲大家所接受的理論（如達爾文學說），與十九世紀中期知識傳統的若干其他部分——那些除了在較淺近的教科書中可以看到，此外已不見蹤影的部分，如克耳文勳爵（Lord Kelvin）的物理學。而它也當然必須區別自然科學和社會科學，在這個時期，像傳統的人文科學領域一樣，社會科學正日漸與自然科學分離，並造成了一道日甚一日的鴻溝，大半在十九世紀被視爲「哲學」的學術，似乎正消失在這道鴻溝中。而且，不論我們如何形容這個全球性的說法，它都是眞實的。這個時期的知識景觀——那些命名爲蒲朗克（Planck）、愛因斯坦和佛洛伊德的高峯，此刻正在浮現，遑論荀白克和畢卡索——基本上顯然與一八七○年聰明的觀察家自以爲看到的知識景觀極不相同。

這個轉型可分爲兩種。在知識上，它意味著不再以建築師或工程師的方式去了解宇宙：一個尚未完成的建築，不過爲期不遠；一個以「事實」爲基礎的建築，爲因果律和「自然律」的堅實骨架所維繫，用理性和科學方法的可靠工具所建造；一個知識的建構，但也傳達了愈來愈逼眞的宇宙客觀眞理。在奏凱的資產階級世界的思想中，由十七世紀承繼而來的巨大靜態的宇宙結構，加上十七世紀以後因延伸到新領域而擴張的結構，不僅產生了永恆感和可預測性，也造成了轉型。它產生了演化（至少在人事上，演化可輕易被等同於長期的「進步」）。然而現在已然崩潰的，正是這種宇宙模型和人類對它的了解方式。

但是，這種崩潰有非常重要的心理面相。在資產階級世界的知識建構中，古代宗教的力量已從對宇宙的分析中剔除，在這個宇宙內部，超自然和神奇的事物並不存在。而且，除了視它爲自然律的產物外，在相關的分析中也幾乎不帶感情。不過，除了些許的例外情形，知識的宇宙似乎與人類對物質世界的直覺把握（「感官經驗」）相配合，也與人類推理作用直覺的看法相一致。因而，當時仍然可以用機械（撞球式的原子）模型去思考物理和化學。（事實上，在被忽略了一段時期之後，不久將被打碎成較小粒子的原子，這個時期又回復成物理科學的基本結構單元。）可是，宇宙的新建構卻愈來愈不得不拋棄直覺和「常識」。也可以說，「自然」變得較不自然但更容易理解。事實上，雖然我們今天都根據以新科學革命爲基礎的技術生活，也與它共存；雖然我們生活其中的世界，其視覺上的外表已因它而改變，而一般受過教育者的談論也經常模仿它的概念和字彙，可是甚至到今天，我們還完全不清楚這場革命究竟被一般公眾的思想吸收了多少。我們可以說，它是在存在上而非在知識上被吸收了進去。

科學和直覺的分離過程，或許可以用數學這一極端例子予以說明。在十九世紀中葉的某一時刻，數學思想的進步，開始不僅造成一些與感官所了解的眞實世界相衝突的結果(如非歐幾里德幾何學)，而且也造成震撼數學家的結果——他們像偉大的康托爾(Georg Cantor)一樣，發覺「我看到，但是我不相信」[4]。布爾巴基(Bourbaki)所謂的「數學的病理學」於焉開始[5]。在十九世紀數學「兩個精力充沛的待研究領域」之一的幾何學中，好像各種各樣不可思議的現象都出現了，如沒有正切(tangent)的曲線。但是當時最戲劇性和「不可能」的發展，或許當推康托爾對於無限數的探究。在這項探究所造成的世界中，直覺的「較大」和「較小」概念不再適用，而算術的規則不再產生預期的結果。用希爾伯特(Hilbert)的話來說：它是一種令人興奮的進展，一個新的數學「樂園」，前衛藝術家拒絕被排除於這個樂園之外。

一個隨後被大多數數學家所遵循的解決辦法，是將數學從它與眞實世界的對應之中解放出來，並將它轉化爲假定，**任何**假定，只要它具有嚴格的定義，並且不會自相矛盾。自此以後，數學便斷絕了對任何事物的信任，除了遊戲規則外。羅素對於重新思考數學基本原則一事，貢獻極大，這或許有史以來第一次，數學成了舞台的中心。用羅素的話來說：數學是一門沒有任何人知道它在說什麼的科目，或它所說的話裡面哪些是眞的[6]。它的基本原則，是藉著嚴格排除任何訴諸直覺的事物而重新加以明確表達。

這個情形造成了巨大的心理困難，也造成了若干的知識困難。雖然從數學形式主義者的觀點來說，數學和眞實世界的關係是不相干的，但這種關係的存在卻是不可否認的。二十世紀「最純淨的」數學，曾一再在眞實世界中找到某種對應，而且的確有助於解釋這個世界或有助於我們藉著科技主宰這個世界。哈代(G. H. Hardy)是一位專門研究數字理論的純數學家，他曾驕傲地聲稱他所做的任何事都沒有實用價值。可是，即使是哈代，也曾提出一項實用理論，一項現代人口遺傳學的基礎理論(所謂的哈代—溫伯格定律〔Hardy-Weinberg law〕)。數學遊戲和與之對應的眞實世界的結構，其關係的性質爲何？這個問題對於數學家的數學能力來說或許是不重要的，但是，事實上即使是許多形式論者，如偉大的希爾伯特，似乎也曾相信一個客觀的數學眞理，那就是：數學家如何看待他們所運算的數學實體的「性質」，或他們的定理的「眞實性」，並非無關緊要。由龐加萊(Henri Poincaré, 1854-1912)發起，荷蘭人布勞威爾(L. E. J. Brouwer)領導的「直觀論」(intutionism)學派，激烈地拒斥形式主義，如果需要，他們甚至不惜放棄許多最傑出的數學推理上的成果，這些簡直令人難以置信的成果，曾經引發對數學基礎的重新思考，尤其是康托爾在一八七〇年代所提出的集合論(set theory)，這項理論是在某些人的激烈反對下所提出的。這場發生於純思想尖端領域的戰役，其所喚起的激情，適足以說明藉由數學來了解世界的舊日鏈鎖一旦崩潰，將會帶來多麼深刻的知識和心理危機。

再者，重新思考數學基本原則這件事，也絕不是沒有問題的。因爲想要將它建築在嚴格定義和非自相矛盾說法上的企圖，其本身也遭遇到一些困難，這些困難日後將一九〇〇到三〇年這一段時期，轉化爲「基本原則的大危機時期」(布爾巴基)❼。強行將直覺排除在外這件事，只有藉著縮短數學家視野的辦法才能辦到。在這個視野以外，存在著許多矛盾，這些矛盾如今已爲數學家和數學邏輯家所發現——一九〇〇年代早期，羅素便有系統地說明了若干——而這些矛盾也提出了最深刻的難題。最後，在一九三一年，奧地利數學家哥德爾(Kurt Gödel)證明：為了某些基本上的目的，矛盾根本不能被淘汰，我們不能用不導致矛盾的有限步驟，去證明數學的若干公理是一貫的。然而，到了那個時候，數學家們已經習慣與其學科的不確定性共存。不過一八九〇年代和一九〇〇年代的數學家，離這點還遠得很呢！

除了對少數人，數學的危機一般是可以忽略的。然而為數多得多的科學家，到最後，甚至絕大多數受過教育的人們，卻都牽涉進伽利略或牛頓物理宇宙的危機之中。這場危機大致可以確定是開始於一八九五年，而其結果則是愛因斯坦的相對論宇宙取代了伽利略和牛頓的宇宙。這場危機在物理學界所遭遇的抵抗比數學革命來得少，也許是因為它沒有明白地向傳統的確切信仰和自然律挑戰。這一挑戰要到一九二〇年代才會到來。另一方面，它卻從外行人那裡遭遇到巨大阻力。事實上，遲至一九一三年，一位學識淵博且絕非愚笨的德國科學史家，在其長達四册的科學評介中，斷然不提蒲朗克——除了視他為認識論學者外——也不提愛因斯坦、湯姆森(J. J. Thomson)，或一些今日不大會被遺漏的人士；他也否認當時科學界有任何不尋常的革命正在發生，他指出：「認為科學的基本原理現在似乎變得不穩固，而我們的時代必須著手進行重建，乃是一種偏見。」❽如我們所知，現代物理學離絕大多數的外行人都很遙遠，甚至離那些往往抱著雄心大志想要向外行人詮釋其內容的人也很遠，這樣的企圖在第一次世界大戰以後大增。這種情形，正如煩瑣神學的較高領域離十四世紀歐洲絕大多數的基督教徒十分遙遠一樣。左翼思想家日後拒斥相對論，說他們與科學的概念不相容；右翼思想家則將它貶為猶太人的想法。簡言之，自此以後，科學不僅成為很少人可以了解的事物，也成爲許多人明知自己對其倚賴日深，卻又不表讚許的事物。

科學對經驗、常識和廣爲大家所接受之概念所造成的衝突，或許可從「以太」(luminiferous ether)這個問題，得到最充分的說明。這個問題就像在十八世紀化學革命發生以前用以解釋燃燒的「燃素」問題一樣，現在幾乎已爲大家所遺忘。以太據說是一種充滿宇宙的物質，具有伸縮性、穩固、無法壓縮和無摩擦性等性質。當時人並沒有證據可以證明以太的存在，但是，在一個主要是機械性而又不相信任何所謂「遠距離行動」的世界觀中，它非存在不可。這主要是因爲十九世紀的物理學充滿了波，由光波開始(其實際速度到這時初次確定)，繼因電磁學研究的進展而大量增加，自馬克士威(Maxwell)以後，電磁學也開始研究光波。然而，在一個機械觀的物質世界，波必須是**某種東西**的波，正如海的波浪是水的波浪一樣。當波的運動愈來愈成爲這個自然世界觀的中心時(引一句絕不含糊的當代人的話)，「就所有有關它存在的已知證據都是在這段期間所蒐集的來說，以太是本世紀所發現的。」[9]簡言之，它之所以被發明，是因爲：如所有權威物理學家所主張的(持異議者非常少，其中包括發明無線電波的赫茲〔Heinrich Hertz, 1857–94〕和著名的科學哲學家馬赫〔Ernst Mach, 1836–1916〕)，「我們將不會懂得光、輻射、電或磁：如果沒有它，或許不會有像萬有引力這樣的東西。」[10]因爲機械性的世界觀需要它透過某種物質媒介來發揮力量。

可是，如果它存在，它必然具有機械的特性，不論這些特性是否藉著新的電磁學概念而被人詳細敘述。這個問題引起了相當大的困難，因爲自法拉第(Faraday)和馬克士威的時代起，物理學便採用兩種觀念上的體系，這兩種體系不容易結合，而且事實上彼此愈行愈遠。其中之一是個別的(matter)粒子物理，另一個是連續的「場」(field)物理。最簡便的假設似乎是：就移動中的物質而論，以太是固定的。勞侖茲(H. A. Lorentz, 1853-1928)曾經詳細說明這種理論，勞氏是一位傑出的荷蘭科學家，他與其他的荷蘭科學家共同致力於使本書所述時期，成爲可以與十七世紀相媲美的荷蘭科學黃金時代。但是這個理論如今已可進行測試，而兩位美國人——邁克爾遜(A. A. Michelson, 1852-1931)和莫雷(E. W. Morley, 1838-1923)——在一八八七年一項著名且富想像力的實驗中，曾嘗試驗證這個理論。這項實驗的結果似乎非常不可解釋。由於它非常不可解釋，加上它又與根深柢固的信念不符，因此在一九二〇年以前，科學家們不斷盡可能的小心重複這項實驗，可是結果都一樣。

地球在靜止以太中的移動，其速度爲何？將一道光線分爲兩部分，沿互相成直角的兩道等長通路來回移動，而後又再度合爲一道光線。如果地球循這道光線其中之一的方向移動，則在光這一部分的前進中，儀器的移動應使兩部分光線的行徑不相等。這應該是可以檢測出來的。但結果卻不能。以太(不論它是什麼)看起來好像是和地球一起移動，似乎也隨著任何其他被度量的東西一起移動。以太似乎根本沒有物理特徵，或者是任何物質形式的解釋都無法解釋的。在這種情況下，唯一的選擇，只有拋棄已然確立的宇宙科學形象。

不會使熟悉科學史讀者感到意外的是，勞侖茲喜歡理論甚於事實。因此，他想要把邁克爾遜和莫雷的實驗搪塞過去，以便挽救那個被認爲是「現代物理學槓桿支點」的以太[11]。他那種不尋常的理論奇技，使他成爲「相對論的施洗者約翰」[12]。假設時間和空間可以稍微拉開一點，以便當一個物體在面對它移動的方向時，看上去比當它靜止或面對反方向時爲短，那麼，邁克爾遜和莫雷的儀器可能掩蓋了以太的靜止性。有人主張，這個假說非常近乎愛因斯坦的特殊相對論（一九〇五）。但是勞侖茲和他當代人所做的，卻是打碎了那個他們竭力想要保全的傳統物理學。可是愛因斯坦不然。當邁克爾遜—莫雷得到其令人驚奇的結論時，愛氏還是一個小孩。他在進行研究之際，隨時準備揚棄以往的古老信念。沒有絕對的移動。沒有以太，就算有，物理學家也對它不感興趣。不論如何，物理學的舊秩序已注定消亡。

從這個富有教育意義的插曲中，我們可以得到兩個結論。第一個結論符合科學和科學史家承自十九世紀的唯理主義理想，亦即：事實勝於理論。由於電磁學的發展和許多種新輻射能的發現——無線電波（赫茲，一八八三）、X光（欒琴〔Röntgen〕，一八九五）、放射能（貝克勒爾〔Becquerel〕，一八九六）——由於將正統理論延伸爲各種奇形怪狀的需要日增，由於邁克爾遜—莫雷的實驗理論遲早將在基本上被改變以符合事實。無足爲奇的是，這種改變沒有立刻發生，但其速度已經夠快了。我們可以相當肯定地說，這個轉變是發生在一八九五到一九〇五這十年間。

另一個結論正好相反。在一八九五至一九〇五年間瓦解的自然世界觀，其所根據的不是事實，而是對於宇宙的**先驗**假設。這個假設部分根據了十七世紀的機械模型，部分根據了甚至更古老的感官直覺和邏輯。將相對論應用在電動力學（electrodynamics）或者任何其他事物之上，其困難都不比應用在古典力學上更大。自伽利略起，古典力學的地位已被視爲當然。關於兩個牛頓定律都適用的體系（如兩列火車），物理學只能說：它們是相對的移動，而非有一個處於絕對「靜止」。以太之所以被發明，是因爲大家所接受的宇宙機械模型需要像它這樣的東西；也因爲在某種意義上，絕對移動和絕對靜止之間竟沒有任何區別，在直覺上是不可思議的。正是它的發明使得相對論無法延伸到電動力學或一般的物理學定律。簡言之，使這場物理學革命如此富革命性的，不是新事實的發現(雖然確乎有一些事實的發現)，而是物理學家的不情願重新考慮其典範。照例，願意承認國王沒穿衣服的，絕非那些複雜世故的聰明人，他們花了大把時間去發明理論，以便解釋這些衣服為什麼既華麗，又看不見。

這兩個結論都是正確的，但是第二個結論對歷史家來說要比第一個有用得多，因為第一個結論並無法充分解釋為什麼物理學會發生革命。舊日的典範通常不會(那時也不曾)抑制研究的進行，或抑制那些似乎既與事實符合、而在知識上也相當豐碩的理論的形成。它們只會產生一些如今回顧起來是不必要和複雜得不恰當的理論(如以太的情形)。相反的，物理學上的革命分子——主要屬於「理論物理學」，這門學問當時尚未在數學和實驗室儀器之間取得被承認的特有領域——基本上並沒有什麼意願去廓清介於觀察與理論間的矛盾之處。他們自有一套想法，有時甚至是為純粹哲學或形而上學的成見所感動，例如蒲朗克所追尋的「絕對」。這些想法驅使他們在教師的反對之下進入物理界，教師們認為，物理學中只剩下一些小角落有待整理：這些想法也激勵他們進入別人認為沒有趣味的那部分物理學⑬。蒲朗克的量子論(quantum，一九〇〇年宣布)，代表了新物理學的第一項公開突破。然而在他晚年所寫的自傳中，最令人驚奇的卻是他的孤立感、被誤解感和幾乎近於失敗的感覺。這些感覺似乎始終不曾離開他。然而，在其本國或國際上，很少有幾個物理學家比他在世時享有更大的榮譽。一八七五年，蒲氏完成其學位論文，此後二十五年間，年輕的蒲氏想要讓他所敬仰的資深物理學家了解、回應、甚至只是閱讀他的作品而不果（這些物理學家有的日後終於同意他的理論），在他看來，其作品的確定性是無庸置疑的。他之所以會有上述感覺，大半便是由於這個事實。我們可以從回顧中看到，科學家們已逐漸認識到其領域中未解決的問題，並著手嘗試解決，有的路走對了，大半卻都走錯了。但是事實上，如科學史家提示我們的：至少從孔恩（Thomas Kuhn）的時候起（一九六二），這已不是科學革命的運作方法。

那麼，我們該如何解釋這個時期的數學和物理學轉型？對於史家來說，這是一個非常重要的問題。再者，對於那些不把焦點放在理論學家專門性辯論的歷史學家來說，這個問題不僅關係到宇宙科學形象的改變，也牽涉到這項改變與其同時代事物的關係。知識的形成並不是自發的。不論科學和其所在社會之間的關係性質為何，它與其發生的那個特殊歷史時機之間的關係性質又為何，這種關係總是存在的。科學家所認識到的問題、他們所用的方法、那些他們認為一般而言尚令人滿意或在特殊情形下夠用的理論、他們用來解決這些理論的構想和模型，上述這些問題直到今天仍是那些其生活與實驗室或書房只有部分關係的男男女女的問題。

這些關係之中，有的非常單純，幾乎一眼即可看出。細菌學和免疫學的發展原動力，大部分是來自帝國主義，因為各大帝國提供了征服熱帶疾病的強烈誘因，因為像瘧疾和黃熱症這樣的熱帶疾病，抑制了白人在殖民地區的活動⓮。因而在英國首相張伯倫（Joseph Chamberlain）和一九〇二年諾貝爾醫學獎得主羅斯爵士（Sir Ronald Ross）之間，便產生了直接關聯。民族主義的作用也絕不可忽視。一九〇六年，德國官方力促瓦色曼（Wassermann）加緊研究其梅毒測試（該研究為血清學的發展提供了誘因），因爲他們認爲法國人在這項研究上進展超前，而亟思迎頭趕上⑮。科學和社會之間的這種直接關聯，有些是出於政府或企業的資助與壓力；有些則是來自較不重要的科學成果，這些成果是在工業技術的需求刺激下產生的。雖然忽視這類直接關聯是不智的，但是僅以這類關聯進行分析，卻也無法令人滿意，尤其是在一八七三至一九一四年間。如果我們撇開化學和醫學不談，那麼，科學與其實際用途之間的關係絕非密切。因而在一八八〇到一八九〇年代，德國的技術學院經常抱怨說其數學家不肯只教授工程師所需要的數學，而到了一八九七年，工程教授更與數學教授公開交戰。大多數的德國工程師雖然受到美國進步的啓示而在一八九〇年代設置了工藝實驗室，但實際上卻與當時的科學沒有密切接觸。相反的，工業也抱怨各大學對它的問題不感興趣，只專心其本身的研究——不過即使是其本身的研究也進展得相當緩慢。在一八八二年以前還不讓他兒子上技術學院的克魯伯，一直到一八九〇年代中期才對（與化學截然不同的）物理發生興趣⑯。簡言之，大學、技術學院、工業和政府之間，並沒有協調彼此的興趣和工作。政府所資助的研究機構的確正在出現，但是它們還談不上先進。雖然基礎研究以前也曾得到過私人資助，可是主要的協調機構威廉皇帝學會（Kaiser-Wilhelm-Gesellschaft，今天的蒲朗克學會〔Max-Planck-Gesellschaft〕），一直要到一九一一年才告成立。再者，雖然各政府無疑已開始委託進行甚或督促它們認爲重要的研究工作，但是我們還不能說政府已成爲基礎研究的主要委託者——除了貝爾（Bell）實驗室外——工業亦然。再者，除了醫學以外，此時只有化學已充分整合了研究與應用，然而化學在本書所論時期根本沒有發生基本或革命性的轉型。

在當時的工業經濟中，有許多技術性的發展。電力可以任意取得，眞空排氣機和正確的度量儀器也發明出來了。如果沒有這些發展，上述的變化是不可能的。但是，任何解釋中的必要因素，其本身並不是充分的解釋。我們必須再找。我們能夠藉著分析科學家的社會和政治成見，來了解傳統科學的危機嗎？

這些成見，顯然主宰了社會科學。而且，即使是在那些似乎與社會和社會問題直接有關的自然科學中，社會和政治因素往往也非常重要。在本書所論時期，這種情形相當明顯。在生物學直接和社會人接觸的那些領域，以及在所有那些可以和「演化」的概念以及達爾文這個愈來愈政治化姓名扯得上關係的領域，社會和政治因素都很重要。兩者都帶有高度的意識形態力量。十九世紀時，種族歧視的重要性說多大便有多大。就種族歧視來說，生物學對於理論上主張人類平等的資產階級意識形態來說是必要的，因爲它將可見的人類不平等，由責備社會轉而責備「自然」（參看《資本的年代》第十四章第二節）。窮人之所以窮，是因爲他們生而低下。因此，生物學不僅可能是政治右派的科學，也可能是那些懷疑科學、理性和進步者的科學。很少思想家比哲學家尼采更懷疑十九世紀中葉的眞理，包括科學在內。可是他自己的著作，尤其是他最雄心大志的《權力意志》（*The Will to Power*）⑰，卻可視爲社會達爾文主義的衍生物。該書的論點是以「物競天擇」爲根據，在天擇的演進下，注定會產生一個「超人」新種族。它將支配較下愚的人，正如人類在自然界支配和剝削畜生一樣。而生物學和意識形態之間的聯繫，在「優生學」和「遺傳學」這門新科學之間的相互作用上尤其明顯。遺傳學大抵在一九〇〇年左右出現，不久之後（一九〇五年）由貝特森（William Bateson）

命名。

優生學比遺傳學早得多。它指的是將農業和畜牧業常用的選擇繁殖法，運用在人類身上。其名稱出現在一八八三年。它基本上是一項政治性運動，幾乎完全局限於資產階級或中產階級分子，他們力促政府採取正面或負面的行動，去改良人類的遺傳條件。極端的優生學家相信，如要改良人類和社會情況，只有對人種做遺傳上的改良：集中全力鼓勵優良的種系（通常認爲是資產階級或像「北歐人」〔Nordic〕那種色彩適宜的種族），而淘汰不喜歡的種系（一般認爲是窮人、殖民地人民和不受歡迎的陌生人）。比較不極端的優生學家，則爲社會改革、教育和一般環境的改良留下一些餘地。不過優生學雖然可以變成一門法西斯主義或種族歧視的僞科學，並在希特勒手下成爲有意的種族絕滅，可是，在一九一四年前，它並不特屬於中產階級政治的任何一支，反倒是與當時暗含優生學意義的種族理論相似。在這項運動盛行的國家中，優生學的理論可見於自由主義者、社會改革者、費邊派社會主義者，和其他左翼派別的意識形態激辯中。（節育運動與這些優生學的主張息息相關。）不過在遺傳與環境的戰鬥中，或者套用皮爾森（Karl Pearson）的話，在「天性」與「教養」的戰鬥中，左派不可能獨鍾遺傳。於是，在這段時期，醫學界顯然對遺傳學缺乏興趣。因爲當時醫學的偉大勝利是建立在環境上面，一方面藉著治療微生物疾病的新方法（這些治療方法始於巴斯德和科霍〔Koch〕的時代，並促成細菌學這門新科學的誕生），一方面則透過公共衛生的改良。皮爾森認爲：把一百五十萬鎊花在鼓勵健康的家系上，勝於在每一個鎮區爲消滅肺結核病與建一所療養院⑱。可是醫生和社會改革家都不大願意相信他的話。而他們是對的。

使優生學「科學化」的；正是一九〇〇年後遺傳學的興起。遺傳學似乎表示：環境對於遺傳的影響可以絕對根除，而大多數或所有的特徵，都是由一個單一的基因所決定，亦即可以用孟德爾學說的方法選育人類。雖然有些科學家之所以投身遺傳研究，是基於「種族文化至上的影響所致」（如高爾頓爵士〔Sir Francis Galton〕和皮爾森），我們卻不能據此認爲遺傳學是出自優生學的偏見⑲。另一方面，在一九〇〇到一九一四年間，遺傳學和優生學之間的關係顯然是密切的。雖然一九一四年前至少在德國和美國，科學和帶有種族歧視的假科學之間的分野絕不清楚，可是英國和美國的傑出科學家均與這個運動有關⑳。不過在戰間期，這個情形卻使得嚴謹的遺傳學家離開專心致志的優生學家的組織。無論如何，遺傳學中的「政治」因素是相當明顯的。未來的諾貝爾獎得主繆勒（H. J. Muller）於一九一八年時宣布：「我從來沒有對抽象觀念的遺傳學感到興趣，我對遺傳學的興趣始終是因爲它和人類的基本關係——人的特點，與其自我改進的方法。」㉑

如果我們必須從對社會問題的迫切關注這個脈絡來看待遺傳學的發展（優生學聲稱它能對這些問題提供生物學的解決辦法，有時還可替代作爲社會主義方案），遺傳學所符合的演化理論，也有其政治上的重要性。近年來，「社會生物學」的發展也再度使我們注意這件事。「物競天擇」這個理論，從一開始便與社會問題結下不解之緣，「物競天擇」的關鍵模型「生存競爭」，當初便是從社會科學中得來的（馬爾薩斯〔Malthus〕）。十九世紀末二十世紀初，觀察家們注意到「達爾文主義中的危機」。這個危機造成了各式各樣的臆測——所謂的「生機說」（vitalism）、「新拉馬克主義」（neo-Lamarckism，一九〇一年時的稱謂）種種等等。這場危機不僅是對達爾文主義說法的科學性存疑，該學說已成爲一八八〇年代的正統生物學；也是對其較廣泛的意義存疑。從社會民主黨員對達爾文學說的明顯熱中，便可看出它的影響絕不僅限於是科學性的。另一方面，雖然在歐洲具支配性的政治達爾文主義，認爲它有助於加強馬克思的看法，亦即自然和社會的演化過程係與人類的意志和意識無關，而每一位社會主義者也都知道它終將造成什麼樣的結果；然而在美國，「社會達爾文主義」卻強調自由競爭，並將它奉爲自然的基本定律，認爲最適應環境之人（如成功的商人）終將戰勝不適應的人（如窮人）。對於低下種族和民族的征服，或敵對國家之間的交戰，也可以說明乃至保障適者生存的說法（德國的柏恩哈迪將軍〔General Bernhardi〕，在他一九一三年的著作《德國和下一次戰爭》〔*Germany and the Next War*〕中，便曾如此表示㉒）。

這類社會論題也進入到科學家本身的辯論之中。因此，在遺傳學早期，孟德爾派學者（在美國和實驗主義者當中最具影響力）便和所謂的生物統計學家（biometricians，在英國和算數統計學家當中較受強調），展開了一場難堪無止的爭論。孟德爾長期爲人所忽視的遺傳律研究，一九〇〇年在三個國家同時分別被發現，而且，不管生物統計學如何反對，它已成爲現代遺傳學的基礎。不過有人說，一九〇〇年代被生物學家硬塞進其麝香豌豆報告中的遺傳因子理論，是一八六五年時孟德爾在他修道院的菜圃中不曾想到的。對於這個論題，科學史家曾提出好幾個理由，而其中一組理由顯然具有清楚的政治意義。

經過大幅修改的「達爾文主義」之所以能恢復其作爲科學正統理論的地位，主要得歸功於孟德爾遺傳學和下述新發明的攜手合作，亦即將不可預測和不連續的遺傳學「躍進」、變種或反常現象，引進「達爾文主義」當中。這些變異大多無生存或生育能力，但偶爾可帶來演化上的好處，物競天擇便是建立在其基礎上。德弗里斯(Hugo De Vries)將它們稱爲「突變」(mutations)。德弗里斯是好幾個在同時代重新發現孟德爾的學者之一，他曾受到英國最主要孟德爾派學者貝特森的影響，貝氏對變異方面的研究(一八九四)，特別注意物種原始的突變性。但是連貫和突變不只限於植物育種。生物統計學大師皮爾森，甚至在對生物學發生興趣以前便拒絕接受突變理論，因爲他認爲「沒有任何一個可永久嘉惠社會任一階級的偉大重建工作，是由革命達成的……人類的進步，像自然一樣，從不躍進。」㉓

皮爾森的主要反對者貝特森，絕不是一名革命分子。如果這位異人的看法有任何清楚的特色，那便是他嫌惡現存社會(不包括劍橋大學，他希望劍橋大學不要有任何改革，除了可招收女生入學之外，一切保持原狀)，厭恨工業資本主義和「汚穢的小商人利益」，以及他對封建過去的懷念。簡言之，對於皮爾森和貝特森來說，物種變異是一個科學問題，但也是一個意識形態問題。在特殊的科學理論和特殊的政治態度之間劃上等號，是無意義的，而事實上也往往是不可能的，尤其在像「演化」這樣的領域——這個領域適用於各式各樣不同的意識形態比喻。用科學家的社會階級來分析它們也是無意義的。在這個時期，幾乎所有這方面的科學家在定義上都屬於專業中產階級。不過，在生物學這樣的領域，政治、意識形態和科學是分不開的，因爲它們之間的關係太過明顯。

雖然理論物理學家甚或數學家也都是人，但是在他們身上，這樣的關係卻不太明顯。有意識或無意識的政治影響可以硬塞進他們的辯論之中，但是意義不大。帝國主義和大眾勞工運動可能有助於說明生物學的發展，但是簡直不可能有助於符號邏輯和量子論的發展。一八七五到一九一四年間，研究之外的世界大事並沒有直接干涉到他們的工作。這個情形和一九一四年以後或十八世紀末十九世紀初不一樣。在這個時期，知識界的革命不能和外在世界的革命相提並論。可是，令每一位歷史學家驚奇的是：科學世界觀在這段期間的革命性轉變，已成爲更一般性和戲劇性趨勢的一部分，亦即放棄長久以來爲人所接受的價值觀、眞理、看待世界的角度，以及在概念上組織世界的方式。蒲朗克的量子論、孟德爾的重新被發現、胡塞爾(Husserl)的《邏輯研究》(*Logische Untersuchungen*)、佛洛伊德的《夢的解析》(*Interpretation of Dreams*)和塞尙的《靜物和洋葱》(*Still Life with Onions*)，這些都發生在一九〇〇年——我們也可隨機選擇奧斯特瓦爾德(Ostwald)的《無機化學》(*Inorganic Chemistry*)、普契尼的《托斯卡》(*Tosca*)、柯萊特第一本描寫克勞汀(Claudine)的小說，或羅斯當(Rostand)的《小鷹》(*L'Aiglon*)作爲新世紀的開始——但是，在若干領域中的戲劇性創新，卻是萬分驚人的。

上面我們已經提到過這項轉變的線索。它是負面而非正面的，因爲它未能以相等的替換物取代一個被視爲有條理、可能包羅萬象的科學世界觀，在這個世界觀中，理性與直覺是不衝突的。如前所示，理論家本人也感到困擾和迷惑。蒲朗克和愛因斯坦都不願意放棄那個合理、因果律和決定論的宇宙，雖然這個宇宙爲他們的工作帶來極大麻煩。蒲朗克和列寧同樣對馬赫的新實證主義(neo-positivism)懷有敵意。相反的，馬赫雖然是十九世紀末自然宇宙體系的少數幾個懷疑者之一，日後卻也對相對論抱持同樣的懷疑態度[24]。如前所示，數學家的小圈子曾爲數學眞理是否可以超越形式而發生爭執，進而走向分裂。布勞威爾認為，至少自然數字和時間是「眞」的。眞實的情形是，理論家發現他們正面對了無法化解的矛盾，因為甚至連符號邏輯學家致力想克服的那些「疑題」（也就是「矛盾」的委婉說法），也沒有令人滿意的解決，如羅素日後承認的，即使是他和懷海德（Whitehead）辛苦半天的《數理原本》（*Principia Mathematica*, 1910–13）一書，也未能予以解決。最輕易的解決辦法，是退回到新實證主義——它將成為二十世紀最接近被大家所接受的科學哲學。十九世紀晚期出現的新實證主義傾向（其代表人物有迪昂〔Duhem〕、馬赫、皮爾森以及化學家奧斯特瓦爾德），不可以和新科學革命發生以前主宰自然和社會科學的那實證主義混為一談。那個實證主義認為它可以找到有條理的世界觀。這個世界觀即將受到眞實理論的挑戰，亦即受到用科學方法所發現的自然「事實」的挑戰。而這些與神學和形而上學隨便臆測有別的「可靠」科學，將為法律、政治、道德和宗教提供堅實的基礎。簡單的說，也就是為人類賴以結合和構築希望的方式，提供堅實的基礎。

像胡塞爾這樣的非科學批評家指出：十九世紀下半期，現代人的整體世界觀完全由實證科學所決定，並被它們造成的「繁榮」所蒙蔽，這意味著當時人正冷漠地避開眞正與人性有關的決定性問題㉕。新實證主義將注意力集中於實證科學本身的概念性缺點上。有些科學理論現在看起來已不夠用，它們似乎也被視為「一種語言的束縛和定義的曲解」㉖，而有些圖示的模型（如撞球式原子）又無法令人滿意。在面臨這樣的理論和模型時，他們選擇兩種互為關聯的方法來解決這個困難。一方面，他們提議在不帶感情的經驗主義乃至唯象論的基礎上重建科學；另一方面，他們則主張將科學的基礎嚴格地加以公式化和定理化。如此一來，便可在不影響到科學實際運作的情況下，將人們的詮釋從「眞實世界」中剝離開來，亦即剔除掉那些有關內部一致性和命題實用的不同「眞理」。如龐加萊所云：科學的理論「既不眞也不假」，只是有用而已。

有人指出，十九世紀末葉新實證主義的興起有助於科學革命的產生，因爲它容許物理概念在沒有先驗宇宙觀、因果律和自然律的干擾下進行轉型。不論愛因斯坦對馬赫如何推崇，這種說法顯然都過分高估了科學哲學家，也過分低估了當時公認的科學普遍危機——新實證主義的不可知論和數學、物理學的再思考，只是這個危機的某些方面而已。如果我們想要從歷史的脈絡中觀察這項轉型，我們就必須把它視爲這項普遍危機的一部分。而如果我們要在這項危機的諸多面相中找出一個共同特性，這個特性幾乎以不同的程度影響到所有思想活動，那麼答案必然是：一八七〇年代以後，它們全都面對了「進步」始料不及、不可預測和往往無法理解的結果。說得更精確點，便是面對了進步所導致的各種矛盾。

我們可以拿「資本的年代」最驕傲的事物來做比喻。人類修築的鐵路，可望將旅客帶到他們從不知道，也尚未去過的目的地，雖然旅客對這些目的地一無所知、全無體驗，但他們卻不曾懷疑這些地方的存在和性質。正如凡爾納(Jules Verne)筆下的月球旅客，他們既不懷疑這個衛星的存在，也不懷疑到了那兒之後，他們將會看到和將會發現的事物。根據外推法，他們可以預測二十世紀必定是十九世紀中葉更進步、更輝煌的版本(不過熱力學第二定律卻預言宇宙最後將冰凍而死，因而替維多利亞時代的悲觀主義提供了基礎)。可是，當人類火車穩穩馳向未來之際，旅客在放眼窗外時，看到的卻是一派出乎意料、充滿迷惑且令人煩惱的景色，這眞是車票上指明前往的地方嗎？他們是不是上錯火車？更糟糕的是：他們上對了火車，只是火車卻不知爲何要將他們載向他們既不想要又不喜歡的方向？如果眞是這樣，這個噩夢般的情勢是如何發生的？

一八七五年以後的幾十年間，知識史上充滿了不僅是期望變爲失望之感（如一位幡然醒悟的法國人的玩笑話：「當我們還有一位皇帝時，共和國竟是多麼美好」），更是期望適得其反的感覺。我們在前面已經看到：這種逆轉的感覺同樣困擾著這個時代的思想家和實踐者（參看第四章）；我們在文化的領域也已看到它。在文化的領域，自一八八〇年代起，它產生了一個描寫現代文明衰亡的資產階級文學形式，這種形式的規模雖小，卻也興盛了一陣子。日後的猶太復國主義者諾爾道（Max Nordau），其所著的《退化》（*Degeneration*）一書便是一個好例子，狂熱得恰到好處的好例子。尼采以其能言善道、充滿威嚇的口吻預告了這場即將來臨的災難，雖然他沒有淸楚說明這場災禍的確切性質。尼采比任何人更擅於表達這種期望的危機，他藉著一連串充滿空幻直覺、未明眞理的詩歌和預言警語，來傳述這種危機感，雖然這種方式與他奉行的理性主義哲學討論方式互相矛盾。自一八九〇年起，他的中產階級（男性）追隨者人數便不斷攀升。

照尼采看來，一八八〇年代前衛藝術的頹廢、悲觀和虛無主義，不僅是一種時髦。它們是「我們偉大的價值觀和理想的必然結果。」㉗他主張，是自然科學造成它自己的內部崩潰，塑造出它自己的敵人，一種反科學。十九世紀政治經濟所接受的思想方式，適足以導出極端的懷疑論㉘。這個時代的文化，正受到其自身產物的威脅。民主政治產生了社會主義；平庸造成了天才的不幸覆沒；

軟弱造成了力量。這正是優生學家所彈的調子，只不過他們的論調比較平淡並帶有實證主義的味道。在這種情形下，全盤考慮這些價值觀和理想，以及它們所屬的概念體系，不是非常重要的事嗎？因爲無論如何，「對所有價值觀念的重新評估」已經在進行之中？當十九世紀行將結束之際，這類反思已然充斥四下。唯一堅守十九世紀對科學、理性和進步信仰的嚴肅思想，是馬克思主義。馬克思主義之所以能不受這種對當下充滿幻滅感的影響，是因爲它展望未來的「民眾」勝利。而這些「民眾」的興起，正在中產階級思想家中造成極大的不安。

打破已確立解釋規範的科學發展，其本身便是這種期望轉型和倒逆過程的一部分。在這個階段，這種過程可出現在任何男女身上，出現在他們面對當下並拿它和自己或父母的期望相比較時。我們能否假定，在這種氣氛中，思想家會比其他時候更易於質疑既有的知識方法，更容易去思索，至少是去考慮當時仍認爲不可思議的事物？和十九世紀早期不同，這種反映在心智產物上的革命，當時並非正在進行，而是正在被期待。它們隱含在資產階級世界的危機之中，這個世界已不能再以其舊日的方式去了解。以全新的角度看待大千世界，進而改變個人的展望，不僅是比較輕鬆的，也是絕大多數人一生中必須以種種方法做到的。

然而，這種知識上的危機感，完全是一個少數人的現象。在接受過科學教育的知識分子當中，這種危機感只局限於直接牽涉到十九世紀世界觀崩潰的少數人，而非所有人都深切感受到。當時牽涉其中的人數非常稀少，因爲即使是在科學教育已戲劇性擴張的地方——例如德國，一八八〇到一九一〇年間，德國研習科學的學生人數增加了八倍——他們仍是以千計而非以萬計㉙。而絕大多數的科學科系學生，在學成之後不是進入工業界，便是投身到相當刻板的教學工作。他們不大會爲宇宙形象的崩潰而發愁。（一九〇七至一〇年間，三分之一的英國科學畢業生，都出任小學教師㉚。）在專業科學家中人數比例最高的化學家，當時尚處於新科學革命的邊緣。直接感受到思想震撼的是數學家和物理學家，而這兩種人的數目尚未快速成長。一九一〇年時，德國和英國物理學會的會員加起來大約七百人，而英國和德國化學學會的會員人數，加起來是前者的十倍以上㉛。

再者，即使是就它最廣泛的定義來說，現代科學仍是一個集中於少數地區的團體。新諾貝爾獎得主的分布，說明了現代科學的主要成就仍然叢集於傳統上科學進步的地區，也就是中歐和西北歐。在最初的七十六名諾貝爾科學獎得主中㉜，除了十名以外，餘皆來自德國、英國、法國、斯堪的納維亞、低地國、奧匈帝國和瑞士。只有三名來自地中海區域，兩名來自俄國，三名來自迅速成長但尚居次要的美國科學界。歐洲以外地區的科學和數學成就，主要是透過它們在英國進行的研究工作，這類成就有的非常重要，例如紐西蘭物理學家拉塞福(Ernest Rutherford)的情形。事實上，科學團體的地理集中度更高。在所有的諾貝爾獎得主中，百分之六十以上來自德國、英國和法國的科學中心。

同樣的，嘗試發展十九世紀自由主義替代品的西方知識分子，亦即歡迎尼采和非理性主義的資產階級高知識青年，人數也不多。他們的代言人只有幾十個，而他們的公眾基本上是屬於受過大學教育的新一代。除美國之外，這些教育菁英都還是極少數。一九一三年時，在比利時和荷蘭總數一千三百到一千四百萬的人口中，只有一萬四千名學生。在斯堪的納維亞(減去芬蘭)幾乎一千一百萬的人口中，只有一萬一千四百名學生。即使是在教育發達的德國，其六千五百萬人口中，也只有七萬七千名學生㉝。當新聞記者談到「一九一四年的那一代」時，他們所指的通常是坐滿一個咖啡座的年輕人，在替他們結識於巴黎高等師範學院(École Normale Supérieure)的一群朋友說話，或者是劍橋大學或海德堡大學某些自命爲思想潮流領導者的少數人。

然而這個事實，不應使我們低估新思想的影響，因爲數字不能說明知識上的影響。獲選進入小規模劍橋討論會的總人數(這些人一般稱爲「使徒」)，在一八九〇年到第一次世界大戰之間只有三十七人。但是這些人中，卻有哲學家羅素、摩爾(G. E. Moore)和維根斯坦(Ludwig Wittgenstein)，未來的經濟學家凱因斯，數學家哈代，和好幾個在英國文學界相當負盛名的人物㉞。在俄國的知識圈，一九〇八年時，物理學和哲學革命已經造成極大的影響，以致列寧認爲他不得不提筆寫一本大書來反駁馬赫，他認爲馬赫對於布爾什維克黨員的政治影響既嚴重又有害，這本書的書名是《唯物論與經驗批評論》(*Materialism and Empiriocriticism*)。不論我們對列寧的科學判斷做何想法，他對於政治實況的評估卻是高度實際的。再者，在一個(如克勞斯這位新聞界的諷刺家兼敵人所云)已經由現代媒體形塑的世界，重大的知識改變的扭曲和通俗化概念，不用多久便會滲透到廣大的公眾之中。一九一四年時，愛因斯坦的名字除了在這位偉大物理學家自己的家中之外，根本不是一個家喻戶曉的字眼。但是到了大戰晚期，「相對論」已成爲中歐娛樂餐廳裡面的笑話主題。雖然在第一次世界大戰前幾年，愛因斯坦的理論對絕大多數的外行人來說都是無法了解的，但他卻成爲繼達爾文之後，唯一一個其姓名和形象普爲世界各地受過教育的外行群眾所熟悉的科學家。

註釋

❶萊恩，前引，頁五一。

❷頗爾柔，《遺傳學的研究方式》(*Modes of Research in Genetics*)，紐約：一九一五，頁一五九。這一段乃取自一九一三年的一篇演講。

❸羅素，《我們對於作爲哲學之科學方法領域的外在世界的知識》(*Our Knowledge of the External World as a Field for Scientific Method in Philosophy*)，倫敦：一九五二版，頁一〇九。

❹波義爾(Carl Boyer)，《數學史》(*A History of Mathematics*)，紐約：一九六八，頁八二。

❺布爾巴基，《數學的歷史因素》(*Éléments d'histoire des mathématiques*)，巴黎：一九六〇，頁二七。

❻波義爾，前引，頁六四九。

❼布爾巴基，頁四三。

❽丹納曼(F. Dannemann)，《自然科學的發展和連續》(*Die Naturwissenschaften in ihrer Entwicklung und ihrem Zusammenhange*)，萊比錫和柏林：一九一三，第四冊，頁四三三。

❾威廉斯(Henry Smith Williams)，《十九世紀科學史》(*The Story of Nineteenth-Century Science*)，倫敦和紐約：一九〇〇，頁二三一。

❿同上，頁二三〇—一。

⓫同上，頁二三六。

⓬吉利斯比(C. C. Gillispie)，《客觀性的邊緣》(*The Edge of Objectivity*)，普林斯頓：一九六〇，頁五〇七。

⓭比較蒲朗克，《科學自傳及其他文件》(*Scientific Autobiography and Other Papers*)，紐約：一九四九。

⓮伯爾納(J. D. Bernal)，《歷史上的科學》(*Science in History*)，倫敦：一九六五，頁六三〇。

⓯佛來克(Ludwig Fleck)，《創世紀和科學事實的發展》(*Genesis and Development of a Scientific Fact*)，芝加哥：一九七九(初版，巴塞爾：一九三五)，頁六八—九。

⓰托耶(W. Treue)與毛爾(K. Mauel)合編，《十九世紀的自然科學、技術和經濟》(*Naturwissenschaft, Technik und Wirtschaft im 19. Jahrhundert*)，二卷，哥廷根：一九七六，第一卷，頁二七一—四、三四八—五六。

⓱尼采，《權力意志》，卷四，頁六〇七—九。

⓲韋布斯特編，《生物學、醫學和社會，一八四〇—一九四〇》(*Biology, Medicine and Society 1840–1940*)，劍橋：一九八一，頁二二五。

⓳同上，頁二二一。

⓴如普羅艾茲(A. Ploetz)和蘭茲(F. Lentz)的書名所示《德國種族衛生學會》(*Deutsche Gesellschaft für Rassen-hygiene*, 1905)，以及學會的學報名稱：《種族和社會生物學檔案》(*Archiv für Rassen-und Gesellschaftsbiologie*)；或希華伯(G. F. Schwalbe)的《形態學、人類學、遺傳學和種族生物學學報》(*Zeitschrift für Morphologie und Anthropologie, Erb-und Rassenbiologie*, 1899)。比較塞特(J. Sutter)，《優生學：問題、方法、結果》(*L'Eugénique: Problèmes-Méthodes-Résultats*)，巴黎：一九五〇，頁二四—五。

㉑勒德麥若(Kenneth M. Ludmerer)，《遺傳學和美國社會：歷史評價》(*Genetics and American Society: A Historical*

Appraisal)，巴爾的摩：一九七二，頁三七。

㉒羅緬，前引，頁三四三。

㉓韋布斯特，前引，頁二六六。

㉔《新奧地利傳記》(*Neue Österreichische Biographie*)，第一冊，維也納：一九二三。

㉕沙羅門(J. J. Salomon)，《科學和政治》(*Science and Politics*)，倫敦：一九七三，頁xiv。

㉖吉利斯比，前引，頁四九九。

㉗尼采，《權力意志》，頁四。

㉘同上，頁八。

㉙伯爾納(前引，頁五〇三)估計：一八九六年時，薪傳「整個科學傳統」者，全世界或許有五萬人，其中一萬五千人從事研究工作。這個數字日漸成長：一九〇一到一九一五年間，美國一國的理學士便有七萬四千人左右，自然科學和工程學博士有二千五百七十七人(布蘭克〔D. M. Blank〕和史提格勒〔George J. Stigler〕，《科學人才的供與求》〔*The Demand and Supply of Scientific Personnel*〕，紐約：一九五七，頁五—六)。

㉚羅德瑞克(G. W. Roderick)，《科學社會的出現》(*The Emergence of a Scientific Society*)，倫敦和紐約：一九六七，頁四八。

㉛帕佛茲奇(Frank R. Pfetsch)，《德國政治科學的發展：一七五〇—一九一四》(*Zur Entwicklung der Wissenschaftspolitik in Deutschland 1750-1914*)，柏林：一九七四，頁三四〇起。

㉜這是一九二五年的數字。採用較遲的時間，是爲了對一九一四前幾年那些才華橫溢的青年人的日後成就，表示敬意。

㉝班大衛(Joseph Ben-David)，〈今日社會階級體系中之專業〉(Professions in the Class Systems of Present-Day Societies)，收入《當代社會學》(*Current Sociology*)，第十二期(一九六三—四)，頁二六二—九。

㉞勒維(Paul Levy)，《摩爾：摩爾和劍橋諸使徒》(*Moore: G. E. Moore and the Cambridge Apostles*)，牛津：一九八一，頁三〇九—一一。

第十一章

理性與社會

他們相信理性，就好像天主教徒相信聖母瑪麗亞一樣。

——羅曼・羅蘭，一九一五❶

在精神病患者身上，我們看到侵略的本能受到抑制，然而階級意識卻予以解放。馬克思說明了文明如何使得侵略的本能合理化；藉著了解壓抑眞正的原因，也藉著適當的組織。

——阿德勒，一九〇九❷

我們不同意下述那種陳腐說法，亦即認爲文化的整體現象可以被推論成「物質」利害的產物或函數。不過，我們卻相信：特別著重用經濟條件去分析社會現象和文化事件，是富有創意和想像力的。只要能謹愼應用這個原則並不受武斷偏見的束縛，在可預見的將來，這種方法仍會繼續下去。

——韋伯，一九〇四❸

或許在此應該一提另一種面對知識危機的方式。因爲當時對於不可思議事物的思考方法，有一種是同時拒絕理性和科學。我們不容易度量十九世紀最後幾年這種知識反動的強度，甚至今日回顧起來，也不容易了解其強度。因爲它那些能言善道的鬥士，有許多是屬於才智上的下層社會或半上流社會，如今早已爲人所遺忘。我們很容易忽略當時流行的神祕主義、巫術、魔術、心靈學（parapsychology，曾盤據在一些傑出英國知識分子心頭），以及橫掃西方文化邊緣的各式東方神祕主義和狂熱信仰。不可知和不可理解的事物，比浪漫時代早期以來的任何時刻更受人歡迎（參看《革命的年代》第十四章第二節）。我們可以附帶一提，早期這些事物原本主要是盛行在自修成功的左派之間，如今卻往往急速轉向政治上的右派。因爲這些非正統科目已不像從前那樣，是那些以往的學術懷疑者所喜歡的僞科學，如顱相學、類同療法（homeopathy）、通靈術和其他形式的心靈學，而是對科學和所有科學方法的**拒斥**。然而，雖然這些反啓蒙主義對於前衛藝術有相當貢獻（例如透過畫家康丁斯基和詩人葉慈），它們對自然科學的貢獻卻是微乎其微的。

事實上，它們對一般大眾也沒有多大的影響。對於大多數受過教育的人（尤其是受過新式教育的人）來說，古老的知識眞理並沒有出現什麼問題。相反的，它們已經由那些認爲「進步」尚有無限前途的男男女女的成功予以證實。一八七五到一九一四年間，主要的知識發展是民眾教育和民眾自修的大躍進，以及公眾閱讀的普遍提升。事實上，自修和自我成長是新興勞動階級運動的一個主要任務，也是對其鬥士的主要吸引力。而新式教育教導給大眾的，或受到政治左派歡迎的，是十九世紀那種合理確實的科學，是迷信和特權的敵人，是教育和啓蒙運動的主宰精神，是進步的確定和保證，以及下等階級的解放。馬克思主義之所以比其他社會主義更具吸引力，關鍵便在於它是「科學的社會主義」這一事實。達爾文和發明活字印刷的古騰堡（Gutenberg），與潘恩（Tom Paine）和馬克思一樣，備受激進分子和社會民主黨員尊敬。社會主義者不斷在其言辭中引用伽利略「而它還是在移動」這句話，用以說明勞動階級的奮鬥終將獲得勝利。

民眾不斷在前進也不斷在接受教育。一八七〇年代中期到一次大戰期間，小學教員的數目大增。在法國這類學校較多的國家，增加了大約三分之一；在像英國、芬蘭這類以往學校較少的國家，更成長了七至十三倍；其他國家則介於二者之間。中學教員人數可能增加了四或五倍（挪威、義大利）。這種不斷前進亦不斷接受教育的事實，足以將古老科學的陣線向前推進，雖然其後方補給基地即將陷入重組狀態。對於學校教員來說，至少在拉丁國家，科學課程意謂著諄諄教誨百科全書編纂者（Encyclopaedists）的精神、理性主義的進步，以及法國稱爲「精神解放」的手册（一八九八）❹——一般人很容易把它視爲「自由思想」或由教會和神的控制下解放。如果說這樣的男男女女有什麼危機，絕不是科學或哲學的危機，而是那些靠特權、壓榨和迷信維生之人的世界危機。而在西方民主政治和社會主義以外的世界，科學即使在較不具比喻性的意義上，也意指權力和進步。它意謂現代化的意識形態，由那些科學家、那些受實證主義啓蒙的寡頭政治菁英，強加在落後和迷信的農村民眾身上——例如老共和國的巴西和迪亞斯(Porfirio Diaz)的墨西哥。它意謂著西方科技的祕密。它也意謂著使美國富豪合法化的社會達爾文主義。

最足以顯示科學和理性這種簡單的福音快速進展的證據，是傳統宗教的戲劇性退卻，這種退卻至少發生在資產階級社會的歐洲心臟地帶。這並不代表當時的大多數人類都即將成爲「自由思想家」(套用當代的片語)。當時的大多數人類，幾乎包括其全數婦女，仍然深信本地本族宗教中的那些鬼神及儀式。如前所示，各基督教會便是因此而顯著女性化。當我們考慮到所有大型宗教都不信任婦女並且堅持她們的地位低下，而且有一些，如猶太人，更幾乎將她們排除於正式的宗教崇拜之外，那麼，婦女對神祇的效忠似乎對理性主義的男人來說是不可了解和令人驚異的。他們往往認爲這正是婦女卑下的另一證據。因此，神祇和反神祇共謀對付她們。只不過在理論上主張男女平等的自由思想者，在這樣做的時候會感到慚愧而已。

再者，在絕大部分的非白人世界中，宗教仍然是談論宇宙、自然、社會和政治的唯一語言。它既表達了人們的思想行爲，也認可了人們的思想行爲。宗教已成爲動員男男女女的力量，這個力量可使他們完成西方人企圖用世俗字彙加以說明，卻無法充分傳達的目的，英國政客可能希望將聖雄甘地貶低爲利用宗教喚醒迷信大眾的反帝國主義煽動家。但是對這位聖雄來說，神聖的精神生活不只是爲了取得獨立的政治工具。不論意義爲何，在意識形態上，宗教是無處不在的。一九〇〇年代的年輕孟加拉恐怖分子，日後所謂印度馬克思主義的溫床，最初乃是受到一位孟加拉苦行修道者及其傳人辨喜(Swami Vivekananda)的啓發。(辨喜的吠陀哲學教義，今日是透過一種刪改過的加利福尼亞版本而爲人所知。）這些恐怖分子將辨喜的教義解釋成一種呼籲，呼籲附屬於外國勢力的這個國家起義反叛，並賜給全人類一種普世信仰。（「噢印度……憑著你優雅的懦怯，你能得到只有勇敢和英勇才能得到的那種自由嗎？……噢！力量之母，請除去我的懦弱，除去我的無男子氣，讓我成爲一個大丈夫。」——辨喜❺。）據說，受過教育的印度人「最初是透過半宗教團體而非世俗政治，培養出他們以全民族爲基礎的思想和組織習慣」❻。當地中產階級對於西方的吸收（透過像梵天運動〔Brahmo Samaj〕這樣的團體——參看《革命的年代》第十二章第二節）以及對於西方的拒斥（藉由一八七五年成立的阿利安社〔Arya Samaj〕），便是採用這種方法，遑論「通神學會」（Theosophical Society）——下面我們將談談這個團體與印度民族主義的關係。

如果說連印度已獲解放且支持西化的教育階級，都認爲他們的想法和宗教分不開（或就算認爲分得開，也得小心隱藏這個想法），那麼，純粹世俗化的意識形態措辭，顯然對民衆沒有什麼吸引力。當他們進行反叛之際，很可能便是打著其神祇的旗幟，就像第一次世界大戰之後，回教徒因其共主土耳其蘇丹的失勢而發起的抗英行動，或在「基督國王」的名號下所展開的反墨西哥革命。簡言之，若以全球而論，認爲宗教勢力在一九一四年時已比一八七〇或一七八〇年弱小許多，是很荒謬的想法。

可是，在資產階級的心臟地帶（雖然也許不包括美國），不論是作爲一種知識上的力量或是民衆之間的影響力，傳統宗教都正以空前的速度消退。在某種程度上，這幾乎是都市化的自然後果，因爲我們大可肯定，在其他方面一律相當的情形下，城市對宗教虔信的反對態度要比鄉村來得強烈，而大城市又常比小市鎮更嚴重。而且，當來自虔誠鄉村的移民與不信宗教或持懷疑態度的當地市民同化之後，城市的宗教感遂變得更爲淡漠。在馬賽，一八四〇年時有一半的人口星期天會上教堂，但是一九〇一年時，這個數字只有百分之十六❼。尤有甚者，擁有歐洲百分之四十五人口的天主教國家，在本書所論時期，其信仰的消潰速度尤其驚人。因爲它受到(引一句法國教士的抱怨)中產階級理性主義和學校教師社會主義的聯合攻勢❽，更受到解放理想與政治考量聯手出擊的攻勢——政治上的考量，使得與教會的鬥爭成爲關鍵性的政治問題。「反教權」一辭最初於一八五〇年代出現在法國，而自十九世紀中葉起，反教權主義便成爲法國中間和左派政治活動的重心，互助會的組織便曾一度爲反教權者所控制❾。

反教權主義之所以成爲天主教國家的政治重心，有兩個主要原因。其一是，羅馬教會選擇完全拒斥理性和進步的想法，因而只能與政治右派站在同一邊；另一個原因是，對於迷信和反啓蒙主義的鬥爭，不但未曾分裂資本家和無產階級，反倒使自由資產階級和勞動階級聯合一致。精明的政客在呼籲所有好人團結合作之際，一定會牢記這一點。法國以聯合陣線化解德雷福斯事件，並且立刻中止政府對天主教會的支持。

這場鬥爭造成了教會和法國政府在一九〇五年的分裂，它的副產品之一，是好鬥的脫基督教化運動(de-christianization)的加快進行。一八九九年時，利摩日(Limoges)教區只有百分之二點五的孩童沒有受洗，當這個運動正是最高潮的一九〇四年，這個百分比已高達三十四。但是，即使是在教會和政府的鬥爭並非政治中心議題的地方，平民勞工運動的組織，或普通男人(因爲婦女對信仰要虔誠得多）的參與政治生活，也都造成同樣的後果。在十九世紀末葉的義大利北部，原本信仰虔誠的波河(Po)流域，如今也頻頻發出宗教式微的抱怨。(一八八五年時，三分之二的曼圖亞〔Mantua〕居民，已不在復活節時望彌撒。)一九一四年前遷徙到洛林(Lorraine)煉鋼廠的義大利勞工，幾乎都不信神[10]。在西班牙(或應說是加泰隆尼亞)的巴塞隆納和維奇(Vich)教區，一九〇〇到一九一〇年間，於出生第一週受洗的嬰兒已減少了一半[11]。簡言之，在歐洲的絕大地區，進步和世俗化是攜手並進的。而由於各教會所享有的官方壟斷地位已日漸遭剝奪，於是進步和世俗化遂挺進得更快。在一八七一年以前仍然排除和歧視非英國國教徒的牛津大學和劍橋大學，很快便不再是英國國教教士的安全島。雖然一八九一年時牛津各學院的院長大多仍舊是神職人員，但已經沒有任何一個教授仍具有神職人員身分[12]。

當然，當時也有一些反方向的小渦流。例如上流社會的英國國教徒改宗血統更純的羅馬天主教，十九世紀末葉的唯美主義者爲多彩多姿的儀式所吸引，特別是非理性主義者和反動派對宗教的支持態度。對非理性主義者而言，傳統信仰在知識上的悖理性，正是它優於理性的明證；對反動派來說，即使他們已不相信古代的傳統和階級壁壘，他們還是會予以堅守，例如法國保皇派和極端天主教派「法蘭西行動」的思想領袖莫拉(Charles Maurras)。誠然，有許多人依然奉行宗教，而在學者、科學家和哲學家中，更有許多是虔誠的信徒，但是他們的宗教信仰卻很少顯露在他們的著作之中。

簡言之，在思想上，西方的宗教在一九〇〇年代早期，已較任何其他時候都更受到壓制；而在政治上，它又全面撤退，至少是撤退到對外來攻擊設防的信仰圈子中。

民主化和世俗化的攜手並進，自然使政治和意識形態的左派大受其惠。而古老資產階級所信仰的科學、理性和進步，正是在這些派別中開花結果。

這種固有確定性體系（已經過政治和意識形態的轉化）的最重要繼承者是馬克思主義，其理論學說的主體，是在馬克思死後由他和恩格斯的著作中推演出來的，並體現在德國社會民主黨中。在許多方面，考茨基式的正統馬克思主義，是十九世紀實證主義科學信念的最後勝利。它是唯物主義的、決定論的、必然論的、演化論的，並且堅決地主張「歷史法則」和「科學法則」是同一回事。考茨基最初只把馬克思的歷史理論視爲「不過是將達爾文學說應用到社會發展上」，並於一八八〇年指出，社會科學中的達爾文主義教導他們「從舊世界觀轉變到新世界觀的過程是無法抗拒的」[13]。矛盾的是，像馬克思主義這種牢牢附著於科學的理論，竟會對當代科學和哲學的戲劇性創新，抱持懷疑的態度。也許是因爲，它們看來似乎會削弱唯物論（也就是自由思想和決定論）所強調的許多極具吸引力的確定事物。只有在新知薈萃的維也納知識界，馬克思主義才與這些發展保持接觸。然而，即使俄國知識界的革命分子對這類創新貢獻更多，但其馬克思主義宗師甚至更殺氣騰騰地依附唯物論。（例如，佛洛伊德接收了奧地利社會民主黨領袖維克多·阿德勒在維也納柏嘉錫路（The Berggasse）的公寓；而心理分析家中忠誠的社會民主黨員阿弗烈·阿德勒（與維克多無親戚關係），則於一九〇九年在這個公寓中宣讀了一篇研究「馬克思主義心理學」的文章。而同時，維克多的兒子腓特烈，是一位科學家和馬赫的仰慕者[14]。）因此，這個時期的自然科學家，沒有什麼專業上的理由要對馬克思和恩格斯感到興趣。而且，雖然他們之中有一些在政治上屬於左派（如在德雷福斯事件時的法國），也很少有人對馬、恩產生興趣。在該政黨唯一一位職業物理學家的勸告下，考茨基甚至不曾發表恩格斯的《自然辯證法》(*Dialectics of Nature*)，德意志帝國會爲了這位物理學家通過所謂的艾倫法(Lex Arons, 1898)，禁止社會民主黨學者在大學任教⓯。

然而，不論馬克思個人對於十九世紀中葉自然科學的進步具有什麼樣的興趣，他卻將他的時間和思考能力完全投注在社會科學上。而對於社會科學和歷史學，馬克思思想的影響是相當深遠的。

馬氏思想的影響是直接的也是間接的⓰。在義大利、中東歐，尤其是在專制俄國，亦即瀕臨社會革命和瓦解的區域，馬克思立刻吸引了許多極端聰穎之士的支持，雖然有的支持爲時短暫。在這些國家和地區中，有的時候(如一八九〇年代)幾乎所有年輕的學界知識青年，都是某種革命分子或社會主義者。而且如同日後第三世界歷史上常見的情形，他們大多數自認爲是馬克思主義者。在西歐，雖然爲追求馬式社會民主所舉辦的大眾勞工運動規模很大，但富有強烈馬克思主義色彩的知識分子爲數卻很少，奇怪的是，當時正進入其早期工業革命的荷蘭卻是一個例外。德國社會民主黨從哈布斯堡帝國和帝制俄國引進其馬克思主義理論家，前者如考茨基和希法亭，後者有羅莎·盧森堡和巴渥斯。馬克思主義在德國的影響力，主要是由於當時的一些批評人物，這些人可充分感受到它在政治及思想上的挑戰，並亟思批判它的理論或對它所提出的知識問題找出非社會主義的回應。不論是馬克思主義的支持者或批評者，當然更包括一八九〇年代晚期開始出現的前馬克思主義者或後馬克思主義者，如傑出的義大利哲學家克羅齊(Croce, 1866–1952)，對他們而言，政治因素顯然是具有支配性的。在英國這種不需要爲強大馬派勞工運動發愁的國家，沒有什麼人會去多注意馬克思一眼。但在運動勢力強大的國家，即使是像龐巴衛克(Eugen von Böhm-Bawerk, 1851-1914)這麼傑出的奧地利教授，也得從他們的教師和閣員職務中抽出時間，去反駁馬克思的理論⓱。但是當然，如果馬克思主義的想法沒有相當程度的知識吸引力，它也不大可能激發出這麼豐富的重量型著作，不論是贊成它的或反對它的。

馬克思對社會科學的衝擊，說明了比較這一時期社會科學和自然科學發展的困難。因爲社會科學研究的對象基本上是人類的行爲和問題，而人類在觀察他們自己的事務時，絕不會是中立和不帶偏見的。如前所示，即使是在自然科學上，當我們由無生命的世界移向生命世界之時，意識形態便會頓時重要起來，尤其是對於直接牽涉到人類的生物學。社會和人類科學，完全是在那些最富爆炸性的地帶運作，其所有理論都直接牽連到政治，而意識形態、政治和思想家的處境，也都會造成莫大的干擾。在我們所探討的這個時期或任何時期，一個人很可能既是傑出的天文學家又是馬克思革命分子，如潘尼柯克(A. Pannekoek, 1873-1960)。潘氏的專業同事無疑會認爲他的政治活動與他的天文學是不相干的；而他的同志也會覺得他的天文學與階級鬥爭沒有關係。然而如果他是一位社會學家，則沒有人會認爲他的政治活動和他的理論毫不相干。社會科學往往爲了這個理由在同一領域曲折盤旋、反覆穿越，或是繞著一個圈圈打轉。和自然科學不一樣，它們缺乏普遍爲人所接受的知識、理論主體，缺乏一個有組織的研究領域，一個可藉著理論的調整或新發現而聲稱獲致進步結果的領域。而在本書所述時期中，「科學」這兩個支脈的分歧更是日甚一日。

在某種意義上，這是一種新現象。在信仰進步的自由主義全盛時期，似乎絕大多數的社會科學

——民族學／人類學、語言學、社會學和若干經濟學的重要學派——和自然科學，都有一個共同的研究理論架構，亦即進化論（參看《資本的年代》第十四章第二節）。社會科學的核心研究，是有關人類如何由原始狀態提升到現在的狀態，以及對現在的理性探求。一般以為，這個過程是人類歷經不同「階段」的進步發展，雖然在其邊緣會留下較早階段的殘餘，或類似的活化石。對於人類社會的研究，就像地質學或生物學這類演化學科一樣，都是一門正面的科學。作家寫一本名為《物理學和政治，或論將「物競天擇」及「遺傳」原理應用到政治社會上》（*Physics and Politics, Or thoughts on the application of the principles of 'natural selection' and 'inheritance' to political society*）的書，似乎是一件非常自然的事。一八八〇年代，將這樣一本書收納在倫敦出版商的「國際科學叢書」（International Scientific Series）之中，並和《能量保持》（*The Conservation of Energy*）、《光譜分析研究》（*Studies in Spectrum Analysis*）、《社會學研究》（*The Study of Sociology*）、《肌肉和神經生理學通論》（*General Physiology of Muscees and Nerves*）以及《貨幣和交易技巧》（*Money and the Mechanism of Exchange*）並列，也似乎是非常自然的事⑱。

然而，這種演化論既不契合哲學和新實證主義的新風尚，也不被那些開始懷疑進步似乎走錯方向的人所接受，這些人顯然也反對演化必然產生的「歷史法則」。成功地被合併在進化論中的歷史學和科學，現在又被分離開來。德國的學院派歷史家拒絕把「歷史法則」視為歸納科學的一部分。在致力於研究特殊、獨特和不可重複之事物，乃至「以主觀心理學的方式看待事物」的人文學科中，歸納科學都沒有存在的空間——在主觀心理學與馬克思主義者的原始客觀主義之間，隔了一道鴻溝

[19]。一八九〇年代，在歐洲資深史學期刊《史學雜誌》（*Historische Zeitschrift*）的動員之下，歷史法則理論受到大力攻擊，雖然最初是針對那些過於偏向社會學或其他科學的歷史家，然而不久卻可看出，他們主要的開砲對象是社會民主黨員[20]。

另一方面，那些可望使用嚴格的數學論據，或自然科學實驗方法的社會和人文學科，也拋棄了歷史的演化論，有時還因此鬆一口氣。甚至是那些不可能運用上述方法的學科，如心理分析學，也這麼做。一位知覺敏銳的歷史學家，曾經形容心理分析學是「一種非歷史性的人類和社會理論」，它可以（如對佛洛伊德那群維也納自由主義朋友來說）使脫軌和失控的政治世界變得較容易忍受[21]。一八八〇年代，一場經濟學的激烈「方法戰」，也將矛頭指向歷史。得勝的一方，在另一位維也納自由主義者門格爾（Carl Menger）的領導之下，不但代表科學方法的觀點（演繹而非歸納），也代表有意將前此廣闊的經濟學視野狹隘化。持歷史性想法的經濟學家，或是被棄置在怪人和鼓動者的地獄邊緣（如馬克思），或是如當時主宰德國經濟學的「歷史學派」，要求將他們重新劃歸到別的行業，如經濟史家或社會學家，而將眞正的理論交給那些新古典平衡狀態的分析家。這種情況意謂歷史動力學的問題、經濟發展的問題，以及那些經濟波動和危機的問題，大致均被排除在這項新學術正統之外。因而，經濟學成爲這個時期唯一不受非理性問題干擾的社會科學，因爲就定義來說，所有不能以某種理性方式加以描述的事物，均不屬於經濟學的範疇。

像經濟學一樣，曾經是社會科學當中最早出現且最具信心的語言學，現在似乎對其以往最偉大的成就——語言演化模型——失去興趣。身後啓發了二次大戰之後所有結構主義方法的索緒爾（Fernand de Saussure, 1857–1913)，當時卻是將全副精力集中於溝通的抽象和靜態結構，而字語正好是這種溝通的一個可能媒介。社會和人文科學的從業人員，盡可能與實驗科學家同化。例如，一部分的心理學家衝入實驗室去追求其有關過程、學習和行為實驗模式的研究。這類研究催生了美俄兩國的「行為主義」(behaviourism)理論(巴夫洛夫〔I. Pavlov, 1849–1936〕，沃森〔J. B. Watson, 1878–1958〕)，但這種理論幾乎無法用來指引人類心智。因為人類社會太過錯綜複雜，即使是一般的人類生活和人際關係，也不適用實驗室那群實證主義者的簡化法，不論他們有多麼傑出；隨著時間轉變的研究，也不能用實驗方法加以進行。實驗心理學影響最深遠的實際後果是一九〇五年以後比奈(Binet)在法國創始的智力測驗，因為它發現用顯然具有永久性的智力商數來決定一個人智力發展的極限，比決定這個發展的性質、過程，或結果更容易一些。

這種實證主義或「嚴格的」社會科學日漸成長，孳生了許多大學學系和專業。但是在它們身上，卻看不到什麼可以和革命性自然科學相提並論的意外發展和震撼力。事實上，當時它們正處於轉型的地方，這種轉型的拓墾者已在稍早完成他們的工作。邊際效應和平衡狀態的新經濟學，可以追溯到傑文斯(W. S. Jevons, 1835–82)、瓦爾拉(Léon Walras, 1834–1910)和門格爾。他們的創新工作，係完成於一八六〇到七〇年代。雖然第一本以實驗心理學命名的雜誌要到一九〇四年才為俄國人別赫捷列夫(Bekhterev)創立，但該學科卻可追溯到一八六〇年代成立的德國馮特(Wilhelm Wundt)學派。在語言學家當中，革命性的索緒爾其名聲尚不出洛桑(Lausanne)之外，因為他的盛名是建立在身後所發表的講義上面。

社會人文科學比較富戲劇性和爭議性的發展，都與資產階級世界知識上的世紀末危機密切相關。如前所示，這場危機以兩種形式出現。社會和政治本身，在這個群眾的時代似乎都需要再思考，尤其是社會的結構和凝聚的問題，或（就政治而言）公民效忠和政府合法性的問題。經濟學之所以能免除重大的思想震動，或許是因為西方資本經濟當時沒有面臨同樣嚴重的問題，就算有，也只是暫時性的。廣泛而言，對於十九世紀有關人類理性和事物自然秩序的假定，當時又有了新的懷疑。

這場理性危機在心理學上尤其明顯，從它不妥協於實驗案例，而嘗試面對人類整體心靈一事，便可看出。一個藉著將個人的有用才幹發揮到最大極限以追求合理目標的善良公民，最後會留下什麼？如果這種追求是奠基在動物般的「直覺」之上（麥克杜爾格〔MacDougall〕）㉒；如果理性只是搖晃於無意識波動潮流上的一葉小舟（佛洛伊德）；甚至如果理性只是一種特殊的意識，而在它周圍只有以薄幕相隔，且全然不同的其他潛在意識（詹姆斯）㉓？這些疑問對於文學巨著的讀者、藝術的愛好者，或者好內省的成熟成年人來說，當然是再熟悉不過。可是，它們要到這個時期，才成為所謂人類精神科學研究的一部分。它們無法放進實驗室或測驗式的心理學，而這兩種針對人類精神的調查方式，則以不融洽的形態共存。事實上，這個領域最富戲劇性的創新者佛洛伊德，創造了心理分析這門學科。心理分析自絕於其他心理學派。自一開始起，傳統科學界便對它自稱具有科學地位和治病功能，抱持懷疑態度。另一方面，它卻對少數解放的外行男女知識分子，發揮了快速驚人的影響力，其中有些人主修的還是人文社會科學（韋伯，桑巴特）。至少在德意志和盎格魯撒克遜文化中，一九一八年後，含糊的佛洛伊德式專門名詞已滲透進外行受教者的一般言談之中。縱有愛因斯坦，佛洛伊德恐怕仍是這個時期唯一一個什麼人都知道他大名的科學家。無疑，這是因爲他的理論提供了一個很方便的藉口，可讓男男女女將他(她)們的錯誤行爲，歸咎於他(她)無可奈何的事，例如他(她)們的無意識狀態。這更是因爲，世人可以正確地將佛氏視爲性禁忌的破除者，或可不正確地認爲他贊成不要壓制性欲。在我們所探討的這個時期，性欲已成爲公開討論和調查的主題，而在文學當中，又完全不避諱地大肆著墨(只要看看法國的普魯斯特、奧地利的施尼茨勒〔Arthur Schnitzler〕和德國的魏德金德〔Frank Wedekind〕)(普魯斯特談論男性和女性同性戀。施尼茨勒是一位醫生，他對男女隨便雜交，有坦白的描寫。魏德金德描寫青少年的性欲)，而性也正是佛洛伊德理論的中心。當然，佛氏不是唯一、甚至不是第一個深入研究性欲的作家。一八八六年克拉夫特艾冰(Richard von Krafft-Ebing)的《性精神病》(*Psychopathia Sexualis*)一書發明了「被虐待狂」(masochism)一字。此書出版後，立時出現了一群爲數日增的性學家。佛氏並不是一位名副其實的性學家，和克拉夫特艾冰不一樣，性學家大多數都是改革家。他們想要設法使公眾寬容各種形式的非傳統(「不正常」)性傾向，並爲那些性傾向的少數者提供資訊，進而解除其罪惡感(埃利斯，賀須費德〔Magnus Hirschfeld, 1868–1935〕)。(埃利斯在一八九七年開始發表他的《性心理學研究》〔*Studies in the Psychology of Sex*〕。賀須費德醫師於同年開始發表他的《性不明確事件年鑑》〔*Jahrbuch für sexuelle Zwischenstufen*〕。)特別關切性問題的公眾，對佛洛伊德的興趣不大。對他感興趣的，是許多已獲解放的男女讀者。他(她)剛從傳統猶太—基督教的禁忌中逃離出來，開始接受他(她)們久已察覺到的力量巨大、到處存在且多形多樣的性衝動。

不管是佛洛伊德派或非佛洛伊德派，是個人性或社會性，心理學所注意的不是人類如何推理，而是他們的推理能力對於他們的行爲影響有多小。在這樣做時，它往往以兩種方式反映這個大眾的政治和經濟時代。這兩種方式都非常重要：一種是藉由勒朋(Le Bon, 1841-1931)、塔爾德(Tarde, 1843-1904)和卓特(Trotter, 1872-1939)等有意反民主的「群眾心理學」，這些人主張，在群聚的民眾當中，所有人都會失去理性行爲；另一種方式是透過廣告業。廣告業對心理學的熱中是眾人皆知的，這門行業早已發現不能用論理的方式來賣肥皂。談論廣告心理學的著作，一九〇九年以前便已問世。然而，多半係以個人爲對象的心理學，不必與一個演變中社會的各種問題糾結不清。變了型的社會學則不然。

社會學或許是我們這個時期社會科學最富創意的產物。或者，更精確的說，它是努力鑽研構成本書主要內容的那些歷史性變化的最重要企圖。因爲，該領域最著名代表人物所全神貫注的基本問題，便是政治性問題。在過去，社會的凝聚是由於習俗和傳統上對宇宙秩序的接受，這樣的秩序通常是由某種宗教認可，並一度賦予社會服從和統治的正當理由。可是，這種情形已成往事。那麼，如今社會該如何凝聚？在這樣的情況下，各社會如何發揮政治體系般的功能？簡言之，一個社會如何應付民主化和大眾文化無法預知且使人煩惱的後果？或者，更廣泛的說，它如何應付資產階級社會演化的後果，這種演化，看來似乎正要導出另一種社會？這一組問題，使得今人眼中的社會學創造者，有別於那些受到孔德和斯賓塞啓發而現今大半被遺忘的實證主義演化論者（參看《資本的年代》第十四章第二節）。在此之前，後者代表了社會學。

新社會學不是一門已確立、甚或有嚴格定義的學科，日後也不曾對它的確切內容達成國際性的一致意見。最多，只是在這個時期的某些歐洲國家出現了一個類似的學術「領域」。它圍繞著少數幾個人、幾種期刊、幾所學會，乃至幾個大學講座，其中值得注意的，是法國的涂爾幹和德國的韋伯。只有在美洲，尤其是美國，冠上社會學家稱號的人才比較多。事實上，許多現在被劃歸爲社會學的作品，其作者皆以其他科目的學者自居：維布倫自視爲經濟學家，特勒爾奇（Ernst Troeltsch, 1865-1923）自視爲神學家，巴列圖自認是經濟學家，莫斯卡自以爲是政治科學家，甚至克羅齊也以哲學家自居。賦予這個領域某種一致性的，是想要了解社會的企圖心，這個社會已無法再透過自由主義的經濟和政治理論來了解。然而，不像社會學較後時期的風氣，在這一時期它所注意的主要是如何遏制改變而非如何進行轉變，更別提徹底改革社會。因此，它與馬克思的關係亦不甚明確。在今天，馬克思往往和涂爾幹及韋伯共同被視爲二十世紀社會學的開山祖，但是他的信徒並不很喜歡這種標籤。正如當代一位德國學者所云：「且不說他學說的實際後果，以及其徒眾的組織，即使由科學的觀點來看，馬克思所打下的結，我們也必須花很大的氣力才能解開。」㉔

某些新社會學的從業者，將注意力集中於各社會的實際運作，以別於自由主義理論對它們的假定。因而，在今日被稱爲「政治社會學」的領域，便產生了大量的出版品，這些出版品多半是以新興選舉式民主政治或／和民眾運動的經驗爲基礎（莫斯卡、巴列圖、米歇爾斯、韋布夫婦）。有的集中討論社會的凝聚力量，這些力量足以抵擋因階級群體衝突所產生的社會分解；有的則將焦點放在自由社會將人類貶爲一群分散迷惑之無根個人的傾向（社會的反常狀態）。因此，像韋伯和涂爾幹這些最傑出的思想家，即使他們幾乎都抱持不可知論和無神論的立場，也全神貫注於宗教現象。他們主張所有的社會既不需要宗教，也不需要具有相同功能的事物來維持它們的結構，而且所有的宗教成分都可在澳洲原住民的儀式中找到，澳洲原住民在當時被視爲是人類嬰孩時期的殘餘（參看《資本的年代》第十四章第二節）。相反的，在帝國主義的協助及要求下，人類學家得以就近研究的原始野蠻部落，此時已不再被視爲是過去演化階段的展示，而被視爲具有實際功能的社會制度。

但是，不論各社會結構和凝聚力的性質爲何，新社會主義都無法避免人類歷史演化的問題。事實上，社會演化仍然是人類學的核心。資產階級社會由哪兒來，又將到哪兒去，這個問題對韋伯的重要性並不下於對馬克思主義者，而二者所持的理由也相彷。因爲韋伯、涂爾幹和巴列圖這三個不同程度的自由主義懷疑論者，都將全副心力貫注於新興社會主義運動，並且想藉著從更普遍的觀點來描述社會演化，以反駁馬克思，或說反駁馬氏的「唯物史觀」。我們可以說他們正在想方法對馬克思式的問題提出非馬克思式的答案。這個現象在涂爾幹身上最不明顯，因爲在法國，馬克思除了爲舊日激進民主主義者和巴黎公社分子的革命學說，提供略帶紅色的色彩以外，並沒有什麼影響力。在義大利，巴列圖（在後人的記憶中，他是一位才華橫溢的數學經濟學家）接受了階級鬥爭的眞實性，但是主張它不會導致所有統治階級的覆亡，只會使一批統治菁英取代另一批菁英分子。在德國，韋伯被稱爲「資產階級的馬克思」，因爲他接收了非常多的馬式問題，並以不同於「歷史唯物論」的方法回答之。

總而言之，在我們所討論的這個時期，激勵和決定社會主義發展的，是對資產階級社會的危機感，以及人們體認到有必要採取某種步驟，以防止它崩潰或轉變爲各種不同（無疑較不可取的）的社會。它徹底改變了社會科學嗎？或者甚至爲其拓墾者想要建築的一般社會科學提供了充分的基礎嗎？對於這個問題有種種不同的看法，但大多數人或許抱持懷疑的態度。但是，另一個相關問題的答案卻比較肯定。他們曾提出一種辦法，避免他們所希望阻止或扭轉的革命和崩潰嗎？

他們不曾。因爲隨著時序推進，革命和戰爭的同時到來已愈來愈迫近。我們接著就要探究這個問題。

註釋

❶羅曼．羅蘭，前引，頁二二二。

❷能柏和費登，前引，第二冊，頁一七八。

❸韋伯，《科學論文集》(*Gesammelte Aufsätze zur Wissenschaftslehre*)，蒂賓根：一九六八，頁一六六。

❹文森(Guy Vincent)，《法國的小學：社會學研究》(*L'École primaire française: Étude sociologique*)，里昂：一九八〇，頁三三二，註七七九。

❺辨喜，《全集》(*Works*)，第四部，引自《暴亂委員會，一九一八：報告書》(*Sedition Committee 1918: Report*)，加爾各答：一九一八，頁一七註。

❻西爾(Anil Seal)，《印度民族主義的出現》(*The Emergence of Indian Nationalism*)，劍橋：一九七一，頁二四九。

❼古德瑞吉(R. M. Goodridge),〈十九世紀的都市化和宗教:布里斯托和馬賽,一八三〇—一八八〇〉(Nineteenth Century Urbanisation and Religion: Bristol and Marseille, 1830-1880),收入《英國宗教社會學年鑑》(*Sociological Yearbook of Religion in Britain*),第一册,倫敦:一九六九,頁一三一。

❽〈資產階級堅持理性主義,教員堅持社會主義〉(La bourgeoisie adhère au rationnalisme, l'instituteur au socialisme),收入勒伯拉(Gabriel Le Bras),《宗教社會學研究》(*Études de sociologie réligieuse*),共二册,巴黎:一九五五—六,第一册,頁一五一。

❾福利其(A. Fliche)與馬丁(V. Martin)合著,《教會史:教宗庇護九世朝》(*Histoire de l'Église. Le pontificat de Pie IX*),第二版,巴黎:一九六四,頁一三〇。

❿邦耐(S. Bonnet)、桑提尼(C. Santini)和巴塞勒密(H. Barthélemy),〈洛林鋼鐵業中義大利移民的政治溯源與宗教態度〉(Appartenance politique et attitude réligieuse dans l'immigration italienne en Lorraine sidérurgique),《宗教社會學檔案》(*Archives de Sociologie des Réligions*),第十三期(一九六二),頁六三—六。

⓫杜卡斯泰拉(R. Duocastella),〈西班牙宗教實踐的地理學〉(Géographie de la pratique réligieuse en Espagne),《社會指南針》(*Social Compass*),第十二期(一九六五),頁二五六。里昂尼(A. Leoni),《一個教區的社會學和宗教地理學:曼圖亞宗教實踐實證》(*Sociologia e geografia religiosa di una Diocesi: saggio sulla pratica religiosa nella Diocesi di Mantova*),羅馬:一九五二,頁一一七。

⓬阿列維,前引,第五册,頁一七一。

⓭薩瓦多瑞(Massimo Salvadori),《考茨基和社會主義革命》(*Karl Kautsky and the Socialist Revolution*),倫敦:一九七九,頁二三—四。

⑭ 遑論社會主義領袖鮑爾(Otto Bauer)的姊妹。她以另一個名字，在佛洛伊德的病歷簿中占有重要的一席之地。參看格拉塞(Ernst Glaser)，《奧地利馬克思主義的領域》(*Im Umfeld des Austromarxismus*)，維也納：一九八一，散見各處。

⑮ 關於這一段，參看瑞加札諾夫(D. Rjazanov)編，《馬克思—恩格斯檔案》(*Marx-Engels Archiv*)，厄蘭根：一九七一，第二冊，頁一四〇。

⑯ 英文書籍中沒有關於馬克思主義擴張的最完整討論，參考霍布斯邦，〈馬克思主義的傳播，一八九〇—一九〇五〉(La diffusione del Marxismo, 1890-1905)，《歷史研究》(*Studi Storici*)，第十五期(一九七四)，頁二四一—六九；《馬克思主義史》(*Storia del Marxismo*)，第二冊：《第二國際時代的馬克思主義》(*Il marxismo nell'età della seconda Internazionale*)，杜林：一九七九，頁六一—一一〇，安朱其(F. Andreucci)和霍布斯邦論文。

⑰ 龐巴衛克，《馬克思制度的終結》(*Zum Abschluss des Marxschen Systems*)，柏林：一八九六。該書長久以來，是對馬克思最有力的正統批評。在這段時期，龐巴衛克曾三度出任奧地利內閣閣員。

⑱ 白芝皓，《物理學和政治》(*Physics and Politics*)，一八七二年初版。一八八七年的叢書乃是保羅(Kegan Paul)所編。

⑲ 興茲(Otto Hintze)，〈關於個人主義和集體主義的歷史了解〉(Über individualistische und kollektivistische Geschichts auffassung)，《史學雜誌》，第七十八期(一八九七)，頁六二。

⑳ 參看貝婁(G. v. Below)的長篇辯論，〈新歷史方法〉(Die neue historische Methode)，《史學雜誌》，第八十一期(一八九八)，頁一九三—二七三。

㉑ 舒斯克，前引，頁二〇三。

㉒麥克杜爾格，《社會心理學導論》(*An Introduction to Social Psychology*)，倫敦：一九〇八。

㉓詹姆斯，《各種各樣的宗教信仰》(*Varieties of Religious Belief*)，紐約：一九六三版，頁三八八。

㉔戈西安(E. Gothein)，〈社會與社會科學〉(Gesellschaft und Gesellschaftswissenschaft)，收入《政治科學手冊》(*Handwörterbuch der Staatswissenschaften*)，耶納：一九〇〇，第四冊，頁二一二。

第十二章 走向革命

你聽過愛爾蘭的新芬黨(Sinn Fein)嗎?……它是一個最有趣的運動,與印度所謂的極端主義者運動非常相似。他們的政策不是祈求恩惠,而是奪取恩惠。

——尼赫魯與父親的談話(時年十八歲),一九〇七年九月十二日❶

在俄國,君主和人民都是斯拉夫人。人民只因爲受不了專制政治的毒害,便願意犧牲成百萬的生命以追求自由……但是當我看到我的國家時,我更是情緒激昂。因爲,它不但有像俄國一樣的獨裁政體,而且兩百年來,我們都生活在外來蠻族的踐踏之下。

——一位中國革命分子,約一九〇三—四❷

俄國的工人和農夫,你們不孤獨!如果你們成功地推翻、打倒和毀滅封建的、受警察支配的、屬於地主的專制俄國,那麼,你們的勝利將是全世界對抗暴政和資本鬥爭的導火線。

——列寧，一九〇五❸

1

到此爲止，我們探討了十九世紀資本主義的回春期，認爲它是一段社會和政治的穩定時期：許多政權不但生存下來，而且十分昌隆。事實上，如果我們把注意力集中於「已開發」資本主義國家，這一點似乎是相當可信。在經濟上，大蕭條那些年的陰影盡除，代之而起的，是一九〇〇年代陽光璀璨的擴張和繁榮。原先的政治體系不大知道如何應付一八八〇年代的社會騷動、矢志革命的大規模勞動階級政黨，以及公民爲了其他理由而發起的大規模動員；而今，它們似乎發現了頗具伸縮性的辦法，可先遏制和整合一些，然後孤立另外一些。一八九九到一九一四這十五年之所以是「美好的時代」，不僅是因爲這些年乃繁榮景氣的年分，對於有錢人來說，生活異常具有吸引力，對於最頂尖的富者來說，更是前所未有的黃金歲月；也是由於絕大多數西方國家的統治者或許會爲未來發愁，但並不眞正害怕現在。他們的社會和政權，大致說來似乎仍罩得住。

可是，世界上有許多地區卻顯然不是這樣。在這些地區，一八八〇到一九一四年間，是一個經常可能發生、可能就要發生、甚或眞正已經發生革命的時代。雖然有些這樣的國家不久即將陷入世界大戰，可是對它們來說，一九一四年並不是一個突發的分水嶺，平靜、穩定和秩序的時代不是在這一年突然變成破裂、瓦解的時代。在某些國家，如鄂圖曼帝國，世界大戰本身只是若干年以前便已開始的一連串軍事衝突中的一段插曲。在另一些國家，可能包括俄國但一定少不了哈布斯堡帝國，世界大戰基本上是其國內政治問題無法解決的後果。而在另一群國家（中國、伊朗、墨西哥）當中，一九一四年的戰爭根本沒有發生任何作用。簡言之，對地球上的廣大地區，亦即構成一九〇八年列寧稱之爲「世界政治火藥庫」❹的地區而言，就算沒有一九一四年這場大災難的干擾，穩定、繁榮和自由進步也絕不可能繼續下去。相反的，一九一七年後的態勢已經非常明顯，穩定富裕的西方資產階級國家，將會以某種方式被拖進全球性的革命動亂之中，而這種動亂會從這個互相依靠的單一世界體系的邊緣上展開。

資產階級的世紀，主要是以兩種方式造成其邊緣地區的不穩定：一種方式是逐漸破壞其經濟的古老結構和其社會的平衡；另一種方式，是摧毀其固有政權和政治制度的生存能力。第一種方法的效應比較深遠、比較具爆炸性。它說明了俄國和中國革命與波斯和土耳其革命的差別。但是第二種卻更清楚可見。因爲除了墨西哥以外，一九〇〇至一四年間的全球地震帶，主要便是涵括在那個龐大的古帝國區，其中有些帝國甚至可追溯到蒙昧遠古。這個地理區係由東方的中國延伸到哈布斯堡帝國，再延伸到西邊的摩洛哥。

就西方資產階級民族國家和帝國的標準來說，這些古老的政治結構是東倒西歪、陳舊過時的，而且如許多當代信仰社會達爾文主義的人所主張的，注定會消失。它們的崩潰和分裂，爲一九一〇至一四年的革命提供了環境，也爲歐洲未來的世界大戰和俄國革命提供了土壤。在這些年間覆亡的帝國，是歷史上最古老的政治勢力。中國雖然有時會陷於分裂，偶爾也曾遭受征服，可是至少有兩千年之久，它都是一個偉大的帝國和文明中心。偉大的帝國科舉考試篩選出學者仕紳作爲中國的統治階級，這項制度除了偶爾中斷，也定期舉行了一千餘年。當科舉考試在一九〇五年遭到廢除，帝國的末日也爲期不遠了（事實上只有六年）。波斯在類似的一段時期中也曾是一個偉大的帝國和文化中心，不過它的命運起落得更戲劇化。它比它偉大的敵手羅馬帝國和拜占庭帝國都存在得更久，在被亞歷山大大帝（Alexander the Great）、回教徒、蒙古人與土耳其人征服以後，又數次復活。鄂圖曼帝國雖然年輕得多，卻是一連串遊牧征服者的最後一個，這些征服者自匈奴王阿提拉（Attila the Hun）的時代起，便由中亞乘騎出征，推翻並占領了東西地域：柔然人（Avars）、蒙古人、各系土耳其人。由於鄂圖曼帝國首都設在君士坦丁堡（之前的拜占庭〔Byzantium〕，「帝王之都」），它遂成了羅馬帝國的直系後裔，羅馬帝國的西面一半在第五世紀已告崩潰，但是東面一半卻繼續存在了一千年，一直到被土耳其人征服爲止。雖然自十七世紀末葉起鄂圖曼帝國已告式微，它卻仍擁有橫跨三洲的龐大疆域。再者，它的絕對統治者蘇丹，也被世界上大多數回教徒視爲教主，因此也成爲先知穆罕默德和那些其第七世紀征伐者的傳人。上述三大帝國在六年之間，都轉型爲西方資產階級式的君主立憲國或共和國。在世界史上，這六年顯然標誌著一個重要時期的結束。

俄羅斯和哈布斯堡這兩個巨大欲墜的多民族歐洲帝國，此際也行將崩潰。它們不是很相似，不過卻都代表同一種政治結構——把國家當家族財產般統治——這種結構愈來愈像十九世紀的史前遺跡。再者，這兩個帝國都聲稱繼承了凱撒（caesar，編按：羅馬皇帝的稱謂，俄國的「沙皇」〔tsar〕和哈布斯堡的「皇帝」〔Kaiser〕都是由這個字轉音而來）的稱號，前者是透過其仰賴東羅馬帝國的野蠻祖先，後者則是托其中古祖先喚起了西羅馬帝國記憶之賜。事實上，它們都是晚近的帝國和歐洲強權。再者，不像古老的各大帝國，它們位於歐洲，位於經濟開發地區和落後地區的邊界，因此自一開始，便部分被整合進經濟上的「先進」世界，而其「強權」身分，又使它們完全整合進歐洲的政治體系——歐洲這個大陸的定義，基本上便是政治性的。（因爲亞洲大陸向西延伸到我們稱之爲歐洲的地帶，這塊地區與亞洲的其餘部分並沒有顯著的地理界線。）因此，如果與中國、墨西哥或伊朗革命那種較爲微弱或純區域性的影響相較，俄國革命和哈布斯堡帝國崩潰對歐洲和全球政治的影響，都是非常巨大的。

歐洲過氣帝國的問題，是它們同時跨處兩個陣營：前進的和落後的，強勢的和衰弱的，狼的與羊的。那些古老帝國只是純粹的受害者。除非它們能設法由西方帝國主義那裡取得富強的祕訣，否則便注定崩潰、被征服或附屬於人。到了十九世紀末，這種態勢已經非常清楚，而古帝國世界當中的大型國家和統治者，也在各種不同程度上，嘗試學習它們所謂的西方教訓。但是，只有日本在這個困難的工作中取得成功，到了一九〇〇年時，它已變成狼中之狼。

2

在回教王國最西邊的摩洛哥，蘇丹政府曾經嘗試擴張其管轄權，並對無政府、頑強且家族互鬥不休的柏柏人，確立某種有效控制，不過不怎麼成功。事實上，摩洛哥在一九〇七至〇八年所發生的事件，甚至不一定稱得上是革命。如果不是由於帝國主義擴張的壓力，在古老、但十九世紀已呈朽腐的波斯帝國，同樣不可能發生革命。波斯當時受到俄國和英國的雙重壓力，它竭力想要逃避這樣的壓力，乃從比利時(日後的波斯憲法便以比利時爲藍本)、美國和德國等西方國家請來顧問和幫手，不過他們也發揮不了什麼制衡作用。當時的伊朗政治已經隱含了三股革命潛力，這三股力量將在日後匯集成引爆一九七九年更大規模革命的力量：對國家衰弱和社會不公具有深切體認的西化知識分子；對外國經濟競爭富有深刻感受的市場商人；以及回教導師團體——這些宗教導師代表了回教什葉派(Shia)，該派擁有波斯國教的地位，足以動員傳統民眾。上述人士都深切了解到西方影響與可蘭經的無法相容。激進分子和宗教導師等的聯合，已在一八九〇至九二年間展示其力量。在一八九二這一年，帝國政府不得不取消一位英國商人的菸草專賣權，因爲國內發生了暴動、起義，以及一次相當成功的對菸草出售和使用的聯合抵制，甚至波斯國王的妻妾也參與這項抵制。一九〇四至〇五年的日俄戰爭以及俄國的第一次革命，暫時消除了波斯的折磨，而給了波斯革命分子鼓勵和方略。因爲，打敗這個歐洲皇帝的強國，不僅是亞洲國家，而且還是一個立憲君主國。因而，不僅是激進解放分子將憲法視爲西式革命的明顯標的，較廣大的公眾也將它看成一種「神祕的力量」。事實上，許多宗教領袖的相率前往聖城庫姆(Qom)，以及許多市場商人的協同逃往英國公使館(連帶造成德黑蘭商業的停頓)，在一九〇六年時，爲波斯贏得了議會選舉和一紙憲法。然而英俄兩國一九〇七年的和平瓜分波斯協議，卻使波斯的政治改革胎死腹中。因此，波斯的第一次革命期實際上已在一九一一年結束，不過在名義上，波斯仍保有一紙類似一九〇六至〇七年的憲法，一直到一九七九年革命爲止❺。另一方面，由於沒有其他帝國強權能向英國和俄國挑戰，反倒使得波斯這個國家和它的君主政體得以生存下來。波斯君主除了一旅哥薩克(Cossack)軍隊外,根本沒有什麼權力,一次大戰之後,這旅哥薩克軍隊的旅長,自立爲最後一個王朝的始祖,史稱巴勒維王朝(Pahlavis, 1921-79)。

在這方面,摩洛哥比較不幸。摩洛哥位於非洲西北角,是地球上一個特別具戰略價值的地點。它看上去是法國、英國、德國、西班牙和任何海軍攻擊範圍內的國家,都適合攻占的對象。而這個君主國內部的軟弱,使它更易爲外國的野心所乘,而各個掠奪者之間的爭執所引起的國際危機,特別是一九〇六和一九一一年的危機,對第一次世界大戰爆發具有重大的催化作用。摩洛哥最後遭到法國和西班牙瓜分,並以在丹吉爾(Tangier)設立自由港來照料國際上(如英國)的利害關係。另一方面,雖然摩洛哥失去獨立,但由於其蘇丹不再控制互相爭戰的柏柏家族,遂使法國,尤其是西班牙,對這一區域的實際征伐,變得困難而且曠日彌久。

3

偉大的中國和鄂圖曼帝國,其內部危機都是古老而深刻的。自十九世紀中葉起,中華帝國便承受了許多重大危機的震撼(參看《資本的年代》)。它方才克服了太平天國的革命威脅,而付出的代價,幾乎是放棄帝國中央的行政權,而聽憑外國人擺布。這些外國人在中國境內建立了享有治外法權的孤立領土,且幾乎霸占了帝國的主要財源——中國的海關總署。慈禧太后(一八三五—一九〇八)雖能震懾其國人，但外國人卻不那麼怕她。在她的統治下，這個衰弱的帝國似乎注定會在帝國主義聯合的猛攻下消失。俄國進入東三省，其敵手日本又將俄國從東三省逐出。在一八九四至九五年的一場勝仗之後，日本奪取了台灣和朝鮮，並且積極準備下一步攻擊。在此同時，英國已經擴大了其香港殖民地，並且幾乎使西藏脫離中國——英人將西藏視為其印度帝國的屬國。德國在北中國占據了一些基地；法國人在其印度支那帝國(這塊地方也是由中國分出)周遭施展影響力，並在中國南方擴展其陣勢；甚至弱小的葡萄牙，也在一八八七年迫使中國割讓澳門。可是雖然群狼願意聯合對付其獵物——比方說，一九〇〇年以鎮壓所謂的義和團之亂為藉口，英國、法國、俄國、義大利、德國、美國和日本聯合占領並搶劫北京城——但在如何分割這一龐大遺骸的問題上，卻無法達成協議。尤其是因為美國這個新興帝國強權，堅持對中國採行門戶開放政策，亦即它也要享有早期帝國主義者的同樣權利。和摩洛哥的情形一樣，這些在太平洋上對中華帝國的你爭我奪，也促成了第一次世界大戰。較直接的結果是，它們一方面保住了中國名義上的獨立，一面卻造成了這個世界最古老政治實體的崩潰。

當時，在中國有三大股反抗力量。第一股是帝國的朝廷建置和儒家資深官吏，他們很清楚地認識到：只有西式的(或者更正確的說，只有受西方啓發的日本式)現代化，可以拯救中國。然而西化卻正意味著必須摧毀他們所代表的道德和政治體系。即使沒有受到朝廷陰謀分裂的掣肘，沒有因為技術無知而削弱，並能免除每幾年便來一次的外國侵略，保守人士所領導的改革還是注定會失敗。其次，人民起義和祕密會社這個古老而強大的反對傳統，仍舊和往日一樣強大。一八七〇年代，在北中國有九百萬到一千三百萬人死於饑荒，而黃河決堤從而證明了負有護堤責任之帝國的失敗。因而，雖然太平天國落幕了，但是各種不滿成分還是結合起來強化了這個傳統。一九〇〇年所謂的「義和團之亂」，事實上就是一個群眾運動，其領導階級乃由義和團的組織所形成，這個組織便是龐大而古老的白蓮教祕密會社。可是，基於明顯的理由，這些反叛的鋒刃表現爲殺氣騰騰的仇外情緒和反現代化。它是針對外國人、基督教和機器而來。雖然它爲中國革命提供了某些力量，它卻無法提供規劃或前景。

當時只有在中國南部，也就是商業和貿易一直占重要地位、而外來帝國主義又爲某些本地資產階級奠立發展基礎的地方，才具有這種轉型的基礎，儘管它是狹窄而不穩定的。當地的統治群體已經在悄悄脫離滿淸王朝。只有在這裡，古老的祕密會社才會與意欲更新中國的現代化具體方案相結合，甚至對它發生興趣。孫中山（一八六六—一九二五）在南方新興的共和革命運動中脫穎而出，成爲革命第一階段的主要領導者。祕密會社和孫中山革命運動的關係，雖然在許多問題上仍有爭執和有待釐清之處，但不容置疑的是，它們的關係既密切又必要。（日本是中國革命分子的基地，這些革命分子甚至在橫濱組成了一個三合會的支部以爲己用❻。）它們都懷有對淸朝根深柢固的敵意，三合會仍然志在反淸復明；都痛恨帝國主義，這種痛恨可用傳統的仇外言辭或假借自西方革命思想的現代民族主義，加以明確說明；也都支持社會革命的概念，革命分子從古代反朝廷起義的論調，轉變爲現代西方革命的論調。孫中山著名的「三民主義」——民族、民權、民生（或者更精確的說，土地改革）——雖然是承繼自西方的政治辭彙（尤其是穆勒的措辭），但事實上，甚至是那些缺乏西方背景

(孫中山乃是接受教會教育且到處旅行的醫生)的中國人，也可將它們視爲反清老調的合理延伸。而對於那一小撮主張共和的城市知識分子來說，祕密會社對於接觸都市、尤其是鄉村的民眾，更是不可或缺。它們也有助於在海外組織華僑的支持團體，孫中山的革命運動最初便是在政治民族主義的訴求上，動員這些團體。

不過，祕密會社(如日後共產黨也將發現的)絕不是新中國的最佳基礎；而來自南方沿海的西化或半西化激進知識分子，其人數和影響力仍然不夠強大，組織也不夠完善，無法取得大權。同時，啓發他們的西方自由主義典範，也不曾提供治理中華帝國的具體辦法。滿清帝國在一九一一年的一場(南部和中部的)革命中覆亡。這場革命結合了軍事叛變、共和造反、鄉紳停止效忠，以及民眾或祕密會社的反叛。然而，實際上，一時取代滿清的不是一個新政權，而是一堆不穩定的地區性權力結構，這些權力主要都握在「軍閥」手中。之後的將近四十年間，中國不曾出現穩固的全國性政權，直到一九四九年共產黨勝利爲止。

4

鄂圖曼帝國久已搖搖欲墜，不過，不像任何其他古帝國，它的軍事力量一直還強大到足以使列強軍隊焦頭爛額。自十七世紀末葉起，它的北面疆界因俄羅斯和哈布斯堡帝國的挺進，而被迫退到巴爾幹半島和外高加索。巴爾幹諸國那些信仰基督教的附屬民族，則日漸騷動。在敵對列強的鼓勵和協助下，巴爾幹半島的大半地方已被轉化爲一群多少帶點獨立成分的國家，這些國家不斷蠶食著鄂圖曼帝國的領地。帝國大多數的邊遠地區，如北非和中東，久已不在鄂圖曼經常性的有效統治之下。它們現在愈來愈（雖然不一定是正式的）落入英國和法國帝國主義者之手。到了一九〇〇年，情勢已經很清楚：除了部分地區以外，從埃及和蘇丹（Sudan）西界延伸到波斯灣的廣大地區，都已落入英國的統治和影響之下。黎巴嫩以北的敍利亞是一個例外，法國人掌控了這一帶的大權。阿拉伯半島的大部分地方是另一個例外，由於當時尚未在半島上發現石油或其他有商業價值的東西，列強遂大方的把它留給當地部落酋長和貝都因（Bedouin）傳教士的回教復興運動去爭奪。事實上到了一九一四年，土耳其幾乎已經完全從歐洲消失，也被由非洲剔除。它只在中東維持一個軟弱的帝國，而中東的這部分也未熬過第一次世界大戰。可是，不像波斯和中國，土耳其可爲其崩潰中的帝國找到直接的替換物：一大群居住在小亞細亞，擁有共同血統、語言的土耳其回教徒。這些人口可以作爲「民族國家」的基礎，而這種民族國家，乃是以它們所接收到的十九世紀西方模式爲基礎。

這種情形，幾乎不是那些西化官員當初所設想的。西化公職人員在法律和新聞等新興世俗專業人員的協助下（回教律法不需要立法這一行業。一八七五至一九〇〇年間，具有閱讀書寫能力之人增加了三倍，爲更多的期刊打開了市場），想要用革命的辦法來復興帝國，因爲帝國本身不太熱中推動的現代化計畫已告擱淺。以「青年土耳其」一名爲人所熟知的團結進步委員會，係成立於一八九〇年代。它在俄國革命的餘波中於一九〇八年初掌政權，企圖塑造一種以法國十八世紀啓蒙信念爲基礎的全鄂圖曼愛國主義，不分民族、語言和宗教的畛域。他們最珍愛的那種啓蒙運動，乃是經由孔德的實證主義所啓發。它結合了對科學和現代化的熱切信仰、等同於宗教的世俗地位、非民主式的進步(引實證主義的一句格言：「秩序和進步」)，以及由上而下的社會改造計畫。可想而知，這種思想方式自然會吸引落後、傳統國家的一小撮執政菁英，因爲他們想用最大的力量在最短的時間之內，將其國家推進二十世紀。這種思考方式或許從不曾像在十九世紀末葉的非歐洲國家那麼具有影響力。

和其他帝國的情況相同，土耳其的一九〇八年革命也以失敗收場。事實上，它加速了土耳其帝國殘餘部分的崩潰，又爲政府添上古典自由主義憲法、多黨派議會制度等負擔。這些體制都是爲資產階級國家設計的，對資產階級國家而言，政府的統治愈簡單愈好，因爲社會事物皆掌控在元氣充沛、且具自我調節能力的資本主義經濟之下。「青年土耳其」政權繼承了帝國在經濟和軍事上對德國的承諾。這一點是它的致命傷，因爲它將土耳其帶到一次大戰失敗的那方。

因此，土耳其的現代化是從自由主義和議會政治的結構轉移到軍事和獨裁體制，由對世俗帝國政治效忠的希望，轉移到純粹土耳其民族主義的現實。由於它再也無法忽視族群內部的效忠，也無法駕馭非土耳其民族，一九一五年後，土耳其不得不使自己成爲一個民族均質的國家，亦即將尚未被整批驅逐或屠殺的希臘人、亞美尼亞人、庫德人(Kurds)等強行同化。建立在族裔和語言上的土耳其民族主義，甚至染有以世俗民族主義爲基礎的帝國美夢。因爲西亞和中亞的大多數地區(主要在俄國境內)，其居民皆說著各種不同的土耳其語，土耳其當然想把這些人包括在「泛土耳其」同盟之中。因而，在「青年土耳其」內部，其政策便由主張西化和跨民族的現代化，轉變到西化但具有強烈民族性乃至種族歧視性的現代化——如民族詩人和思想家戈卡普(Zia Gökalp, 1876-1924)所代表的那種。以實際上廢除帝國本身爲開始的眞正土耳其革命，要到一九一八年後，才在這類思想的支持下展開。但是，它的內容已隱含在「青年土耳其」的宗旨之中。

於是，土耳其和波斯及中國不一樣，它不僅消滅了一個舊政權，而且也相當快速地著手建立了一個新政權。土耳其革命或許締造了當代第一個推行現代化的第三世界政權。這個政權激烈地推行進步、反傳統的啓蒙運動、「發展」，以及一種不受自由辯論困擾的民粹主義。由於缺乏革命性的中產階級，或任何革命階級，於是知識分子和（戰後尤其是）士兵遂接掌了政權。他們那個強硬而成功的領袖凱末爾將軍（Kemal Atatürk），日後殘忍無情地實行「青年土耳其」的現代化計畫：他宣布共和國成立；廢止以回教爲國教；以羅馬拼音代替阿拉伯文字；脫下婦女的面紗並將她們送進學校；如果需要，還可以軍事力量強迫男人戴圓頂高帽或其他西式頭飾，而非傳統頭巾。土耳其革命的弱點主要在於它的經濟，它不被數目龐大的農村土耳其人接受，也無法改變農民社會的結構。不過，這次革命的歷史性意義非常重大，歷史家自來都不曾充分認識這一點。他們只注意到一九一四年前土耳其革命的直接國際性後果——帝國的崩潰和它對第一次世界大戰的催化——以及一九一七年後，偉大得多的俄國革命。在這些事件的爭輝之下，土耳其當代的各項發展遂顯得毫不重要。

5

一場更受人忽視的革命於一九一〇年在墨西哥展開。這場革命在美國以外的地區，都沒有引起什麼注意。這部分是因爲在外交上，中美洲是美國獨家的專屬後庭（它那位被推翻的獨裁者說道：「可憐的墨西哥，離上帝那麼遠，離美國那麼近」），部分是因爲在一開始，這場革命的涵義尚未清楚表露。十九世紀拉丁美洲共爆發了一百一十四起武裝政變——直到今天，這些政變所導致的「革命」，仍是爲數最龐大的一種——而墨西哥革命在一時之間，似乎無法與它們明顯區隔[7]。等到墨西哥革命浮現爲第三世界農業國家最早的一次大型社會動亂，卻又因俄國革命的爆發而備受忽視。

儘管如此，墨西哥革命的意義卻不容忽視。一方面，是因爲它乃直接根源於帝國世界的內部矛盾；另一方面，是因爲它是殖民和依賴世界所爆發的第一場大革命——在這樣的世界中，勞動階級具有相當重要的作用。因爲，雖然反帝國主義以及日後所謂的殖民地解放運動，確實在新舊殖民帝國境內進展著，可是它們似乎不曾嚴重威脅到帝國的統治。

大體上，對殖民帝國的控制還是像取得一樣容易。唯一的例外，是像阿富汗、摩洛哥和衣索比亞這類尚在抗拒外來征服的山嶽戰士地帶。「土著起義」往往不需花費多少氣力便可平定，不過有時所採用的手段也相當殘忍野蠻，如德屬西南非（今納米比亞〔Namibia〕）赫雷羅人（Herero）所遭遇的情形。在社會和政治比較複雜的被殖民國家，反殖民和主張自治的運動誠然已開始發展，不過卻往往無法結合受過教育的少數西化人士和仇外的古代傳統護衛者，以波斯爲例，這些傳統主義者可形成相當大的政治力量。這兩種人可想而知的互不信任，從而使殖民強國坐收漁人之利。在法屬阿爾及利亞，反抗的中心力量是回教導師，他們那時已爲了這個目的結爲組織；然而世俗的進步分子卻想成爲共和左派的法國人。在突尼西亞（Tunisia）保護國，反抗的中心是受過教育和主張西化的人士，這些人已在籌組立憲政黨。這個新憲法黨(Neo-Destour Party)的領袖布爾吉巴(Habib Bourguiba)，在一九五四年成爲突尼西亞獨立國的領袖。

在偉大的殖民強國中，只有最古老、最偉大的英國，出現了無法永久統治的嚴重徵兆(參看第三章)。它默許白人殖民地實質上的獨立(一九〇七年後稱爲「自治領」)。由於這種政策不會引起反彈，因此也很少造成任何問題，甚至在南非也一樣。在經過一場艱苦的戰爭之後，被英國兼併的布耳人似乎因爲自由黨所做的寬大安排，加上英國和布耳白人必須共同對付占多數的有色人種，因而遂與英國取得一致。事實上，南非並未在兩次世界大戰中造成任何問題。之後，布耳人又再度接掌這個次大陸。英國的另一個「白色」殖民地愛爾蘭，曾是而且到現在還是麻煩不斷。不過，土地聯盟(Land League)和巴涅爾領導的那段火爆歲月，在一八九〇年代以後，似乎已因愛爾蘭政治上的紛爭，以及政府採行壓制與土地改革並用的政策，而暫告平息。一九一〇年後，英國的國會政治使愛爾蘭問題再度復活，但是其暴動分子的大本營仍然狹小不穩，以致他們想要擴大其勢力的戰略，基本上只是另一次注定失敗、注定招致殉難的起事。英國對這次反叛的鎮壓，將激使愛爾蘭人起而抗暴。這正是一九一六年復活節起義(Easter Rising)之後的情勢，這次起義是由一小撮完全孤立的武裝好戰分子所發起的未成功小暴動。和往常一樣，戰爭暴露了看似牢固之政治建築物的脆弱。

在其他地方，英國的統治似乎沒有遭到直接威脅。可是，其最古老和最新近的兩個屬地，顯然已發展出名副其實的殖民地解放運動。即使在一八八二年阿拉比巴夏(Arabi Pasha)的青年士兵暴動平定以後，埃及也不甘心被英國占領。由土耳其派任的埃及總督(khediev)和當地大地主所構成的統治階級(其經濟久已整合進世界市場),以擺明的不熱中態度,接受英國殖民總督克羅麥勳爵(Lord Cromer)的管轄。日後稱爲華夫脫(Wafd)的自治運動組織和政黨,已逐漸形成。英國的控制仍然相當強固,事實上要到一九五二年才告結束,但是這種直接的殖民統治十分不受歡迎,以致在一次戰後(一九二二)遭到廢止,改以較不直接的管轄方式取代,後者意謂著政府要在某種程度上埃及化。在同一年中(一九二一—二二),愛爾蘭贏得了半獨立,而埃及贏得了半自治,這個事實顯示出帝國已開始進行第一次的部分撤退。

印度的解放運動情況更是嚴重。在這個幾乎有三億居民的次大陸,一個具有商業、金融、工業和專業影響力的資產階級,和一群由受過教育的英印官員所構成的重要骨幹,愈來愈憤恨英人的經濟壓榨,也愈來愈不滿於自己在政治和社會上的低賤地位。我們只要讀一讀佛斯特的《印度之旅》(*A Passage to India*),便可以明瞭其中的原因。主張自治的運動已經出現。這個運動的主要組織是印度國大黨(Indian National Congress,一八八五年成立,日後成爲民族解放政黨),它率先反映了這種中產階級的不滿情緒,也顯示出聰明的英國行政官(如休姆〔Allan Octavian Hume〕,休氏事實上創立了這個組織)想藉著承認正派抗議的辦法來解除騷亂的武裝。然而,到了二十世紀早期,多拜顯然非政治性的神智學影響之賜,國大黨已開始逃避英國的保護。作爲東方神祕主義的仰慕者,這門哲學的西方大師往往對印度深表同情。其中有一些,如前世俗主義者和前社會主義好戰分子貝贊特夫人,輕易便轉變成印度民族主義的支持者。受過教育的印度人和錫蘭人,自然樂見西方人認可他們的文化價值觀。然而,國大黨雖然日漸強大,同時抱持嚴格的世俗和西方思想,卻仍然是一個菁英組織。不過，一種以訴諸傳統宗教的方式來動員未受教育民眾的鼓動方法，已經在印度西部出現。提拉克(Bal Ganghadar Tilak, 1856-1920)針對外人威脅而發起的護衛聖牛活動，便得到相當普遍的成功。

再者，到了二十世紀早期，已有了另外兩個甚至更爲龐大的印度民眾運動養成所。印度移到南非的移民已開始形成集體組織，以因應該地的種族歧視。而如前所示，印度不合作運動的主要代言人，是一位年輕的古加拉特(Gujerati)律師甘地。甘地在一九一五年回到印度後，轉而成爲爲了爭取國家獨立而動員印度民眾的主要力量(參看第三章)。甘地展現了聖人政治家在第三世界政治中的強大作用。在此同時，一種比較激進的政治解放活動也在孟加拉出現。孟加拉有其複雜世故的本土文化，龐大的印度中產階級，人數異常眾多的受過教育且具有普通職位的下中階級，以及知識分子。英國人想要將這個大省分劃歸爲回教統治區的計畫，使反英騷動在一九〇六至〇九年間大規模蔓延(這個計畫後來流產)。自一開始，比國大黨更激進的孟加拉民族主義運動，便沒有整合到國大黨中。在這個階段，它結合了以印度教爲訴求的宗教意識形態，以及類似於愛爾蘭和俄國民粹主義者(Narodniks)的西式革命運動。它在印度製造了第一個嚴重的恐怖主義運動——一次大戰發生之前，印度北部還有其他的恐怖活動組織，主要是以從美國回來的旁遮普移民(「卡德爾黨」〔Ghadr Party〕)爲基礎——到了一九〇五年，它已成爲警方的頭痛問題。再者，最初的印度共黨黨員(如洛伊〔M. N. Roy, 1887-1954〕)也是在大戰期間出現於孟加拉恐怖主義運動之中❽。雖然當時英國人對印度的控制力仍然堅強，可是聰明的行政官員已經看出：朝向適度自治的退化發展，雖然進行得很慢，卻終將是不可避免的。事實上，自治的建議最初是由倫敦方面在一次大戰期間提出的。

全球帝國主義最脆弱的地方，是非正式的殖民灰色地帶而非正式的殖民帝國，或二次大戰之後所謂的「新殖民主義」。墨西哥當時的確是一個在經濟和政治上都依靠其偉大強鄰的國家，但是在技術層面上，它卻是一個獨立自主的國家，有它自己的政治制度和決策。它是類似於波斯那樣的國家，而非印度那樣的殖民地。再者，如果經濟帝國主義是一股可能的現代化力量，那麼墨西哥的本土統治階級並非不願接受。因爲在拉丁美洲各地，構成當地統治菁英的那些地主、商人、企業家和知識分子，日日夜夜都夢想著進步的到來，那種能賜予他們機會去完成其國家使命的進步。他們知道自己的國家落後、衰弱又不受人尊敬。他們知道自己的國家是處於西方文明的邊緣，而他們又自視爲這個文明的一個必要構成部分。進步意指英國、法國以及愈來愈清楚的美國。墨西哥的統治階級，尤其是緊鄰美國強勢經濟影響力的墨西哥北部統治階級，雖然輕視英美商人和政客的粗野、沒風度，卻不反對將自己融入世界市場，並進而加入進步和科學的世界。事實上，在革命中脫穎而出的，便是墨西哥最北一州經濟上最先進的農業中產階級領袖。相反的，現代化最大的阻礙，是廣大的農村人口。這些人大半是印第安人，他們不具流動性也沒有感覺，完全陷在無知、傳統和迷信的深淵。有些時候，拉丁美洲的統治者和知識分子就像日本的統治者和知識分子一樣，對他們的人民感到失望。在資產階級世界盛行一時的種族歧視影響下（參看《資本的年代》第十四章第二節），他們甚至渴望對其人口結構進行一次生物學轉型，以便他們能接受進步。巴西和南美洲南端藉著大量引進歐洲人，日本則藉著大量與白人通婚。

墨西哥的統治者並不特別喜歡白人大量移入，這些人絕大多數是北美洲人。他們已在反抗西班牙的獨立戰爭中，藉著訴諸一段大致虛構的獨立歷史，藉著與前西班牙時代的阿茲提克（Aztec）帝國認同，而得到合法化。因此，墨西哥的現代化排除了生物學幻想，而直接致力於利潤、科學和進步，這些都是由外國投資和孔德哲學所促成的。稱爲「科學家」的那群人，將全副心力投注在這些目標上。自一八七〇年代以來，也就是世界帝國主義經濟向前大挺進的整個時期，墨國出現了一位無可匹敵的全國政治領袖，迪亞斯總統。在其總統任內，墨西哥的經濟發展相當可觀，不少墨西哥人從中獲利，尤其是那些能夠挑撥歐洲敵對企業家（如英國石油和建築大亨皮爾遜〔Weetman Pearson〕），並讓他們與儼然具支配地位的北美人鬧翻，以坐收漁人之利者。

當時和現在一樣，介於格蘭特河（Rio Grande）與巴拿馬之間各政權的穩定性，皆受制於華盛頓特區的態度是否友善。華盛頓特區是個好鬥的帝國主義者，而它當時所持的看法是：「墨西哥只不過是美國的經濟屬地。」❾迪亞斯希望藉著挑起歐洲與北美投資者的不悅來保住其國家的獨立。爲此，美墨邊界以北的人都非常不喜歡他。當時美國非常熱中於以武力干預中美洲小國，但墨國面積太大，不適合做軍事干預。然而到了一九一〇年時，華盛頓已無意再澆愛國者（如標準石油公司，這家公司被英國在墨西哥這個主要產油國當中所享有的影響力所激怒）的冷水，這些人早已想將迪亞斯推翻下台。毫無疑問，墨西哥革命分子由北方的友善鄰居身上受惠很多。使迪亞斯政權更脆弱的是，在以軍事領袖身分奪得大權之後，他便大量減縮軍隊，理由很明顯，因爲他認爲兵變比民眾造反的危險性更大。沒想到他卻面臨了一次大規模的群眾武裝革命，而他的軍隊，不像大多數拉丁美洲軍隊，卻無法鎮壓這場革命。

迪亞斯之所以會激起群眾革命，正是由於他成功推動了驚人的經濟發展。他的政權偏袒富有企業心的地主，尤其因爲全球性的繁榮和鐵路的快速發展，使以前無法到達的地方轉眼成爲極具潛力的財寶庫。中部和南部某些村社，原是在西班牙皇家法律下面受到保護的組織，並在獨立的最初百來年益形強化，然而在迪亞斯上台三十年間，他們的土地卻有計畫的被剝奪。於是他們構成了這起農業革命的核心分子，其領袖和代言人是薩帕塔(Emiliano Zapata, 1879-1919)。碰巧，莫雷洛斯(Morelos)和格瑞洛(Guerrero)這兩個農業不安狀態最嚴重、也最容易動員的州，離首都都很近，於是對國家大局的決定性就更大了。

第二個不平靜的地區在北方。墨西哥北方已迅速(尤其是在一八八五年擊敗阿帕契〔Apache〕印第安人以後)由一個印第安邊疆，轉型爲經濟活力充沛的邊區，與鄰近的美國邊區互相依存。當地住有許多潛在的反叛者。他們來自以前攻打印第安人的拓荒群落，現在其土地已被剝奪；來自憤恨自己被擊敗的亞基(Yaqui)印第安人；來自新興和日漸成長的中產階級，以及大量充滿自信的流浪客，他們擁有自己的槍枝和馬匹，在空曠的牧野和礦區中四處可見。維亞(Pancho Villa)就是其中的典型人物，他是土匪、牛賊，最後成了革命將軍。此外還有成群有權有錢的大地主，如梅德若家族(Maderos)——梅氏或許是墨西哥最富有的人家。這些大地主與中央政府或當地的地主同盟，競爭該州的控制權。

這些可能的反動群體，事實上很多都是迪亞斯時代大量外國投資和經濟成長的受益人。使他們產生異議，或者更正確的說，將一場有關迪亞斯總統再度當選或可能退休的普通政爭轉化爲革命的原因，或許是由於墨西哥經濟日漸整合進世界經濟，或者更正確的說，整合到美國經濟。美國一九〇七至〇八年的經濟衰退，爲墨西哥帶來災難性影響。它直接造成墨西哥國內市場崩潰，以及對墨西哥企業的壓榨。同時間接引起在美國失去工作的墨西哥赤貧勞工，大批湧回墨國。於是現代和古老的危機碰在一起，周期性的經濟衰退和被破壞的農作物收成，使食物價格高漲，超過窮人的購買能力。

在這種情形下，一場選戰遂變成了大地震。迪亞斯雖然錯誤的允許對手公開競選，卻輕易便擊敗其主要挑戰者佛朗西斯科・梅德若(Francisco Madero)。但是，令大家都感到意外的是，這位失敗的候選人竟照例發動叛亂，在北方邊區和農民反叛中心造成一場社會和政治動亂，使政府無法進行有效控制。迪亞斯失勢，梅德若接掌政權，但不久卻被暗殺。美國想在互相爭雄的將軍和政客中找出一位容易駕馭或能幹的腐敗者，扶植他建立一個穩固政權，但是沒有成功。薩帕塔在南方將土地重新分配給他的農民徒眾；維亞在他必須付錢給他的革命軍隊的時候，沒收了北方地主的土地。他宣布，作爲一個窮人出身的有錢人，他這樣做是在照顧自己人。到了一九一四年，誰也料想不到墨西哥接著會發生什麼事，但是無可懷疑，這個國家正在承受社會革命的震撼。一直到一九三〇年代末期，後革命時代的墨西哥情勢才漸漸明朗化。

6

有些歷史家認爲，作爲十九世紀後期經濟發展最迅速的俄國，要不是因爲那場隨第一次世界大戰而來的革命，它終將繼續演變成一個繁榮的自由主義社會。對於當時人來說，這種想法是不可思議的。如果要問當時人世界上有哪一個國家需要革命且必定會發生革命，答案無疑是沙皇治下的俄國。俄國當時是一個龐大、行動遲緩且無效率的國家。它在經濟上和技術上皆處於落後狀態，一八九七年時全俄一億二千六百萬人口中，有百分之八十是農民，百分之一是世襲貴族。對十九世紀晚期歐洲所有受過教育的人來說，俄國的組織都太過老式陳腐，完全是一種官僚化的獨裁政治。因此，除非能說服沙皇推行由上而下的政治大改革，否則**唯一**能改變這個國家的方法便是革命。第一項辦法對大多數人而言是行不通的，但這並不表示第二個辦法就行得通。由於幾乎每一個人都普遍認識到改變的必要性，因此從中庸保守到極端左派的俄國人士，都不得不成爲革命分子。唯一的問題是，什麼樣的革命？

沙皇政府自克里米亞戰爭（一八五四—五六）以來便了解到，俄國如要保住其強權地位，便不能再完全依靠它的廣大幅員、眾多人口，以及隨之而來的龐大但原始的軍力。它需要現代化。俄國和羅馬尼亞一樣，是歐洲最後的農奴制度根據地。一八六一年農奴制度的廢除，原是爲了將俄國農業拉進十九世紀，然而這項政策既未造成一個令人滿意的農夫階級（比較《資本的年代》第十章第二節），也未使農業現代化。一八九八至一九〇二年間，歐俄部分的穀物平均產量，只有每畝不到九蒲式耳，而同時的美國卻有十四蒲式耳，英國更高達三十五點四蒲式耳⓾。雖然如此，大片開闢的外銷穀物生產區，還是使俄國成爲世界的主要穀物供應國。由一八六〇年代早期到一九〇〇年代早期，全俄穀物的淨收穫量增加了百分之一百六十，外銷也增加了五到六倍，然而這卻也使俄國農夫更依賴於世界市場價格。在世界農業的不景氣期間，小麥的價格幾乎下跌了一半⓫。

雖然一八九一年的饑荒使人注意到農夫的不滿情緒，可是由於農夫基本上並不受村落之人的聞問，他們爲數幾近一億人的不滿，很容易就被忽略掉。然而這種不滿，不僅因貧窮、缺乏土地、重稅和低穀價而尖銳化，同時也可透過集體村社這個潛在的重要組織予以凝聚。矛盾的是，這些集體村社是因爲農奴解放而加強其受官方認可的地位；一八八〇年代，又由於某些官吏認爲它們是對抗社會革命分子的忠誠基地，而予以增強。不過卻有另一群人抱持相反的立場，他們基於經濟自由主義的意識形態，催促盡速將村社廢除，把土地轉爲私人財產。革命分子也因類似的辯論而分裂。民粹主義者（參看《資本的年代》第九章）認爲革命的農民公社，可以作爲俄國直接社會主義化的基礎，且避開資本主義發展的慘事。可是俄國馬克思主義分子卻認爲這已不再可能，因爲公社已經分裂成互具敵意的農村資產階級和無產階級。他們也歡迎這種發展，因爲他們比較相信工人。在這兩種辯論中，雙方都宣稱農民公社是重要的。在保有公社的五十個歐俄省分中，公社擁有百分之八十的土地，這些土地定期按照公社的決定而重新分配。誠然，在比較商業化的南方地區，公社的確正在崩潰，但比馬克思主義者所想像的爲慢；在北部和中部，它幾乎仍然和最初一般堅實。在它仍然堅實強固的地方，它有時會爲神聖俄國的沙皇表達村落輿論，但有時也會發出革命的呼聲。在它遭到侵蝕的地方，它將絕大多數的村民聚集在一起，發動氣勢洶洶的抗禦。事實上，對革命而言幸運的是，馬克思主義者所預言的「村落階級鬥爭」尚未充分發展，尚不妨礙**全體**農民（不論貧或富）一致參與的大規模運動的出現，以對抗鄉紳和政府。

不論他們持什麼樣的看法，俄國公眾生活（不論合法或非法）中的每一個人，幾乎都同意沙皇政府對於土地改革處理不當且忽視農民。事實上，由於政府將農業人口的資源用在一八九〇年代由政府主持的大規模工業化之上，遂使農民原已強烈的不滿更爲強烈。因爲鄉村代表俄國的大宗稅收，而這份稅收和高保護性關稅以及龐大的外來資金一樣，都是專制俄國實行經濟現代化以增加國力所必需的。私人資本主義與國營資本主義的混用，其結果十分可觀。由一八九〇到一九〇四年間，俄國鐵路長度增加了一倍（部分是由於修築了橫越西伯利亞的鐵路），而在十九世紀的最後五年間，煤、鐵和鋼的生產也都增加了一倍⓬。但是另一方面，專制俄國現在出現了一個迅速成長的工業勞動階級，這個階級集中在幾個主要工業中心的龐大工廠複合體中。因此，俄國也開始出現勞工運動，而勞工運動顯然致力於社會革命。

迅速工業化的第三個後果，是俄國西方和南方邊陲區域的不成比例發展，而這兩個地區皆不屬於大俄羅斯民族的居住地，例如波蘭、烏克蘭以及亞塞拜然（Azerbaijan，石油工業）。社會和民族的緊張狀態都爲之升高，尤其是因爲俄國專制政府想要藉著一八八〇年代以後有系統的教育俄國化政策，加強它對這些地區的政治把持。如前所示，足以指明社會和民族不滿情緒已然結合的事實是，在若干（或許絕大多數）少數民族的政治動員當中，有些新興社會民主（馬克思主義）運動的衍生活動，已經變成事實上的「民族」政黨（參看第六章）。史達林以一名喬治亞人而成爲革命俄國的統治者，與拿破崙以一名科西嘉人而成爲革命法國的統治者相較，更不是歷史上的偶然事件。

專制俄國占領了被瓜分之波蘭的最大部分。自從一八三〇年起，歐洲所有自由主義者都熟悉、也同情以士紳爲基礎的波蘭抗俄民族解放運動。不過，自從一八六三年的起義被擊敗之後，革命性的民族主義已告銷聲匿跡。（俄國所兼併的部分，形成了波蘭核心。在被德國兼併的部分，波蘭民族主義分子也由少數人進行勢力較弱的反抗。不過，被奧地利兼併的部分卻與哈布斯堡王朝達成相當不錯的妥協。哈布斯堡王室需要波蘭的支持，以在其互相鬥爭的諸民族中樹立政治平衡。）一八七〇年後，在「全俄羅斯之專制君主」所統治的帝國心臟地區，可能就要爆發一場革命的新想法，已是歐洲自由分子所熟悉且支持的論調。一方面是因爲這個專制政體已顯出內在、外在的軟弱跡象，一方面也是由於當時出現了一個高可見度的革命運動。這個運動的參與者最初幾乎全是來自所謂的「知識分子」：貴族士紳、中產和其他受過教育階級的子弟，以及其史無前例的高比例女兒，而且有史以來第一次包括了相當數目的猶太人。這類革命分子的第一代主要是民粹黨人（比較《資本的年代》第九章），他們仰賴農民，但是農民卻不注意他們。他們在小團體的恐怖行動上表現得較爲成功，其中最富戲劇性的是一八八一年事件——在該事件中，他們暗殺了沙皇亞歷山大二世。雖然恐怖主義不曾嚴重削弱專制政治，它卻使俄國革命運動引起國際間的注意，而且有助於促成除了極右派外幾乎普遍性具有的共識，亦即俄國革命既是必要的，也是無可避免的。

民粹派在一八八一年後遭到消滅或驅散，不過在一九〇〇年代早期他們再度以一個「社會革命黨」(Social Revolutionary Party)的形式復興，而到了此時，各村落已願意聆聽他們的訴求。他們後來成爲左派的主要農村政黨，不過他們也使其恐怖主義支派再度復活，此時恐怖主義已爲祕密警察所滲透。(祕密警察長阿澤夫〔Azev, 1869-1918〕面臨了複雜的任務，一方面，他得暗殺夠多的傑出人士以滿足他同志，另一方面他又得交出夠多的同志以滿足警方，以不失去雙方對他的信任。)像所有指望俄國革命的人一樣，他們大量吸收西方傳來的適當理論，而拜第一國際與共產國際之賜，他們也致力研讀社會主義革命最具權威的理論家馬克思的著作。由於西方自由主義的解決辦法在社會和政治上並不可取，因此在俄國，那些如果生在別處便會是自由主義分子的人，在一九〇〇年以前都成爲馬克思主義者。因爲，馬克思主義至少曾做出如下預測：資本主義的發展終將走向被無產階級推翻的階段。

因而，無足爲奇的，一八七〇年代在民粹主義運動廢墟上成長的革命運動，便是馬克思主義運動。不過，它們在一八九〇年代之前尚未組織成一個俄國的社會民主黨，或者，更正確的說，尚未組成一個隸屬於共產國際的社會民主組織，這個組織基本上是個互相敵對、不過也偶爾合作的複合體。雖然在這個時期最強力支持社會民主政治的群眾，或許仍然是栅欄移民區(Pale，猶太聯盟〔Jewish Bund, 1897〕的根據地)北部的無產階級工匠和戶外勞動者，可是以工業勞動階級爲基礎建立一個政黨的構想，已有某種實際根據。在追溯俄國社會民主黨派的發展過程時，我們已習於將脈胳放在馬克思革命組織的某個特殊派別身上，這個派別是由列寧所領導，列寧的兄弟曾因暗殺沙皇而遭處決。由於列寧擁有結合革命理論和實踐的非凡秉賦，使得這個派別顯得特別重要，但儘管如此，我們仍應記住下面三件事。首先，布爾什維克黨（Bolsheviks，俄文的 bolshe 爲「多數」之意，由於他們在一九〇三年俄國社會民主勞工黨第一次有效大會上暫居多數，故名之）只是俄國社會民主政黨發展中的若干傾向之一，而社會民主政黨又與帝國其他以民族爲基礎的社會主義政黨有別。其次，它要到一九一二年才成爲一個獨立政黨，因爲到那時它才幾乎已確實成爲有組織工人階級的主要力量。第三，在外國社會主義者或一般俄國人眼中，不同社會主義者之間的區別，似乎是無法理解或次要的；它們都應受到支持和同情，因爲它們都是專制政治的仇敵。布爾什維克黨與其他社會主義者的不同，在於它的組織較好、較有效率，且較可信賴⑬。

雖然農民的不安狀態在解放以後已平息了好幾十年，可是沙皇政府卻明白看出：社會和政治的不安狀態不但方興未艾，而且甚具危險性。如一八八一年後一波波猶太屠殺所顯示的，專制政府不但不曾阻撓，有時反而鼓勵大眾反猶，而民眾對反猶運動也給予大力支持，只是俄國中部和東北部的大俄羅斯人不如猶太人集中的烏克蘭和波羅的海地區居民那麼熱中。日漸遭受虐待、歧視的猶太人，愈來愈爲革命運動所吸引。另一方面，了解到社會主義潛在危險的俄國政權，遂開始玩弄勞工立法，甚至在一九〇〇年代早期於警察的保護下，組織過短暫的反貿易工會，而這些組織日後有效發展成眞正的工會。實際上，一九〇五年革命的導火線，正是因爲工會的示威群眾遭到屠殺。總之，自一九〇〇年起，俄國的局勢已經非常明顯：社會不安正在迅速上升。長久以來半潛伏的農民叛變，在一九〇二年左右紛紛爆發。而同時，工人也在羅斯托夫（Rostov-on-Don）、奧德薩（Odessa）和巴庫（Baku）發動幾近全面的罷工（一九〇二—〇三）。

不安定的政權最好要避免危險的外交政策，可是俄國的專制政府卻一頭栽進去。作爲一個強權（不論它是如何懦弱），它堅持在帝國主義的征伐中發揮它自認爲應當發揮的作用。它選定的地盤是遠東，橫越西伯利亞的鐵路便是爲了滲透遠東而修築的。在此，俄國的擴張遇上了日本的擴張，二者都以中國的權益作爲犧牲。除了中國這個無可奈何被迫與日本交戰的倒楣大國之外，俄羅斯帝國是二十世紀第一個低估日本的國家。一九〇四至〇五年的日俄戰爭，雖然有八萬四千名日人被殺，十四萬三千名日人受傷⓮，但對俄國而言，這卻是一場迅速而屈辱的災禍，並且凸顯了俄國專制政府的軟弱。甚至自一九〇〇年開始組成政治反對勢力的中產階級自由主義者，也大膽進行公開示威。沙皇在意識到革命風潮日漸升高之際，乃加速議和。可惜和約尚未締結，革命便於一九〇五年一月正式爆發。

如列寧所云，一九〇五年革命是一場「用無產階級的方法所進行的資產階級革命」。說它用的是「無產階級的方法」或許過於簡單，雖然促使政府退卻，日後又再度施壓使政府在十月十七日頒布類似憲法文件的，是首都的大規模工人罷工，以及帝國大多數工業城市的響應性罷工。再者，自動將自己組織成委員會（蘇維埃）的，無疑是擁有村莊經驗的工人。在這些蘇維埃中，十月十三日成立的「聖彼得堡工人代表蘇維埃」（St Petersburg Soviet of Workers' Deputies），其作用不僅是一種工人會議，有一段短暫時間它也曾扮演首都最有效的實際權威。社會主義政黨很快便認識到這些會議的重要性，並且積極參與，如聖彼得堡年輕的托洛斯基（L. B. Trotsky, 1879-1940）。（其他著名的社會主義者大多處於流放之中，無法及時回到俄國採取積極行動。）不過工人的干預雖然十分重要，他們雖然集中在首都和其他政治敏感中心，可是，使專制政府不勝抵抗的，卻是在黑土(Black Earth)區、窩瓦河流域以及烏克蘭部分地方的大規模農民暴動，以及軍隊的崩潰(此一崩潰因戰艦「波坦金號」(Potemkin)的兵變而更爲戲劇化)。弱小民族同時動員的革命抵抗，也具有同樣重大的意義。

當時人可以，而且也確乎把這場革命視爲「資產階級」革命。不僅中產階級壓倒性地贊成革命，學生(和一九一七年十月不一樣)也爲它全面動員，而且自由主義者和馬克思主義者幾乎無異議的接受下列看法：如果革命成功，也**只能**建立一種西式資產階級的議會制度，賦予人民言論、行動以及政治自由權，在這個制度中，馬克思階級鬥爭的最後階段還得繼續抗爭下去。簡言之，當時人一致認爲由於俄國太過落後，因此無法把社會主義列入當前的革命日程表中。不論在經濟和社會上，俄國都還沒做好採用社會主義的準備。

這一點是大家都同意的，只有社會革命黨人例外，社會革命黨仍舊夢想著將農民公社轉化爲社會主義單位，只是這個美夢已愈來愈難以實現。矛盾的是，這個夢想只在巴勒斯坦的屯墾區(kibbutzim)眞正實現過。這樣的屯墾區是典型的帝俄農夫產物，由信仰社會民族主義的都市猶太人在一九○五年後由俄國移植到聖地。

可是，列寧和帝俄當局一樣清楚地認識到：俄國自由主義或其他任何資產階級，在數量和政治上都太過微弱，不足以接管帝俄，正好像俄國的私人資本主義企業也太過薄弱，不足以在沒有外國企業和政府的主動協助之下完成俄國的現代化。即使是在革命的最高峯，官方也只做了有限的政治讓步。讓步的結果根本談不上是資產階級的自由主義憲法，只不過是一個間接選出的國會(Duma)。

這個國會對於財務只有有限的權柄，對於政府和「基本法」則一點權力也沒有。當一九〇七年革命的不安狀態大致平息，而人爲操縱的選舉仍然無法產生一個相當無害的國會時，憲法的大半內容已遭廢除。俄國誠然沒有回復到專制政體，但實際上其帝制已經重建。

但是，如一九〇五年所證明的，這個帝制是可以推翻的。與孟什維克派(Mensheviks)這個主要的勁敵相較，列寧的獨到之處在於他認識到：由於資產階級過於軟弱或根本不存在，資產階級革命必須在沒有資產階級的情況下製造出來。它將由工人階級製造出來，由職業革命分子(列寧對二十世紀政治的驚人貢獻)組織和領導，並依靠渴望土地的農民大眾的支持——農民在俄國政治上具有左右大局的力量，而其革命潛力也已獲證明。大致說來，這便是列寧派在一九一七年以前的立場。由工人自行掌權，跳過資產階級革命而直接進行的下一階段社會革命(「不斷革命論」)，這種想法在革命期間確曾短暫浮現於人們心頭，即使它不過是爲了刺激西方的無產階級革命。當時人認爲，沒有西方的無產階級化，俄國社會主義政權將不具長期存在的機會。列寧曾經思考過這種論調，但仍然認爲它不切實際而拒斥之。

列寧派的前景，主要是建立在工人階級的成長之上，建立在仍舊支持革命的農民身上，以及民族解放力量的動員和聯合之上，只要它們與專制政府爲敵，這些力量便明顯是革命的資產。(因此，雖然布爾什維克黨是一個全俄羅斯的政黨，一個好像非民族性的政黨，列寧卻仍堅持自決權，甚至與俄國脫離的權利)。當俄國在一九一四倒數前幾年進入另一回合的大規模工業化時，無產階級確實在往上成長。而蜂擁進入莫斯科和聖彼得堡工廠的年輕農村移民，又比較傾向於激進的布爾什維克黨而非緩進的孟什維克黨。更別提那些籠罩在悲慘煙霧之下的煤、鐵、紡織和爛泥營區——頓內次盆地(Donets)、烏拉山區、伊凡諾夫(Ivanovo)——這些地方一直都傾向共產主義。在一九〇五年革命失敗後的幾年之間，無產階級的士氣雖然低落，可是一九一二年後，它們再度掀起不安的巨浪。這道巨浪因西伯利亞勒納河(Lena)金礦區二百名罷工工人的被屠殺，而變得更形澎湃。

但是，農夫會是永遠的革命分子嗎?在能幹而有決心的大臣斯托雷平(Stolypin)的主持下，沙皇政府對一九〇五年革命的因應，是創造一個人口眾多且傾向保守的農民團體，同時藉著全心全力投入俄國式的英國「圈地運動」(enclosure movement)，以改進農業的生產率。爲了維護那些擁有商業頭腦的企業性大農階級的利益，農村公社已有系統的被打碎成一塊塊私人土地。如果說斯托雷平押在「強大穩重者」身上的賭注贏了，那麼在村落富人和擁有土地的窮人之間，必定會發生社會兩極化的現象，也就是列寧宣稱的農村階級分化。但是，在面臨眞正的可能性時，列寧以其對政治實情慣有的無情眼光，認識到這種分化並無助於革命。我們無法確知斯托雷平的立法終究會不會達成預期的政治結果，這種立法在比較商業化的南方省分廣被接納，但在別處效果便差得多⑮。然而，由於斯托雷平本人在一九一一年被逐出沙皇政府，不久後又被暗殺，加上一九〇六年時帝國本身只剩下八年的和平歲月，因此這個問題不可能有實際的答案。

不過我們可以清楚指出的是，一九〇五年革命的失敗，既未爲帝制創造出「資產階級」代替物，也未賦予帝制超過六年的喘息時間。到了一九一二至一四年，俄國顯然再度沸騰著社會不安。列寧相信，革命的情勢已再度到來。到了一九一四年夏天，革命的障礙只剩下沙皇官僚、警察和軍隊的赤誠效忠——和一九〇四至〇五年不一樣的是，這些軍隊既未喪失士氣也未忙於別的事⑯。另一個有礙革命的因素，或許是中產階級知識分子的消極態度。這些知識分子因一九〇五年的失敗而消沉，大致已放棄政治激進主義而接受非理性主義和前衛藝術。

和歐洲許多其他國家一樣，大戰的爆發使不斷升高的社會和政治騷動放鬆下來。當人們對戰爭的熱情消逝之後，帝俄的末日便已昭然若揭。一九一七年，它滅亡了。

在一九一四年時，革命已震撼了由德國邊界到中國諸海的所有古老帝國。如墨西哥革命、埃及騷動和印度民族主義所顯示的：革命正開始正式或非正式地侵蝕新帝國主義。然而，它的結果在各地都尚未明朗化，而在列寧所謂的「世界政治火藥庫」中閃爍的火花，其重要性也被輕率低估了。當時人們還無法看出俄國革命會造就一個共產主義政權（世界上的第一個），而且會成為二十世紀世界政治史上的核心事件，正如法國大革命是十九世紀政治史上的核心事件一樣。

可是，當時人們已經可以清楚看出的是，在全球廣大社會地震帶的所有爆發中，俄國革命無疑具有最大的國際影響力，因為即使是一九〇五至〇六年的暫時震動，也導致了戲劇性的直接後果。它幾乎促成了波斯和土耳其的革命；或許也加速了中國的革命。而且，在其刺激之下，奧地利皇帝採納了普遍選舉權，而這項制度卻使哈布斯堡帝國的政治難題為之轉型，並且更趨不穩。因為俄國是一個「強權」，是歐洲國際體系的五塊樞石之一；而且若以國內的疆域計，它是面積最大、人口最多、資源最豐富的一個。在這樣一個國家所發生的社會革命，注定會有深遠的全球性影響。基於完全相同的理由，在十八世紀後期的無數革命中，法國大革命也因之成為最具國際重要性的一個。

但是，俄國革命潛在的影響力會比一七八九年的法國大革命更為廣大。俄羅斯帝國由太平洋一直延伸到德國邊界，單就其幅員和多民族性來說，它的崩潰也較歐洲或亞洲比較邊遠或孤立國家的崩潰更具影響力。俄國身跨征服者和受害者、進步者和落後者世界的這個極重要事實，更使它的革命在歐洲和亞洲都激起廣泛回響。俄國既是一個重要的工業國家，又是一個科技上的中古農業經濟；它既是一個帝國強權，又是一個半殖民地。俄國社會的文化和思想成就，足以趕得上西方世界的最進步文明，可是一九〇四至〇五年間，它的農民士兵卻對其日本對手的現代化感到訝異。簡言之，俄國革命似乎對西方的勞動組織者和東方的革命分子具有同等影響力，德國和中國都隨其震盪而搖晃。

帝制俄國說明了帝國年代全球的所有矛盾。一俟世界大戰槍響，它們便會同時迸發。這場世界大戰的爆發，是歐洲日漸清楚卻又無力阻止的。

註釋

❶諾門(D. Norman)編，《尼赫魯，最初六十年》(*Nehru, The First Sixty Years*)，第一冊，紐約：一九六五，頁一二。

❷萊特(Mary Clabaugh Wright)，《革命中國：第一階段，一九〇〇—一九一五》(*China in Revolution: The First*

Phrase 1900–1915)，紐黑文：一九六八，頁一一八。

❸《全集》(*Collected Works*)，第九冊，頁四三四。

❹《選集》(*Selected Works*)，倫敦：一九三六，第四冊，頁二九七—三〇四。

❺關於兩次伊朗革命的比較，參看凱迪(Nikki R. Keddie)，〈伊朗革命的比較觀〉(Iranian Revolution in Comparative Perspective)，收入《美國歷史評論》(*American Historical Review*)，第八十八期(一九八三)，頁五七九—九八。

❻勒斯特(John Lust)，〈祕密會社，群眾運動和一九一一年革命〉，收入協斯瑙(J. Chesneaux)等編，《十九和二十世紀中國的群眾運動和祕密會社》(*Mouvements populaires et sociétés secrétés en Chine aux XIXe et XXe siècles*)，巴黎：一九七〇，頁三七〇。

❼留文(Edwin Lieuwen)，《拉丁美洲的兵力和政治》(*Arms and Politics in Latin America*)，倫敦和紐約：一九六一版，頁二一。

❽參看《洛伊回憶錄》(*M. N. Roy's Memoirs*)，孟買、新德里、加爾各答、馬德拉斯、倫敦和紐約：一九六四。

❾卡茲(Friedrich Katz)，《墨西哥的祕密戰爭：歐洲、美國和墨西哥革命》(*The Secret War in Mexico: Europe, The United States and the Mexican Revolution*)，芝加哥和倫敦：一九八一，頁二二。

❿西騰華森(Hugh Seton-Watson)，《俄羅斯帝國，一八〇一—一九一七》(*The Russian Empire 1801–1917*)，牛津：一九六七，頁五〇七。

⓫里亞希成珂(P. I. Lyashchenko)，《俄國國家經濟史》(*History of the Russian National Economy*)，紐約：一九四九，頁四五三、四六八及五二〇。

⓬同上，頁五二八—九。

⓭福卓爾(Michael Futrell)，《北方的地下組織》(*Northern Underground: Episodes of Russian Revolutionary Transport and Communication Through Scandinavia and Finland*)，倫敦：一九六三，散見各處。

⓮安德森(M. S. Anderson)，《蒸蒸日上的歐洲，一八一五—一九一四》(*The Ascendancy of Europe 1815-1914*)，倫敦：一九七二，頁二六六。

⓯沙寧(T. Shanin)，《笨拙的階級》(*The Awkward Class*)，牛津：一九七二，頁三八註。

⓰我接受韓姆森(L. Haimson)的主張。韓氏這些原創性的論文，見《斯拉夫評論》(*Slavic Review*)，第二十三期(一九六四)，頁六一九—四二，第二十四期(一九六五)，頁一—二二，〈俄國都市的社會安定問題，一九〇五—一七〉(Problem of Social Stability in Urban Russia 1905-17)。

第十三章 由和平到戰爭

在（一九〇〇年三月二十七日的）辯論中，我解釋道……據我了解，所謂的世界政策，其任務只是支持和推進我們的工業、我們的貿易，擴張我們人民的勞動力、活動和才智。我們無意執行侵略性的擴張政策。我們只想保護我們在世界各地順理成章所取得的極重要利益。

——德國首相比羅(von Büilow)，一九〇〇❶

如果她的兒子是上前線去，那個婦人不一定會失去他。事實上，礦坑和鐵路調車場是比軍營更危險的地方。

——蕭伯納，一九〇二❷

我們將讚頌戰爭——世界唯一的保健法——尚武精神，愛國精神，帶來自由者的破壞性姿勢，值得一死的美麗構想，以及對婦女的藐視。

——馬里內蒂，一九〇九❸

1

自一九一四年八月起，歐洲人的生活便受到戰爭的包圍、充塞和縈繞。在本書寫作之際，歐洲大陸絕大多數七十歲以上的人，在其一生中都至少經歷過兩次大戰的一部分。而除了瑞典人、瑞士人、南部愛爾蘭人和葡萄牙人以外，所有五十歲以上的歐洲人，都曾至少經歷過一次大戰。即使是那些在一九四五年後出世的人，亦即在歐洲境內戰火不再交織以後出世的人，也幾乎沒有度過世界和平的一年。而且，他們永遠都生活在第三次世界核子衝突的陰影裡。幾乎所有政府都告訴其人民，核子大戰之所以能制止，只是因爲國際軍備競賽已經造成戰爭一起，大家便同歸於盡的態勢。即使全球性的災禍已經避開了很長一段時期，幾乎就像歐洲列強在一八七一至一九一四年間躲過了大規模戰爭一樣，但我們怎麼能把這個時代稱爲和平時期呢？因爲，如偉大的哲學家霍布斯(Thomas Hobbes)所云：

> 戰爭不只包括會戰或作戰行動，它還包括一段時間，在這段時間中，雙方都明白表現出以會戰作爲鬥爭手段的意念。❹

誰能否認這正是一九四五年後的世界大勢呢？

一九一四年前的情形不是這樣。在那個時候，和平是歐洲生活的正常和預期狀態。自一八一五年以後，還不曾發生過將全歐列強一道捲入的戰爭。自一八七一年以後，更不曾有任何一個歐洲強權命令其軍隊向另一個歐洲強權開火。列強在弱國當中尋找它們欺侮的對象，也在非歐洲世界物色它們下手的對象。不過它們有時錯估了對手的抵抗力：布耳人給英國人帶來的痲煩遠超出預期，而日本人則在一九〇四至〇五年輕輕鬆鬆地打敗俄國，並使自己成爲強權。在離歐洲最近的最大可能受害者——長期以來已陷於分崩離析的鄂圖曼帝國——境內，戰爭的可能性的確永遠存在，因爲其附屬諸民族皆想要爭取獨立和擴大地盤，於是彼此爭戰不休，並將列強捲入它們的衝突之中。巴爾幹向以歐洲火藥庫著稱，而事實上，一九一四年的全球性爆炸也是由此開始。但是「東方問題」是國際外交日程上非常熟悉的一項，雖然它百年來連續不斷地製造了許多國際危機乃至一場相當嚴重的國際戰爭（克里米亞戰爭），但它卻從來不曾完全失控。不像一九四五年後的中東，對大多數未在那兒住過的歐洲人來說，巴爾幹半島是屬於冒險故事的領域，是德國童書作家卡爾·梅這類作者的作品場景，或輕歌劇的舞台。十九世紀一般人對巴爾幹戰爭的印象，是蕭伯納《武器和人》（*Arms and the Man*）中所描寫的樣子。這本書和其他類似的作品一樣，後來由維也納的一位作曲家於一九〇八年改編爲以音樂爲主的電影片——《巧克力士兵》（*The Chocolate Soldier*）。

當然，當時有人已預見到一場歐洲大戰的可能性，而且，這種可能性不僅盤據在各國政府及其參謀本部心頭，也盤據在廣大公眾心頭。自一八七〇年代早期起，英法小說和未來學陸續推出一般而言並不切實際的未來戰爭描繪。一八八〇年代，恩格斯已著手分析世界大戰的可能性，而哲學家尼采更以瘋狂但富預言性的口吻讚揚歐洲的逐步軍國主義化，並且預言未來的那場戰爭「將向野蠻人招手，甚至喚起我們的獸性」❺。一八九〇年代，戰爭的憂慮促成了多次「世界和平會議」（World〔Universal〕Peace Congress，第二十一屆「世界和平會議」原定一九一四年九月在維也納舉行）、諾貝爾和平獎以及最初的「海牙和平會議」（Hague Peace Conferences, 1898）。出席這些國際會議的，是大致抱著懷疑態度的各國政府代表。這些只是最初的集會，自從各政府在會議中對於和平理想提出堅定但理論性的承諾之後，類似的集會便不斷開下去。一九〇〇年代，戰爭顯然是快要發生了。到了一九一〇年代，它的逼近已是眾人心知肚明的。

可是，大家並未眞正**預期到**它的爆發。甚至是在一九一四年七月國際危機最緊急的時刻，採取毀滅性步驟的政治家也不曾認識到他們正在挑起第一次世界大戰。和過去一樣，他們當然能想出一個解決辦法。而反戰者也無法相信他們長久以來所預言的災禍，現在眞的降臨了。甚至到了七月底，奧地利已向塞爾維亞宣戰**之後**，國際社會主義領袖聚集一堂，他們雖然深深感到困擾，但仍然相信一場全面戰爭是不可能爆發的，解決和平危機的辦法總會找到。七月二十九日，哈布斯堡社會民主黨領袖阿德勒說：「我個人並不相信會發生全面戰爭。」❻甚至那些按下毀滅電鈕的人，他們之所以這樣做，不是因爲想打仗，而是因爲阻止不了這場戰爭。比方說，德皇威廉直到最後一刻還在詢問他的將軍們：這場戰爭究竟能不能藉著不同時攻打俄國和法國而局限在東歐？將軍們的答案是：

不幸這是辦不到的。那些親手構築戰爭工廠並按鈕啓用之人，以一種目瞪口呆無法置信的神情，注視著戰爭巨輪的轉動。一九一四年以後出世的人們，很難想像那種認爲世界大戰不可能「眞正」爆發的想法，是如何根植於大災難之前的生活結構中。

因而，對大多數西方國家，以及對一八七一至一九一四的大半時間來說，歐戰只是一種歷史回憶或關於某個不確定未來的空談。在這一時期，軍隊在西方社會的主要功能是非戰鬥性的。除了英國和美國之外，所有的重要強國當時都實行徵兵制，不過並非所有的年輕人都被徵召。而隨著社會主義群眾運動的興起，將軍和政客們對於帶有革命傾向之無產階級的加入軍隊，深感不安，事後證明這種不安是多慮的。對於一般徵召入伍的兵士而言，他們所感受到的似乎是軍隊生活的勞苦而非光榮。入伍成爲一個男孩的成年儀式，之後將有兩三年的辛苦操練和勞役，還好軍裝對女孩子具有莫名的吸引力，勉強使服役的苦日子容易忍受一點。對於職業軍士來說，軍旅是一種職業。對於軍官來說，它是成人玩的兒童遊戲，是他們較平民優越的象徵，以及剛健和社會地位的象徵。對於將軍們來說，如同歷史上的慣例，它是政治陰謀和事業猜忌的場所——在軍事領袖的回憶錄中充斥著這類記載。

對於政府和統治階級來說，軍隊不僅是攘外安內的武力，也是取得公民效忠，乃至積極熱忱的辦法，因爲有些公民會對群眾運動產生令人困擾的同情，而這樣的運動又會逐漸損毀社會和政治秩序。和小學一樣，兵役或許是政府手上最有力的辦法，可藉以灌輸正當的公民行爲，至少可將村落居民轉化爲國家（愛國）公民。透過學校和兵役，義大利人就算還不會說標準國語，至少也聽得懂。

而軍隊也將義大利麵這種原來是貧窮南方地區的食物，轉化成全義大利的習慣。至於對非戰鬥性的公民而言，多彩多姿的街頭軍事表演——遊行、儀式、旗幟和音樂——也爲他們增添不少娛樂、靈感和愛國心。對於一八七一到一九一四年間歐洲非軍事性的居民來說，軍隊最令人熟悉且無所不在的那一面，或許當推軍樂隊。公共場合和公園若少了它們，簡直不可想像。

自然，士兵偶爾也會執行他們的首要職務。當社會面臨危機之際，他們可能被動員來鎭壓騷動和抗議。各國政府，尤其是那些必須擔憂輿論和其選民的政府，通常會小心防範軍隊射殺人民的可能性。士兵對平民開火的政治後果往往很壞，而士兵拒絕對平民開火的政治後果甚至更危險，如一九一七年的彼得格勒(Petrograd)事件。不過在這段期間，軍隊還是經常被動員，在其鎭壓之下的國內受害者人數已多到無法忽略，即使是在一般認爲並未瀕臨革命的中歐和西歐國家——如比利時和荷蘭——也不例外。在像義大利這樣的國家，死於軍隊鎭壓的人數自然非常可觀。

對於軍隊來說，鎭壓國內平民是一件無傷大雅的事，但是偶爾爆發的戰爭，尤其是殖民地的戰爭，卻比較危險。不過，這裡所謂的冒險是醫學上而非軍事上的。一八九八年爲美西戰爭所動員的二十七萬四千名美軍中，陣亡的只有三百七十九人，受傷的只有一千六百人，但是死於熱帶疾病的卻不下於五千人。無怪乎各國政府竭力支持醫學研究。在這個時期，醫學終於可以相當程度地控制黃熱病、瘧疾，以及當時仍被稱爲「白種人墳墓」區的其他禍患。一八七一到一九〇八年間，法國每年平均在殖民地的開拓中喪失八名軍官，包括其中唯一可能導致嚴重傷亡的越南東京省，在這三十七年總數約三百名的陣亡軍官中，有半數死於該地[7]。我們不應低估這些戰役的嚴重性，特別是因爲受害者的損失如此不成比例的慘重。即使對侵略國家來說，這類戰爭也絕不是乘興出遊。一八九九至一九〇二年間，英國共派遣四十五萬士兵前往南非，陣亡和受傷致死者共二萬九千人，死於疾病的有一萬六千人，而花費則高達二億二千萬英鎊。這樣的代價當然不可忽略。不過，在西方國家，士兵的職務危機大致比不上某些平民工人，尤其是運輸工人（特別是海運）和礦工。在這段昇平歲月的最後三年間，英國每年平均有一千四百三十位煤礦工人喪生，十六萬五千名（勞動力的百分之十以上）受傷。而英國的煤礦意外事故發生率，雖較比利時和奧地利爲高，卻比法國低一點，比德國低百分之三十，而只有美國的三分之一強❽。冒有最大的生命和肢體風險的，並非軍人這一行。

因此，如果不計英國的南非戰爭，我們可說強國的士兵和水手，其生涯是相當平靜的。不過帝俄和日本軍隊的情形例外。帝俄在一八七〇年代與土耳其纏鬥，一九〇四至〇五年間又與日本打了一場慘烈戰爭。日本人則在對中國和俄國的戰爭中獲勝。這樣的生涯，仍可在好兵帥克（Schwejk，一九一一年哈謝克〔Jaroslav Hašek〕杜撰的人物）完全沒有戰鬥的回憶和奇事中看出——帥克是奧地利皇家軍隊著名的第九十一團前團員。參謀本部自然是盡責備戰。他們大多數也照例根據上一次重大戰事的經驗或回憶，來進行戰備改良。身爲最偉大的海軍強國，英國人自然對陸上戰爭只做有限準備。不過，在一九一四前幾年與法國同盟者安排合作事宜的將軍們，愈來愈明白未來戰爭對他們的要求會多得多。但是就整個而言，預言戰爭將因軍事技術進展而發生可怕轉型的人，是平民而非士兵。將軍們，甚至某些在技術上比較開通的海軍將官們，對於這些進展的了解也相當遲緩。老業餘軍事家恩格斯常常提醒大家注意他們的遲鈍。但是一八九八年在聖彼得堡發表厚達六册的《未來戰爭的技術、經濟和政治面相》(*Technical, Economic and Political Aspects of the Coming War*)的，卻是猶太人資本家布羅赫(Ivan Bloch)。在這部預言性的著作中，他預測到戰壕戰爭的軍事僵局將導致長久衝突，而這種衝突必須付出的經濟和人力代價，將使交戰國陷入耗竭或社會革命。這本書迅速被翻譯成無數種語言，但是對軍事計畫卻沒有任何影響。

雖然只有某些平民觀察家了解未來戰爭的災難性，不知情的各國政府卻一頭栽進軍備競賽當中——這種軍備的新奇性，適足以促成這些災禍。十九世紀中葉已經逐步工業化的殺伐技術(參看《資本的年代》第四章第二節)，在一八八〇年代有了戲劇性的進展，不僅是由於小型武器和大砲的速度和火力在本質上發生了革命，也是因爲更有效率的渦輪機、更有效的保護性鐵甲和足以承載更多大砲的能力，造成了戰艦的改變。附帶一提，甚至非戰鬥性的殺戮也因「電椅」的發明(一八九〇)而改變，不過在美國以外的地方，行刑人仍舊堅守古老而歷經考驗的辦法，如絞刑或砍頭。

軍備競賽的明顯後果之一，便是錢花得愈來愈多，尤其是因爲各國都想跑在前面，或至少不落於人後。這場軍備競爭開始於一八八〇年代晚期，起初並不激烈，二十世紀逐漸加速，並在第一次世界大戰前幾年達到高潮。英國的軍事開銷，在一八七〇到一八八〇年代大致都保持穩定，不論就整體預算所占的百分比或平均每人的負擔而言皆如此。但是，隨後便從一八八七年的三千二百萬鎊，上升到一八九八至九九年的四千四百一十萬鎊，以及一九一三至一四年的七千七百萬鎊。其中成長最壯觀的顯然是海軍，因爲其投射武器乃是當時的高科技軍備。一八八五年時，海軍花了政府一千一百萬英鎊，和一八六〇年差不多；然而在一九一三到一四年，這個數字已攀升到四倍之多。德國同期的海軍支出成長更是驚人：由一八九〇年代中期的每年九千萬馬克，上升到幾近四億馬克❾。

這種龐大開支的後果之一，是它們需要較高稅收，或是膨脹性借貸，或是兩者都要。但是另一個同樣明顯但往往爲人所忽略的後果，是它們已日漸使祖國的毀滅成爲大規模工業的副產品。諾貝爾和卡內基這兩位認識到是什麼使他們成爲炸藥和鋼鐵富豪的資本家，想藉著將其部分財富用於和平目的，以作爲補償。在這件事上，他們是異例。戰爭和戰爭產業的共生現象，不可避免地改變了政府和工業之間的關係。因爲，如恩格斯在一八九二年所云：「當戰爭成爲大工業的一支時，大工業遂成爲政治上的必要條件。」❿而相反的，政府也成爲某些工業分支的當然成分，因爲除了政府之外，還有誰能爲軍事工業提供顧客？它所生產的貨物不是由市場決定，而是由政府間無休無止的競爭決定，因爲各國政府都想爲自己取得最進步、因而也最有效的武器供應。尤有甚者，各國政府所要求的武器生產，不只限於當前的實際所需，還得應付未來戰爭的不時之需。也就是說，它們必須讓它們的工業維持遠超出和平時期所需的產能。

無論如何，各國因此不得不保護強大的國家軍備工業，承擔其技術發展的大部分成本，並使它們獲利。易言之，它們必須保護這些工業不受狂風暴雨襲擊，這種狂風暴雨會威脅到航行在自由市場和自由競爭大海上的資本主義企業船隻。政府當然也可以自己從事軍備製造，而且事實上它們早就這麼做了。但是在這個非常時期——或至少就自由英國而言——他們寧可與私人企業進行某種合作。一八八〇年代，私人軍火業者承擔了三分之一以上的軍備合約，一八九〇年代提高到百分之四十六，一九〇〇年代更升至百分之六十。附帶一提，當時政府隨時預備給他們三分之二的保證量⓫。

無怪乎軍火工廠幾乎全爲工業鉅子所有，或是工業鉅子所投資的：戰爭和資本集中攜手並進。在德國，大砲大王克魯伯在一八七三年雇用了一萬六千名員工，一八九〇年增加到二萬四千人，一九〇〇年更達四萬五千左右。當一九一二年第五十萬門克魯伯大砲離開工廠時，克魯伯手下共有七萬員工。在英國，阿姆斯壯(Armstrong)公司在其位於新堡的主廠中雇用了一萬二千人，一九一四年時，這個數目增加到二萬人——超過泰恩塞德(Tyneside)地區所有金屬業工人的百分之四十——這還不包括靠阿姆斯壯公司轉包合約維生的一千五百家小工廠員工。這些小工廠也很賺錢。

像美國當代的「軍事工業複合體」一樣，這些巨大的集中工業，如果沒有各政府間的軍備競爭，便會變得不值一文。因此，大家往往想讓這些「死亡商人」(和平倡議者喜用的辭彙)爲英國新聞記者所謂的「鋼鐵和黃金之戰」負責。我們是否可以就此推論說軍火工業助長了軍備競賽，有必要時還發明國家劣勢或「脆弱之窗」的說法，說利潤優厚的契約可以消除這些？一家專門製造機關槍的德國工廠，設法在法國《費加洛報》(*Le Figaro*)上登了一則新聞，說法國政府計畫擁有加倍的機關槍。德國政府於是在一九〇八至一〇年訂購了價值四千萬馬克的同款武器，而使這家工廠的股息由百分之二十提高到百分之三十二⓬。一家英國工廠辯稱其政府嚴重低估了德國人重整海軍軍備的進度，促使英國政府決定把戰艦數量加倍，而該公司則從每一艘大型軍艦身上獲得二十五萬鎊的利潤。像維克斯公司(Vickers)代理商希臘人札哈羅夫(Basil Zaharoff，後來因一次大戰期間爲協約國服務而被授予爵位)這類文雅可疑之人，特別注意讓列強的軍火商只把次要和即將過時的產品賣給近東和拉丁美洲諸國，這些國家隨時都願意購買這樣的五金器具。簡言之，現代的國際死亡貿易當時已在熱絡進行。

可是，就算科技人員的確大力遊說陸軍將領和海軍艦隊司令（這些人對閱兵比對科學熟悉）購買最新的大砲，以免遭全軍覆沒的命運，我們也不能就用軍火製造商的陰謀來解釋世界大戰。誠然，一九一四倒數前五年，由於軍備的聚積已達可怕程度，因而使情勢更具爆炸性。誠然，至少在一九一四年夏天，動員死亡武力的機械作用已無法節制。但是，使歐洲陷入大戰的，並不是這種競賽式的整軍經武，而是當時的國際情勢。

2

自一九一四年八月迄今，大家從未停止辯論第一次世界大戰的起因。為了回答這個問題所用掉的墨水、所製造的紙張、所犧牲的樹木以及忙碌的打字機，比回答歷史上任何其他問題都多，甚至比有關法國大革命的辯論更多。隨著時序流轉，隨著國內和國際政治轉型，這樣的辯論也一次又一次重新掀起。在歐洲才剛陷入這場大災禍之初，好戰者便開始自問，為什麼國際外交未能阻止戰禍發生，並且相互指控，認為對方應為戰爭負責。反戰者也立刻展開他們自己的分析。公布了帝俄祕密文件的一九一七年俄國革命，指控帝國主義應為戰爭負責。戰勝的協約國以德國應負起全部「戰罪」作為一九一九年凡爾賽和會的基調，並且推出汗牛充棟的文書和歷史著作來辯論這一主題，但主要是反對意見。第二次世界大戰自然使這種辯論再度復活。而若干年後，當德意志聯邦共和國的左派史學急切想要以強調他們自己對於德國責任的看法，來與保守和納粹德國的愛國主義正統學說分道揚鑣時，這種辯論又死灰復燃。關於危害世界和平的各種爭議，自廣島和長崎的原子彈爆炸以來便從未停止過，且無可避免地想在過去各次世界大戰的淵源與當前國際的展望之間，找可能的相似之處。雖然宣傳家喜歡與第二次世界大戰（慕尼黑）的情形做比較，歷史家卻愈來愈爲一九八〇年代和一九一〇年代的相似之處感到不安。因此，一次大戰的淵源再一次成爲亟待解決且切中時宜的問題。於是，任何想要解釋（歷史家在這個時期也非解釋不可）第一次世界大戰爲何爆發的史學家，都陷身於深廣澎湃的海域。

不過，我們至少可以删去史學家不必回答的問題，而讓他的工作簡化一點。其中最主要的是「戰罪」問題。這是屬於道德和政治判斷的範圍，與歷史學家關係不大。如果我們的興趣在於爲什麼歐洲長達一世紀的和平會變成世界大戰的時代，那麼「是誰之過」這個問題便無關緊要。就好像對於研究爲什麼斯堪的納維亞戰士會在十、十一世紀征服歐洲無數地區的歷史學家來說，征服者威廉（William the Conqueror）在法律上站不站得住腳，也是無關緊要的問題一樣。

當然，我們往往能將戰爭的責任歸咎給某些方面。很少人會否認一九三〇年代德國的姿態基本上是侵略和擴張主義的，而它敵方的姿態基本上是防禦性的。也沒有人會否認，本書所述時期的帝國擴張戰爭，如一八九八年的美西戰爭和一八九九至一九〇二年的南非戰爭，是由美國和英國挑起的，而非由其受害者引發。無論如何，每個人都知道十九世紀的各國政府不管如何注意其公共關係，都將戰爭視爲國際政治正常的偶發事件，而且都相當誠實地承認他們很可能會率先採取軍事行動。

作戰部尙未被普遍委婉地稱爲國防部。

然而，可以絕對確定的是，一九一四年以前，沒有任何一個強國的政府想打一場全面的歐戰。而且和一八五〇與一八六〇年代不一樣，它們甚至不想與另一個歐洲強國爆發有限的軍事衝突。十足可以說明這個情形的事實是，在與列強的政治野心直接牴觸的地方，亦即在殖民地的征伐與瓜分之中，它們的無數衝突往往以某種和平安排來化解。甚至最嚴重的摩洛哥危機（一九〇六及一九一一），也都解除了。到了一九一四年前夕，殖民地衝突似乎已不再爲互相競爭的列強帶來不可解決的問題。這個事實甚至被誤用來證明：帝國主義的敵對競爭與一次大戰的爆發無關。

當然，列強絕不是愛好和平的，更談不上反戰。即使是在它們的外交部竭力想避免一場公認的災難時，它們還是不曾放棄打一場歐戰的準備，只是有些人看不出來罷了（賴德爾海軍上將〔Admiral Raeder〕甚至宣稱：一九一四年時，德國的海軍參謀部並沒有對英國作戰的計畫⑬）。一九〇〇年代，確實沒有一個政府想要追求唯有訴諸戰爭或不斷的戰爭威脅才能達成的目的——如希特勒在一九三〇年代所追求的。當法國的盟邦俄國，先因戰爭、繼以失敗和革命而無法動彈之際，德國的參謀長曾提出乘機攻擊法國的主張，但未獲批准。德國只是在一九〇四至〇五年，利用法國暫時孤立無援的黃金機會，對摩洛哥提出帝國主義的要求。這是一個可以處理的問題，沒有人想爲此挑起一場大戰，實際上也不曾。沒有任何一個列強政府想打一場大戰，不論它多麼有野心、多麼輕舉妄動和不負責任。當老皇約瑟夫在一九一四年向他注定毀滅的臣民宣布戰爭爆發的消息時，他曾說道：「我並不希望這件事發生」，儘管戰火是其政府挑起的，但他這句話卻是發自肺腑。

我們最多可以說，在緩緩滑向戰爭深淵的某一點上，戰爭似乎已變得極不可避免，以致有些政府決定選擇一個最佳或至少不是最不利的時刻，率先發動戰爭。有人認爲德國自一九一二年起便在找尋這一刻，事實上也不可能比這更早。一九一四年的最後危機，是由一件不相干的暗殺所促成——一位奧地利大公在巴爾幹半島深處的一個地方大城被一名學生恐怖分子暗殺。在這個危機中，奧地利當然知道它對塞爾維亞的恐嚇，是冒了世界大戰的風險；而決定支持其盟邦的德國，則使大戰的發生幾無轉圜餘地。奧地利的陸軍部長在七月七日指出，「天平的傾斜對我們不利。」難道不該在它傾斜得更厲害之前動手嗎？德國人也是這麼想。只有在這個嚴格的意義上，「戰罪」的問題才略具意義。但是，如這件事所表示的，一九一四年夏天的危機和之前的無數次都不一樣，所有的強權都將和平一筆勾銷，甚至英國也不例外——德國人原本期望英國人會保持中立，以便增加它同時打敗法國和俄國的機會。（德國的戰略，即一九〇五年的「希里芬計畫」〔Schlieffen Plan〕預計先對法國發動猛烈一擊，再轉而對付俄國。前者意謂將入侵比利時，而這樣一來遂給了英國參戰的藉口。）除非它們都相信和平已遭到了致命傷，否則即使到了一九一四年，仍然不會有任何列強願意向和平揮出致命一拳。

因此，挖掘第一次世界大戰根源的問題，並不等於找出「侵略者」的問題。一次大戰是根源於一種愈來愈惡化，且逐漸超出各國政府所能控制的國際情勢。慢慢的，歐洲分成兩個對立的列強集團。這種和平時期的對立集團，是首次出現的新產物。其形成基本上是由於歐洲出現了一個統一的德意志帝國，這個帝國是在一八六四到一八七一年間以外交和戰爭犧牲了別國的利益所建立（比較《資本的年代》第四章）。它想要以和平的聯盟自保，對抗主要的輸家法國，而聯盟又適時造成反聯盟。聯盟本身雖然意味了戰爭的可能性，卻不保證戰爭一定發生，甚或更容易發生。事實上，德國首相俾斯麥雖然在一八七一年後的幾乎二十年間，是多邊外交棋賽眾所公認的世界冠軍，他卻是專心致力於維持列強間的和平，並且十分成功。強權集團只有在聯盟的對立變成永久性時，尤其是在它們之間的爭執變得無法處理時，才會危及到和平。這種情形將在下一個世紀發生。但關鍵是，爲什麼發生？

在導致第一次世界大戰與可能引發第三次世界大戰的國際緊張狀態（一九八〇年代，人們還在思考如何避免第三次世界大戰）之間，有一個重大差異。自一九四五年起，關於第三次世界大戰的主要敵對國家是美國與蘇俄一事，人們從不懷疑。但是對一八八〇年的人們而言，一九一四年的陣容尚無法預測。當然，某些可能的同盟國家和敵對國家很容易看出來。單憑德國在一八七一年兼併了法國大片地方（亞爾薩斯—洛林）一事，便可知道德國和法國將互相爲敵。德國和奧匈帝國聯盟的持久性也不難預測。俾斯麥在一八六六年後締造這一聯盟，因爲新德意志帝國內部的政治均衡，必須仰仗維持多民族的哈布斯堡帝國的存在。俾斯麥看得非常清楚，一旦哈布斯堡帝國崩散爲各個民族碎塊，不但將導致中歐和東歐國家制度的瓦解，也將毀滅由普魯士所主宰的「小日耳曼」的基礎（參見《資本的年代》第一章第二節）。一八七二至一九一四年間最持久的外交組織，便是成立於一八八二年的「三國同盟」（Triple Alliance）。事實上它是德奧同盟，因爲作爲第三國的義大利不久便告脫離，最後還在一九一五年加入了反德陣營。

再者，因其多民族問題而捲進巴爾幹諸國動亂，而在一八七八年占領波士尼亞—赫塞哥維那

(Bosnia-Hercegovina)後又牽涉更深的奧地利，顯然在那個地區與俄國敵對。（南方的斯拉夫民族，部分是在哈布斯堡帝國奧地利那一半的統治之下（斯洛文尼亞人，住在達爾馬提亞的克羅埃西亞人），部分是在哈布斯堡帝國匈牙利那一半轄下（克羅埃西亞人、部分塞爾維亞人），部分是屬於帝國共同管轄權之下（波士尼亞—赫塞哥維那），其餘是小型獨立王國（塞爾維亞、保加利亞和迷你公國門的內哥羅），或在土耳其治下（馬其頓）。）雖然俾斯麥盡可能與俄國維持親密關係，但是可以預見，德國遲早會被迫在維也納和聖彼得堡之間做一選擇，而且它只能選擇維也納。再者，一旦德國放棄俄國，如一八八〇年代晚期的情形，俄國便會順理成章地靠向法國，而一八九一年也果眞發生了。甚至在一八八〇年代，恩格斯也已預料到這樣的聯盟，而它當然是衝著德國來的。因此，到了一八九〇年代早期，兩個強權集團已在歐洲成了對峙局面。

不過這種對峙雖然使國際關係更形緊張，卻還不至於使全面歐戰勢所必然。因爲法國和德國爭議的問題（亦即亞爾薩斯—洛林），與奧地利沒有什麼利害關係；而可能導致奧地利和俄國衝突的問題（也就是俄國在巴爾幹半島的影響力有多大），對德國來說並不重要。俾斯麥曾說：巴爾幹半島不值得犧牲一名波美拉尼亞榴彈兵。法國和奧國之間沒有眞正的爭執，俄國和德國之間也沒有。更有甚者，使德國和法國不和的問題雖然永遠存在，大多數法國人卻根本不認爲那值得一戰；而導致奧地利和俄國不和的問題雖然（如一九一四年所示）比較嚴重，卻只是間歇發生。結盟系統之所以轉化成定時炸彈，主要是由於下列三項發展：不斷改變的國際形勢因列強之間的新衝突和新野心而愈發不穩；聯合作戰的想法使集團對峙更形強固，以及第五個強國英國的介入。（沒有人擔心義大利的背叛變節。說義大利是一個「強權」，只不過是國際間的客套話。）英國在一九〇三到一九〇七年，出乎眾人、甚至她自己意料之外，加入了反德陣營。若想了解第一次世界大戰的源始，最好追溯英國和德國之間的這種敵對。

對於英國的敵人和盟邦來說，「三國協約」(Triple Entente)都是令人驚訝的。在過去，英國既沒有與普魯士摩擦的傳統，也沒有任何永久性衝突的理由，與現在稱爲德意志帝國的超普魯士也一樣。另一方面，自一六八八年起，在任何歐戰之中，英國幾乎都是與法國爲敵。此時的情形雖然由於法國已不再能主宰歐陸而有所不同，但兩國間的摩擦仍然不斷增加，主要是因爲英法這兩個帝國主義強國，經常得競相爭取同樣的地盤和影響力。例如，它們因埃及而不睦。英法都垂涎埃及，但是英國占領了埃及，外加法國出資修造的蘇伊士運河。在一八九八年的法紹達(Fashoda)危機中，當敵對的英法殖民軍隊在蘇丹的偏遠地區對壘之際，眼看就將血流如注。在非洲的瓜分中，一方的獲利往往是建築在另一方的犧牲之上。至於俄國，在所謂「東方問題」的巴爾幹和地中海地帶，以及在介於印度和俄屬中、西亞之間有欠明確但爭執激烈的地區(阿富汗、伊朗以及通往波斯灣的區域)，大英帝國與專制俄國向來是死敵。俄國人進入君士坦丁堡和向印度擴張的可能性，對於英國的歷屆外相而言，是永遠揮不去的噩夢。這兩個國家甚至在英國介入的唯一一場十九世紀歐戰中交鋒(克里米亞戰爭)，而且遲至一八七〇年代，一場英俄戰爭的可能性仍然不低。

就英國外交政策的一貫模式來說，與德國作戰的可能性太遙遠，根本不必考慮。英國外交政策的主旨是維持均勢，而與任何歐陸強國締結永久性聯盟的做法，似乎都與這項主旨不符。與法國聯盟基本上不大可能，而與俄國聯盟更是不可思議。可是，再難以置信的事終究還是成爲事實：英國與法國和俄國締結永久聯盟以對付德國。英國化解了與俄國之間的所有爭論，甚至眞的同意讓俄國占領君士坦丁堡——這一提議隨一九一七年的俄國革命而消失。然而，這項驚人的轉型是如何又爲何發生？

它之所以發生，是因爲傳統的國際外交遊戲，其參與者和規則都已改變。首先，它進行的地理範圍比以前大得多了。以前的敵對和競爭(除了英國以外)大致限於歐洲和鄰近地區，現在已是全球化和帝國式的——美洲大部分地方不包括在內，華盛頓的門羅主義使美洲注定成爲美國帝國擴張的場所。必須排解以免它們惡化爲戰爭的國際糾紛，在一八八〇年代可能爲西非和剛果而起，一八九〇年代晚期可能爲中國而起，一九〇六年和一九一一年因西北非和解體中的鄂圖曼帝國而起的機會，比因任何非巴爾幹歐洲而起的可能性更大。再者，現在又加入了新的遊戲者。仍然避免歐洲牽累的美國，如今在太平洋上已是一個積極的擴張主義者;日本則是另一名玩家。事實上，一九〇二年的英日同盟正是走向三國協約的第一步,因爲這個新強國的存在(它不久就說明它事實上可在戰爭中打敗帝俄)，減輕了俄國對英國的威脅，從而加強了英國的地位，連帶促使俄英爭執的化解成爲可能。

國際權力遊戲的全球化，自動改變了英國的處境，前此，它是唯一眞正具有世界性政治目標的強國。我們可以毫不誇張的說，在十九世紀的大半時間，歐洲在英國外交算盤上的功能便是不要出聲，以便英國可以在全球進行其經濟活動。這便是歐洲均勢和不列顛和平(Pax Britannica)的結合精義。不列顛和平是由唯一一支足以橫掃全球、控制世界各大洋各航線的海軍所擔保。十九世紀中葉，世界上其他國家的所有海軍加起來還比不上英國一國。不過到了十九世紀末，情況已經不同了。

其次，隨著全球性工業資本主義經濟的興起，這種國際遊戲所下的賭注也與以前大不相同。這並不表示，用克勞塞維茨(Clausewitz)著名的話來說，此後戰爭只是以其他方式所做的經濟競爭。這個看法是當時歷史決定論者所感興趣的，因爲他們看到許多由機關槍和砲艦所造成的經濟擴張實例。不過，這是過分簡化的說法。如果說資本主義發展和帝國主義必須對失控的世界性衝突負責，我們也不能據此指稱資本家本身是有意識的好戰者。對於商業出版品、商人的私人和業務通信，以及銀行業、商業和工業代言人所發表之公開宣言的研究顯示：大多數商人都認爲國際和平對他們有利。事實上，只有當戰爭不會干擾到日常生活時，它才是可以接受的。而年輕的經濟學家凱因斯(當時尚不是經濟學的激進改革者)之所以反對戰爭，不僅是因爲它將造成許多朋友喪生，也因爲如此一來，人們便無法依循根據日常生活慣例而制定的經濟政策。自然，當時也有一些好鬥的經濟擴張主義者，但是，自由派新聞記者安吉爾(Norman Angell)卻幾乎確切表達了商業的一般意見：認爲戰爭有利於資本，是一種「大錯覺」——一九一二年，他曾以此爲名寫了一本書。由於國際和平是資本家——甚至可能是除了軍火製造商以外的工業家——繁榮擴張的必要架構，而自由主義的國際商務和財政交易也有賴於此，商人怎麼可能希望打擾國際和平？顯然，從國際競爭中獲益的人沒有抱怨的理由。正如今日滲透世界市場的自由貿易對日本沒有什麼不好一樣，德國工業在一九一四年前對它也很感滿意。那些受到損失的人自然會要求他們的政府施行經濟保護政策，不過這絕不等於要求戰爭。再說，英國這個最大的可能失敗者甚至抗拒這些要求。雖然英國自一八九〇年代起的確有點畏懼叫陣式的德國競爭，以及德國和美國資金的流入英國國內市場，但英國商人仍然壓倒性地支持和平。至於英美關係，我們還可進一步討論。假設單是經濟競爭便可促成戰爭，那麼英美的競爭與敵對理應構成軍事衝突的準備條件——戰間期的馬克思主義者仍然如此認爲。然而，正是在一九〇〇年代，英國帝國總參謀部已不再爲英美戰爭預做任何防範性措施。自此以後，英美衝突的可能性已完全被排除。

可是，資本主義發展無可避免地將世界朝國際競爭、帝國主義擴張、衝突和戰爭的方向推進。一八七〇年以後，如歷史學家所指出：

> 由壟斷到競爭的改變，或許是決定歐洲工商企業的最重要因素。經濟成長也就是經濟鬥爭，這種鬥爭將強者和弱者分開，打消某些人的志氣而使另一些人堅強，犧牲古老的國家而嘉惠新興、飢餓的國家。原本深信未來將不斷進步的樂觀心理，已被不確定的劇痛感所取代——最猛烈的劇痛之感。凡此種種都強化了競爭，也爲日益尖銳的競爭所加強，這兩種形式的競爭已然合一。⓮

顯然，經濟的宇宙已不像十九世紀中葉那樣，是一個環繞著英國這顆恆星運行的太陽系。如果全球金融和商業的交易仍舊(而且事實上愈來愈)透過倫敦進行，英國卻顯然不再是「世界工廠」，也不再是其主要的進口市場。相反的，它的相對式微已經很明顯。好幾個相互競爭的國家工業經濟彼此對峙。在這種情形下，經濟競爭與各國政治乃至軍事行動，已經緊密交織，無法分割。大蕭條時期保護主義的復興，是這一合併的第一項後果。由資本的觀點看來，政治支持對於抵擋外國侵略可能是必要的，而在國家工業經濟互相競爭的地方，或許也不可或缺。由國家的觀點來說，自此以後，經濟既是國際勢力的基礎，也是其準繩。在這個階段，一個「政治強權」若不同時身兼「經濟強國」，是不可思議的。這種轉變可以由美國的興起和帝俄的相對削弱得到說明。

相反的，經濟勢力的轉移以及隨之改變的政治和軍事均衡，難道不會引起國際舞台上的角色重新分配嗎？顯然，一般德國人是這麼認為的。德國令人驚愕的工業成長，賦予它強大的國際分量，這是當年普魯士所比不上的。在一八九〇年代的日耳曼民族主義者之間，舊日針對法國的愛國歌曲〈萊茵河上的警戒〉，迅速為〈德國至上〉的全球性野心所駕凌。〈德國至上〉事實上已成為德國的國歌，不過尚未正式化。

經濟和政治—軍事勢力的認同之所以如此危險，不僅是因為敵對國家在世界各地競逐市場和原料，也因為列強對近東和中東這類經濟戰略要地的控制權，往往是重疊的。石油外交早在一九一四年前便已是中東政局的一大關鍵要素，勝利屬於英國、法國、西方(尚不包括美國)石油公司，和一位亞美尼亞代理商格本吉安(Calouste Gulbenkian)，他可賺取百分之五的傭金。相反的，德國對鄂圖曼帝國的經濟和戰略滲透，不但使英國人發愁，也促成土耳其在戰爭中加入德國那一方。但是，當時局勢的新奇之處在於：拜經濟政治結合之賜，即使是將那些有爭議的地區和平劃分為若干「勢力範圍」，也無法平息國際上的敵對競爭。一八七一到八九年間，俾斯麥曾以無比的技巧處理這種敵對競爭。如俾氏所熟知，控制它的關鍵在於刻意限制目標。只要各國政府能夠精確說明其外交目的——如邊界移動、王朝婚姻、從他國獲得的「補償」——便可能透過評估和安排來解決。當然，如俾斯麥本人在一八六二至一八七一年間所證明的，兩者都不排除可控制的軍事衝突。

但是，資本主義累積的特色，正是它的無限性。標準石油公司、德意志銀行、德必爾斯鑽石公司，其自然疆界是在宇宙的盡頭，或其能力所能達到的極限。使傳統的世界政治結構日趨不穩定的，正是這種世界新模式。雖然列強仍致力於維持歐洲的均勢和穩定，可是出了歐洲，即使是最愛好和平的強國，也會毫不猶疑的向弱國挑戰。誠然，它們非常小心的控制住它們的殖民地衝突。它們似乎從未提供大戰的導火線，但卻無疑促成了國際好戰集團的形成。日後的英法俄三個協約，便是始於英法在一九〇四年取得的「眞誠諒解」(Entente Cordiale)，這種「諒解」根本就是帝國主義的交易——法國放棄它對埃及的權利，以換取英國支持法國對摩洛哥的特權——摩洛哥這個受害者也是德國覬覦的對象。不過，列強毫無例外都想要擴張和征服。英國的問題是，如何在新侵略者輩出的情況下，保住其全球霸業，因此它的姿態基本上是防禦性的。儘管如此，英國也出兵攻打南非各共和國，甚至毫不遲疑打算與德國共同瓜分葡萄牙的殖民地。在全球性的大洋中，所有的國家都是鯊魚，而所有的政治家都了解這一點。

但是，使世界局勢更爲險惡的是，衆人不自覺地接受政治勢力理應隨經濟發展無限增加的觀念。一八九〇年代，德國皇帝便據此爲他的國家要求「利於發展的空間」。俾斯麥當年也可提出同樣的要求，而他實際上爲新德國所取得的地位，比普魯士一向所享有的強有力得多。可是，俾斯麥有能力限定的他野心範圍，小心不讓事情失控，但是對威廉二世來說，那項要求只是沒有內容的口號。它只不過正式提出「比例原則」：一個國家的經濟愈強大，則其人口愈多，其民族與國家在國際上地位便愈高。因此一個國家應得的地位在理論上是沒有限制的。德國民族主義者的口號是：「今日德國，明日全世界。」這種無限制的力能論可以表現在政治、文化民族主義與種族偏見的言辭之中。但是這三種言辭的有效公分母是一個統計曲線不斷攀升的資本主義經濟擴張。沒有經濟擴張作基礎，政治要求根本不具意義。比方說，十九世紀波蘭知識分子堅信他們（那時尚不存在）的國家在世界上負有救主的使命，但這是沒有什麼意義的。

就實際層面而言，雖然德國民族主義的煽動言辭帶有濃厚的反英性質，但是當時的危險卻不在於德國想要取代英國的全球性地位。相反的，危險的根源在於一個全球性的強權需要一支全球性的海軍，而德國已從一八九七年開始建造一支偉大的艦隊，這支艦隊的另一個附加價值，是它所代表的不再是舊日的日耳曼諸邦，而是統一的新德國。它的軍官團不再代表普魯士的鄉紳或其他貴族傳統，而代表新興中產階級，也就是新國家。鐵必制海軍上將（Admiral Tirpitz）是擴張海軍的倡議者。他否認德國計畫建造一支可以打敗英國的海軍，它想要的只是一支具有威脅性的海軍，足以強迫英國支持德國的全球性、尤其是殖民地要求。此外，一個像德國這麼重要的國家，能夠沒有一支足相匹配的海軍嗎？

但是，從英國的觀點看來，德國艦隊對英國海軍的威脅，不只是單純的數量壓力——當時敵對列強的聯合艦隊總噸數已超出英國甚多（雖然這樣的聯合不值一信），英國艦隊甚至已無法維持它的最低目標：亦即其海軍實力必須超出另外兩大強國的總和（「兩個列強的標準」）。和其他海軍不一樣的是，德國艦隊的基地全在北海，正對著英國，因此它所針對的目標當然是英國。依英國看來，德國基本上是一個大陸強權，而如麥京德（Sir Halford Mackinder）這類地理政治學者所指出的（一九〇四），這種陸上強國已比英國這個中型島嶼享有更大優勢。海上利害對德國當然是有限的，但大英帝國卻完全依賴其海上航線，而事實上它也將（除了印度以外的）各個大陸留給陸權國家的軍隊。即使德國艦隊完全不做任何舉動，它還是會牽制到英國船隻，使英國不容易、乃至不可能控制它認爲最緊要的海域（如地中海、印度洋以及大西洋海道）。海軍之於德國，不過是國際地位和全球野心的象徵，之於大英帝國卻是生死交關的事。美洲海域可以（而在一九〇一年確乎）丟給友善的美國，遠東海域可以讓給美國和日本，因爲在這個階段，這兩個強國似乎只有純區域性的興趣，而這些區域都與英國的利益無害。然而，德國海軍即使是一支區域性的海軍（它並無意永久如此），對於英倫各島和大英帝國的全球性地位，都是一種威脅。由於英國主張維持現狀，德國主張改變現狀，因此就算德國不是有意，也必然會造成英國的損失。這種緊張狀態再加上兩國間的工業競爭，無怪乎英國會把德國視爲其最危險的潛在敵人。於是，它自然會與法國接近，而一旦俄國的威脅又被日本減少到最小程度，它當然也不忌諱與俄國合作。俄國的失敗破壞了英國外相們長久以來視爲理所當然的歐洲均勢，而在人們的記憶中，這種失衡還是第一次。德國成爲歐洲最具軍事支配力的強國，而它在工業上的成就早已是歐洲國家畏懼的對象。出人意外的英法俄三國協約，便是在這種背景下形成的。

由「三國同盟」的形成(一八八二)到「三國協約」的建立(一九〇七),花了幾乎四分之一世紀。我們不需透過錯綜複雜的細節,去研究它們的發展。我們只需記住,它們說明了帝國主義這一階段的國際摩擦是全球性和地方性的,沒有人(尤其是沒有英國人)知道列強之間的利害、恐懼和野心矛盾會把他們往哪個方向帶。而且,雖然許多人都感覺到它們將把歐洲帶向大戰,但沒有一個政府知道該怎麼辦。一而再的,大家想打破這種集團體系,或者至少用橫跨兩個集團的建立或恢復友誼關係(英國與德國、德國與俄國、德國與法國、俄國與奧地利)來抵銷它。可是,這兩個集團被不具彈性的戰略和動員計畫所增強,愈來愈形穩固,而歐洲則在歷經一連串國際危機之後,終於失控滑向戰爭——一九〇五年後,這些危機通常都是訴諸戰爭威脅來解決。

自一九〇五年起,發生於「資產階級」社會邊緣的新一波革命,造成了國際局勢的不穩定,而這種不穩定又爲即將爆炸的世界添上新燃料。一九〇五年的俄國革命暫時使帝俄陷於癱瘓,從而鼓勵德國伸張它對摩洛哥的要求,甚至威脅法國。由於英國支持法國,柏林被迫在一九〇六年一月的阿爾及西拉斯(Algeciras)會議上讓步,畢竟爲了一個純殖民地問題而挑起一場大戰是不符合政治利益的,更何況德國海軍自認爲它們還不足以與英國海軍作戰。兩年以後,土耳其革命破壞了列強在近東這個活火山悉心建造的國際均勢。奧地利利用這個機會正式兼併波士尼亞—赫塞哥維那,因而引發了與俄國的衝突,直到德國威脅將在軍事上支持奧國,這個危機方告化解。一九一一年因摩洛哥而起的第二次國際大危機,基本上與革命無關,完全是帝國主義的野心。德國派遣了一艘砲艇擺好姿勢要拿下摩洛哥南方的阿加迪爾港(Agadir),但是由於英國似乎威脅要支持法國作戰,德國才被迫撤退。至於英國究竟有沒有這個意思，卻是無關緊要。

阿加迪爾危機說明兩大強國間的任何衝突都會將它們帶到戰爭邊緣。當土耳其帝國因一九一一年義大利攻占利比亞，一九一二年塞爾維亞、保加利亞和希臘著手將土耳其由巴爾幹半島逐出而逐漸崩潰之際，所有的列強都沒有任何舉動，其原因或是由於不願得罪可能的同盟國義大利(義大利此時尚未表明參加哪一方)，或是由於害怕被巴爾幹諸國拖進無法控制的情況中。一九一四年的發展證明它們當時的態度是多麼正確。它們僵在那兒不動，看著土耳其幾乎被逐出歐洲，看著獲勝的巴爾幹小國繼續第二次內戰，看著它們在一九一三年重繪巴爾幹地圖。列強唯一能做的，是在阿爾巴尼亞成立一個獨立國家(一九一三)，並依慣例由一位日耳曼親王出任君主。下一次的巴爾幹危機是發生在一九一四年六月二十八日。這一天，奧地利皇儲斐迪南大公(Archduke Franz Ferdinand)前往波士尼亞首都薩拉耶佛(Sarajevo)進行訪問。

使情勢更具爆炸性的，是這個時期的強權內政不斷將其外交政策推進到更危險的地帶。如前所示(參看第四章及第十二章)，各政權原本運作穩定的政治機器，自一九〇五年便開始吱吱作響。在轉化為民主公民的過程中，臣民的動員和反動員，愈來愈不容易控制，也不容易吸收整合。民主政治本身隱含著一個高風險因素，即使像英國這樣的國家也不例外，亦即眞正的外交政策並非國會、甚至自由黨內閣所能決定的。使阿加迪爾危機從一次欺詐良機轉變為一場零和衝突的關鍵，是勞合喬治的一篇公開演講，這篇演講使德國除了作戰或退卻之外別無選擇。然而非民主政治甚至更糟。我們能不能說：一九一四年七月歐洲悲劇性崩潰的主要原因，是中歐和東歐的民主力量無法成功控制其社會好戰分子，以及專制君主不肯將權力交給他忠誠的民主子民，而交給那些不負責的軍事顧問⓯？最糟糕的是，那些無法解決其內政問題的國家，會不會把賭注押在對外戰爭的勝利之上，以期藉此化解內政難題，尤其是當他們的軍事顧問建議：既然戰爭已成定局，現在就是最好的開戰時機。

雖然英國和法國也有許多困難，它們的情形顯然不同於此。義大利的形勢或許是如此，不過幸好義大利的冒險主義不足以肇啓世界大戰。德國的情形是這樣嗎？歷史學家反覆不斷地爭論德國內政對其外交政策的影響爲何。似乎淸楚的是(如同其他列強的情形)，群眾性的右翼鼓動激化了軍備競賽，尤其是海軍。有人則指出，勞工的不安狀態和社會民主黨的選舉勝利，使得統治菁英渴望以國外的成功來平息國內的麻煩。誠然，有許多保守分子，如拉提保公爵(Duke of Ratibor)，認爲爲了重新建立舊日的秩序，必須打上一仗，而一八六四至七一年的情形便是個好例子⓰。不過，這或許只能證明平民對於其好戰將軍的主張會少抱一點懷疑態度。那麼，俄國呢？答案是肯定的。在對政治解放做出適度讓步之後於一九〇五年重建的沙皇政權，大概認爲它最有希望的復興戰略，便是訴諸大俄羅斯民族主義和軍事光榮。而事實上，如果不是軍隊堅定熱切的效忠，一九一三至一四年的情勢，會比一九〇五至一七年間的任一時刻更容易爆發革命。不過，一九一四年的俄國顯然不希望戰爭。只是，多拜這幾年令德國將領頗感畏懼的軍事集結之賜，俄國乃得以在一九一四年籌劃一場前幾年顯然無法進行的戰爭。

然而，有一個強國不得不用軍事賭博來賭它的生存，因爲如果不這樣它似乎注定會滅亡。這個國家就是奧匈帝國。自一八九〇年代中葉起，奧匈帝國即受困於愈來愈無法處理的民族問題。在這些問題當中，南部斯拉夫民族的問題似乎最難纏、也最危險。首先，因爲他們不僅和帝國境內其他擁有政治組織的民族一樣麻煩，一樣爭先恐後的搶奪好處，而且又因它們分屬於實施語言彈性政策的維也納政府，和推行嚴酷馬札兒化的布達佩斯政府，而使情況更爲複雜。匈牙利南部斯拉夫民族的鼓動，不僅蔓延到奧地利，更使這個二元帝國一向不怎麼和諧的關係益形惡化。其次，因爲奧地利的斯拉夫問題無法與巴爾幹政治分開，而且自一八七八年後，由於奧地利占領了波士尼亞，兩者之間的牽扯更是分不清。再者，由於當時已有一個獨立的南部斯拉夫國家塞爾維亞的存在(遑論門的內哥羅，一個荷馬式的小高地國家，有搶劫的牧羊人、打搶的盜匪和世俗及宗教首領，喜好派系鬥爭和英雄史詩)，更足以引誘帝國的南部斯拉夫異議者。第三，因爲鄂圖曼帝國的崩潰幾乎注定了哈布斯堡帝國的厄運，除非它可以明確表示它仍是一個無人膽敢騷擾的巴爾幹強國。

一直到他臨終之際，刺殺斐迪南大公的普林西普(Gavrilo Prinčip)都不敢相信他那根小小的火柴會引爆整個世界。一九一四年的最後危機是如此的不可預知，如此的教人創痛，而在回顧時又如此的令人難忘，因爲它基本上是一個奧地利政治事件——維也納認爲它需要「教訓一下塞爾維亞」。當時國際間的氣氛似乎相當平靜。一九一四年六月，沒有任何一國的外交部曾預測到任何麻煩，而且這幾十年來，公眾人物被刺殺已是稀鬆平常之事。大體上，甚至沒有人會在意一個強權欺壓一個麻煩小鄰國這類事件。然而，就在薩城事件之後五個多星期，歐戰爆發了。從那時到今天，約有五千種書籍企圖解釋這個顯然無法解釋的事件(除了西班牙、斯堪的納維亞、荷蘭和瑞士以外，所有歐洲國家最後都捲入，日本和美國後來也加入）。接下來的答案似乎清楚而且無關緊要：德國決定全力支持奧地利，也就是不去平息這場危機。其他國家也無情地跟進。因爲到了一九一四年，集團間的**任何**衝突——期望對方讓步的任何衝突——都會將它們帶至戰爭邊緣。而只要越超過某一點，不具彈性的軍事動員便無法挽回。「制止的措施」已無力再制止，只能毀滅。到了一九一四年，**任何**事件，無論多麼不具目的——甚至是一個無能的學生恐怖分子在歐洲大陸被遺忘一角的行動——只要任何一個鎖定在集團和反集團系統中的強權決定把它看得很嚴重，都可以導致這樣的衝突。

簡言之，國際危機和國內危機在一九一四年倒數前幾年合流。再度受到社會革命威脅的俄國，飽嘗複合帝國解體威脅的奧地利，甚至因兩極化和政治劃分而受到無法動彈之威脅的德國，全都傾向於軍事和軍事解決辦法。甚至法國也不例外。雖然法國上下一致不情願付稅也不情願花錢大規模重整軍備，一九一三年所選出的總統卻呼籲向德國報仇，並且發表好戰言論以回應將軍們的意見——這些將軍如今帶著凶狠的樂觀，放棄了防守戰略，而想要橫渡萊茵河進行猛攻。英國人喜歡戰艦甚於士卒，海軍一直爲大眾所喜，對自由黨而言，它是貿易的保護者，是國家的光榮。和陸軍的改革不同，海軍的恐嚇帶有政治上的性感。甚至政客當中也很少有人認識到：要與法國聯合作戰表示要有一支龐大的陸軍並且實行徵兵制，事實上他們根本沒有認眞設想海軍和貿易戰以外的可能。不過，雖然英國政府到最後仍然主和，或者更正確的說，爲了害怕造成自由黨政府的分裂而拒絕表明立場，但它卻不可能考慮置身於戰爭之外。幸而德國在希里芬計畫下久已準備好的入侵比利時之舉適時發生，給了倫敦一個道德藉口，以採行其外交和軍事上的必然手段。

但是，除了英國以外，所有的好戰者都準備以龐大的徵兵部隊來進行這場戰爭，那麼歐洲的群眾對於這場群眾戰爭，又有什麼反應呢？一九一四年八月，甚至在戰火燃起之前，一千九百萬，甚至可能五千萬的武裝士兵，已在邊界上對峙[17]。當這些群眾被徵召到前線時，他們抱著什麼樣的態度？戰爭對平民會有什麼影響，尤其是在——如某些軍事家準確預測的——這場戰爭不會很快結束的情況下？英國人對這個問題特別敏感，因爲他們完全依靠志願兵去增援他們區區二十師的職業軍人（法國有七十四師，德國有九十四師，俄國有一〇八師）；因爲其工人階級的食物主要是來自海外；因爲他們極端害怕封鎖；因爲在戰爭前幾年政府面臨了當時人不曾經歷過的社會緊張和騷動；也因爲愛爾蘭具有爆炸性的情勢[18]。自由黨首相莫萊（John Morley）認爲：「戰爭的氣氛不可能有利於瀕臨一八四八年情緒的民主制度。」（矛盾的是，對於英國工人階級可能因戰爭而挨餓的恐懼，使海軍戰略家聯想到可以用封鎖的方式，使其人民挨餓來動搖德國。戰爭期間，他們的確這樣做而且相當成功[19]。）但是，其他列強的國內氣氛也同樣困擾其政府。認爲一九一四年各國政府之所以迫不及待參戰是爲了平息內部的社會危機，是錯誤的。他們最多只能希望愛國心可使嚴重的抗拒和不合作減低到最小程度。

在這一點上他們是對的。基於自由、人道和宗教的反戰立場，以往在實際層面上向來是可以忽略不計，雖然除了英國以外，沒有任何政府願意接受其國人以良知爲由拒服兵役。整個說來，有組織的勞工和社會主義運動，都激烈反對軍國主義和戰爭，而勞工與社會主義者國際（Labour and Socialist International）甚至在一九〇七年致力於發動反戰的國際性全面罷工。但是冷靜的政客並不把這當一回事，雖然一位右翼狂人在大戰開始前幾天暗殺了偉大的法國社會主義領袖兼雄辯家饒勒斯，因爲他竭力想挽救和平。主要的社會主義政黨都反對這類罷工，因爲幾乎沒有人相信那是可行的，而且無論如何，如饒勒斯所承認的，「一旦戰爭爆發，我們便不能再採取進一步行動」⑳。如前所示，雖然警察小心翼翼列出反戰好鬥分子的名單，法國內政部長甚至不屑於拘捕他們。民族主義最初也不是一個嚴重的異議因素。簡言之，政府的訴諸武力並未遭遇到有效的阻力。

但是，在一個非常重要的方面，各國政府卻預估錯誤。和反戰者一樣，各政府也對愛國熱忱的不尋常高漲意外萬分。他們的人民竟以這般熱忱投入衝突，在這場衝突中，他們傷亡的人數至少有二千萬，這還不包括數以百萬計的應生嬰兒和死於飢餓疾病的平民。法國官方原先估計會有百分之五至十二的海陸逃兵，但事實上，一九一四年時只有百分之一點五躲避徵募。英國人的政治反戰性格最強，它也深植在自由黨、工黨與社會主義的傳統之中，可是在戰爭最初的八個星期，志願從軍者共有七十五萬人，接下來的八個月又增加了一百萬人㉑。德國人如大家所預料的，根本不曾萌生違抗命令的想法。「等到戰爭結束，而我們數以千計的善良同志驕傲宣稱『我們曾因英勇作戰而獲頒勳章』之時，誰還敢說我們不愛祖國？」這句話是出自一位好戰的德國社會民主黨員，那時他方於一九一四年贏得鐵十字勳章㉒。在奧地利，不只是具有支配性的民族爲短暫激昂的愛國情緒所震撼。如奧地利社會主義領袖阿德勒所指出的：「甚至在民族鬥爭中，戰爭也彷彿是一種拯救，一種不同事物將臨的希望。」㉓甚至在預計會有一百萬逃兵的俄國，在總數一千五百萬的徵募者中，只有幾千人抗命。群眾跟隨著國家旗幟，而遺棄了反戰領袖。事實上，至少在公眾圈中，反戰領袖已所餘無幾。一九一四年時，曾有一段很短的時間，歐洲各民族是以愉快的心情去屠殺他人，也爲他人所屠殺。第一次世界大戰以後，他們再也不曾如此。

他們爲那一刻的來臨感到意外，但不再爲戰爭的事實感到意外。歐洲已習於戰爭，就像人們看待暴雨將至的心情。就某種意義來說，戰爭給當時人帶來一種解放和釋然的感覺，尤其是對中產階級年輕人而言。男人這樣想的也比女人多得多。不過工人比較沒有這種感受，農民更是。就像人們期待暴風雨能打破厚密雲層，洗淨空氣。戰爭意謂著膚淺妄動的資產社會即將終止，令人生厭的十九世紀漸進主義即將終止，寧靜與和平的秩序即將終止——這種秩序是二十世紀自由主義的烏托邦，也是尼采公然抨擊的對象㉔。它就像在大禮堂等待了很久之後，一齣偉大而令人興奮的歷史劇終於開幕；在這齣戲中，觀眾便是演員。戰爭意謂決定。

人們眞的認爲它是跨越歷史斷限、標出文明斷代、不只是爲教學方便而設定的少數日期嗎？或許是的，雖然從一九一四年留下的記錄看來，當時人們普遍認爲戰爭很快便會結束，世界將再度回復到一九一三年的「常態」。愛國和好鬥的年輕人，以投入一種新的自然力量般投入戰爭，「就像泳者躍進純淨」㉕。即使這是他們的幻想，也顯示出一種徹底的改變。認爲這場戰爭是一個時代終結的感覺，或許在政治世界最爲強烈。不過很少人像一八八〇年代的尼采那樣，淸楚地察覺到「一個怪異戰爭、騷動和爆炸的時代」已經開啓㉖；而左派甚至更少有人能像列寧那樣，在詮釋的過程中，從裡面看到希望。對於社會主義者來說，戰爭是直接的雙重災禍，因爲一個致力於國際主義與和平的運動突然崩潰成無能爲力，而在統治階級領導下的民族團結和愛國浪潮，不論如何短暫，都在好戰國家橫掃所有政黨，乃至深具階級意識的勞動階級。而在舊政權的政治家中，至少有一個人看出一切都已改變。當英國外相葛雷(Edward Grey)在英德開戰那一晚，注視著倫敦白廳(Whitehall)的燈光逐漸轉滅，他不禁歎道：「全歐的燈光都要滅去了。我們這一輩子是看不到它再亮起來了。」

自一九一四年八月起，我們便生活在怪異戰爭、騷亂和爆炸的世界，亦即尼采預先宣告過的世界。於是，對於一九一四年前那個時代的記憶，總是籠罩著一層眷戀薄幕，總在模糊之中將它視爲一個充滿秩序、和平的黃金時代，前途一片光明的黃金時代。不過這種對舊日的緬懷，是屬於二十世紀最後幾十年而非最初幾十年的歷史。在燈光熄滅之前的歷史學家從不曾注意它們。他們所全神貫注的，也是本書從頭到尾所全神貫注的，必然是要了解和說明：和平的時代、充滿自信的資產階級文明、財富日漸成長時代，以及西方帝國的時代，如何在其體內孕育了戰爭、革命和危機時代的胚胎——這個胚胎終將使它毀滅。

註釋

❶比羅(Fürst von Bülow)，《祕密社會》(*Denkwürdigkeiten*)，柏林：一九三〇，頁四一五—六。

❷蕭伯納致史高特，一九〇二，見蕭伯納，《書信全集，一八九八—一九一〇》(*Collected Letters, 1890–1910*)，倫敦：一九七二，頁二六〇。

❸馬里內蒂，前引，頁四二。

❹《巨靈》，第一部，第十三章。

❺《權力意志》，頁九二。

❻豪普特，《社會主義和大戰：第二國際的崩潰》（*Socialism and the Great War: The Collapse of the Second International*），牛津：一九七二，頁二二〇及二五八。

❼包達特(Gaston Bodart)，《現代戰爭中的生命損失》（*Losses of Life in Modern Wars*），卡內基國際和平基金，牛津：一九一六，頁一五三起。

❽吉逢斯(H. Stanley Jevons)，《英國的煤礦貿易》（*The British Coal Trade*），倫敦：一九一五，頁三六七—八、三七四。

❾艾希伍，〈維多利亞時代晚期海軍署的經濟情況〉(Economic Aspects of Late Victorian Naval Administration)，《經濟史評論》（*Economic History Review*），第二十二期(一九六九)，頁四九一。

❿恩格斯致丹尼爾森(Danielson)，一八九二年九月二十二日，收入馬克思、恩格斯，《全集》（*Werke*），第三十八冊，柏林：一九六八，頁四六七。

⓫垂比考克(Clive Trebilcock)，〈英國經濟歷史中的「衍生」：軍備和工業，一七六〇—一九一四〉(“Spin-off” in British Economic History: Armaments and Industry, 1760-1914)，《經濟史評論》，第二十二期(一九六九)，頁四八〇。

⓬羅緬，前引，頁一二四。

⓭賴德爾，《海上競爭》（*Struggle for the Sea*），倫敦：一九五九，頁一三五及二六〇。

⓮蘭德斯(David Landes)，《被釋放的普羅米修斯》（*The Unbound Prometheus*），劍橋：一九六九，頁二四〇—一。

⓯瓦特(D. C. Watt)，《二十世紀世界史》（*A History of the World in the Twentieth Century*），倫敦：一九六七，第

一冊，頁二二〇。

⑯藍諾克斯(L. A. G. Lennox)編，《柏提勳爵日記》(*The Diary of Lord Bertie of Thame 1914-1918*)，倫敦：一九二四，頁三五二與三五五。

⑰庫克(Chris Cook)和巴克森(John Paxon)，《歐洲的政治事實，一八四八—一九一八》(*European Political Facts 1848-1918*)，倫敦：一九七八，頁一八八。

⑱史東(Norman Stone)，《歐洲的轉型，一八七八—一九一八》(*Europe Transformed 1878-1918*)，倫敦：一九八三，頁三三一。

⑲奧夫納(A. Offner)，〈勞工階級、英國的海軍計畫和大戰的到來〉(The Working Classes, British Naval Plans and the Coming of the Great War)，《過去和現在》，第一〇七期（一九八五年五月），頁二〇四—二六。

⑳豪普特，前引，頁一七五。

㉑費羅(Marc Ferro)，《世界大戰，一九一四—一九一八》(*La Grande Guerre 1914-1918*)，巴黎：一九六九，頁二三。

㉒艾默瑞其(W. Emmerich)編，《無產階級生涯》(*Proletarische Lebensläufe*)，瑞因百克：一九七五，第二冊，頁一〇四。

㉓豪普特，前引，頁二五三註。

㉔《權力意志》，頁九二。

㉕布魯克(Rupert Brooke)，〈和平〉，收入《布魯克詩集》(*Collected Poems of Rupert Brooke*)，倫敦：一九一五。

㉖《權力意志》，頁九四。

結語

我眞正是生活在黑暗時代！
「天眞」這個字眼是愚蠢，舒展的眉
表示冷漠。那些笑逐顏開的人
尚未接獲可怖的新聞。

——布萊希特(Bertolt Brecht)，一九三七—三八❶

之前的幾十年，首次被視爲一個不斷穩定向前邁進的漫長、幾乎黃金色的時代。正如黑格爾所云，只有當一個時代落幕之後，我們才能開始了解它(「敏娜華的貓頭鷹，只有在黃昏降臨時才展翼」)，因而，只有當我們進入下一個時代，才能讓自己承認上一個時代的正面特徵。我們現在想要強調這個時代的種種麻煩——我們拿它和以前的時代做強烈對比。

——赫奇曼(Albert O. Hirschman)，一九八六❷

1

如果一九一三年前歐洲中產階級分子提到「大災難」這個字眼，幾乎一定是與少數幾個創痛事件有關，與他們漫長但大致平靜的一生所涉及的少數創痛事件有關，比方說：一八八一年維也納的卡爾劇院(Karltheater)在演出奧芬巴哈(Offenbach)的《霍夫曼的故事》(*Tales of Hoffmann*)時不幸失火，導致一千五百人喪生；或是鐵達尼號郵輪(Titanic)沉沒，其受難者也大致是這個數目。影響到窮人生活的更嚴重災難——如一九〇八年的墨西拿(Messina)大地震，這次地震比一九〇五年的舊金山地震更嚴重，卻更不受注意——以及永遠跟著勞動階級的生命、肢體和健康風險，往往仍引不起公眾注意。

可是一九一四年以後，我們可以大致肯定地說：即使是對那些在私生活中最不容易遭遇災禍的人而言，「大災難」這個字也一定代表其他更大的不幸事件。克勞斯在他批判性的時事劇中，將第一次世界大戰稱為「人類文明末日」。事實雖不至如此，但在一九一四至一八年前後，曾在歐洲各地以及非歐洲廣大世界度過其成年生活的人，都不可能不注意到，時代已經發生了戲劇性改變。

最明顯而直接的改變是，世界史如今似乎已變成一連串的震盪動亂和人類劇變。有些人在短短的一生經歷過兩次世界大戰、兩次戰後的全球革命、一段全球殖民地的革命解放時期、兩回大規模的驅逐異民族乃至集體大屠殺，以及至少一次嚴重的經濟危機，嚴重到使人懷疑資本主義那些尚未被革命所推翻的部分的前途。這些動亂不但影響到戰爭地帶，更波及至距歐洲政治動亂相當遙遠的大陸和國家。再沒有比走過這段歷史之人更不相信所謂的進步或持續提升。一個在一九〇〇年出生的人，在他或她還沒活到有資格領取退休養老金的年紀，便已經親身經歷過這一切，或藉由大眾媒體同步經歷了這一切。而且，動亂的歷史模式還會繼續下去。

在一九一四年前，除了天文學外，唯一以百萬計的數字是各國的人口以及生產、商業和金融數據。一九一四年後，我們已習於用這麼驚人的單位來計算受難人數，甚至只是局部性戰爭（西班牙、韓國、越南）的傷亡人數（較大的戰爭死傷以千萬計），被迫遷移或放逐者（希臘人、德國人、印度回教徒、剝削貧農的富農）的人數，乃至在種族大屠殺中被殺者（亞美尼亞人、猶太人）的數目，當然少不了那些死於饑饉和流行性傳染病的人數。由於這些數字往往缺乏精確記錄或無法被人們所接受，因此引起不少激烈爭辯。但是爭辯的焦點不過是多幾百萬或少幾百萬。即使是以我們這個世紀世界人口的迅速成長，也不能完全解釋這些天文數字，更不能賦予它們正當理由。它們大多數是發生在成長速度沒那麼快的地區。

這種規模的大屠殺遠超過十九世紀人們的想像範圍，當時就算眞有類似事件，也一定是發生在進步和「現代文明」範圍以外的落後或野蠻世界，而在普遍（雖然不平均的）進步的影響下，這種行爲注定會減退。剛果和亞馬遜的暴行，依現代標準來說雖然不十分殘酷，卻已使帝國的年代大爲震撼（參看康拉德所著《黑暗之心》〔*Heart of Darkness*〕），因爲它們代表文明人將退回到野蠻。我們今日習以爲常的事態——比方說，刑求再度成爲文明國家警察所用的方法之一——如果發生在上一個世紀，不僅會深受輿論攻擊，也會被視爲是回復到野蠻作風，違反了自十八世紀中葉以來的歷史發展趨勢。

一九一四年以後，大規模的災禍和愈來愈多的野蠻手段，已成爲文明世界一個必要和可以預見的部分，甚至掩蓋了工藝技術和生產能力持續而驚人的進步，乃至世上許多地區人類社會組織無可否認的進步，一直要到二十世紀第三個二十五年發生了世界經濟大躍進，這些進步才不再爲人忽略。就人類的物質進步和對自然的了解控制而言，把二十世紀視爲進步的歷史似乎比十九世紀更令人信服。因爲，即使歐洲人成百萬的死去和逃亡，留下來的人數卻愈來愈多，也愈來愈高大、健康和長壽。而他們大多數也過得更好。但是，我們卻有充分理由不再把我們的歷史放在進步的軌道上。因爲，甚至當二十世紀的進步已絕對無可否認，還是有人預測未來不會是一個持續上升的時代，而是可能、甚或馬上就會大禍臨頭：另一次更致命的世界大戰、生態學上的災禍、可能毀滅環境的科技勝利，乃至眼前的噩夢所可能造成的任何事故。我們這個世紀的經驗，已經教會我們活在對天啓的期待中。

但是，對於走過這個動亂時代的資產階級來說，這場災難似乎不是一個橫掃一切的意外劇變或全球性颶風。它似乎特別是衝著他們的社會、政治和道德秩序而來。它的可能後果是資產階級自由主義所無法預防的，也就是群眾社會革命。在歐洲，戰爭不只是造成了萊茵河和阿爾卑斯山西麓以東每一個國家和政權的崩潰和危機，也誕生了一個史無前例的政權，這個政權一步步有系統的將這場崩潰轉化對爲全球資本主義的顚覆、資產階級的毀滅和社會主義國家的建立。這個政權，便是在沙皇崩潰之後所建立的俄國共產政權。如前所示，在理論上致力於這個目的的無產階級群眾運動，在已開發世界的大部分地區均已存在，不過擁有議會制度的國家政客，斷定它們不可能眞正威脅到現狀。但是，戰爭、崩潰和俄國革命加在一起，已經使這個危險步步逼近，而且幾乎勢不可擋。

布爾什維克主義的危險不但主宰了一九一七年俄國革命以後緊接下來那些年的歷史，也主宰了自此之後的整個世界歷史。它甚至爲長期的國際衝突添上內戰和意識形態戰爭的外衣。截至二十世紀後期，它仍舊(至少單方面的)支配著超級強權的衝突辭令，雖然只要瞄一眼一九八〇年代的世界，便知道當時根本不可能爆發單一的全球革命，這場革命據說將打倒國際術語中的「已開發市場經濟」，尤其不可能導致一場由單一中心所發動的全球性單一革命，這場革命旨在建立一個整體的、不願意或不可能與資本主義共存的社會體系。一次大戰後的世界歷史，是在列寧眞實或想像的影子中塑造而成，正如西方十九世紀的歷史，是在法國大革命的影子中形成一樣。這兩段歷史最後都脫離了覆蓋其上的陰影，但並不完全。正如一九一四年的政客們甚至還在臆測「戰前那些年的心情是否和一八四八年相似」一樣，一九八〇年代在西方或第三世界任何地方，如果有某一政權被推翻，大家便會對「馬克思主義的勢力」重新燃起希望或恐懼。

世界並未社會主義化，雖然在一九一七至二〇年間，不僅列寧認爲它很可能發生，甚至資產階級的代表人物和統治者，也認爲這是必然的趨勢。有好幾個月，甚至歐洲的資本家，至少是他們思想上的代言人和行政官，似乎都已放棄希望靜待死亡。因爲他們面對了自一九一四年起力量大增的社會主義無產階級運動，而且在德、奧等國，這類運動已成爲該國舊日政權崩潰以後，僅存的有組織支持力量。不管什麼都比布爾什維克主義好，即使是和平讓位。有關社會主義的廣泛辯論（主要發生在一九一九年），例如諸經濟應進行多大程度的社會主義化、如何將它們社會主義化，以及應該讓與無產階級多少新權力等，並不是爲了爭取時間的戰術性舉動。它們只是順勢發展的結果，因爲這個制度的嚴重危機時期很短（不論眞正的或想像的），根本不需要採取任何劇烈步驟。

由今視昔，我們可以看出當時的驚恐是被過分誇大。最可能發生世界革命的那個時刻，也不過只在一個異常削弱和落後的國家裡，留下唯一的共產主義政權。這個國家的主要資產在於廣大的幅員和豐富的資源，這些將在日後使它成爲一個政治超強。它也留下了反帝國主義、現代化和農民革命的相當潛力（當時主要在亞洲引起共鳴），以及追隨列寧的前一九一四年社會主義和勞工運動。在第二次世界大戰之前的工業國家，這些共產主義運動通常代表勞工運動的少數派。從日後的發展可證，「已開發市場經濟」的諸經濟和社會是相當堅強的。要不然它們不大可能從三十多年的歷史風暴中平安脫身，未曾爆發社會革命。二十世紀到目前爲止仍充滿了社會革命，在它終結之前可能還有更多。但是已開發工業社會對它所具有的免疫力，遠超過其他社會，只有當革命變成軍事失敗和征服的副產品時，才有可能在這些國家發生。

因此，雖然有一陣子甚至連維護世界資本主義主要防禦工事的人，都認爲它行將崩潰，但革命卻不曾推毀它。舊日的秩序戰勝了這項挑戰。但是在對抗之際，它已將自己（也必須將自己）轉化成非常不同於一九一四年的樣子。因爲，一九一四年以後，資產階級自由主義在面對傑出自由主義歷史學家阿列維（Elie Halévy）所謂的「世界危機」時，顯得完全不知所措。它要不就讓位，要不就等著被推翻。否則，它便得同化成某種非布爾什維克、非革命性的「改革式」社會民主政黨。一九一七年後，這樣的政黨果眞在西歐出現，並成爲延續社會和政府的主要護衛者，因此遂由反對黨變成可能或實際的執政黨。簡言之，它可以消失或使人認不出來。但是舊日的形式已無法再存在。

義大利的焦利蒂（參看第五章）是第一種命運的例子。如前所示，他異常成功地「處理了」一九〇〇年代早期的義大利政治：安撫並馴服勞工，收買政治上的支持者，有欠光明地處理公務，讓步並避免衝突。在其國內戰後的社會革命情勢中，這些戰術已完全不管用。資產階級社會的穩定重建，是憑藉了武裝的中產階級「民族主義」和「法西斯主義」。它們正式向無法憑一己之力釀成革命的勞工運動挑戰。（自由主義的）政客支持它們，想要將它們整合進自己的系統之中，但是徒勞無功。一九二二年法西斯接管政府，此後，民主政治、議會、政黨和舊日的自由主義政客均被淘汰。義大利的情形只是許多類似情形中的一個。一九二〇到一九三九年間，議會民主制度幾乎從絕大多數的歐洲國家消失，不論是非共產國家還是共產國家。（一九三九年時，在二十七個歐洲國家當中，可以稱得上是具有代議式民主政治的，只有英國、愛爾蘭自由邦、法國、比利時、瑞士、荷蘭和四個斯堪的納維亞國家〔芬蘭剛剛加入〕。除了英國、愛爾蘭自由邦、瑞典和瑞士以外，這些民主政體不久均在法西斯德國的占領下或因與法西斯德國聯盟而暫時消失。）

之前也討論過的凱因斯（參看第七章），是第二種選擇的例子。最有趣的是，他實際上終其一生都是英國自由黨的支持者並且自視爲「受過教育之資產階級」的一員。在他年輕的時候，凱因斯是一位幾近完美的正統派。他正確的意識到：第一次世界大戰既毫無意義，也與自由經濟和資產階級文明無法相容。當他在一九一四年出任戰時政府的專業顧問時，他贊成對「正常狀態」盡量少加干擾。再者，他認爲爲偉大的(自由黨)戰時領袖勞合喬治，就是因爲凡事都遷就軍事勝利，才把英國帶入經濟地獄。(他對於抵抗法西斯德國的第二次世界大戰，抱持非常不同的態度。)當他看到歐洲大多數地區和他視之爲歐洲文明的事物在失敗和革命中崩潰，雖然感到十分驚駭，但是並不意外。再一次，他正確的斷定：戰勝國強加給德國的政治性罰約，會妨礙德國(因而也包括歐洲)在自由主義的基礎上回復到資本主義的穩定狀態。眼看著戰前「美好時代」(也就是他和他那批劍橋朋友非常喜歡的時代)無可挽回地步向消亡，凱因斯遂立志將他可觀的才智、創造力和文宣天才，全部都投注在尋找一種由資本主義手中挽救資本主義的辦法。

因此，他便在經濟學上肇造了革命。經濟學在帝國的年代是與市場經濟最密切結合的一門社會科學，而且它也躲掉了其他社會科學所明顯感受到的危機之感(參看第十章)。危機，首先是政治的危機而後是經濟的危機，便是凱因斯重新思考自由主義正統學說的基礎。他成爲主張由國家來管理、控制經濟的急先鋒，儘管凱因斯顯然獻身於資本主義，但他所倡議的那種經濟如果放在一九一四年前，必然會被每一個已開發工業經濟中的每一個財政部，視爲社會主義的前奏。

我們之所以特別把凱因斯挑出來討論，是因爲他有系統地提出了一套日後在思想和政治上最具影響力的主張，說明資本社會如想要生存，就必須把整體的經濟發展交由資本主義國家控制、管理、乃至計畫，如有必要，還得將自己轉化爲混合式的公／私經濟。這種學說在一九四四年後非常受到改革派、社會民主與激進民主派的理論家和政府的支持。只要它們(如斯堪的納維亞國家)還不曾獨創出這樣的構想，便會熱誠地予以採納。因爲一九一四年以前的那種自由放任式資本主義已然死亡的教訓，大家幾乎都已在戰間期的大蕭條歲月中領受到了，甚至拒絕爲其新理論更換標誌的人也領受到了。自一九三〇年代起，整整有四十年之久，支持純粹自由市場經濟學的知識分子都是孤立的少數，除了那些支持自由市場經濟學的商人。那些商人因爲太過關注自身的特殊利益，因而無法在整個體系當中找出最有利他們的位置。

大家必須接受這個教訓，因爲一九三〇年代大蕭條的替換物，不是市場所引發的復甦，而是崩潰。這場崩潰並不是革命分子所希望的資本主義的「最後危機」。但是，它或許是一個基本上藉由周期性起伏運作的經濟制度，有史以來唯一一次眞正危及到制度本身的經濟危機。

因此，從第一次世界大戰前夕到第二次世界大戰餘緒之間的歲月，是一個充滿危機和騷動的時期。帝國時代的世界模式在各種蓬勃發展的力量撕扯下，宣告崩潰，之前那段漫長的昇平繁榮，靜靜造成了這些蓬勃發展的力量。是什麼崩潰了？答案很清楚。崩潰的是自由主義的世界體系，以及十九世紀資產階級社會視之爲任何「文明」皆熱切渴望的標準。畢竟，這是法西斯主義的時代。在本世紀中葉以前，未來是什麼樣子尚不清楚，就算新的發展或許可以預料，但也因爲它們與人們在騷動時代所習以爲常的事物非常不同，以致人們幾乎過了三十年的時間才認識到當時發生了什麼。

2

接續那個崩潰轉型時代並且持續至今天的這段時期，就影響世上一般男女（其數目在工業化世界以史無前例的速度增加）的社會轉型而言，或許是人類所經驗過最具革命性的一個時期。自從石器時代以來，世界人口第一次不再是由靠農業和家畜維生的人所構成。全球除了撒哈拉以南的非洲和南亞的四分之一地區之外，農夫在這個階段都是少數，而在已開發國家，更是極少數。這種現象是在短短的一代人之中發生的。於是，世界——不只是舊日的「已開發」國家——已然都市化。而包括大規模工業化在內的經濟發展，以一九一四年前不可思議的方式邁向國際化或在全球進行重新分配。當代的科技，多拜內燃機、電晶體、袖珍計算機、到處可見的飛機、更別提小小的腳踏車之賜，已經滲透到地球這顆行星的最偏遠角落。甚至在一九三九年，也很少有人想像到商業會如此無遠弗屆。至少在西方資本主義的已開發國家中，社會結構，包括傳統的家庭和家族結構在內，已經產生戲劇化動搖。於今回顧，我們可以發現：使十九世紀資產階級社會得以運作的事物，多半都是從過去繼承或接收過來的，然而其發展的過程又適足以將這個過去毀滅。就歷史的標準而言，這一切都發生在一個令人難以置信的短時期之內，不超過二次大戰期間出生之男女的記憶範圍。它們是人類經歷過的最大規模和最不尋常的世界經濟擴張的產物。在馬克思和恩格斯發表《共產黨宣言》之後的一百年，他們對於資本主義社會結局的預言似乎已經兌現。但是，儘管他們的信徒已經統一了世上三分之一的人類，他們所預言的無產階級將推翻資本主義一事，卻未實現。

顯然，對這個時期而言，十九世紀的資產階級社會與伴隨它的一切，都屬於那個不再具有直接決定性的過去。但是，十九世紀和二十世紀晚期都是這個漫長的革命性轉型期的一部分。在十八世紀的最後二十五年，這種轉型的革命性質已可認出。歷史學家可以注意下面的奇怪巧合：二十世紀的超級繁榮距離十九世紀的偉大繁榮整整一百年(一八五〇—七三，一九五〇—七三)，於是，二十世紀晚期的世界經濟困境，正好在十九世紀大蕭條之後的一百年展開。但是，這些事實之間沒有任何關聯，除非將來有人可從中發現某種這麼規律性的經濟周期，然而這是相當不可能的。要解釋困擾一九八〇年代或一九九〇年代的事物，我們不需追溯到一八八〇年代。

可是，二十世紀晚期的世界仍然是由資產階級的世紀所塑造，尤其是由本書所探討的「帝國的年代」所塑造，確確實實的塑造。比方說，日後爲本世紀第三個二十五年的全球繁榮提供國際架構的世界金融安排，是那些在一九一四年便已成年之人在一九四〇年代協商出來的。而主宰這些人的歷史經驗，正是帝國年代走向崩潰的那二十五年。在一九一四年已經是成人的最後幾個重要政治家或國家元首，要到一九七〇年代方才逝世(例如毛澤東、狄托、佛朗哥、戴高樂)。但更重要的是，今日的世界乃是由帝國的年代及其崩潰所留下的歷史景觀所塑造的。

這些遺產中最明顯的一項，是世界被劃分爲社會主義國家(或以此自稱的國家)與非社會主義國家。基於我們在第三章、第五章和第十二章中嘗試概述的原因，馬克思的陰影掌控了三分之一以上人類的生活。不論前人曾對從中國諸海到德國中部的歐亞大陸，外加非洲和南北美洲少數幾個地區的未來，做過什麼樣的預測，我們都可相當有把握的說：那些自稱實現馬克思預言的政權，一直到群眾社會主義勞工運動出現之前，皆不曾出現在前人所展望的未來之中。它們所呈現的模式和意識形態，接著啓發了落後、附屬或殖民地區的革命運動。

同樣明顯的另一項遺產，是世界政治模式的全球化。如果說那些習慣被稱作「第三世界」的國家（附帶一提，這些國家不贊同「西方列強」），已構成二十世紀後期聯合國的大多數成員，那是因爲它們絕大多數都是帝國時代列強分割世界的殘留物。法蘭西帝國殖民地的喪失大約產生了二十個新國家，從大英帝國殖民地衍生出來的國家更多。而至少在非洲（在寫作本書之時，非洲有超過五十個在名義上獨立自主的政治團體），所有的新國家都沿用根據帝國主義協商所劃定的疆界。再者，如果不是由於帝國時代的發展，我們很難想像在二十世紀晚期，這類國家受過教育的階級和政府，大多數皆使用英語或法語。

另一項較不明顯的遺產，是所有的邦國都應以（其本身也以）「民族」來形容。我在前面曾經說過，這不僅是因爲「民族」和「民族主義」的意識形態（一項十九世紀歐洲的產物）可以充當殖民地解放的意識形態，而殖民地的西化菁英分子也的確爲了這個目的才將其引進；同時也因爲在這段時期，「民族國家」的概念適用於各種大小的類似群體，而不像十九世紀中葉的「民族原則」拓墾者所認爲的那樣，只適用於中型或大型的民族。在十九世紀晚期以後誕生的大多數邦國（而自威爾遜總統之後，也被授予「民族」的地位），幾乎都是面積不大、人口不多的國家，而在列強殖民地紛紛喪失之後，更出現許多迷你小國。（一九八〇年代早期，有十二個非洲國家人口低於六十萬人，其中還有兩個不到十萬人。）就民族主義已滲透到舊日的「已開發」世界之外來說，或者就非歐洲政治已吸收了民族主義而言，帝國時代的傳統仍然存在。

帝國時代的餘波也同樣出現在傳統西方家庭關係的轉型之中，尤其是在婦女的解放上。無疑，這些轉型自二十世紀中葉起，比之前任何時代的規模都大得多，但事實上，「新女性」一詞正是在帝國時代才首次成爲一個具有重大意義的現象，而致力於婦女解放的政治和社會群眾運動，也是在當時才發展成不可忽視的政治力量，尤其是勞工和社會主義運動。西方的女權運動在一九六〇年代可能已進入一個嶄新而旺盛的階段，其原因或可歸功於婦女（尤其是已婚婦女）大量從事家庭以外的有給職務。然而這只是一項重大歷史性發展的一個階段。這項發展可以追溯到本書所述時期，而且從實際面考量，也無法追溯得更早。

再者，如本書嘗試說明的，今日的大眾文化都會特色，從國際性的運動比賽到出版品和電影，泰半都是誕生於帝國時代。甚至在技術上，現代媒體也不是全然新創的，而是把引自帝國時代的兩種基本發明物——機械性的複製聲音和活動相片——使用得更普遍、更精巧。奧芬巴哈的時代與現代的連續性，遠比不上年輕的福斯、楚柯（Zukor）、高德文（Goldwyn），以及「他主人的聲音」的時代。

3

今日我們的生活，有許多方面仍是承繼自十九世紀，特別是帝國的年代，或由其所形塑。想要找出這些方面並不困難，讀者無疑可舉出許多例證。但是回顧十九世紀的歷史，這便是所能有的主要見解嗎？老實說，直到今天我們還是很難平心靜氣地回顧這個世紀，回顧這個由於創造了現代資本主義世界經濟，從而創造了世界歷史的世紀。對於歐洲人來說，這個時代特別使人容易動感情，因爲它是世界史上的歐洲時代。而對英國人來說，它更是獨一無二的，因爲英國是這個時代的核心，而且不僅限於經濟層面。對於北美洲的人來說，在這個世紀，美國不再只是歐洲外圍的一部分。對於世上其他民族來說，在這個時代，其以往的所有歷史，不論有多悠久、多傑出，都到了必須停止的時候。一九一四年後他們將遭遇些什麼，回應些什麼，都已暗示在第一次工業革命到一九一四年之間的際遇裡。

這是一個改造世界的世紀。它所造成的改變雖比不上我們這個世紀，但是由於這種革命性和持續性的改變在當時係史無前例的新現象，因此顯得更爲驚人。在回顧之際，這個資產階級和革命的世紀，似乎是突然上升到我們的視線之內，正好像納爾遜的作戰艦隊已準備好隨時採取行動，甚至在我們看不見的地方，二者之間的相似性也很高：瘦小、貧苦、滿身鞭痕、酒氣沖天的軍艦水手，靠著蟲子吃過的乾麵包維生。在回顧中，我們也認識到：那些創造這個時代並且逐漸參與其中的已開發西方世界，知道它注定會有不尋常的成就，並認爲它必定可以解決所有的人類問題，消除它道路上的所有障礙。

不管是前此或未來，沒有任何一個世紀像十九世紀那樣，男男女女都對今生抱有那麼崇高、那麼理想主義的期望：天下太平；由單一語言構築的世界文化；不僅追求、同時也可解答宇宙大多數基本問題的科學；將婦女從其過去的歷史中解放出來；藉由工人的解放進而解放全人類；性解放；富足的社會；一個各盡所能各取所需的世界。凡此種種，都不僅是革命分子的夢想。順著進步之路邁向烏托邦理想境界，是這個世紀的基本精神。當王爾德說不包括烏托邦的地圖不值得要時，他不是在開玩笑。他是在替自由貿易者科布登(Cobden)和社會主義者傅立葉(Fourier)說話，替格蘭特總統(President Grant)和馬克思(馬氏不排斥烏托邦理想，但不接受它的藍圖)說話；替聖西門(Saint-Simon)說話——聖西門的「工業主義」烏托邦，既不能算是資本主義也不能算是社會主義，因爲它兼具二者。十九世紀最典型的烏托邦，其創新之處在於：在其間，歷史**不會**終止。

資產階級希望透過自由主義的進步，達到一個在物質上、思想上和道德上皆無窮進步的時代。無產階級或其自命代言人，則期盼經由革命進入這樣的時代。儘管方法不同，但二者的期望是一致的。在這個資產階級的世紀，最能表達其文化希望，傳述其理想之聲的藝術家，是像貝多芬這樣的人。因爲貝多芬是奮鬥成功的代表人物，他的音樂征服了命運的黑暗力量，他的合唱交響樂以解放人類精神爲極致。

如前所示，在帝國的年代中，曾有一些既深刻又具影響力的聲音)預言了不同的結果。但大體說來，對於西方多數人而言，這個時代似乎已較任何時刻更接近這個世紀的允諾。自由主義透過物質、教育和文化的改進，實踐其允諾；革命的允諾則藉助了新興的勞工和社會主義運動，藉助它們的出現，它們所集結的力量，和它們對未來勝利的堅定信念。如本書所嘗試說明的，對某些人而言，帝國的年代是一個不安和恐懼日增的時代。但是對於生活在資產階級變動世界中的大多數男男女女而言，它幾乎可以確定是一個充滿希望的時代。

我們現在可以回顧這一希望。我們現在仍可分享這一希望，但不可能不帶著懷疑和不確定的感覺。我們已經看到太多烏托邦的允諾實現，卻未造成預期的結果。我們不是已經生活在這樣的時代，在這個時代的大多數先進國家當中，現代通訊意謂著運輸和能源已消除了城鄉的差異？在從前人的觀念中，唯有解決了所有問題的社會才可能辦到這一點。但是我們的社會顯然不是如此。二十世紀已經歷了太多的解放運動和社會狂喜，以致對它們的恆久性沒有什麼信心。我們之所以還存希望，因爲人類是喜歡希望的動物。我們甚至還有偉大的希望，因爲縱然有相反的外表和偏見，二十世紀在物質和思想進步上(而未必在道德上和文化進步上)的實際成就，是異常可觀且無法否認的。

我們最大的希望，是爲那些從恐懼和匱乏之下解放出來的自由男女，創造一個可以在善良的社會中一塊過好日子的世界。我們還可能這樣希望嗎？爲什麼不？十九世紀告訴我們：對完美社會的渴望，不可能由某種預先畫定的設計圖(摩門教式、歐文式等)予以滿足。而即使這樣的新設計會是未來的社會所本，我們也不可能在今天就知道或決定它會是什麼樣子。找尋完美社會的目的，不是要讓歷史停止進行，而是要爲所有的男男女女打開其未知和不可知的種種可能性。在這個意義上，對人類而言幸運的是，通往烏托邦之路是暢通無阻的。

但是我們也知道，這條路是可能被阻塞的：被普遍的毀滅所阻塞，被回歸野蠻所阻塞，被十九世紀所熱望的希望和價值觀的瓦解所阻塞。歷史這一君臨十九和二十世紀的神力，不再如男男女女過去認爲的那樣，給予我們堅實的許諾，許諾人類將走入想像中的幸福之地，不論這個地方的確切形貌如何。它更不能保證這種幸福的境界眞的會出現。歷史的發展可能全然不同。我們知道這點，因爲我們是生活在十九世紀所創造的世界。而我們也知道，十九世紀的成就雖然巨大，這些成就卻非當日所預期或夢想的。

然而，就算我們不再能相信歷史所承諾的美好未來，我們也不必認定歷史必然走向錯誤。歷史只提出選題，卻不對我們的選擇預做評估。二十一世紀的世界，將是一個比較美好的世界，此中證據確在，不容人所忽略。如果世人能夠避免自我毀滅的愚行，這個成就獲得實現的百分比將甚高。然而這並不等於確定無疑。未來唯一可以確定的事，是它將出乎人們的意料之外，即使是目光最遠大的人。

註釋

❶布萊希特，〈致未來世代〉(An die Nachgeborenen)，收入《詩百首：一九一八—一九五〇》(*Hundert Gedichte*

1918-1950），東柏林：一九五五，頁三一四。

❷赫奇曼，《拉丁美洲發展的政治經濟：七個回顧習題》（*The Political Economy of Latin American Development: Seven Exercises in Retrospection*），加州大學聖地牙哥美墨研究中心：一九八六年十二月，頁四。

表格・地圖

國家與人口：1880 - 1914

單位：百萬人

		1880	1914
帝國／王國	聯合王國＊	35.3	45.0
共和國	法　國＊	37.6	40.0
帝國	德　國＊	45.2	68.0
帝國	俄羅斯＊	97.7	161.0 (1910)
帝國／王國	奧地利＊	37.6	51.0
王國	義大利＊	28.5	36.0
王國	西班牙	16.7	20.5
王國 1908改共和	葡萄牙	4.2	5.25
王國	瑞　典	4.6	5.5
王國	挪　威	1.9	2.5
王國	丹　麥	2.0	2.75
王國	荷　蘭	4.0	6.5
王國	比利時	5.5	7.5
共和國	瑞　士	2.8	3.5
王國	希　臘	1.6	4.75
王國	羅馬尼亞	5.3	7.5
王國	塞爾維亞	1.7	4.5
王國	保加利亞	2.0	4.5
王國	門的內哥羅	—	0.2
王國	阿爾巴尼亞	0	0.8
帝國	芬蘭（附屬於俄國）	2.0	2.9
共和國	美　國	50.2	92.0 (1910)
帝國	日　本	*c*.36.0	53.0
帝國	鄂圖曼	*c*.21.0	*c*.20.0
帝國	中　國	*c*.420.0	*c*.450.0

其他國家人口多寡序	
一千萬以上	巴西、墨西哥
五百到一千萬	波斯、阿富汗、阿根廷
二百到五百萬	智利、哥倫比亞、祕魯、委內瑞拉、暹羅
二百萬以下	玻利維亞、古巴、哥斯大黎加、多明尼加、厄瓜多爾、薩爾瓦多、瓜地馬拉、海地、宏都拉斯、尼加拉瓜、巴拿馬、巴拉圭、烏拉圭

＊歐洲列強

十九世紀歐洲的都市化：1800 - 1890

	城市數目（一萬人以上）			都市人口總數（百分比）		
	1800	1850	1890	1800	1850	1890
歐洲	364	878	1709	10.0	16.7	29.0
北歐與西歐＊	105	246	543	14.9	26.1	43.4
中歐＃	135	306	629	7.1	12.5	26.8
地中海※	113	292	404	12.9	18.6	22.2
東歐§	11	34	133	4.2	7.5	18.0
英國／威爾斯	44	148	356	20.3	40.8	61.9
比利時	20	26	61	18.9	20.5	34.5
法國	78	165	232	8.8	14.5	25.9
德國	53	133	382	5.5	10.8	28.2
奧地利／波希米亞	8	17	101	5.2	6.7	18.1
義大利	74	183	215	14.6	20.3	21.2
波蘭	3	17	32	2.4	9.3	14.6

＊斯堪的納維亞、聯合王國、荷蘭、比利時。
＃德國、法國、瑞士。
※義大利、西班牙、葡萄牙。
§奧地利／波希米亞、波蘭。

移往歐洲殖民地的移民數

單位：百萬人

年　　分	總　數	英　國 愛爾蘭	西班牙 葡萄牙	德　國 奧地利	其　他
1871 - 1880	3.1	1.85	0.15	0.75	0.35
1881 - 1890	7.0	3.25	0.75	1.80	1.20
1891 - 1900	6.2	2.15	1.00	1.25	1.8
1901 - 1911	11.3	3.15	1.40	2.60	4.15
	27.6	10.4	3.3	6.4	7.5

主要移入國的移民數

單位：百萬人

年　　分	總　數	美　國	加拿大	阿根廷 巴　西	澳　洲 紐西蘭	其　他
1871 - 1880	4.0	2.8	0.2	0.50	0.20	0.30
1881 - 1890	7.5	5.2	0.4	1.40	0.30	0.20
1891 - 1900	6.4	3.7	0.2	1.80	0.45	0.25
1900 - 1911	14.9	8.8	1.1	2.45	1.60	0.95
	32.8	20.5	1.9	6.15	2.50	1.70

文盲率

1850	低文盲率國家 低於 30%（成年人）	中文盲率國家 30 － 50%（成年人）	高文盲率國家 50%以上（成年人）
	丹麥 瑞典 挪威 芬蘭 冰島 德國 瑞士 荷蘭 蘇格蘭 美國白人	奧地利 捷克 法國 英國 愛爾蘭 比利時 澳大利亞	匈牙利 義大利 葡萄牙 西班牙 羅馬尼亞 巴爾幹國家 波蘭 俄羅斯 美國非白人 其餘國家
1913	低文盲率國家 低於 10%（成年人）	中文盲率國家 10 － 30%（成年人）	高文盲率國家 50%以上（成年人）
	（同上） 法國 英國 愛爾蘭 比利時 奧地利 澳大利亞 紐西蘭	義大利北部 南斯拉夫西北 （斯洛文尼亞）	匈牙利 義大利中南 葡萄牙 西班牙 羅馬尼亞 巴爾幹國家 波蘭 俄羅斯 美國非白人 其餘國家

大學院校數目

單位：所

	1875	1913
北美洲	c.360	c.500
拉丁美洲	c.30	c.40
歐洲	c.110	c.150
亞洲	c.5	c.20
非洲	0	c.5
澳大利亞	2	c.5

世界各地新聞紙的使用比例：1880 年前後

全世界

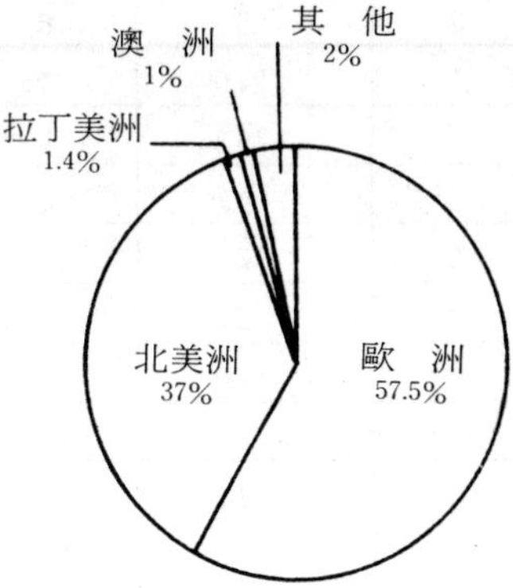

歐洲地區

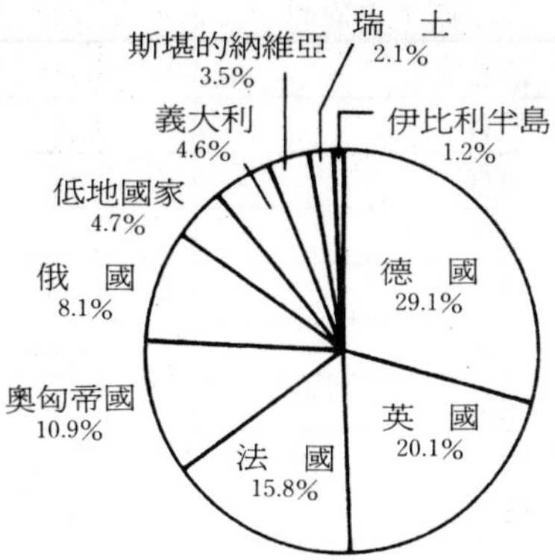

世界各地擁有之電話數及其比例：1912 年

世界總數	12,453,000
美國總數	8,362,000
歐洲總數	3,239,000

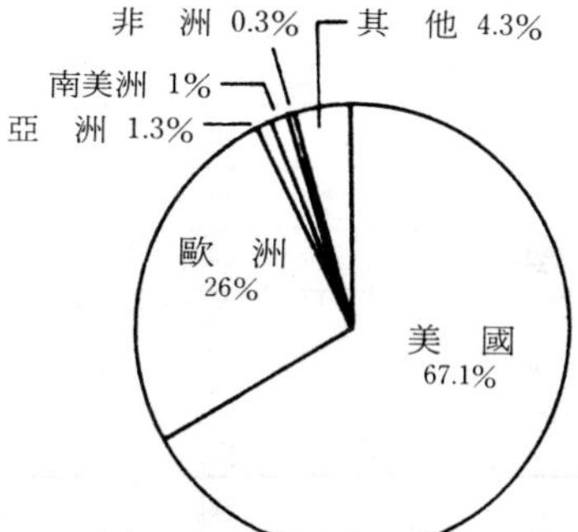

電話的進展

每一百位居民擁有的電話數

城　　市	1895	名次	1911	名次
斯德哥爾摩	4.1	1	19.9	2
克里斯蒂安尼亞	3.0	2	6.9	8
洛杉磯	2.0	3	24.0	1
柏林	1.6	4	5.3	9
漢堡	1.5	5	4.7	10
哥本哈根	1.2	6	7.0	7
波士頓	1.0	7	9.2	4
芝加哥	0.8	8	11.0	3
巴黎	0.7	9	2.7	12
紐約	0.6	10	8.3	6
維也納	0.5	11	2.3	13
費城	0.3	12	8.6	5
倫敦	0.2	13	2.8	11
聖彼得堡	0.2	14	2.2	14

世界各區獨立國家所占面積：1913

地　　區	百分比	
北美洲	32.0%	
中南美洲	92.5%	
非洲	3.4%	
亞洲	70.0%	不含俄國亞洲部分
	43.2%	含俄國亞洲部分
大洋洲	0.0%	
歐洲	99.0%	

英國的海外投資

佔總數百分比

	1860 - 70	1911 - 13
大英帝國	36.0	46.0
拉丁美洲	10.5	22.0
美國	27.0	19.0
歐洲	25.0	6.0
其他地區	3.5	7.0

世界主要熱帶作物產量：1880 - 1910

單位：千噸

	1880	1900	1910
香蕉	30	300	1,800
可可	60	102	227
咖啡	550	970	1,090
橡膠	11	53	87
棉花	950	1,200	1,770
黃麻	600	1,220	1,560
油籽	—	—	2,700
甘蔗	1,850	3,340	6,320
茶	175	290	360

世界生產量和貿易量：1781 - 1971

1913=100

	生產量	貿易量	
1781 - 90	1.8	2.2	(1780)
1840	7.4	5.4	
1870	19.5	23.8	
1880	26.9	38.0	(1881 - 85)
1890	41.1	48	(1891 - 95)
1900	58.7	67.0	(1901 - 05)
1913	100.0	100.0	
1929	153.3	113.0	(1930)
1948	274.0	103.0	
1971	950.0	520.0	

船舶總噸數

單位：千噸

	1881	1913
世界總數	18,325	46,970
英國	7,010	18,696
美國	2,370	5,429
挪威	1,460	2,458
德國	1,150	5,082
義大利	1,070	1,522
加拿大	1,140	* 1,735
法國	840	2,201
瑞典	470	1,047
西班牙	450	841
荷蘭	420	1,310
希臘	330	723
丹麥	230	762
奧匈帝國	290	1,011
俄羅斯	740	974

只計算超過百噸的船隻。
* 英國領地。

軍備競賽

列強（德國、奧匈帝國、英國、俄國、義大利、法國）的軍事支出

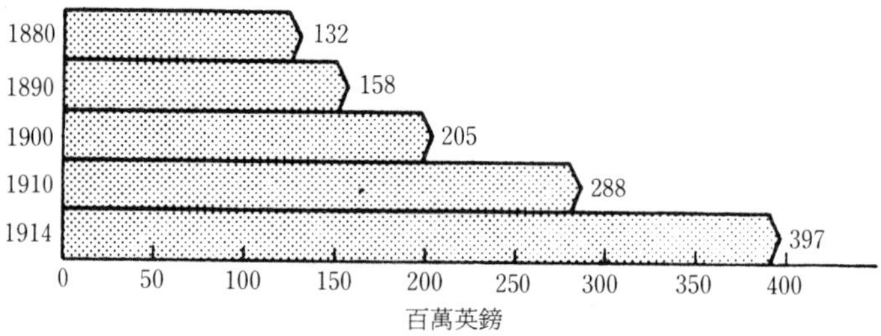

陸軍總數

單位：千人

	1879		1913	
	和平時期	動員時期	和平時期	動員時期
英　　國	136	*c*.600	160	700
印　度	*c*.200	—	249	
奧匈帝國	267	772	800	3,000
法　　國	503	1,000	1,200	3,500
德　　國	419	1,300	2,200	3,800
俄　羅　斯	766	1,213	1,400	4,400

海軍戰艦總數

單位：艘

	1900	1914
英　　國	49	64
德　　國	14	40
法　　國	23	28
奧匈帝國	6	16
俄　羅　斯	16	23

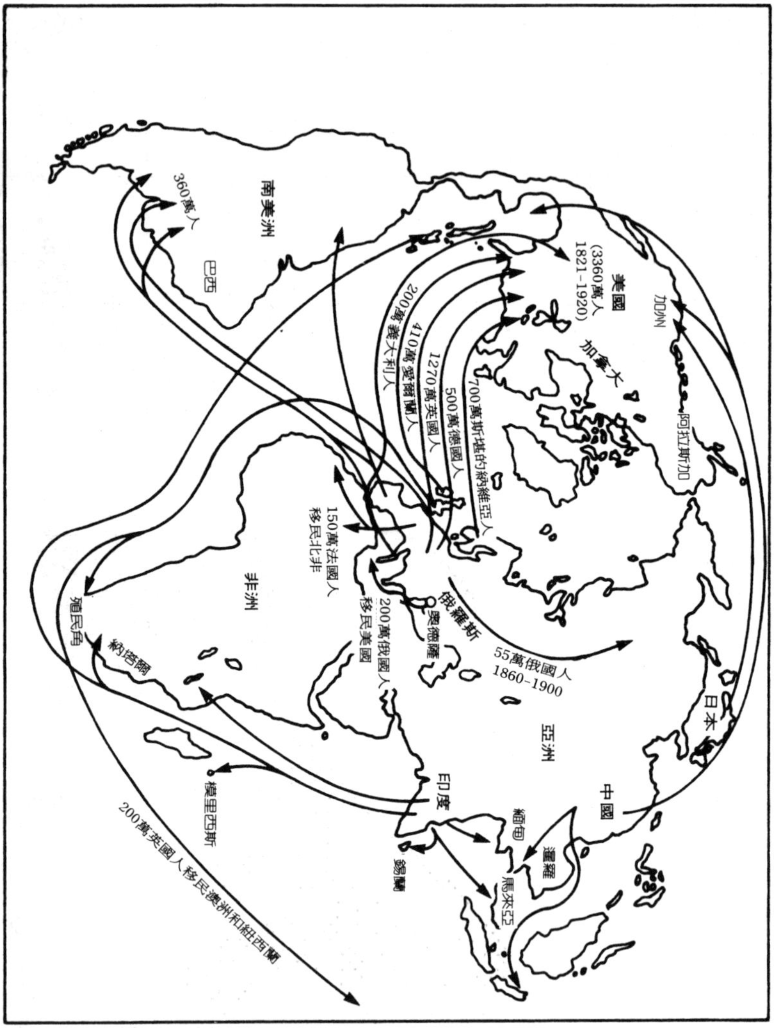
南美洲
360萬人
巴西
美國
(3360萬人
1821-1920)
加州
加拿大
阿拉斯加
700萬斯堪的納維亞人
500萬德國人
1270萬英國人
410萬愛爾蘭人
200萬義大利人
150萬法國人
移民北非
非洲
200萬俄國人
移民美國
俄羅斯
奧德薩
55萬俄國人
1860-1900
亞洲
日本
中國
緬甸
暹羅
馬來亞
錫蘭
印度
模里西斯
納塔爾
殖民角
200萬英國人移民澳洲和紐西蘭

國際移民 1820-1910

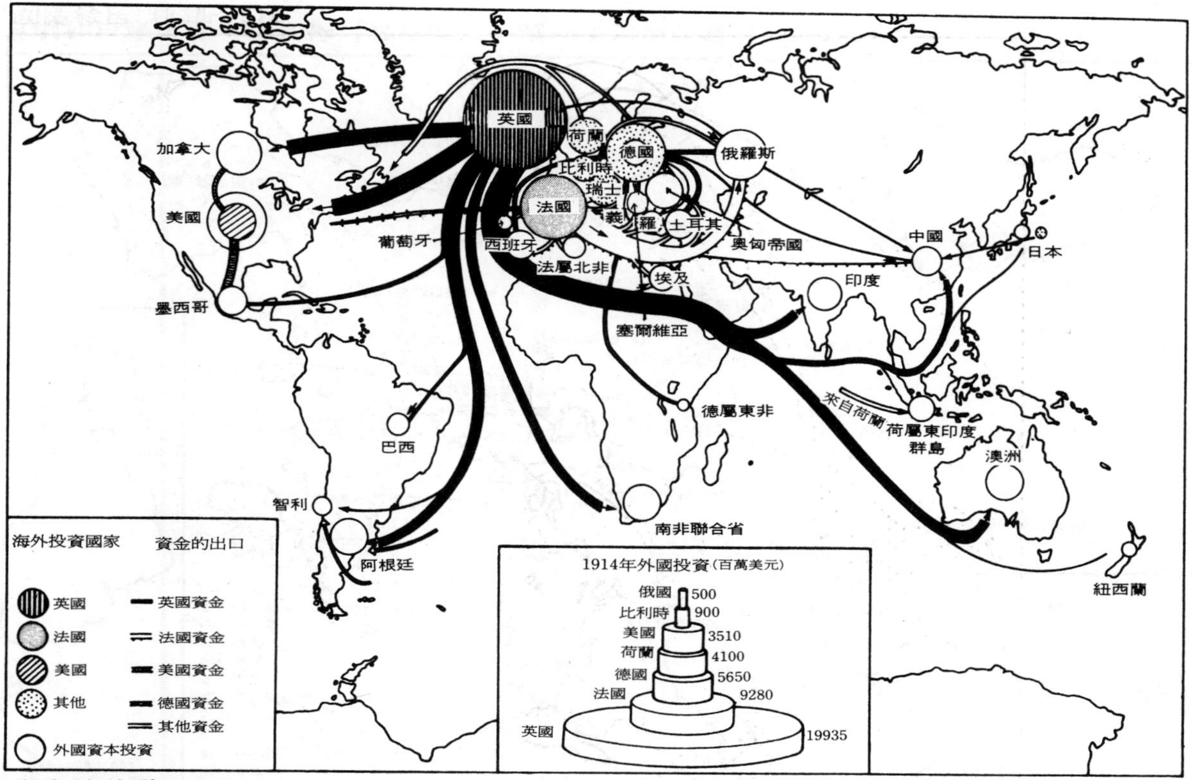

資金的移動 1875–1914

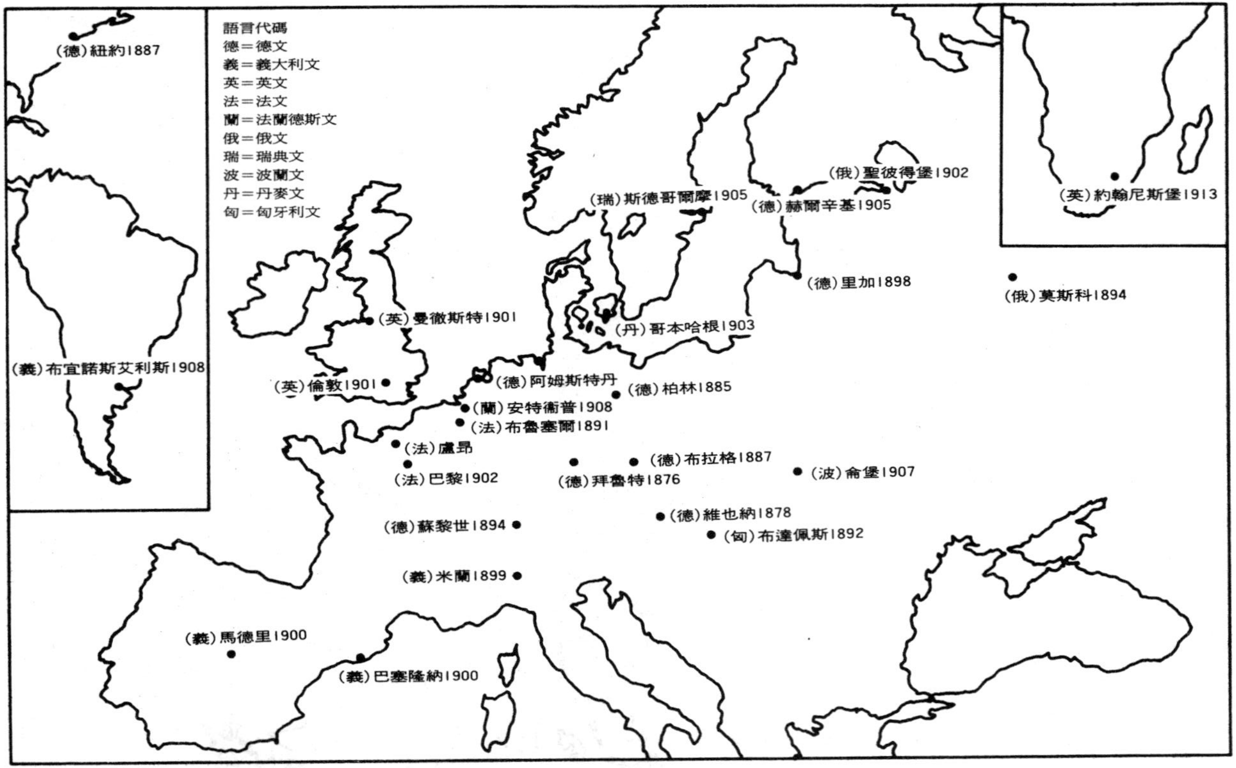

歌劇和民族主義：華格納《齊格菲》一劇的演出與語言 1875-1914

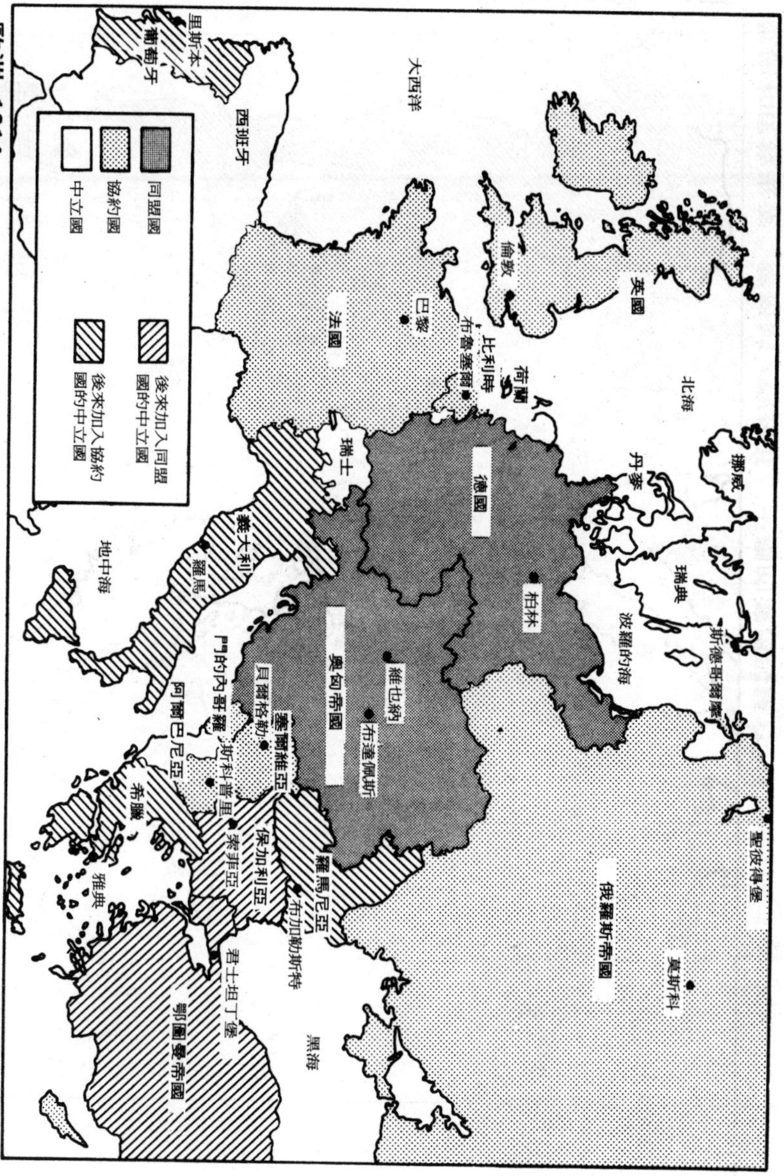
同盟國
協約國
中立國
後來加入同盟國的中立國
後來加入協約國的中立國
大西洋
里斯本
葡萄牙
西班牙
倫敦
英國
巴黎
法國
布魯塞爾
比利時
荷蘭
北海
丹麥
挪威
瑞典
瑞士
德國
柏林
波羅的海
斯德哥爾摩
聖彼得堡
俄羅斯帝國
莫斯科
維也納
奧匈帝國
布達佩斯
塞爾維亞
貝爾格勒
門的內哥羅
阿爾巴尼亞
斯科普里
希臘
雅典
索菲亞
保加利亞
羅馬尼亞
布加勒斯特
君士坦丁堡
鄂圖曼帝國
黑海
義大利
羅馬
地中海

歐洲 1914

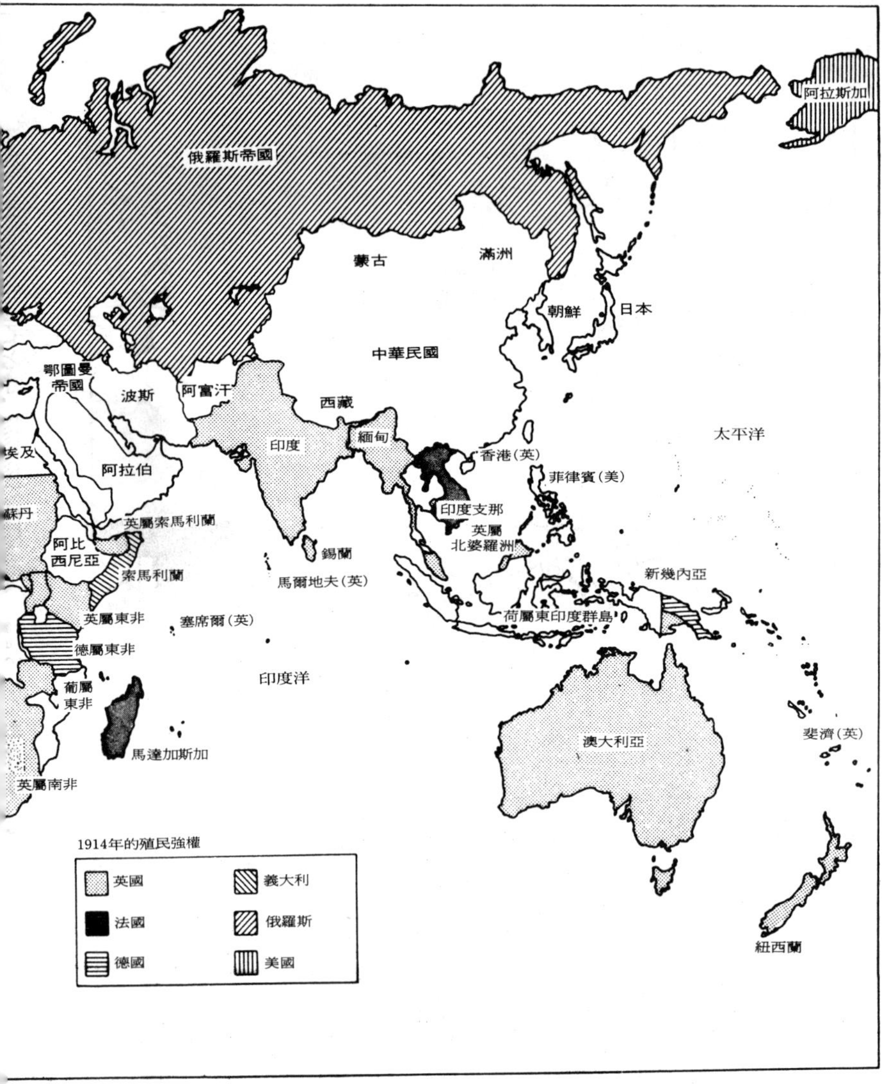

阿拉斯加
俄羅斯帝國
蒙古
滿洲
朝鮮
日本
中華民國
鄂圖曼帝國
波斯
阿富汗
西藏
埃及
阿拉伯
印度
緬甸
香港(英)
太平洋
菲律賓(美)
蘇丹
英屬索馬利蘭
印度支那
阿比西尼亞
錫蘭
英屬北婆羅洲
索馬利蘭
馬爾地夫(英)
新幾內亞
英屬東非
塞席爾(英)
荷屬東印度群島
德屬東非
印度洋
葡屬東非
馬達加斯加
澳大利亞
斐濟(英)
英屬南非
1914年的殖民強權
英國
義大利
法國
俄羅斯
德國
美國
紐西蘭

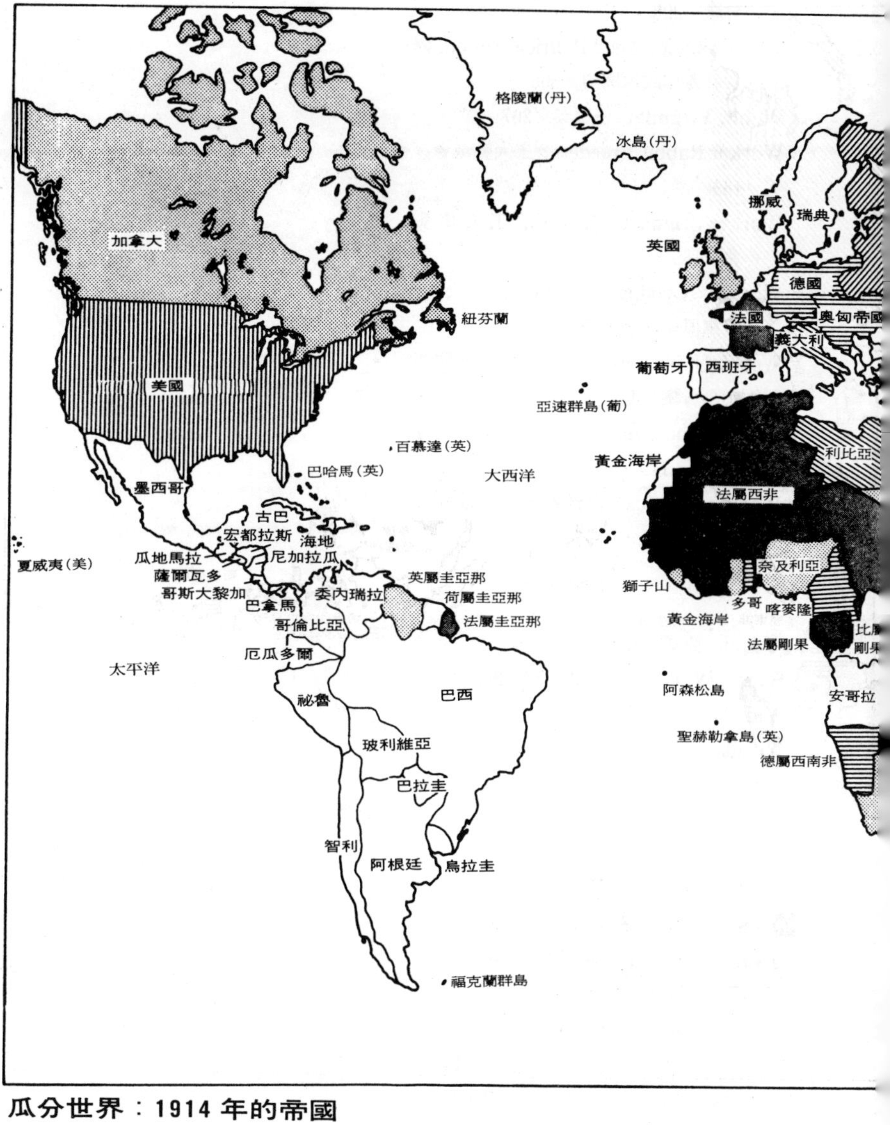
格陵蘭(丹)
冰島(丹)
挪威
瑞典
英國
德國
法國
奧匈帝國
義大利
葡萄牙
西班牙
加拿大
紐芬蘭
美國
亞速群島(葡)
百慕達(英)
巴哈馬(英)
大西洋
黃金海岸
利比亞
法屬西非
墨西哥
古巴
宏都拉斯
海地
瓜地馬拉
尼加拉瓜
薩爾瓦多
夏威夷(美)
哥斯大黎加
巴拿馬
委內瑞拉
英屬圭亞那
荷屬圭亞那
法屬圭亞那
哥倫比亞
厄瓜多爾
太平洋
祕魯
巴西
玻利維亞
巴拉圭
智利
阿根廷
烏拉圭
福克蘭群島
奈及利亞
獅子山
多哥
喀麥隆
黃金海岸
法屬剛果
阿森松島
安哥拉
聖赫勒拿島(英)
德屬西南非

瓜分世界：1914 年的帝國

Y

Z

W

T

U

V

S

P

R

N

O

L

M

J

K

H

I

F

G

D

E

C

索　　引

A

B

國家圖書館出版品預行編目資料

帝國的年代：1875 － 1914 / 艾瑞克・霍布斯邦
(Eric J. Hobsbawm)著；賈士蘅譯. --
初版. -- 臺北市：麥田出版：城邦文化發行,
民 86
面；　公分. --（歷史選書；13）
（十九世紀三部曲；3）
含索引
譯自：The age of empire : 1875-1914
ISBN 957-708-500-8（平裝）

1. 世界史 - 19 世紀　2. 世界史 - 20 世紀

712.7　　86005975